Wolfgang J. Denzinger

Die Entfaltung des Aszendenten

Wolfgang J. Denzinger

Die Entfaltung des Aszendenten

Der Weg zur Persönlichkeit im Horoskop

Ebertin

Freiburg im Breisgau

Die Deutsche Bibliothek – CIP-Einheitsaufnahme

Denzinger, Wolfgang:
Die Entfaltung des Aszendenten : der Weg zur Persönlichkeit im Horoskop / Wolfgang J. Denzinger – 1. Aufl. – Freiburg im Breisgau : Ebertin, 1996
ISBN 3-87186-082-4

Mit 18 Zeichnungen

1. Auflage 1996
ISBN 3-87186-082-4
© für die deutsche Ausgabe 1996 by
Ebertin Verlag, Freiburg im Breisgau
Alle Rechte der deutschen Ausgabe vorbehalten
Umschlag: Ulrike M. Bürger, München
Umschlagfoto: Heinz Ackermann
Satz: Typomedia Satztechnik GmbH, Ostfildern
Druck und Bindung: Wiener Verlag GmbH, Himberg
Printed in Austria

Gedruckt auf chlorfrei gebleichtem Papier

Dies aber ist die Trennung, daß das Licht in die Welt kam und die Menschen schätzten die Finsternis mehr als das Licht; daher waren ihre Werke mühselig.
(Joh 3/19)

Für Ruth in Liebe, für Felix und Markus in Dankbarkeit und Freundschaft.

Inhalt

Vorwort 9

Erster Teil

Einführung 13
Das Wesen der Astrologie 15

Zweiter Teil

Grundlagen 39

Dritter Teil

Die Entfaltung der zwölf Aszendenten 87
   Widder 89
   Stier 113
   Zwillinge 137
   Krebs 163
   Löwe 189
   Jungfrau 213
   Waage 243
   Skorpion 271
   Schütze 297
   Steinbock 325
   Wassermann 351
   Fische 379

Nachwort 407

Vorwort

Astrologen haben untereinander oft eine spezielle Geheimsprache. Nicht selten antwortet dabei einer auf die Frage: »*Wer oder was bist Du?*« mit: »*Ich bin Sonne ... (z.B. Wassermann) mit Aszendent ... (z.B. Steinbock)!*«, während der Fragende wissend nickt und ein anerkennendes »*Aha!*« zum Ausdruck bringt. Für den astrologischen Laien oder Anfänger entsteht dabei stets der Eindruck, Sonnenzeichen und Aszendent seien irgendwie ähnlich oder doch zumindest eng miteinander verknüpft. Zusätzlich verstärkt wird dieser Eindruck dadurch, daß gewöhnlich ein Horoskopeigner – deutet man sein Horoskop in den hervorstechenden Merkmalen – zuerst mit den Eigenschaften seines Sonnenzeichens und dann mit den Eigenschaften seines Aszendentenzeichens bedacht wird. Obwohl Aszendent und Sonne in ihrer kosmischen Symbolik grundverschieden sind, hält sich in der Deutung hartnäckig die Angewohnheit, beide über einen Kamm zu scheren. Dies mag daher rühren, daß zwischen beiden ein entfernter Zusammenhang auszumachen ist: Immerhin zeigt im (erdbezogenen) Tierkreis der Aszendent nach Osten auf den Sonnenaufgangspunkt. Deshalb aber Sonne und Aszendent in einen Topf zu werfen, erscheint mehr als voreilig.

Das vorliegende Buch will in erster Linie Klarheit darüber schaffen, was der Aszendent im Horoskop darstellt. Abgrenzung und Verbindung zum Sonnenzeichen ergeben sich daraus von selbst. Zeigen wird es sich, daß hinter jedem der zwölf Aszendenten eine klarer Entwicklungshinweis, ja geradezu ein Entwicklungsplan steckt. Indem wir den Aszendenten durch den gesamten Tierkreis hindurch entfalten, erhalten wir Hinweise über Wandlungs- und Veränderungsmöglichkeiten, die uns Horoskop und Tierkreis anbieten. Ohne weiteres kann hier von einer eigenständigen, in sich geschlossenen »Astrologie des Aszendenten« gesprochen werden. Die wesentlichen Anregungen für dieses Konzept stammen aus dem Orion-Mythos sowie seiner Deutung und Übertragung auf das persönliche Horoskop. Wie kein anderer Mythos beschreibt er das Wesen menschlicher Wandlung – er ist schlechthin der »Mythos vom Weg«. Viele von uns mögen an dieser Stelle die Frage stellen: »*Wozu Entwicklung, wozu einen Weg gehen?*« Doch Hintergrund dieser Frage ist, daß die meisten ihr gegenwärtiges Leben und die damit verbundenen Umstände eher als schwierig, ja nicht selten sogar als erdrückend beurteilen. Aus dieser Bedrückung heraus stellen wir uns vor, daß die geistig-seelische Entwicklung eine zusätzliche Anforderung darstellt, die unsere Bürde nur noch vergrößert. Wie wenig wir vom eigentlichen Wesen des Menschen verstehen, zeigt gerade dieser Irrtum. Wahre Freude kann unsere Seele nur empfinden, wenn wir uns wieder mit unserem tieferen Lebenssinn verbinden, und echtes, dauerhaftes Glück wird uns nur zuteil, wenn wir die uns innewohnenden Kräfte und Fähigkeiten – mit einem Wort unser ganzes Wesen – entwickeln und wenn unser Wirken wieder Ausdruck unseres Wesens werden. Die Weisheitslehren und Heilswege dieser Welt wollen uns den Weg dorthin zeigen. Sie führen uns heraus aus Leid und Krankheit, aus Zwang und Unmenschlichkeit, aus Lieblosigkeit und Einsamkeit, damit wir zu dem werden, was wir von Anbeginn an sind: Kinder Gottes. Nicht Belastung wollen sie uns bringen sondern Entlastung, nicht Einschränkung sondern Wachstum, nicht Unterdrückung sondern Freiheit.

Der freie Wille des Menschen – so sagen uns die alten Griechen – ist sogar den Göttern heilig. Deshalb soll sich auch niemand gezwungen fühlen, die im Buch gegebenen Hinweise und Informationen zu übernehmen. Vielmehr kann jeder den Entfaltungsplan seines Aszendenten als Empfehlung betrachten, der in sich die Möglichkeit birgt, den persönlichen Lebensweg zu klären und damit zu erleichtern. Wir alle sind weit weg von einer klaren Lebenslinie. Viele von uns sind hin- und her gerissen, fühlen sich von einer Entscheidung zur nächsten gedrängt und versuchen dabei, aus ihrem Leben und dem Dargebotenen das Beste zu machen.

Aber was ist »das Beste«?

Vorwort 11

Um eine Antwort auf diese Frage zu finden, könnten wir uns an unser Horoskop wenden. Hier finden wir alle für unseren Lebensweg notwendigen Hinweise. Vertrauen wir darauf, wird das persönliche Horoskop zum Wegweiser, der uns immer wieder zurück auf den richtigen Weg führt, ohne unseren freien Willen anzutasten. So wie die Sonne und das Sonnenzeichen im Horoskop von unserem tieferen Wesen und unserer wahren Natur erzählen, so erzählt der Aszendent von unserem Weg dorthin. Sind wir bereit, uns auf diesen Weg einzulassen, reifen wir langsam und stetig zu jener Persönlichkeit heran, die von Geburt an in uns angelegt ist. Eines Tages ruhen wir in unserer Mitte und strahlen in unserer vollen Kraft – ganz wie die Sonne am Himmel. Voraussetzung dafür allerdings ist ein »Weg der Wandlung«, auf dem sich alle (karmischen!) Unausgewogenheiten und Ängste, alle scheinbaren Bedürfnisse und Illusionen, alle Fixierungen und Verirrungen auflösen. Jeder Aszendent ist Hinweis auf einen dieser Wege, wobei dieses Buch die Beschreibung aller »zwölf Wege der Wandlung« zum Inhalt hat.

Oft sprechen wir davon, daß sich in dieser Welt einiges wandeln muß. Wir weisen dabei auf viele Dinge hin, die unserer Meinung nach nicht in Ordnung sind. Meist können wir auch gleich Schuldige benennen, die offensichtlich zu den Verursachern gehören. Aber sind wir nicht auch ein Teil des Ganzen? Und sind wir nicht ebenso an allem beteiligt? Die Ergebnisse der Vergangenheit könnten uns zumindest zu der Einsicht führen, daß jegliche Suche nach Schuld und Schuldigen am Ende doch zu nichts führt. In Wirklichkeit verändert sich wenig. Solange wir versuchen, außerhalb von uns die Welt zu wandeln, fallen wir von einer Enttäuschung in die andere. Dies liegt daran, daß die Ursache für alle Unmenschlichkeit, für allen Haß und für alle Zerstörung alleine in uns Menschen selbst liegt. In der Tiefe unserer Seele haben wir die Anbindung an die Kraft der Liebe verloren. Wollen wir diese Anbindung zurückgewinnen, so ist jeder Einzelne von uns aufgefordert, diese Verbindung wieder herzustellen. Niemals jedoch wird es uns gelingen, einen anderen Menschen – gegen seinen freien Willen und ohne Einsicht – dazu zu bringen, sich grundlegend und dauerhaft zu wandeln. In diesem Sinne ist auch die »Entfaltung des Aszendenten« zu verstehen. Wir können die beschriebenen Wege als Wege der Befreiung ansehen, die uns zurückkehren lassen zu dem, was wir von Anbeginn an waren: Menschen – im Bilde Gottes geschaffen und von Natur aus mit Liebe erfüllt.

München, im Januar 1996   *Wolfgang Johann Denzinger*

Erster Teil

Einführung

Das Wesen der Astrologie

Und es sprach die Schlange zur Frau:
»Du wirst nicht sterben, denn Gott weiß,
daß am Tage, an dem ihr von dem Baum eßt,
euch die Augen geöffnet werden
und ihr sein werdet wie Gott,
erkennend Gutes und Böses!«
(Genesis 3/4)

Einführung

Betrachten wir in klarer Nacht den Sternenhimmel, steigt ein erhebendes Gefühl in uns empor. Die verwirrende Vielzahl der Sterne übt auf uns einen magischen Zauber aus, wir wissen nicht warum, dennoch ist diese Wirkung für alle Menschen gleichermaßen spürbar und erfahrbar. Wie eine große Mutter spannt sich das Sternenzelt über uns und scheint uns zu beschützen. Doch wovor sollte es uns schützen? Sind wir Menschen nicht stark und intelligent genug, um uns selbst zu schützen?

Nun, Beweise unserer Kraft und unseres Vermögens haben wir genügend. Wir bauen Häuser, um uns zu schützen; wir legen Vorräte an, um unsere Zukunft abzusichern; wir vereinigen uns zu Gruppen, Gesellschaften oder Staaten, um uns gemeinsam gegen Feinde zu verteidigen; wir stellen Medikamente her, um Krankheit oder Schwäche zu besiegen; wir entwickeln Therapien, um Leid oder seelische Not zu lindern; wir bauen Anstalten, um gefährdete oder gefährliche Menschen zu internieren; wir erfinden ausgefeilte Techniken, um alle möglichen Gefahren abzuwenden. Selbst dem Tod, dem unerbittlichen, versuchen wir mit allen zur Verfügung stehenden Mitteln ein Schnippchen zu schlagen. Brauchen wir also wirklich noch zusätzlichen Schutz? Doch stellen wir einmal diese Frage umgekehrt. Bringen unsere Maßnahmen wirklich den erhofften Schutz? Fühlen wir uns in dieser Welt wirklich geborgen und rundherum behütet? Geht es uns wirklich gut, sind wir erleichtert, fühlen wir uns frei? Viele beantworten solche Fragen ausweichend. Andere beziehen diese Frage auf äußere Umstände oder materielle Bedürfnisse. Hier geht es den meisten von uns soweit ganz gut, nur wenige klagen. Aber bestehen wir Menschen nicht aus mehr? Was ist mit unserer Seele, was mit unserem Geist? Sind sie bedürfnislos?

Der nächtliche Sternenhimmel über uns könnte von den Bedürfnissen der Seele und des Geistes erzählen. In seiner Unendlichkeit spricht er vom Zeitlosen, vom Ewigen, vom Jenseitigen. Und wir selbst sind Teil dessen, das wir Menschen das Göttliche, das Ganze, das Allumfassende nennen. Zwar ist unser Körper an die Erde und an die Gesetze der Schwerkraft gebunden, unser Geist jedoch nicht. Er könnte – die Gebundenheit des Körpers anerkennend – sich von allen Beschränkungen frei machen und in den nächtlichen Sternenhimmel hinein ausdehnen. Er würde die Grenzenlosigkeit erleben, das Göttliche schauen und das Wesen des Menschen erkennen. Viele Menschen vor uns sind diesen Erkenntnisweg gegangen und haben uns die Weisheitslehren hinterlassen, als deren Königin die Astrologie bis heute gilt. Die Astrologie ist gleichsam die Seele aller Lehren, die alles mit allem verbindende Essenz.

Um das tiefere Wesen der Astrologie zu verstehen, schauen wir in unsere westliche Weisheitslehre, die Bibel. Hier finden wir die Grundlagen der Astrologie.

Als ersten Satz – sozusagen als Prolog – finden wir in der Genesis, dem ersten Buch Moses, das uns allen bekannte »*Im Anfang erschuf Gott Himmel und Erde*«. Normalerweise achten wir darauf nicht besonders, aber genau betrachtet klingt es so, als wäre am Anfang bereits die ganze Schöpfung da. Im nachfolgenden Text erfahren wir die einzelnen Schritte bzw. Tage der Schöpfung: Das, was bereits da ist, wird durch das Licht sichtbar und für uns erkennbar – Schritt für Schritt. Seit altersher hält sich die Astrologie an dieses Grundprinzip. Im Anfang, mit der Geburt, entsteht alles – auf diesen Zeitpunkt bezieht sie das Horoskop eines Menschen. In ihm ist – symbolisch verschlüsselt – alles enthalten, was im Laufe der Zeit erkannt und in die Sichtbarkeit gebracht werden will. Das schon immer Vorhandene erhält Raum und Zeit und wird zum Leben erweckt – wir entwickeln uns und werden das, was wir von Beginn an sind. Daß menschliches Leben ein dynamischer Entwicklungsprozeß ist, vergißt die traditionelle Astrologie allzu leicht. Oft wird das Horoskop »statisch« interpretiert. Dem Horoskopeigner wird gesagt, wie er gemäß seiner Konstellation sein sollte, aber wie der Weg dorthin führt, wird nicht mitgeteilt. Daß das Werden vor dem Sein, das Entstehen vor der Vollendung, das Streben vor dem Erreichen kommt, wird allzu oft vergessen. Obwohl der Tierkreis als sich drehendes Rad gerade dieses Werden und Entstehen beschreibt, wissen nur noch wenige um die Gesetze der Entwicklung und Entfaltung der menschlichen Seele.

Die Himmelslichter als Zeichen und Zeiten

Im weiteren Verlauf der Genesis heißt es am vierten Schöpfungstag:

> »Und Gott sprach, es seien Lichter an der Ausdehnung des Himmels, um zu scheiden zwischen dem Tag und zwischen der Nacht und sie sollen werden zu Zeichen und zu Zeiten und zu Tagen und Jahren und sie sollen Lichter an der Ausdehnung des Himmels sein, um auf die Erde zu leuchten!«

Auf diese Schöpfungsworte hin entstehen Sonne, Mond und Sterne, so wie wir sie heute kennen. Sie geben uns Zeichen und Zeiten, sie bestimmen die Tage und Jahre. Den letzten Teil brauchen wir nicht näher betrachten, beschreibt er doch die quantitativ meßbare Zeit, wie wir sie seit jeher bestimmen und in Stunden, Tage, Monate und Jahre einteilen. Umso mehr interessiert uns der erste Teil: Die Himmelslichter geben Zeichen und Zeiten. Wie ist dies zu verstehen? Ist die hier erwähnte Zeit nicht identisch mit der meßbaren Zeitdauer?

Das biblische Wort für Zeit ist ›mowad‹ (mem-waw-aijn-daleth). Gewöhnlich wird es übersetzt als verabredete Zeit. Gemeint ist damit ein bestimmter Zeitpunkt, nicht eine Zeitdauer. Versammlungen, Verabredungen und Hochzeiten von Menschen gehören ebenso zu dieser Art von Zeit wie Festzeiten und Feiertage. Verallgemeinert können wir sagen, daß es sich im Unterschied zur Zeitdauer um eine Zeitqualität handelt. Auch die alten Griechen kannten noch diese unterschiedlichen Zeiten: ›chronos‹, die Zeitdauer, und ›kairos‹, der rechte Zeitpunkt. Natürlich hat sich daran bis heute nichts geändert – noch immer gibt es die Zeit, die wir mit unserer Uhr messen, und die qualitative Zeit, den günstigen Zeitpunkt, den rechten Augenblick. Die Frage nach der Zeitqualität führt uns unmittelbar zur Astrologie. Seit Jahrtausenden befaßt sie sich mit der »rechten Zeit«. Der Stand der Sterne, von der Sonne angefangen über den Mond bis hin zu den übrigen Planeten, gilt seit jeher als Maß für den richtigen Zeitpunkt. Vor allem dann, wenn sich zwei oder mehrere dieser Sterne am nächtlichen Himmel begegneten und miteinander verbanden, empfand das mythisch-intuitive Bewußtsein unserer Ahnen dieses Geschehen als hohe Zeit. Am Himmel wurde Hochzeit gefeiert, und der Mensch war eingeladen, daran teilzunehmen. Auch das Neue Testament bestätigt darin die Astrologie: Bei der Geburt Jesu erscheinen von weit her drei sternenkundige Weise. Zur rechten Zeit waren sie am rechten Ort – eine bestimmte Konstellation am Himmel hat sie inspiriert und geführt.

Von dieser Art der Inspiration und Führung sind wir heute weiter weg denn je. Als verirrte Wesen handeln wir meist nach eigenem Gutdünken, dem Zwang der Umstände folgend. Wir haben den kosmischen Rahmen – den Tierkreis – verlassen, können den Stand der Sterne nicht mehr deuten und kümmern uns wenig um die Qualität der Zeit.

Das biblische Wort für Zeichen ist ›owt‹ (aleph-waw-taw). Zeichen entstehen zu irgendeinem Zeitpunkt, sind jedoch unabhängig von der meßbaren Zeit. Ist ein Zeichen gesetzt, hat es von da an seine ewige, unveränderbare Gültigkeit. Z.B. gehören Wunder ebenso dazu wie andere Zeichen göttlicher Macht. Insbesondere sind es aber die Sternbilder, die am nächtlichen Himmel Zeichen setzen. Wollen wir Menschen zu einem Zeichen Beziehung aufnehmen, müssen wir es deuten bzw. nach seiner Bedeutung hinterfragen. Dabei können wir feststellen, daß jedes Zeichen uns Informationen übermittelt. Fast scheint es so, als würde unser Schöpfergott über die Zeichen mit uns, seinen Geschöpfen, kommunizieren.

Wenn uns der vierte Schöpfungstag nahe bringt, daß die Himmelslichter Zeichen sind, so führt uns diese Aussage wiederum zur Astrologie – und außerdem zum Mythos. Wir Menschen haben bestimmte, unveränderliche Sternbilder am Himmel festgelegt, ihnen Namen gegeben und ihren Informationsgehalt in Mythen niedergelegt. Die Bedeutung der Sternbilder ist uns daher gegeben, an uns liegt es, die Mythen zu deuten und in einen geeigneten Bezug zu unserem Leben zu bringen. Die Astrologie hilft uns dabei: Sie hat zwölf archetypische Sternbilder als Kreis erkannt und zum Tierkreis zusammengefaßt. Entlang dieses Kreises ziehen die Planeten ihre Bahn. Wann immer Planetenbahn und Tierkreiszeichen zusammentreffen, geschieht Bedeutsames: Zeichen und Zeitqualität, ›owt‹ und ›mowad‹, treffen zusammen und zeigen an, daß im Leben des Menschen ein bestimmtes Lebensthema ansteht. Wir haben es in der Hand, dem Thema bewußt zu begegnen – oder ihm unbewußt und blind ausgeliefert zu sein. Als Wesen, die im Bilde Gottes geschaffen sind, haben wir den freien Willen. Die Konstellationen am Himmel und die sich daraus ergebenden Themen können wir nicht beeinflussen, doch wie wir mit ihnen umgehen und wie wir auf sie eingehen, das ist uns völlig freigestellt. Die Astrologie gibt uns die Mittel an die Hand, zu bestimmten Zeitqualitäten die entsprechenden Informationen abzurufen. Tun wir dies, dienen uns diese Informationen als Wegweiser. Durch sie können wir erfahren, wie wir mit dem großen kosmischen Gesetz der Harmonie in Einklang kommen. Dennoch zwingen uns diese Informationen nicht. Jederzeit können wir unsere eigenen Wege gehen, unseren eigenen Sinn suchen – und unseren Eigensinn leben.

Astrologie und Gegenwart

Viel von dem astrologischen Urwissen ist uns heute verloren gegangen. Die Astrologie ist entstanden, um den Menschen zu helfen, die Zeichen zu deuten und die Zeitqualität zu bestimmen. Aber dafür nutzen sie nur noch wenige. An den Rand der Gesellschaft gedrängt, fristet die Astrologie ein Mauerblümchendasein und treibt dabei oft seltsame Blüten. Vom Tageshoroskop in der Boulevardzeitung bis zur Weltuntergangs- und Katastrophenvorhersage bedenkenloser Astrologen finden wir eine bunte Mischung, die meist nicht dazu dient, die wahre Größe und wirkliche Bedeutung der Astrologie anklingen zu lassen. Durch die Naturwissenschaft, die uns – wenn auch unbeabsichtigt – die Welt und das Leben als berechenbare Größe vorgaukelt, sind viele Menschen Weisheitslehren gegenüber skeptisch geworden. Sie verlangen objektive Beweise, ohne zu begreifen, daß z. B. gerade die Astrologie stets subjektiv ist und sein muß. Seit jeher ist sie abhängig von der Person des Deutenden. Es ist eine Binsenweisheit, daß jeder Astrologiekundige seine eigene, subjektive Deutung hat. Diese Tatsache spricht nicht gegen die Astrologie, sondern für sie. Jeder Mensch hat ein persönliches Horoskop – dieses Horoskop ist ebenso einmalig auf der Welt wie er selbst. Deuten heißt aber in letzter Konsequenz, eine persönliche Beziehung herzustellen zwischen der kosmischen Konstellation und dem eigenen Horoskop bzw. zwischen dem eigenen Horoskop und dem Horoskop eines anderen. Diese Beziehung ist und bleibt einmalig und einzigartig. Zu der Subjektivität einer Deutung gesellt sich dann noch die unterschiedliche Reaktion, die eine bestimmte Deutung bei verschiedenen Menschen hervorruft.

Nehmen wir ein einfaches Beispiel. Täglich begegnen uns Zeichen, wir müssen dazu nicht immer an den Sternenhimmel schauen. Betrachten wir einmal die ersten Anzeichen einer Grippe: Die Nase beginnt zu laufen, wir müssen ständig niesen, der Kopf tut weh. Wie reagieren wir darauf? Natürlich deuten wir zuerst die Anzeichen. Hier sind wir uns vielleicht mit anderen noch halbwegs einig: Die Zeichen weisen auf eine beginnende Grippe hin. Doch was diese Information in uns bewirkt, zeigt sich in den unterschiedlichsten Reaktionen. Gemäß unserer eigenen Art gehen wir entweder zum Arzt oder nehmen eine Tablette oder lassen uns anderweitig davon beeinflussen – oder kümmern uns einfach nicht weiter darum. Verallgemeinert könnten wir sagen: Immer dort, wo sich uns verschiedene Möglichkeiten bieten, entscheiden und handeln wir, gemäß unserer Eigenart, unterschiedlich.

Sehen wir diesen ganz persönlichen Zusammenhang zwischen Deutung und der deutenden Person ein, werden wir aufhören, in der Astrologie nach objektiv-beweisbaren Kriterien zu suchen. Astrologie ist keine Wissenschaft, sondern eine Weisheitslehre. Vielleicht bringt uns diese Einsicht eines Tages dazu, der Astrologie wieder den ihr gebührenden Platz einzuräumen. Sie gehört wieder in unsere Schulen und Universitäten, gemeinsam mit anderen Weisheitslehren, um ein Gegengewicht zur abstrakten, entmenschlichten Naturwissenschaft zu bilden. Nur so kann in Zukunft ein wirkliches Gleichgewicht entstehen – zuerst im Innern des Menschen und als Folge davon auch in der äußeren Welt.

Astrologie und Religion

Gehen wir der Frage nach, was die Astrologie so an den Rand von Gesellschaft, Politik und Wirtschaft gedrängt hat. Sicherlich gibt es viele Gründe, doch einer scheint besonders erwähnenswert: Obwohl biblisch im Alten und Neuen Testament fest verankert, ist die Astrologie der herrschenden (christlichen) Kirche ein Dorn im Auge. Die Kirche wehrt sich so heftig gegen die Astrologie, daß wir fast annehmen müssen, sie habe Angst vor ihr. Und dies nicht ganz zu unrecht: Die Astrologie hat stets die Machtposition und den Einfluß kirchlicher Institutionen geschwächt. Ein Mensch, der durch die Astrologie unmittelbar Beziehung zum Kosmos und zu den göttlichen Kräften herstellt, schaltet nämlich die »Zwischeninstanz« Kirche aus. Er befreit sich von ihr, weil er gelernt hat, direkt mit seinem Schöpfer zu kommunizieren. Es ist verständlich, daß dies einer Kirche mit Allmachtsanspruch nicht gefällt, während – im Gegensatz zur christlichen Kirche – andere Kirchen und Religionen mit weniger hohem Machtanspruch nie Schwierigkeiten hatten, die Astrologie zu akzeptieren. Dabei erging – gemäß der christlichen Lehre – ursprünglich der Auftrag von Jesus an Petrus, die »*Schafe und die Lämmer zu hüten und zu weiden*« (siehe Joh 21/15–17). Dieser Auftrag begründete u.a. die Kirche und machte sie stark – gab es doch unter den Menschen weit mehr »Schafe« und »Lämmer« als entwickelte Geister. Aber mit voranschreitender Entwicklung bleibt ein »Schaf« nicht länger ein Schaf: Es verläßt den schützenden Stall bzw. der Mensch die (be-) hütende Kirche. Jetzt beginnt der eigene Weg, selbstverantwortlich und frei von Bevormundung und Einengung. Hätte die Kirche im Laufe der Jahrhunderte nicht einen Alleinvertretungs- und Machtanspruch geschaffen, der weit über den ursprünglichen Auftrag hinausgeht, könnte sie sich heute freuen über jedes Schaf, das ihrer Obhut entwächst und selbständig seiner Wege geht.

Kirche und Religion sind nicht dasselbe, das sollten wir erkennen. Die Kirche ist eine Institution in dieser Welt, Religion dagegen meint die persönliche (Rück-) Verbindung des Menschen zu seinem Schöpfer. Die Kirche verkündet und bewahrt die (Weisheits-) Lehre, dazu ist sie da, aber sie soll nicht den Menschen bevormunden, noch ihn festhalten oder einsperren. Jeder Mensch wird sich eines Tages seine »eigene Religion« aufbauen (religio = Rückverbindung!). Indem er selbst in die Tiefen der Weisheitslehren vordringt, bedarf er der kirchlichen Führung und Verkündung nicht mehr – etwa so, wie ein Schüler oder Student sich eines Tages von der Schule oder Universität befreit, ja sogar befreien muß. Und an diesem Beispiel sehen wir es deutlich: Erst jetzt beginnt der eigene, der eigentliche Weg – alles Vorangegangene war unselbständig, abhängig und diente lediglich der Vorbereitung für diesen Weg.

Astrologie und persönliches Horoskop

Das Horoskop eines Menschen bezieht sich auf den Zeitpunkt und den Ort seiner Geburt. Es gibt die Stellung von Sonne, Mond und Planeten im (erdbezogenen) Tierkreis wieder und zeigt uns durch den Aszendenten, welches Tierkreiszeichen bzw. Sternbild gerade am östlichen Horizont aufsteigt.

Anmerkung
Zur Klarstellung sei an dieser Stelle erwähnt, daß der erdbezogene Tierkreis seinen Ausgang am sogenannten Frühlingsanfangspunkt hat (0° Widder ≙ ca. 21. März). Daneben gibt es noch den kosmischen Tierkreis, der sich aus den zwölf Sternbildern des nächtlichen Sternenhimmels zusammensetzt. Diese beiden Tierkreise sind gegenwärtig (durch die Wanderung des Frühlingsanfangspunktes!) um nahezu 30° verschoben. Das persönliche Horoskop bildet stets den erdbezogenen, nicht den kosmischen Tierkreis ab.

Die Konstellation im Horoskop spricht von unserer Bestimmung. Sie benennt unsere Fähigkeiten und Potentiale, unsere Möglichkeiten und Gelegenheiten, unsere Berufung und Erfüllung, und sie zeigt uns den Weg dorthin – aber sie sagt nichts aus über unser Schicksal. Schicksal ist die Summe all dessen, was uns das Leben von außen schickt, um uns anzuregen und um uns in Bewegung bzw. auf den Weg zu bringen. Zwischen Bestimmung und Schicksal eingespannt, gestalten wir dennoch frei unser Leben. Hier ist noch viel Aufklärungsarbeit notwendig, damit die Astrologie von morgen wieder auf den Boden der Weisheit zurückfindet. Dem Glauben, man könne das persönliche Horoskop nutzen, um seinem Schicksal zu entgehen, muß erst das Wasser abgegraben werden, damit die eigentliche Schönheit der Astrologie zum Vorschein kommt. Dann wird sie wieder dem Menschen zur Begleiterin und Hilfe auf seinem Weg zur Selbsterkenntnis, lehrt ihn die Zeichen zu verstehen und für alles den richtigen Zeitpunkt zu finden. Horoskopie als Zukunftsdeutung ist ein Irrweg. Ein Wissen um zukünftige Ereignisse wäre auf dem Erkenntnisweg nur erschwerend, ja sogar behindernd und einschränkend. Unserer kreativen Freiheit beraubt, würden wir den Ereignissen tatenlos entgegengehen in der Überzeugung, nichts mehr daran ändern zu können. Wollen wir tatsächlich in eine solche Apathie verfallen? Natürlich nicht, da sind wir uns alle einig. Warum also möchten wir die Zukunft kennen? Hinterfragen wir etwas genauer, dann wird es offensichtlich, was wirklich dahinter steckt. Wir wollen wissen, ob vor uns etwas Gutes oder etwas Schlimmes liegt, und wir möchten unsere Entscheidung danach ausrichten: Dem Guten würden wir die Hand reichen, dem Schlimmen aber entfliehen.

Dabei unterliegen wir einem Trugschluß, den es aufzuklären gilt. Nehmen wir einmal an, wir wissen von morgigen Tag, daß er für uns Schlimmes bereithält – beispielsweise einen Autounfall. Selbstverständlich werden wir am nächsten Tag unser Auto in der Garage stehen lassen. Sicherheitshalber werden wir auch nicht mit einem Kollegen oder Freund mitfahren, sondern nur den Zug oder die U-Bahn benützen. Wollen wir überhaupt kein Risiko eingehen, werden wir unter Umständen sogar zuhause bleiben. Gelingt es uns nun, diesen »schlimmen Tag« unfallfrei zu überstehen, überzeugt uns diese Tatsache von der Richtigkeit unseres Verhaltens, dem ersten Trugschluß fügen wir einen zweiten hinzu – für uns scheint die Welt wieder in Ordnung. Doch es ist nur der Schein, mit dem wir uns selbst zweimal betrogen haben. Obendrein gelingt es uns nicht, den eigentlichen Widerspruch zu durchschauen. Dabei ist es doch ganz einfach: Tatsache ist, der Autounfall hat sich nicht ereignet. Dies heißt aber, daß unser Wissen von dem bevorstehenden Unfall gar kein echtes Wissen war, sondern nur eine Vermutung. Es schien uns so, wir glaubten daran – und müssen eigentlich am Ende zugeben, daß es ein Irrtum war. Und genau dasselbe gilt für unsere Annahme, wir hätten den Unfall durch unser vorsorgliches Handeln verhindert – auch sie kann nur falsch gewesen sein.

»*Alles ist eitel!*«, steht als weiser Spruch im Tempel zu Delphi. Ihm entnehmen wir, daß alle Ereignisse dieser Welt in uns einen Widerschein in Form von Wahrnehmungen erzeugen. Diesen Widerschein nennen wir unsere Ansichten, ihn verdichten wir zu unserer Meinung, zu unserer Sichtweise oder zu unserer Vermutung. Sie sind alle einseitig, subjektiv und auf uns bezogen. Nie enthalten sie die ganze Wahrheit, weil wir mit unserem Blick nach außen nicht imstande sind, das Ganze zu sehen. Welches Bild wir auch betrachten, es bietet dem Auge des Betrachters stets nur eine Seite, die Rückseite entzieht sich dem Blick. Anzunehmen, daß eine persönliche Ansicht der Wahrheit entspricht, heißt Maya, der Kraft der Täuschung, zu unterliegen. Zu wissen, daß hinter jeder Ansicht etwas Verborgenes steckt, heißt Einsicht gewinnen.

Die Astrologie und das Horoskop zeigen, wie wir uns aus der Welt der Täuschungen befreien können. Im Tierkreis wie im Horoskop ist das Ganze – das Sichtbare und das Verborgene – abgebildet, es kann erkannt und verstanden werden. Lassen wir das nutzlose Unterfangen, im Horoskop zukünftige Ereignisse sehen zu wollen. Nützen wir lieber die Astrologie für das, wofür sie geschaffen wurde: Dem Menschen die »rechte Zeit« zu übermitteln und ihm für seinen Lebens- und Entwicklungsweg die notwendigen Zeichen und Deutungen zu geben. Lernen wir, zu jeder Zeit aus unserem Horoskop die Informationen abzurufen, die unserem Leben Inhalt und Bereicherung, Erfüllung und Verstehen, Liebe und Weisheit zu geben imstande sind.

Astrologie und Aszendent

Die traditionelle Astrologie verkennt gelegentlich die wirkliche Bedeutung des Aszendenten. Oft wird er wie ein Anhängsel an das Zeichen der Sonne behandelt, als eine Art Ergänzung, der wir gerne jene Eigenschaften zuschreiben, die wir am Horoskopeigner feststellen und die zum Prinzip seines Sonnenzeichens einfach nicht passen wollen. Wie gründlich hier manche Astrologen selbst einen Irrweg eingeschlagen haben, können wir an diesem Mißverständnis erkennen.

Hier ist die esoterische Astrologie schon genauer: Sie nennt uns den Aszendenten als »Instrument der Seele«. Vielleicht verstehen wir (noch) nicht ganz, was sie damit meint, aber eines ist sicher: Mit Sonne, Mond und Planeten hat der Aszendent recht wenig gemeinsam. Schon die kosmische Symbolik ist eine vollständig andere. Sonne, Mond und Planeten besitzen physische Körper, die in dynamischer Bewegung sich um ein Zentrum drehen. Beim Aszendenten ist dies völlig anders gelagert. Weder hat er einen Körper, noch dreht er sich um ein Zentrum – er ist lediglich ein Hinweis auf eines der zwölf Tierkreiszeichen. Daß der Aszendent im Laufe der Zeit durch den Tierkreis wandert, ähnlich den Planeten, läßt dennoch nicht den Schluß zu, daß er sich wenigstens um ein Zentrum dreht. Es ist die Drehung der Erde selbst, die dazu führt, daß ca. alle zwei Stunden am östlichen Horizont ein neues Tierkreiszeichen aufsteigt. So kommt es, daß in ca. 24 Stunden, also an einem Tag, der Aszendent durch den gesamten Tierkreis läuft. Die Bewegung der Planeten ist eine Eigenbewegung, bezogen auf die Sonne als Zentrum, die Bewegung des Aszendenten dagegen entsteht aus der Rotation der Erde und hat kein Zentrum. Während uns die Planetenpositionen im Horoskop Aufschluß geben über unsere Energien, Kräfte und Fähigkeiten, so gibt uns der Aszendent eben gerade darüber keine Auskunft. Er ist herausgehoben aus der sich bewegenden Sternen- und Planetenwelt und hat einen ganz persönlichen Bezug zur Erde, zu uns und zu unserer Eigenart. Menschen, die zur gleichen Zeit geboren werden, haben zwar im Horoskop dieselben Planetenstände, aber in aller Regel unterschiedliche Aszendenten. Der Aszendent hängt in erster Linie vom Geburtsort ab, die Planetenstände nur von der Geburtszeit. Kein Faktor im Horoskop definiert klarer unseren Platz auf dieser Erde als der Aszendent, setzt er doch den Anfangs- und Ausgangspunkt unserer geistig-seelischen Wanderung über die Erde. Im biblischen Sinne ist der Aszendent mehr Zeichen (›owt‹) als Zeitqualität (›mowad‹) und informiert uns über unseren Weg. Und genau hier liegt der zentrale Unterschied: Sonne, Mond und Planeten entsprechen bestimmten Qualitäten, die wir auf unserem Weg zur Verfügung haben – der Aszendent gibt uns seelisch-geistige Orientierung, die wir auf unserem Weg brauchen. Es wäre vergleichbar mit dem Unterschied zwischen einem Fahrzeug (Planeten) und einem Verkehrsschild (Aszendent). Obwohl grundverschieden, kann das Verkehrsschild dem Fahrzeug dazu verhelfen, ohne Irr- und Umwege ans Ziel zu kommen.

Astrologie und Aszendent

Fragen wir heute einen Menschen, wonach er sein Leben ausrichtet und was ihm als Orientierung dient, finden wir selten eine klare Antwort. Am deutlichsten ist noch die Antwort des rein materiell orientierten Menschen: Er will »Geld machen«, viel verdienen und sich alles leisten können. Menschen, denen Begriffe wie Geist und Seele weniger fremd sind, tun sich mit der Frage schon schwerer. In vielen Fällen haben sie Leid und Unglück erfahren, obwohl es ihnen materiell gut ging. Dies gab ihnen zu denken und brachte sie dazu, Freude und Glück nicht alleine als Ergebnis von materieller Fülle zu begreifen. Sie begannen zu ahnen, daß das Leben für den Menschen mehr bereit hält als ein paar äußerliche Dinge, die das irdische Dasein angenehm machen. Über Partnerschaft und Freundschaft kamen sie mit Zuneigung und Liebe in Berührung – und waren angerührt und erfüllt, ohne jemals in Erfahrung zu bringen, woher Liebe kommt und wohin sie geht.

Wir alle haben ein mythisch-religiöses Bild vom Paradies in uns. Der biblische Garten Eden ist ein Inbegriff geworden für ein Leben jenseits von Gut und Böse: Angefüllt mit Liebe und Freude sind wir Menschen dort alle gleich – vereint wie Freunde oder Brüder. Haß und Feindschaft haben sich ebenso aufgelöst wie Neid und Habgier, Krankheit und Leid sind ebenso überwunden wie Unglück und Traurigkeit.

Wie eine uralte, unvergängliche Erinnerung tragen wir alle dieses Bild in uns. Wir hüten und bewahren es, doch wir fragen nicht nach dem Sinn seines Daseins. Die meisten von uns denken, das Paradies wäre etwas Vergangenes, nie Wiederkehrendes – doch sie irren. Wer sich mit Astrologie befaßt, lernt als erstes den Tierkreis kennen. Er repräsentiert das stetig sich drehende Rad des Lebens. Von ihm erfahren wir, daß Zeit sich immer im Kreis bewegt und Zyklen bildet, niemals jedoch geradlinig auf einen fernen, unbekannten Punkt zusteuert. Wann immer wir einen Punkt im Kreis festlegen, kehren wir nach einem Zyklus – dem Kreislauf – zu ihm zurück. Weil dieses Gesetz im gesamten Kosmos gilt, sagen uns die alten Weisheitslehren, daß nichts verloren gehen kann. Alles kehrt eines Tages wieder. So verhält es sich auch mit dem Paradies: Wir haben es verloren – und kehren eines Tages, wenn sich der Kreis schließt, zurück. Wie lange es dauert, hängt von uns selbst ab. Der Weg außerhalb des Paradieses, den wir alle gehen, ist mit Disteln und Dornen versehen, mit Irrung und Täuschung verbunden und geht mit Ängsten und Widerständen einher. Er ist nicht einfach, aber wir müssen ihn gehen, um nach Durchlaufen des ganzen Kreises wieder ins Paradies zu kommen. Das Horoskop und insbesondere der Aszendent zeigen uns diesen Weg.

Der biblische Mythos spricht vom Sündenfall, der zum Verlassen des Paradieses führt. Unser Geist und unsere Seele fallen, symbolisch gesprochen, vom Himmel herab, um sich in dieser Welt an einen Körper zu binden. Diese Bindung bringt Erfahrungen von gut und böse, die zur Abgrenzung und Ich-Bildung führen. Dabei verengt sich unsere Seele, zieht sich zusammen wie Wasserdampf, der kondensiert, und setzt erst einmal unserem Geist Grenzen. Doch diese Begrenzungen sind nicht für ewig gedacht. Indem wir an die Unbegrenztheit des Geistes und an die Göttlichkeit des Menschen glauben, können wir unsere geistigen Fesseln abwerfen und die »gefangene Seele« befreien. Dies kann jedoch nur freiwillig geschehen, durch einen Weg der Selbsterkenntnis, den wir beschreiten. Das Horoskop zeigt uns diesen Weg: Wollen wir »zum Himmel aufsteigen«, gibt uns der Aszendent den geeigneten Hinweis, wie wir zurückfinden zu jener geistigen und seelischen Freiheit, die den paradiesischen Adam auszeichnete. (›ascendere‹ heißt übersetzt ›hinaufsteigen, aufsteigen, besteigen‹). Daß ein Aufstieg auch mühsam sein kann, können wir uns sicherlich vorstellen, doch wie bei jedem Aufstieg lohnt es sich, am Gipfel – im Paradies – anzukommen.

Wenn wir den Aszendenten als Idee betrachten, die wie ein Samenkorn in uns eingepflanzt ist, werden wir ihn besser verstehen. Ein Same kann lange, ja ein ganzes Leben lang in uns ruhen, ohne je auf fruchtbaren Boden zu fallen. Faktisch würde dies bedeuten, daß sich der Aszendent nicht entfaltet. Für seine Entfaltung sind einige Voraussetzungen zu erfüllen.

– Zum ersten sollten wir wissen, woher wir kommen, um bestimmen zu können, wo wir gegenwärtig stehen. Jetzt haben wir den Ausgangspunkt gefunden. Bei diesem Erkenntnisakt unterstützt uns das eigene Horoskop.

– Zum zweiten brauchen wir die freie, ungezwungene Entscheidung für die persönliche Entwicklung und die Bereitschaft, uns bewußt und mit ganzer Kraft auf diese Entwicklung zu konzentrieren.

Sind wir eines Tages soweit und wollen den Aszendenten entfalten, brauchen wir Hinweise und Anhaltspunkte. Wir erhalten sie aus unserem eigenen Horoskop, aus dem kosmischen Tierkreis und aus dem Mythos: Mythos und Tierkreis zeigen uns die archetypische Entfaltung, das eigene Horoskop überträgt den Archetyp auf unseren persönlichen Weg.

Astrologie, Aszendent und Mythos

Im nächsten Abschnitt lernen wir den Mythos von Orion kennen, der uns den archetypischen Weg der Entfaltung des Aszendenten aufzeigt. Die Deutung ermöglicht uns, den Mythos zu verstehen und ihn auf den Tierkreis zu übertragen. Als letztes bleibt dann, die Verbindung herzustellen zwischen dem sich ergebenden Archetyp und dem persönliche Horoskop sowie den einzelnen Aszendenten.

Doch klären wir zuerst die Bedeutung von Mythen in der Astrologie. Werfen wir nochmals einen Blick an den Sternenhimmel. Wir sahen bereits, daß die »Wandelsterne« (Sonne, Mond und Planeten) einen geschlossenen Kreis in den Himmel zeichnen. Gemessen an der festgefügten Position der Fixsterne, bewegen sie sich um ein Zentrum. Der von ihnen durchwanderte Kreis ist der Tierkreis, eingeteilt in zwölf Abschnitte, den sogenannten Tierkreiszeichen. Warum es gerade zwölf Zeichen sind, ist einfach zu beantworten. Seit jeher empfindet der Mensch die Welt in ihrer räumlichen Ausdehnung aufgebaut aus vier Elementen: Feuer, Wasser, Luft und Erde. Deshalb steht auch die Zahl Vier für alles Sichtbargewordene, für die Materie und für den Raum. Bringen wir in den Raum die Zeit, so entsteht Bewegung. Alles Sichtbare, das sich in Bewegung befindet, kennt drei zeitlich aufeinanderfolgende Zustandsformen: Das Entstehen (Geburt und Werden; astrologisch: kardinal), das Bestehen (Existenz und Sein; astrologisch: fix) und das Vergehen (Sterben und Tod; astrologisch: veränderlich). In unseren Jahreszeiten können wir die Analogien zu diesen Zustandsformen leicht finden. Wenn es im Raum vier Elemente gibt und für jedes Element in der Zeit drei Zustandsformen, erhalten wir in Raum und Zeit insgesamt zwölf unterschiedliche Prinzipien – die Tierkreiszeichen. In der Welt, in der wir leben, stellen diese zwölf Prinzipien die Grundbausteine dar, aus denen alles in Raum und Zeit Existierende aufgebaut ist. Der Mensch hat diese Grundbestandteile als zwölf Bilder eines zusammenhängenden Kreises an den Himmel projiziert, um dort für immer und ewig diese gewonnene Erkenntnis zu verankern und zu speichern.

Damit sind wir bereits beim Wesen der Mythologie. Ausgehend vom Tierkreis hat der Mensch den Himmel in Sternbilder eingeteilt, ein jedes wohlgeordnet an seinem Platz in der genau richtigen Position. Sie dienen – so würden wir in der modernen Computersprache sagen – als »Speicherplätze« für bestimmte Mythen. Weil in Mythen und Märchen die essentiellen Grunderfahrungen und Grundgesetze menschlichen Lebens und Wirkens niedergelegt sind, lohnt es sich, sie zu speichern. Daß wir heute Mythen und Märchen nicht mehr verstehen, heißt noch lange nicht, sie seien längst überholt und daher bedeutungslos. Nein, es verhält sich umgekehrt: Ihre Bedeutung ist nach wie vor zeitlos, ewig gültig und exakt zutreffend – doch wir haben verlernt, sie zu deuten. An uns liegt es, nicht an den Mythen, daß wir für unser Leben und unsere Entwicklung aus ihnen keinen Nutzen mehr ziehen können. Weil wir die Deutung und das Deuten verlernt haben, ist in Wahrheit unser Leben in die (Be-) Deutungslosigkeit abgerutscht. Auch die traditionelle Astrologie von heute ist zum Teil diesen Weg mitgegangen. Wohl bietet sie uns umfassende Bücher voller Zuordnungen, abstrakter Begriffe und Techniken, aber vom Mythos weiß sie nur noch wenig. Sie ist unübersichtlich, vielfältig und verwirrend geworden – ganz dem Zeitgeist gemäß. Der Lernende wird in Seminaren nicht mehr über die jeweiligen Mythen herangeführt an die eigene Deutung der Sternbilder, Tierkreiszeichen und Planetenkräfte, sondern bekommt gleich die fertigen Antworten und Erklärungen geliefert. Kein Wunder, daß er später in der Deutung eines Horoskops versagt, weil die verwirrende Vielfalt ihn erdrückt, und die Fähigkeit der selbständigen Deutung nicht entwickelt ist. Wenn wir bedenken, daß es eine Unzahl von Mythen gibt, die alle Planeten und Zeichen im Horoskop beschreiben und von ihrer Wechselwirkung berichten, dann stimmt es nicht gerade hoffnungsfroh, wenn wir hören, daß die meisten Astrologen diese Mythen weder kennen noch ihre tiefere Bedeutung ahnen.

Das neue Zeitalter wird sicherlich die Irrungen und Sackgassen des Fischezeitalters eines Tages überwinden, auch in der Astrologie. Der Wassermann, der dieses neue Zeitalter prägen wird, gilt im Mythos als der Mensch, der die Wasser der Weisheit und des Wissens ausschüttet. Diese Wasser der Weisheit besitzen die reinigende Kraft, wieder Klarheit und Eindeutigkeit in die Astrologie zu bringen. An der Weisheit und am Mythos orientiert, werden alle erstarrten Deutungstechniken und festgefahrenen Lehrsysteme im Meer des endenden Fischezeitalters untergehen. Wir werden erkennen, daß das Deuten der Sternzeichen und Mythen eine stetig sprudelnde Quelle, aber auch ein nie zum Stillstand kommender Fluß ist. Wer immer ein »System« entwickelt, zwingt den Fluß zum Stillstand – und die Quelle wird für ihn versiegen. Was wir in Zukunft brauchen, sind intuitive, an der sprudelnden Quelle sitzende Astrologen, die das »Wasser der Weisheit« vom Himmel holen und es zur Befruchtung an die Erde und an die Menschen weiterleiten. Jetzt wird der Astrologe zum Kanal, durch den diese »Wasser« ungehemmt fließen, wohl wissend, daß er nicht selbst die Quelle der Weisheit ist. Der eigene Größenwahn schwindet, Bescheidenheit kehrt ein, und wir finden uns wieder eingebettet in die große kosmische Ordnung – so wie wir es empfinden, wenn wir unter dem nächtlichen Sternenzelt sitzen, und in uns das Ewige sich mit dem Zeitlichen verbindet.

Um zum Archetyp der Entfaltung des Aszendenten zu kommen, werden wir uns an den Mythos von Orion wenden und ihn deuten. In vielen Mythen wird am Ende die zentrale Figur – ein Halbgott, ein Mensch oder ein Tier – als Sternbild an den

Himmel erhoben. Auch Orion, der größte Jäger seiner Zeit, erhielt dort einen Platz. Diese Position am Himmel ist nicht zufällig, nein, alle Sternbilder haben dem Mythos gemäß die richtige Position, bezogen auf den Tierkreis und die übrigen Sternbilder. Sie sind geordnet und aneinander gereiht wie Buchstaben in Worten und Worte in Sätzen. Liegen Sternbilder nebeneinander, hat dies einen tieferen Sinn, den wir im Vergleich der jeweiligen Mythen finden können. Das nachts so hell und unverwechselbar leuchtende Sternbild des Orion ist – ein wenig unterhalb – zwischen den beiden Sternbildern Stier und Zwillinge eingefügt. Schon diese Plazierung setzt ein Zeichen: Der Mythos von Orion erzählt vom Übergang.

Stier kennen wir als fixes Erdzeichen. Es ist das Prinzip der Verfestigung und Verwurzelung, seine Symbole sind der eigene Bereich, der ein- und abgrenzende Zaun sowie dessen Sicherung und Einhaltung. Aphrodite/Venus, die Göttin der Liebe, der Schönheit und der Harmonie, ist als Planet zugeordnet. Uns mag es darauf hinweisen, daß Harmonie und innerer wie äußerer Friede nur zu erreichen sind, wenn wir – geistig, seelisch und körperlich – jene Bereiche unser eigen nennen können, die wir lieben, und wenn wir bereit sind, alle gezogenen Grenzen einzuhalten. Was wir innigst lieben, das gehört zu uns, und niemand macht es uns streitig. Dinge, an die wir uns aus anderen Gründen binden, heißt es loszulassen – wir werden sie ohnehin verlieren, auch wenn wir um sie kämpfen.

Zwillinge kennen wir als veränderliches Luftzeichen. Es ist das Prinzip des Interesses, der Neugier und der grenzüberschreitenden Verbindung. Hermes/Merkur, der Götterbote und Herr der Grenzsteine, ist als Planet zugeordnet. Kommunikation gehört dabei ebenso zu ihm wie jeglicher zwischenmenschlicher Austausch und Handel, Unvoreingenommenheit allem Fremden gegenüber sind ihm ebenso eigen wie Flexibilität in allen Lebenslagen.

Betrachten wir im Tierkreis den Übergang vom Zeichen Stier zum Zeichen Zwillinge, so können wir uns vorstellen, wie gewaltig diese Anstrengung sein wird und welch ungeheurer Kräfte es dazu bedarf.

Alte, liebgewonnene Verfestigungen und Annehmlichkeiten zu verlassen, um in die Fremde zu gehen, war für uns Menschen nie einfach. Werden wir dabei nicht selbst zum Verlassenen, zum Einsamen, zum Verlorenen? Werden wir nicht dem sicheren Untergang entgegengehen? Im biblischen Mythos finden wir die Parallele dazu in der Geschichte vom verlorenen Sohn. Die Schwierigkeit dieses archetypischen Übergangs können wir fast täglich überall sehen und am eigenen Leib erfahren. Starke Kräfte in uns streben nach Besitz und Stabilität, nach fester Beziehung und Verwurzelung. Schaffen wir es, lassen diese Kräfte immer noch nicht nach. Wir streben danach, das Erreichte auch für die Zukunft und den Rest des Lebens abzusichern. So gesehen steht das fixe Erdprinzip Stier für jegliche Form der ausdauernden Beharrung und vor allem der daraus resultierenden Erstarrung, selbst wenn sie sich am Ende gegen die Entwicklung und damit gegen uns selbst richtet. Der Mythos vom Stier erzählt ausführlich darüber und klärt auf über die Folgen: Verlust der Liebe, Verirrung im Labyrinth, Zerstörung des eigenen Lebensraumes. Dreht sich das große »Rad des Lebens« weiter, heißt es eines Tages Abschied nehmen. Alte Verhaltensweisen, alte Lebensbereiche, alte Beziehungen dienen der Entwicklung nicht mehr, Liebe und Leben sind aus ihnen gewichen. Weil sie uns zur Gewohnheit geworden sind, drehen wir uns im Kreis, ohne wirklich weiterzukommen. Hermes/Merkur, der Götterbote, bringt uns Angebote und bietet uns Möglichkeiten, unser Labyrinth zu verlassen. Unermüdlich müht er sich, damit wir uns auf ihn und das Fremde einlassen. Er und das Zeichen Zwillinge wollen uns die Grenzenlosigkeit des menschlichen Wesens näher bringen. Deshalb führt uns Hermes zu unseren Beschränkungen und Hemmungen, um zu zeigen, daß sie von uns selbst errichtet sind. Er weist uns nach, daß sie lediglich aus dem Spiel von Licht und Schatten entstehen, und lockt uns, über diese Schatten zu springen. Gelingt es ihm, die Neugier zu wecken und zu stärken, werden wir eines Tages unsere Ängste überwinden. Gelingt es ihm nicht, bleiben wir im alten Muster haften und kommen unter den Druck plutonischer Transformationskräfte.

Orion ist es gelungen, er hat sein altes Leben und seine gewohnten Sichtweisen überwunden, das macht ihn zum Vorbild und Archetyp für alle Menschen. Auf seinen Weg bekommt er von den Göttern Zeus/Jupiter, Poseidon/Neptun und Hermes/Merkur den entsprechenden Samen mit. Sein Werk ist es, diesen Samen aufgehen zu lassen, ihn zu entfalten und der Welt sichtbar zu machen, damit – angeregt von seinem Sternbild – jeder Mensch diesen Weg erkennen und gehen kann. Es ist der Weg unserer sich offenbarenden Seele, der am Aszendenten beginnt, durch den ganzen Tierkreis hindurch geht und am Ausgangspunkt endet.

Aszendent und Häuser

Wir kennen in der Astrologie den Aszendenten als Spitze des ersten Hauses. Für viele von uns klingt dies wie eine Identität: Aszendent gleich erstes Haus. Doch Aszendent und Häusersystem sind von unterschiedlicher Natur. Beginnend am Punkte des Aszendenten teilt die Astrologie den (statischen) Raum auf in zwölf Bereiche, den sogenannten Häusern. Dies bedeutet lediglich, daß sich Aszendent und Spitze des ersten Hauses im Horoskop am gleichen Punkt befinden, ansonsten besteht wenig Ähnlichkeit. Während die Häuser ihrem Namen Ehre machen und ein ganzes Leben lang »stabil« bleiben, spricht der Aszendent zu uns von Wandlung. Er verbindet den Raum mit der Zeit, bringt dadurch Bewegung ins Horoskop und weist den Horoskopeigner auf seinen persönlichen Lebens- und Entwicklungsweg hin. Dort – am Aszendenten – ist der Ausgangspunkt festgelegt, der Weg selbst geht – am Ausgangspunkt beginnend – Stufe für Stufe und Phase für Phase durch den Tierkreis.

Dabei gibt der Tierkreis durch seine Drehung die Dynamik in Raum und Zeit wieder. In Analogie zum zeitlichen Ablauf, gemessen in Monaten und Jahreszeiten, folgt im Tierkreis auf das Zeichen Widder das Zeichen Stier, auf Stier das Zeichen Zwillinge, auf Zwillinge das Zeichen Krebs, usw. Betrachten wir den Weg durch den Tierkreis, so liegt es nahe, diesen Weg in zwölf Stufen einzuteilen. Jede Stufe würde dabei einem Übergang von einem Tierkreiszeichen zum nächsten entsprechen. Auch können wir je drei Stufen zu einer Phase zusam-

Aszendent und Häuser

menfassen, in einer gewissen Analogie zu den vier Tierkreisquadranten erhalten wir dann vier Phasen der Entfaltung des Aszendenten. Wichtig ist dabei, daß wir die stufenweise Entfaltung des Aszendenten durch den Tierkreis hindurch nicht mit den zwölf Häusern verwechseln. Vor allem treten zusätzliche Mißverständnisse auf, wenn wir nicht das äquale Häusersystem verwenden, bei dem alle Häuser gleich groß sind, sondern ein anderes (z.B. Placidus oder Koch).

Wir können den Tierkreis »dynamisieren«, indem wir statt von zwölf fest vorgegebenen Tierkreiszeichen von zwölf Übergängen sprechen. Die Vorstellung des Übergangs von einem Tierkreiszeichen zum nächsten bringt nämlich den Tierkreis in Bewegung, wirft aber gleichzeitig schwierige Fragen auf. Wir kennen das Prinzip Widder, wir kennen das Prinzip Stier, wir kennen die restlichen zehn Prinzipien, aber wie sind die Übergänge zu verstehen?

Nehmen wir als Beispiel den Übergang vom Widder zum Stier. Was sollten wir einem Menschen empfehlen, der diesen Weg vor sich hat? Erzählen wir ihm vom Widder, nützt dies wenig, weil sein Weg ihn vom Widder wegführen soll. Erzählen wir ihm vom Stier, nützt es auch nicht viel, weil er vom Stier noch zu weit entfernt ist. Es ist, als würden wir einem Autofahrer, der beispielsweise von München nach Hamburg fahren will, die Städte München und Hamburg näher beschreiben in der Hoffnung, ihm dadurch den Weg zu verdeutlichen. An diesem Beispiel sehen wir, daß die Beschreibung von Übergängen mit den üblichen astrologischen Methoden nicht funktionieren kann. Und noch eines lehrt uns das Beispiel: Um den Weg von München nach Hamburg zu finden, müssen wir dem Autofahrer in jedem Fall zeigen, wie er aus München heraus und wie er nach Hamburg hineinkommt. Übertragen auf den Übergang vom Widder zum Stier müßten wir also einem Menschen zeigen, wie er sich einerseits vom Prinzip Widder lösen kann und wie er andererseits das Prinzip Stier langsam in sich entstehen, wachsen und reifen lassen kann. Gehen wir in diesem Sinne durch den ganzen Tierkreis, so sehen wir, daß Leben in Raum und Zeit ein immerwährendes, ineinander verschlungenes Entstehen und

Vergehen ist. Jedes Geborenwerden bedingt gleichzeitig ein Sterben, dies ist das Gesetz der Wandlung. Auch wir Menschen sind in diese Welt gekommen, um dieses Gesetz zu erkennen – und es eines Tages zu beherrschen. Von unseren Ahnen ist uns dieses Gesetz als »Rätsel der Sphinx« erhalten und überliefert worden, an uns liegt es, den Weg der Wandlung zu vollziehen und damit das große Rätsel der Menschwerdung zu lösen.

Das Rätsel der Sphinx
Es steht mit zwei Füßen auf der Erde, und mit vier Füßen – dieses Wesen, das eine Stimme hat –, ja auch mit drei Füßen, und es ist das einzige von all denen, die als auf der Erde, in der Luft und im Wasser sich Tummelnde geboren werden, das seine Natur verwandeln kann, und wenn es sich mit der größten Anzahl Füße, kriechend, fortbewegt, so ist die Schnelligkeit seiner Glieder am geringsten.

Zweiter Teil

Grundlagen

Mythos von Orion

Herkunft

1. Hyrieus bewirtet gastfreundlich drei Männer, ohne zu wissen, daß es sich bei den drei Männern um Zeus, Poseidon und Hermes handelt. Er opfert für das Gastmahl seinen letzten Stier. Zum Abschied erzählt Hyrieus den Göttern von seiner überaus geliebten Frau, die gestorben ist, und von der Ehe, die kinderlos geblieben ist. Er gesteht ihnen, daß er sich sein ganzes Leben lang am meisten einen Sohn gewünscht habe. Die Götter lohnen ihm seine Gastfreundschaft: Sie hinterlassen ihren Samen in der Stierhaut und fordern Hyrieus auf, die Stierhaut in der Erde einzugraben. Nach neun – manchmal heißt es auch zehn – Monaten entspringt dieser mystischen Zeugung Orion.
2. Als Eltern von Orion werden auch Poseidon und Euryale (Tochter vom Stierkönig Minos) genannt.

Der Mythos

Orion wächst zum gewaltigen Jäger heran. Eines Tages trifft er mit dem Weinbauern Oinopion zusammen, der ihn beauftragt, alle wilden Tiere in seinem Land zu jagen und zu erlegen. Nach getaner Arbeit feiert Orion im Haus des Oinopion und vergewaltigt in seiner Trunkenheit Merope, die Tochter (bzw. Frau) des Oinopion. Oinopion ist erbost, macht den Orion vollends trunken, blendet ihn und wirft ihn an die Küste des Meeres.

Das daraufhin befragte Orakel teilt Orion mit, er könne nur Heilung finden, wenn er die leeren Augenhöhlen der aufgehenden Sonne aussetze.

Der blinde Orion hört plötzlich Schmiedegehämmer aus

der Ferne. Er watet durchs Meer – wobei er so groß ist, daß er stets mit dem Kopf herausschaut – und kommt nach Lemnos, zur Schmiede des göttlichen Hephaistos. Kedalion, der Lehrmeister (bzw. Lehrling) des Hephaistos setzt sich auf die Schulter des Riesen und führt Orion der Morgenröte Eos und der aufgehenden Sonne entgegen. Helios, der Sonnengott, heilt ihn und gibt ihm das Augenlicht zurück. Sogleich kehrt Orion zu Oinopion zurück, um sich zu rächen. Doch Hephaistos (bzw. Poseidon) baut eine unterirdische Kammer, in der sich Oinopion vor der Rache des Orion verstecken kann.

Nun läßt Orion von seiner Rache ab. Er verliebt sich in die göttliche Jägerin Artemis und geht mit ihr nach Kreta auf die Jagd.

Ende des Orion

1. Die Erde bringt einen riesigen Skorpion hervor, der den Orion tötet, indem er ihn mit seinem gewaltigen Stachel in den Kopf sticht. Orion und der Skorpion werden gleichzeitig von Artemis an den Himmel gesetzt – sich im großen kosmischen Tierkreis gegenüberstehend.
(Das Sternbild des Orion ist – dem Sternbild des Skorpion gegenüber – zwischen Stier und Zwillinge am Himmel plaziert. Orion liegt unterhalb der Ekliptik; diese unter Hälfte wird auch als »das große Wasser« bezeichnet, aus dem zu bestimmten Jahreszeiten nur der »Kopf des Orion« herausragt!)
2. Apollon fürchtet, daß sich seine Schwester Artemis in Orion verliebt. Als er mit ihr zusammen ist, macht er von einer List Gebrauch: Er fordert sie auf, ihre Schießkünste mit Pfeil und Bogen zu beweisen. Er deutet auf einen weit entfernten, schwarzen Punkt im Meer, den solle sie treffen. Artemis, die »Ferntreffende« genannt, trifft sogleich das Ziel – doch es stellt sich heraus, daß sie den Kopf des aus dem Wasser ragenden Orion getroffen hat. Sie weint um den toten Orion und setzt ihn zum Ausgleich an den Sternenhimmel.

Und es sagte Jesus:
»*Zur Richtigstellung bin ich in diese Welt gekommen, damit die nicht Sehenden sehen und die Sehenden blind werden.*«

(Joh 9/39)

Deutung des Mythos

Wenn wir in diese Welt hineingeboren werden, gehen uns »die Augen auf«. Von nun an blendet uns der Widerschein der Welt. Wie Orion entwickeln wir unsere weltlichen Stärken, werden zu Tatmenschen und zu Jägern – jeder nach seiner Art. Wir erfahren das Gute und Böse, das Angenehme und Unangenehme, Freude und Leid – und wir beginnen uns zu verirren. Wir jagen nach dem Glück, greifen nach all den »Äpfeln«, mit denen uns die Welt lockt, beißen hinein und gebrauchen unsere Erkenntnisfähigkeit, um falsche Schlüsse zu ziehen: Schmeckt uns der Apfel, dann nennen wir den Apfel »gut«, schmeckt er uns nicht, dann nennen wir ihn »schlecht«. Ohne es zu ahnen, unterliegen wir einer großen Täuschung. Wir verwechseln innen mit außen: Daß uns der Apfel gut schmeckt, liegt nämlich gar nicht am Apfel, sondern einzig und allein in uns selbst. Obendrein wäre dies leicht einzusehen, da derselbe Apfel, der uns schmeckt, schon unserem Freund oder Nachbarn möglicherweise weniger gut schmeckt. Die Ursache von »gut« oder »böse« liegt also niemals im Außen, sondern ist stets nur in uns und in unserer persönlichen Eigenart begründet.

Wir mögen hier einwenden, daß es keine große Rolle spielt, wer oder was die Ursache ist, doch der biblische Mythos ist hier ganz anderer Meinung. In dieser scheinbar »banalen« Ursachenvertauschung sieht er den Urgrund dafür, daß der Mensch das Paradies verlassen muß und einen dornenreichen und schmerzlichen Erkenntnisweg voller Verirrungen und Wirrungen zu durchlaufen hat, bis er eines Tages wieder dorthin zurückkehrt, woher er gekommen ist. In diesem Zusammenhang sei daran erinnert, daß unter anderem Euryale als Mutter des Orion genannt wird. ›Euryale‹ heißt übersetzt etwa soviel wie ›weitverbreiteter Irrtum‹. Auch Orion, stellvertretend für uns alle, unterliegt Maya, der »großen Illusion«, wie es der Osten nennt. Die Ursache seines Glücks sieht er in der äußeren Welt. Alle vergangenen Gut-Erfahrungen projiziert er dort hinein, um – vom Widerschein der eigenen Projektion geblendet – den irdisch-sterblichen Dingen nachzujagen. Dabei kennt er als größter Jäger seiner Zeit weder Maß noch Ziel. Alles, was existiert und sich ihm bietet, ist ihm, so meint er, erlaubt, zu erbeuten – und, wenn es sein muß, auch mit Gewalt.

In diese Lebensphase kommt nahezu jeder von uns. Es ist die Phase, in der für uns nur die sichtbare Welt existiert, sonst nichts. Wir jagen allem nach, was wir für gut heißen, und lehnen alles ab, was uns böse erscheint. So sehr binden wir uns an das Sichtbare, daß uns das Unsichtbare, das Jenseitige, das Überirdische, das Geistige und das Seelische fremd werden. Für viele von uns gibt es jenseits des Sichtbaren und Beweisbaren nichts anderes mehr: Alles ist Körper, alles ist Materie, alle Funktionen sind erklärbar aus der Materie heraus, und alles andere ist ihrer Meinung nach Einbildung oder Phantasie. Gott, Geist, Seele, so sagen sie, seien lediglich Erfindungen einfältiger Menschen.

Solange wir in dieser Betrachtungsweise verharren, ist unsere geistig-seelische Entwicklung blockiert. »*Wenn du von dem Baum ißt, wirst du sterben!*«, so drückt diesen geistigen Erstarrungszustand der biblische Mythos aus. Naturgemäß geraten wir alle eines Tages in diese Entwicklungsblockade, doch wir haben alle Chancen, uns davon wieder zu befreien. Wie lange es dauern wird, hängt wohl von vielen Faktoren ab, in erster Linie aber von uns selbst. Öffnen wir uns für die andere Welt, tun wir bereits den ersten Schritt. So wie Orion durch den Genuß und die Wirkung des Weines zum erstenmal Zugang bekommt zu einer »anderen Welt«, können auch wir uns über mannigfaltige Art und Weise den Zugang verschaffen. Die Welt des Geistes können wir über Meditation ebenso erfahren wie über intensive Beschäftigung mit Astrologie, über ekstatische Tänze ebenso wie über kreative Gestaltung, über ein Konzert ebenso wie über das Gebet. Machen wir uns offen, so fließt der Geist in uns ein. Wir nennen es Intuition, Eingebung, Traum, Vision, Idee. Sie kommen zu uns, wir wissen jedoch nicht woher. Nur eines wissen wir: Wir können sie nicht erzwingen. Ob uns zur rechten Zeit der richtige Einfall kommt, hängt einerseits zwar von unserer Bereitschaft und inneren Aufmerksamkeit ab, andererseits offensichtlich auch von einer uns durchdringenden Kraft. Welcher Einfall jedoch kommt, darauf scheinen wir überhaupt keinen Einfluß zu haben.

Erfahren wir die Welt des Geistes, geraten wir in Verzückung. Wir sind begeistert, sehnen uns nach mehr, möchten uns berauschen und vertiefen. Doch wie Orion im Mythos unterliegen wir weiterhin unserer Täuschung. Wieder binden wir die Ursache für unsere Begeisterung an das Sichtbare im außen. Ob es der Lehrer ist, der schnell zum allseligmachenden Guru erhoben wird, oder das geliebte Wesen an unserer Seite oder der astrologische Berater oder das alles offenbarende Buch, sie werden zum »Objekt im Außen«, ohne die wir scheinbar nicht mehr leben können.

Im Mythos ist es Orion, der – im weinseligen Rausch der Sinne – in Merope, der Gattin bzw. Tochter des Oinopion, die Ursache seiner Freude sieht. Er liebt zum erstenmal und möchte den Gegenstand, das Objekt der Liebe, erbeuten und für immer besitzen. Was jedoch dabei herauskommt, ist die Vergewaltigung von Merope und die Blendung durch Oinopion.

Wohl dürfen wir annehmen, daß Oinopion ein Bote des großen Weingottes Dionysos ist. Denn erst die Blendung des Orion sorgt dafür, daß er für die sichtbare Welt »das Auge verliert«. Er kann sich lösen von seiner Anhaftung an das Sichtbare, um Zugang zum Unsichtbaren und zu höheren Welten zu bekommen. So ist es nur folgerichtig, daß zu diesem Zeitpunkt das Orakel spricht. In der Urbedeutung des Wortes heißt »Orakel« soviel wie »Licht in sich aufnehmen«. Und Orion lernt seine Lektion und nimmt im wahrsten Sinne des Wortes Licht auf. Dieses Licht ist das Urlicht der Sonne, das befähigt, die Wahrheit zu sehen. Neben dem Sichtbaren, so beginnt er jetzt zu ahnen, gibt es noch das Verborgene, das Unsichtbare. Anders ausgedrückt: Orion erhält sein »drittes

Deutung des Mythos

Auge«, so daß er von nun an zur überirdischen und überweltlichen Göttin Artemis Beziehung aufnehmen kann. Zwar berichtet uns der Mythos von Rachegedanken und einem »Beinahe-Rückfall« des Orion, doch er berichtet auch von Wandlung und Änderung – Orion entscheidet sich für die Gemeinsamkeit mit Artemis.

In diesem Stadium der geistig-seelischen Entwicklung des Menschen ist offensichtlich ein vollständiger Rückfall in alte Denk- und Vorstellungsweisen ausgeschlossen. Haben wir uns erst einmal geöffnet und das Undenkbare, das Überweltliche, das Göttliche zugelassen, befinden wir uns auf dem Rückweg zum Paradies. Wohl mag auch dieser Rückweg seine Tücken haben, doch ein erneutes sich Verirren scheint endgültig unmöglich zu sein. Der Mythos stimmt uns hoffnungsfroh: Der Stachel des Skorpion tötet den sterblichen Teil des Orion, so daß der geläuterte Geist des einstmal großen Jägers uns vom Himmel her als wegweisendes Sternbild weiterhin dienen kann. In diesem Zusammenhang wird auch der Name ›Merope‹ bedeutsam. ›Meros‹ heißt übersetzt soviel wie ›Teil, Anteil, Rolle‹. Das Wort ›merops‹ selbst gebrauchen die Poeten als Synonym für ›sterblich‹. Dies mag uns daran erinnern, daß unser irdisches Dasein lange Zeit nur eine Art Rolle ist. Wir sind der Darsteller unserer Wünsche, unserer Gedanken und unserer Vorstellungen. Das Schicksal übernimmt die Funktion des Regisseurs, die Erde ist die Bühne. Vom regieführenden Schicksal kommen die Impulse und Anregungen, nach denen wir handeln. Wir glauben zwar, Jäger zu sein, doch in Wirklichkeit ist es eine einzige, große Täuschung: Wir sind die Gejagten, später die Gehetzten und am Ende die Erlegten. Der Tod, von dem Gott zu Adam spricht, ist nicht der Tod des Körpers, sondern der Stillstand des Geistes. Der Mythos weiß um diese Zusammenhänge, deshalb kann Orion erst dann an den Himmel kommen, wenn er sich Artemis und dem Jenseitigen zuwendet, und wenn Merope, die sterbliche Hülle, von ihm abfällt. Jetzt hat er endgültig die große Illusion überwunden.

Hier steht er nun als strahlendes, nächtliches Sternbild – zwischen den Tierkreisbildern Stier und Zwillinge eingefügt – seit Menschengedenken, um uns daran zu erinnern, daß jeder von uns die Orionkraft der Wandlung in sich trägt. Wir alle sind dort, wo wir zu sehen vermeinen, blind, während wir dort, wo wir sehen sollten, erst unsere Blindheit ablegen müssen.

Mythos, Astrologie und Aszendent

Kein anderer griechischer Mythos stellt einen so engen Bezug zum Aszendenten her wie der Mythos von Orion: Das verlorene Augenlicht, der Weg nach Osten zur aufgehenden Sonne, die Heilung durch Helios, den Sonnengott.

In der Astrologie kennen wir den Aszendenten als das zum Zeitpunkt der Geburt am östlichen Horizont aufsteigende Tierkreiszeichen (Stets bezogen auf den irdischen Tierkreis!). Unabhängig vom jeweiligen Sonnenstand weist der Aszendent unmittelbar nach Osten. Der Osten, auch Orient genannt, steht seit altersher für unsere geistig-seelische Orientierung. So soll uns ein Leben lang unser Aszendent daran erinnern, welches Prinzip im Tierkreis den Anfang setzen und die geistige Führung übernehmen will, damit wir aus der Dunkelheit des Unbewußten heraustreten und ins Licht der Selbsterkenntnis hineinschreiten können.

Betrachten wir einmal den Orionmythos in seiner zeitlichen Entfaltung. Unschwer läßt sich die Zeitspanne von der Blendung durch Oinopion bis hin zur »erleuchtenden« Begegnung mit Helios als Kern des Mythos festlegen. Hier wird, um es auf einen Nenner zu bringen, Ansicht in Einsicht verwandelt. Der Blick nach Außen wird weggenommen, das innere Auge geöffnet.

Der Mythos selbst ist um dieses Zentrum herum aufgebaut. Ohne ihn zu beschränken, dürfen wir annehmen, daß dieser Kern im Mythos dem ewigen und immerwährenden Hier und Jetzt entspricht. Daraus können wir schließen, daß jeder von uns ein Leben lang die Chance hat, umzukehren und den Blick nach innen zu wenden.

Für jeden denkenden Menschen scheint sich die Welt aufzuteilen in eine äußere (sichtbare) Welt und eine innere (weniger sichtbare) Welt. Das Horoskop spiegelt diese menschliche Weltanschauung in wunderbarer Weise wieder: Der sogenannte Horizont – vom Aszendenten bis zum Deszendenten – trennt den ganzen Tierkreis in eine obere Hälfte, die der äußeren Welt entspricht, und eine untere Hälfte, die unserer inneren Welt entspricht. Und genau der Aszendent weist auf das Tierkreiszeichen, das beide Welten sowohl voneinander trennt, als auch miteinander verbindet. Damit symbolisiert er das zeitlose Hier und Jetzt in unserem Horoskop. Der Aszendent definiert, so paradox es uns auch erscheinen mag, gleichzeitig das, was wir waren, das, was wir sind, und das, was wir werden. Mit unserer Geburt besteigen wir – gewissermaßen am Punkt des Aszendenten – den Tierkreis, der uns das Gesetz der Zeit, den Logos widerspiegelt. Wie ein Same wird das Prinzip des Aszendentzeichens in unser Innerstes hineingelegt, um im Laufe des Lebens Stufe für Stufe entfaltet zu werden. Unsere Seele steigt hinab in die irdisch-körperliche Welt, um sich zu manifestieren. Doch mit der Manifestation, der Verkörperung, gehen uns »die Augen auf«, wir verlieren und verirren uns im täuschenden Schein des gespiegelten Lichts und werden wie Orion zum Jäger in dieser Welt, die jenseitige Welt, das Paradies, das Göttliche dabei völlig vergessend. Wäre in uns nicht der Aszendent als Same gelegt, wir würden niemals zurückfinden. Dem mythischen Bewußtsein der alten Griechen war es noch offensichtlich, daß ein Sternbild, das zur Zeit der Geburt am östlichen Horizont aufsteigt, von einzigartiger Bedeutung für den Entwicklungsweg des Neugeborenen ist. Wie ein unübersehbares Zeichen gibt es unserem Leben die Orientierung, die wir benötigen, damit unsere Seele wieder nachhause findet.

Wie sollen wir nun konkret und praktisch umgehen mit dem Hinweis, den uns der Aszendent gibt? Er verweist uns auf ein Tierkreiszeichen, das stimmt, doch was können wir damit anfangen?

Hier hilft uns, wie so oft, die Mythologie. Kehren wir also zurück zum Mythos des Orion. Wir erkannten bereits, daß der Mythos uns darauf verweist, nach »Osten« zu gehen, dem aufsteigenden Zeichen entgegen. Dort erhalten wir von der aufgehenden Sonne selbst das Licht, das unsere äußeren Ansichten in innere Einsichten verwandelt. Dabei dürfen wir annehmen, daß mit der »aufgehenden Sonne« auch das Aufgehen unserer Sonne im eigenen Horoskop gemeint ist. Von Orion wissen wir, daß dieser Weg möglich ist. Er symbolisiert den Archetyp, der für uns Menschen diesen Weg vorzeichnet, damit wir ihn nachgehen können. So gesehen ist er ein großer Held, dem berühmten Herakles nicht unähnlich.

Doch welche Kräfte und Fähigkeiten ermöglichen es Orion, seinen Weg zu gehen?

Schauen wir uns einmal die Herkunft Orions genauer an, denn sie müßte uns Auskunft geben über seine Anlagen und Fähigkeiten. Vom Mythos erfahren wir, daß Zeus (lateinisch: Jupiter), Poseidon (lateinisch: Neptun) und Hermes (lateinisch: Merkur) ihren Samen spenden. Die göttlichen Samen werden in eine Stierhaut eingewickelt, und nach neun (bzw. zehn) Monaten wird Orion geboren. Als sicher dürfen wir annehmen, daß der Mythos hier wichtige Zeichen setzen will. Wer sich ein wenig mit Astrologie und Horoskopie beschäftigt hat, wird bereits bei der Nennung der drei Götter aufhorchen. Alle drei kennen wir in der Astrologie und natürlich auch aus unserem eigenen Horoskop als Planeten.

Nun ist es wichtig, zu verstehen, daß Mythen stets das Archetypische beschreiben, niemals das Spezielle. Das heißt erst einmal, daß wir nicht so ohne weiteres einen Mythos auf unser spezielles Horoskop übertragen können. Zuerst ist es notwendig, das archetypische Horoskop zu betrachten.

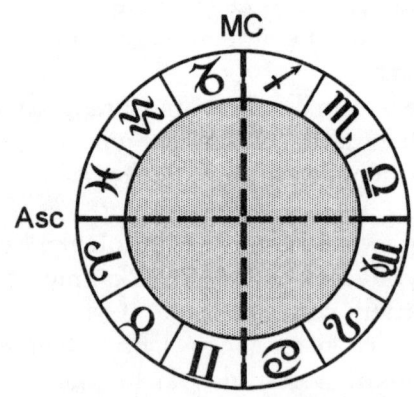

Das archetypische Horoskop

Mythos, Astrologie und Aszendent

Im archetypischen Horoskop fallen der Aszendent und das Tierkreiszeichen Widder (auf 0° Widder) zusammen. Zum Aszendenten gehört ein rechtwinkliges Kreuz, das den gesamten Tierkreis in vier gleichgroße Quadranten teilt. Wir sprechen dabei von der (waagrechten) Achse Aszendent (AC) – Deszendent (DC) und der (senkrechten) Achse Immun Coeli (IC) – Medium Coeli (MC). Jeder Quadrant besteht dabei je aus einem kardinalen (dem ersten), einem fixen (dem mittleren) und einem veränderlichen (dem letzten) Tierkreiszeichen. Nehmen wir die drei samenspendenden Planetengötter Zeus, Poseidon und Hermes (lateinisch: Jupiter, Neptun und Merkur) und ordnen sie ihren zugehörigen Tierkreiszeichen zu, stellen wir verblüfft eine Symmetrie fest: Alle veränderlichen Tierkreiszeichen – und nur sie – sind betroffen.

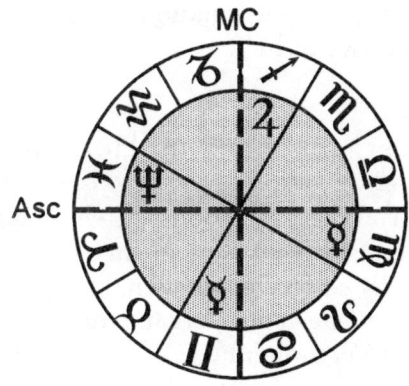

Merkur (☿), Jupiter (♃) und Neptun (♆) im archetypischen Horoskop

Der Weg des Orion ist der Weg des Übergangs, der Wandlung und der Veränderung. Und er liefert uns Hinweise auf die Entfaltung unseres Aszendenten: Gelingt es uns, in den veränderlichen Bereichen – angefangen mit den zwei Merkurbereichen (Analogie zu den Zeichen Zwillinge und Jungfrau), dann dem Jupiterbereich (Analogie zum Zeichen Schütze) und am Ende dem Neptunbereich (Analogie zum Zeichen der Fische)

– Schritt für Schritt wirkliche Wandlung herbeizuführen, entfaltet sich der Aszendent, wir entwickeln uns im Sinne unserer Seele und lösen uns aus unserer Verirrung.

So wird die Entfaltung unseres Aszendenten gleichzeitig zum Weg aus unseren Täuschungen und Illusionen. Mythos, Tierkreis und Horoskop geben uns dabei die Möglichkeit, unseren Entwicklungsweg jederzeit zu kontrollieren. Sie sind objektive Instanz und gleichzeitig Gewähr dafür, daß ein Rückfall in die Selbsttäuschung, die wir solange Zeit in unserem Leben betreiben, ausgeschlossen ist. Die Mythen, die Sterne und die Sternbilder sind unsere wahren Berater. Sie kennen das Göttliche, das Übergeordnete und das Geheimnis der Menschwerdung. Sie sind unvoreingenommen und spiegeln das wahre, göttliche Licht wider. Wir sollten lernen, uns an sie zu wenden. Über Eingebung und Intuition werden sie uns dann rechtzeitig die Informationen geben, die uns auf unserem Lebensweg weiterhelfen.

Die Vergangenheit im Horoskop

Verfolgen wir den »Weg des Orion« durch den Tierkreis ein wenig zurück. Ehe Orion sein Augenlicht verlor und sich dem Osten zuwendete, ist einiges geschehen. Er hatte im wahrsten Sinne des Wortes eine bewegte Vergangenheit.

Wir alle haben Vergangenheit. Ob wir dabei an unsere Kindheit denken oder an frühere Leben ist einerlei. Unsere Seele hat viele Erfahrungen gesammelt, die mehr oder weniger tiefe Eindrücke hinterlassen haben. Natürlich gibt es besondere Glückserfahrungen, die Höhepunkte des Lebens, und im gleichen Maße außergewöhnliche Leiderfahrungen, unsere Tiefpunkte. Sie prägen uns mehr als alle anderen Erfahrungen, denn aus ihnen kommen unsere Bewertungen und Urteile, die später zu Voreingenommenheit und Vorurteil führen. Können wir sie durch gegensätzliche Erfahrungen nicht ausgleichen und auflösen, entstehen am Ende daraus Verurteilung, Ablehnung oder Haß auf der einen Seite und Konkurrenz, Gier oder Habsucht auf der anderen Seite. Vielleicht tragen wir diese Prägungen über viele Leben hinweg mit

Die Vergangenheit im Horoskop

uns herum, ohne je zu wissen, woher sie kommen, und wie wir über ihre Schatten springen können. Die östliche Tradition spricht in diesem Zusammenhang von unserem Karma, das abzutragen wir in die Welt gekommen sind. Sicherlich dürfen wir annehmen, daß ein Abtragen des Karma Hand in Hand geht mit einer Veränderung und Wandlung des Menschen. Dies bringt uns zurück zum Aszendenten und zum Mythos des Orion. Vielleicht ist die Entfaltung des Aszendenten die einfachste und gleichzeitig menschlichste Art, sein »Karma einzulösen«. An sie sind nur zwei Bedingung geknüpft: Ein wenig Selbsterkenntnis und Freiwilligkeit! Wenn wir wissen, woher wir kommen, kennen wir auch unsere Schwierigkeiten, Einseitigkeiten und Verwicklungen. Und wenn wir wissen, wo wir im Moment stehen, können wir anfangen, den Aszendenten zu entwickeln.

Bleiben wir bei der Frage, woher wir kommen. Es ist die Suche nach unserer Vergangenheit, der Blick zurück in das »Reich der Vergessenheit«, wie es die alten Griechen nannten. Uns erscheint die Antwort auf diese Frage unmöglich. Woher sollen wir wissen, was sich alles im Dunkel der Vergangenheit, in den vielen durchlebten Leben ereignet hat, was es in uns ausgelöst hat und wie es noch heute aus dem Unbewußten heraus in unser Leben eingreift. Dennoch ist die Antwort viel einfacher, als wir denken. Ebenso wie unser Unbewußtes ein Speicher unserer ganzen Vergangenheit ist und stets in Verbindung ist mit unserem Bewußtsein, so finden wir im Horoskop Unbewußtes und Bewußtes eng miteinander verquickt. Vergangenes findet sich dort ebenso wie Gegenwärtiges und Zukünftiges. Dem Rad des Lebens gleich dreht sich der Tierkreis und zeigt dadurch die Zeit an. Vom Aszendenten ausgehend, der wie ein Uhrzeiger die Gegenwart – das ewige Hier und Jetzt – anzeigt, ist es deshalb nicht schwer, Vergangenheit und Zukunft zu bestimmen.

Versetzen wir uns dazu in die Situation des Neugeborenen. Der erste Schrei zeigt seine Ankunft in dieser Welt an, im Osten steigt gerade das Zeichen des Aszendenten empor. Von dieser Gegenwart gehen wir nun ein Stück zurück in die Vergangenheit – nur ein oder zwei Stunden. Dabei sehen wir das Aszendentenzeichen wieder zurückkehren in den dunklen, unterirdischen Bereich. Wir finden nun am östlichen Horizont das Zeichen, das im Tierkreis dem Aszendenten vorausgeht: Die Vergangenheit eines Tierkreiszeichens ist also stets das Zeichen vor ihm. Der Aszendent Widder hat seine Vergangenheit in den Fischen, der Aszendent Stier hat seine Vergangenheit im Widder, der Aszendent Zwillinge im Stier, und so geht es weiter den ganzen Tierkreis hindurch.

Wieder einmal zeigt es sich, daß die großen Zusammenhänge ganz einfach sind. Die Vergangenheit eines bestimmten Aszendenten zu ermitteln, heißt nichts anderes als das vorhergehende Zeichen zu betrachten. Auch der Mythos des Orion hat uns bereits auf diesen Zusammenhang aufmerksam gemacht. Poseidon/Neptun und Zeus/Jupiter gaben dem Orion ihren Samen mit. Die heutige Astrologie ordnet Poseidon/Neptun, die antike Astrologie Zeus/Jupiter den Fischen zu, jenem Zeichen also, das im archetypischen Horoskop (siehe S. 49) der Vergangenheit des Aszendenten entspricht.

Haben wir nun im eigenen Horoskop unsere »Vergangenheit« entdeckt, fragen wir natürlich nach ihrer Bedeutung. Hier heißt es für uns, erforderliche Erkenntnisarbeit zu leisten, ohne die wir in unserer Entwicklung nicht weiterkommen können. Alle unsere Prägungen, alle unsere Muster, alle Gewohnheiten, alle Wertvorstellungen und Bewertungen kommen aus diesem Zeichen. Insbesondere alles, was wir als »gut« annehmen und als »böse« ablehnen ist hier zu finden. Und das Entscheidende ist: Es ist tief verborgen in unserem Unbewußten. Zwar werden viele unserer Reaktionen davon gelenkt und beeinflußt, doch wir wissen nur wenig davon. Der Bereich unserer Vergangenheit entspricht symbolisch dem »Reich unserer Mütter«: Aus ihm heraus werden wir genährt, von ihm erhalten wir unsere Impulse, doch als noch unbewußtes »geistiges Kind« ahnen wir kaum etwas davon. Erst mit unserem geistig-seelischen Wachstum tauchen wir aus diesem Wasserreich auf – ähnlich dem Orion, dessen Kopf über dem Meer herausragt – und beginnen, unsere Muster, unsere Anhaftungen, unsere Gewohnheiten, unsere Bewertungen, unsere Vorlieben und Abneigungen zu beobachten und allmählich zu erkennen. Ist unsere Selbsterkenntnis genügend fortgeschritten, ist unser Entwicklungsdrang stark genug und ist unser Wille frei, werden wir uns aus dieser Vergangenheit lösen wollen. Das ist unabänderliches Entwicklungsgesetz des Menschen, der nach Vollkommenheit strebt und sich zurück zum Paradies sehnt. Indem wir unserer Vergangenheit nachspüren und sie erschauen, sehen wir auch, was uns zu dieser Vollkommenheit fehlt – und wir fassen eines Tages den Entschluß, das Fehlende dem Unvollkommenen hinzuzufügen.

Jetzt begeben wir uns in die Gegenwart des Aszendenten, bereit ihn über die vom Tierkreis vorgegebenen Stufen zu entfalten. Denn der Aszendent ist es, der uns aus der Vergangenheit herausführen und zum Fehlenden bringen wird. Er symbolisiert die Nahtstelle im Horoskop, die Vergangenheit mit Zukunft verbindet. Einer Brücke gleich vereint er in einem Entwicklungsweg das Vorhandene mit dem Fehlenden, damit wir wie Orion »die Welt neu sehen lernen«. Und die neuen Sichtweisen sind es, die zu neuen Einsichten führen und den Samen legen für die Überwindung all unserer alten Prägungen. So heben sich am Ende gut und böse gegeneinander auf: Wir erkennen, daß alles, was wir tun, und alles, was wir lassen, gleichermaßen gut und böse ist. So werden wir frei, um die im Horoskop angelegten Kräfte und Fähigkeiten zu leben und der Welt zur Verfügung zu stellen. Umgekehrt dürfen wir aber auch den Schluß ziehen, daß wir niemals zu unserer ganzen Kraftentfaltung kommen, niemals der sein werden, der wir von Geburt an (und dem Horoskop nach) sind, wenn es uns nicht gelingt, den Aszendenten zu entfalten.

Zum leichteren Verständnis dazu ein Beispiel: Aszendent Skorpion.

Die Vergangenheit des Aszendenten Skorpion liegt im Zeichen Waage. Das Prinzip der Waage ist ausgleichend, das Bestreben ist Harmonie, die Partnerschaft hat einen hohen Stellenwert, Einsamkeit ist unerwünscht. Von seiner (karmischen) Vergangenheit her betrachtet sind damit Harmonie und Ausgleich – im Leben wie in Partnerschaften – unbewußte Grundmotive des Handelns. Gut ist, was zu Harmonie führt, was miteinander verbindet, was den Ausgleich herbeiführt; böse bzw. schlecht ist, was die Harmonie trübt, was Differenzen schafft, was zu Disharmonie, Kampf und Aggression führt. Eine unbewußte Lebensgrundhaltung, die dem Prinzip Waage entspricht, hat aber Folgen. Alles, was die Astrologie dem im Tierkreis gegenüberliegenden Zeichen Widder zuordnet (z. B. Kampf, Auseinandersetzung, Ich-Durchsetzung, Spontaneität, Unmittelbarkeit, Impulsivität), wird so zum fehlenden Prinzip. Echter Kampf wird vermieden, Auseinandersetzung findet nicht statt, die eigene Impulsivität wird gebremst, möglicherweise sogar völlig verdrängt. So kommt es, daß der Aszendent Skorpion zu seiner eigenen Wahrheit nicht mehr steht – denn lange Zeit im Leben ist jede Form des Friedens bei dieser Konstellation lediglich ein Scheinfriede, geboren aus der Angst, im anderen Aggressionen zu erzeugen, das Gegenüber sich zum Feind zu machen oder gar den Partner durch Trennung zu verlieren.

Da ist es weiter nicht verwunderlich, daß die alte Astrologie dem Skorpion als Planetenkraft den Kriegsgott Mars (griechisch: Ares) zugeteilt hat. Über die Entfaltung des Aszendenten Skorpion lernt der Horoskopeigner wieder den offenen Kampf, den ehrlichen Schlagabtausch und als Folge die echte Einigung mit dem Partner. Nur wo nichts unausgesprochen bleibt, darf geschwiegen werden – dieser Grundsatz führt für den Aszendenten Skorpion zum wahren Frieden. Und der Mythos macht zuversichtlich: Am meisten liebt Venus/Aphrodite den Kriegsgott Mars/Ares. Die Angst, durch marsische Kräfte die Liebe des Partners zu verlieren, ist daher unbegründet.

(Ausführliches dazu siehe im Kapitel über den Aszendenten Skorpion!)

Das Beispiel soll deutlich machen, daß wir uns immer wieder in das Prinzip der Vergangenheit verwickeln. Unsere alten Werte, unsere Gewohnheiten, unsere Muster mögen in früheren Zeiten für uns wichtig, ja lebensnotwendig gewesen sein, doch in diesem Leben sind wir mit neuen Kräften und Fähigkeiten ausgestattet. Neue Möglichkeiten und Gelegenheiten, die uns die Welt und das Schicksal bieten, verlangen unsere Gegenwart, nicht unsere Vergangenheit. Obwohl als vollkommene Menschen geboren, lassen wir uns in alte, längst durchlebte Probleme und Schwierigkeiten stets aufs Neue hineinziehen. Wir alleine sind es, die der Vergangenheit den Zugriff auf uns gewähren. Eine alte Indianerweisheit sagt uns, daß ein Mensch eine schlimme Erfahrung nur ein einziges Mal zu machen braucht. Sie will uns deutlich machen, daß der Sinn jeglicher Erfahrung im Lernen und Reifen liegt. Jedes Lernen bringt Veränderung und Wandlung. Jede echte Wandlung verändert unser Schicksal und bringt neue Erfahrungen. Dies spricht genau die Entwicklungsspirale an, die ihren Ausgangspunkt am Aszendenten hat.

Entfaltung des Aszendenten

Kennen wir das Prinzip unserer Vergangenheit und wissen wir, wie es in uns wirkt, hilft uns der Tierkreis, das Fehlende zu benennen – und später auch zu erkennen. Das, was in uns wirkt, braucht nämlich zu seiner Ergänzung das Fehlende. Nur so kann es gelingen, den Ausgleich herbeizuführen. In Wirklichkeit sind wir ins Ungleichgewicht geraten. Wir alle haben, und dies bestätigt auch unser Horoskop, den gesamten Tierkreis zur Verfügung. Alle Prinzipien sind in uns vorhanden, wir sind angetreten, sie zu erkennen, sie zu verstehen und sie zu beherrschen. Das und nichts anderes meint der biblische Mythos mit dem Auftrag »Beherrsche die Erde!«, der am sechsten Schöpfungstag dem Menschen mitgegeben wurde. Indem wir das »Rad des Lebens« durchwandern, Tierkreiszeichen für Tierkreiszeichen, haben wir die Gelegenheit, die Prinzipien kennen zu lernen, sie zu verstehen und im Laufe der Zeit auch zu beherrschen. Dieses Ideal einer geistig-seelischen Entwicklung wurde jedoch unterbrochen. Als uns »die Augen aufgingen« entstand Verwirrung, wir verwechselten die Ursachen und blieben in unserer Entwicklung – bildlich gesprochen – in einem Tierkreiszeichen stecken. Für uns hat sich nämlich gezeigt, daß die Beherrschung eines Prinzips von (irdischem) Vorteil ist: Indem wir es beherrschen, stehen wir über den anderen, die dieses Prinzip noch nicht beherrschen. So erhielten wir eine bestimmte Macht, eine Art Vormacht, die uns über die anderen stellt.

Im griechischen Schöpfungsmythos ist dies in wunderbarer Weise beschrieben: Kronos (lateinisch: Saturn), der Jüngste der zwölf Kinder von Uranos (griechisch: der gestirnte Himmel) und Gaia (griechisch: die Erde), tut das, was ihm seine Mutter einflüstert. Die Folge ist, daß er mächtiger wird als seine elf Geschwister und sie beherrscht. Dennoch stürzt ihn eines Tages sein eigener Sohn Zeus (lateinisch: Jupiter) von dem Thron, den er nicht freiwillig räumen wollte, und verbannt ihn auf eine Insel.

Hierbei können wir die grundlegende Schwierigkeit gut sehen. Beherrschen wir etwas und sitzen, symbolisch gesprochen, auf dem Thron, erscheint uns ein Weitergehen als (Macht-) Verlust. Es ist als müßten wir vom Thron herabsteigen und eine alte, liebgewonnene Stärke aufgeben, um wieder ganz neu und ganz unten anzufangen. Dabei entsteht für uns ein Problem, das zur Entwicklungshemmung führt: Alles, was wir aufgeben, kennen wir – alles, was wir gewinnen werden, ist uns (noch) unbekannt. Ein Entwicklungsschritt muß uns also als Verlust erscheinen, da ein möglicher Gewinn weder absehbar noch deutlich erkennbar ist. Erst wenn wir uns auf die Entwicklung eingelassen haben, können wir die positive Seite erfahren. Hier wird die Bedeutung des Glaubens offensichtlich: Glauben wir an das Gute in der Zukunft, erreichen wir es auch, glauben wir nicht daran, wird uns das alte Prinzip halten. In diesem Sinne ist es zu verstehen, wenn uns gesagt wird, daß der Glaube Berge versetzt. Wann immer wir in die Zukunft schauen, ist uns das darin enthaltene Gute verborgen. Etwas steht wie ein massiver Berg vor uns und nimmt uns den Blick nach vorne. Gehen wir trotzdem mutig in die ungewisse Zukunft, darauf vertrauend, daß auch im Unbekannten Gutes enthalten sein wird, dann beginnen wir bereits, den »Berg zu versetzen«. Im Laufe der Zeit wird unser Blick frei, wir sehen das Verborgene immer klarer und können das Gute in ihm erkennen. Glauben wir jedoch nicht an eine »gute Zukunft«, wird uns die Vergangenheit erst festhalten, später mehr und mehr umklammern – so wie die »bösen« Mütter und Stiefmütter der Märchen und Mythen, die ihr bereits erwachsenes Kind um nichts in der Welt loslassen wollen. Diese erdrückende Umklammerung stellt uns dann vor die Wahl: Erstickung oder Befreiung. Und in aller Regel mobilisieren sich in uns die Kräfte der Befreiung – und der Weg in eine ungewisse Zukunft beginnt. Jene erstickenden und bedrückenden Kräfte nennt die Astrologie plutonisch. Pluto (griechisch: der Reichtumspendende) ist der Beiname von Hades, dem Herrscher im dunklen Reich der Unterwelt. Den alten Griechen war diese erdrückende Kraft noch bewußt als äußerster Versuch der großen Seelenmutter, uns auf unseren Entwicklungsweg zu bringen. Daß wir gelegentlich solche zwingenden Kräfte brauchen, liegt sicherlich nicht an der großen Mutter, auch nicht an unserer weltlichen Mutter, noch weniger an den Menschen, die uns scheinbar unter Druck bringen. Es ist unsere eigene, mit Uranos und Gaia, mit Himmel und Erde in Verbindung stehende Seele, die diese Kräfte anzieht, damit kein Stillstand eintritt, damit unsere Entwicklung nicht abstirbt, und damit wir zu unserem inneren Reichtum vordringen können.

In diesem Zusammenhang mag erwähnenswert sein, daß die esoterische Astrologie den Planeten Pluto eher dem Zeichen der Fische als dem Zeichen des Skorpions zuordnet. Sie sieht in Pluto die geballte Kraft der Tiefe, die unser Unbewußtes ans Licht bringt und uns in die Entfaltung des Aszendenten »hineintreibt«. Vielleicht kommen wir eines Tages zu der Erkenntnis, daß Pluto sich erst sehr viel später unserem Sonnensystem zugesellt hat. Dies könnte uns dann zu einer neuen Auffassung bringen: Pluto ist zu keinem der zwölf Tierkreiszeichen zuzuordnen. Vielmehr symbolisiert er die Kraft, die das »Rad des Lebens« in Rotation und Bewegung hält. Überall dort, wo Stillstand droht, wirkt seine Kraft belebend – und zwar in allen zwölf Tierkreiszeichen gleichermaßen. So betrachtet kann sich der Saulus zum Paulus, der Unterdrücker zum Befreier wandeln: Pluto als die positive, mütterliche Kraft, die hilft, Altes von uns zu lösen und Neues für uns möglich zu machen.

Dann ist der Weg frei für unseren Aszendenten. Haben wir den Blick nach vorne gerichtet und schreiten mutig einer unbekannten Zukunft entgegen wie einst Lot nach der Zerstörung von Sodom und Gomorra, kann uns nichts mehr halten. Der Mythos des Orion weist uns den Weg. Wie wir bereits sahen, hat uns die Herkunft des Orion wichtige Hinweise für diesen Weg gegeben: Die Samen von Zeus, Poseidon und Hermes (lateinisch: Jupiter, Neptun und Merkur) deuten hin auf die vier veränderlichen Tierkreiszeichen Zwillinge, Jungfrau, Schütze und Fische. Gelingt es uns, dies auf ein Horoskop mit beliebigem Aszendenten zu übertragen, haben wir gewonnen. Dann ist das Geheimnis des Mythos jedem Menschen zugänglich, der Weg des Orion für jedermann gangbar.

Übertragung des Archetyps auf das persönliche Horoskop

Um Mythos und Archetyp auf das persönliche Horoskop zu übertragen, legen wir – vom eigenen Aszendenten ausgehend – das archetypische Kreuz auf unser Horoskop. Es entstehen vier gleich große Quadranten, jeder Quadrant mit 90° = 3x30°. Jeder Quadrant wiederum hat einen kardinalen Bereich (die ersten 30°), einen fixen Bereich (die zweiten 30°) und einen veränderlichen Bereich (die dritten 30°).

Anmerkung
Das gleiche würden wir übrigens erhalten, wenn wir als Häusersystem die äqualen (= gleichgroßen) Häuser verwenden. Doch um Verwechslungen zu vermeiden, ist es besser, den Begriff »Häuser« im Zusammenhang mit der Entfaltung des Aszendenten nicht zu verwenden. Die Häuser teilen den Raum in zwölf statische Bereiche auf, während die hier angesprochenen zwölf Bereiche besser als Entwicklungs- bzw. Entfaltungsstufen zu bezeichnen sind.

Für die Entfaltung des Aszendenten ist in jedem Quadranten jeweils nur die dritte, veränderliche Stufe von Bedeutung, weil ihnen die Planetengötter Hermes/Merkur, Zeus/Jupiter und Poseidon/Neptun zugeordnet werden. Diese Götter geben Orion ihren Samen mit – uns zeigen sie damit an, wo und was wir zu verwandeln und zu verändern haben.

Übertragung des Archetyps auf das persönliche Horoskop

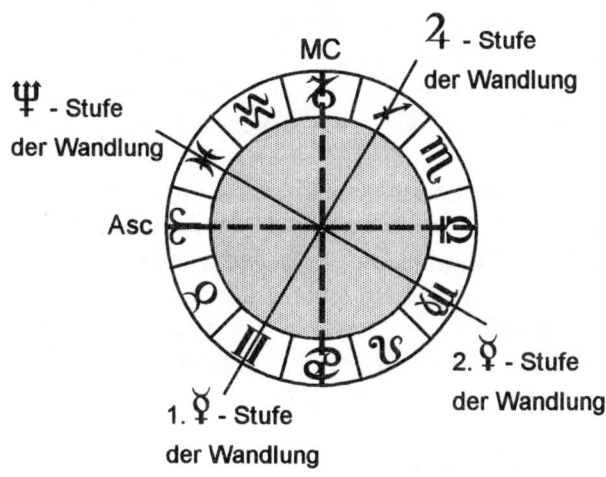

*Die vier veränderlichen Stufen
der Entfaltung des Aszendenten*

Von unserem persönlichen Horoskop erhalten wir nun Hinweise auf vier verschiedene Tierkreisprinzipien, in denen wir uns wandeln bzw. verändern sollen. Folgen wir den Hinweisen, fördert dies die Entfaltung des Aszendenten.

Der Same des Hermes/Merkur verweist uns auf Veränderungen:
1. Im ersten Quadranten (erste Merkur-Stufe der Wandlung = zwei Tierkreiszeichen weiter als der Aszendent; im archetypischen Horoskop dem Tierkreiszeichen Zwillinge entsprechend)
2. Im zweiten Quadranten (zweite Merkur-Stufe der Wandlung = fünf Tierkreiszeichen weiter als der Aszendent; im archetypischen Horoskop dem Tierkreiszeichen Jungfrau entsprechend)

Der Same des Zeus/Jupiter verweist uns auf Veränderungen:
3. Im dritten Quadranten (Jupiter-Stufe der Wandlung = acht Tierkreiszeichen weiter als der Aszendent; im archetypischen Horoskop dem Tierkreiszeichen Schütze entsprechend)

Der Same des Poseidon/Neptun verweist uns auf Veränderungen:
4. Im vierten Quadranten (Neptun-Stufe der Wandlung = elf Tierkreiszeichen weiter als der Aszendent; im archetypischen Horoskop dem Tierkreiszeichen Fische entsprechend)

Gehen wir in unserem Horoskop so vor, erhalten wir den persönlichen Entfaltungsplan unseres Aszendenten. Das Horoskop selbst gibt dann klare Entwicklungshinweise, sagt uns, was und wo wir verändern sollen und wie sich unsere Wandlung schrittweise vollziehen kann. Im weiteren Verlauf des Buches finden Sie für jeden Aszendenten die ausführliche Beschreibung des jeweiligen Entfaltungsplanes.

Als Beispiel sei nochmals der Aszendent Skorpion ausgewählt:

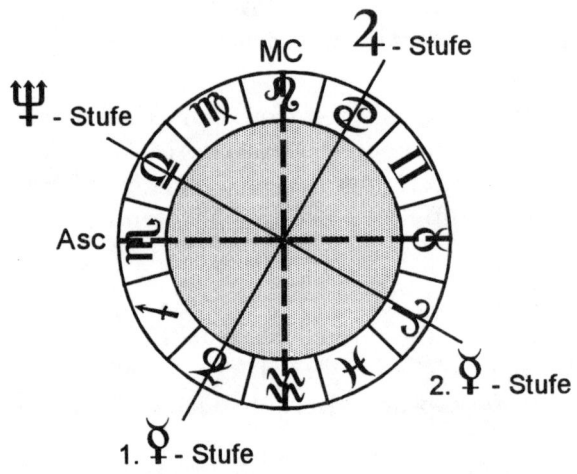

Beispiel: Die Entfaltung des Aszendent Skorpion ergibt Wandlung in den Zeichen ♉ / ♈ / ♋ / ♌

Anmerkung
Richtigkeit und Bedeutung der Entfaltung des Aszendenten können wir erst ermessen, wenn wir uns darauf einlassen. Dabei sind wir selbst der Maßstab aller Dinge. Anregungen

von außen – z.B. wie dieses Buch – sollen die Neugier wecken und den Anreiz zu ersten Versuchen geben. Blindes Nachahmen bringt ebenso wenig wie gehorsames Befolgen oder kritikloses Hinnehmen. Die Götter verlangen unsere ganze Achtsamkeit und Aufmerksamkeit, vor allem aber unsere Zuneigung und unseren freien Willen.

Wenn uns die Technik des Vorgehens klar ist, können wir zur Bedeutung und zur inhaltlichen Deutung kommen. Zunächst müssen wir wissen, was sich verändern soll. Auch hierbei ist es wichtig, daß wir uns zuerst die Archetypen anschauen, ehe wir voreilige Schlüsse bezüglich unserer eigenen Horoskopkonstellation ziehen.

Der Same des Hermes/Merkur

Am griechischen Götterhimmel gilt Hermes (lateinisch: Merkur) als Götterbote. Von allen Göttern steht er in dieser Funktion den Menschen am nächsten. Er stellt die Verbindung her, nutzt jede Gelegenheit, um uns die göttlichen Botschaften zu bringen, und ist unermüdlich unterwegs. Doch sein Weg ist von zweifacher Natur. Ebenso wie er vom Himmel herab uns Botschaften bringt, empfängt er von uns Antworten, die er in den Himmel zurückbringt. Ohne etwas hinzuzufügen und ohne etwas wegzulassen dient er der Kommunikation der himmlischen Welten mit der irdischen Welt. Dabei ist er ein Meister der Worte, weiß sich in jeder auch noch so verzwickten Situation zu helfen – und herauszureden. Am Ende überzeugt er jeden, ob Gott oder Mensch, weil es ihm gelingt, jedes Ding, jedes Ereignis und jedes Problem in dem Licht erscheinen zu lassen, das alle Parteien miteinander versöhnt. Nichts kann für ihn so schlimm, so häßlich, so böse sein, daß er sich abwendet. Im Gegenteil, auch darin vermag er noch den Samen des Guten zu erkennen und aufzudecken. Diese großartigen Eigenschaften haben ihn zum Heiler und Seelenführer der Menschen bestimmt. Wer ihm folgt, gerät erst gar nicht auf Ab- oder Irrwege.

Wenn wir das Zeichen Zwillinge näher betrachten, können wir in ihm diese Zusammenhänge bereits sehen. Oben und unten sind Himmel und Erde, während die beiden senkrechten Linien den Fluß der Energie zeigen: Eine Linie geht vom Himmel herab zur Erde und bringt den göttlichen Geist in die Materie, die andere Linie geht von der Erde zurück zum Himmel und bringt die irdischen Erfahrungen und Erkenntnisse als Antwort zurück in den Himmel. Diesen Informationsfluß hält Hermes/Merkur aufrecht. Wir Menschen selbst haben Anteil an den beiden Seiten dieses Informationsflusses. Wir sind eingebunden zwischen Himmel und Erde, empfangen von oben Ideen und Einfälle und setzen sie in die Tat um. Doch wir sollten auch Anteil haben an der zweiten Seite: Indem wir unsere Taten anschauen, sie als Ausdruck unseres Wesens erkennen und das uns zur Vollkommenheit Fehlende suchen, verbinden wir uns wieder zurück mit dem Himmel. Sind wir bereit, in dieser Weise unsere Taten zu betrachten, können wir uns wandeln und verändern, tun wir dies nicht, werden wir ewig die »Alten« bleiben, zumindest bis uns die plutonische Kraft der Wandlung ergreift, bedrückt und bedrängt, vielleicht am Ende sogar krank macht. Jetzt ist es uns unmöglich, der »Alte« zu bleiben. Alle Krankheiten dieser Welt haben eine gemeinsame Symbolik: Sie zwingen uns in irgendeiner Weise aus unserem gewohnten Lebensrhythmus heraus, damit wir die Chance haben, die Welt und uns selbst aus einer anderen Perspektive heraus anzuschauen. Nutzen wir diese Chance, sind wir nach der Krankheit schon nicht mehr dieselben. Auch der Mythos des Orion hält dafür einen Hinweis bereit: Nachdem Orion sein wahres Augenlicht zurückerhält, verbindet er sich mit der großen Göttin Artemis; die alten Griechen gebrauchten das Wort ›artemis‹ aber auch für ›gesund, frisch, unversehrt‹.

Nachdem wir im Tierkreis dem Hermes/Merkur sowohl das Zeichen Zwillinge als auch das Zeichen Jungfrau zuordnen, liegt es nahe, davon auszugehen, daß die erste Stufe der Entfaltung mehr mit den Botschaften zu tun hat, die wir Menschen erhalten, während die zweite Stufe mehr mit unserer Antwort auf die Botschaften zu tun hat. Gelegentlich hören wir auch davon, daß Zwillinge und Jungfrau wie zwei Fenster zur Welt sind. Durch das Zwillingsfenster empfangen wir die Welt, durch das Jungfrauenfenster empfängt die Welt uns. Alles was auf uns einströmt kommt über die Zwillingsstufe zu uns herein und geht über die Jungfraustufe von uns in die Welt hinaus.

Die erste Hermes/Merkur-Stufe der Wandlung – Änderung unserer Entscheidungen
(Analogie zum Tierkreiszeichen Zwillinge)

Wann immer wir aktiv werden und zur Tat schreiten, hat sich in uns bereits vieles getan: Wir haben verglichen, abgewogen, für gut oder schlecht befunden, wiederum neue Möglichkeiten miteinbezogen oder alte ausgeschlossen, um zur richtigen Entscheidung zu kommen. Nicht selten wird die Wahl zur Qual und wir beginnen zu verzweifeln. Meist liegt es daran, daß wir wegen vieler Zweifel zu keiner klaren Entscheidung fähig sind. Hier spüren wir besonders, wie das Alte in uns mit dem Neuen kämpft. »*Zwei Seelen wohnen, ach, in meiner Brust*« – so läßt Goethe den Faust diesen Zustand erleben.

Lange Zeit in unserem Leben werden wir von einer Entscheidung zur anderen getrieben. Wohl gibt uns Hermes/Merkur die rechten Botschaften, auch stellt er uns die geeigneten Möglichkeiten zur Verfügung – aber dann: Die Ängste, die Bedenken, die Widersprüche. Sie alle kommen aus unserer Vergangenheit. Weil wir nicht mehr »bedenkenlos« sind wie kleine Kinder, weil uns unsere spontane Neugier mehrfach in Schwierigkeiten brachte, weil wir das Leid schon erfahren haben, zögern und zaudern wir. Wir wollen das Richtige tun und möchten doch das Schlimme vermeiden. Dieser Zwiespalt geht oft tief, und nicht selten vertrauen wir auf unsere alten Muster und früheren Erfahrungen mehr als auf unsere spontane Neugier.

Unbewußt ziehen uns vermeintliche Gefahren, erahnte Probleme und vermutete Schwierigkeiten weg von der richtigen Wahl der angebotenen Möglichkeiten. Später reden wir uns dann ein, einer sicheren Gefahr entgangen zu sein, und überzeugen uns damit selbst, daß wir bestimmt die rechte Wahl getroffen haben. Doch die richtige Auswahl, die zur rechten Entscheidung führt, finden wir – symbolisch verschlüsselt – in unserem Horoskop. Hier haben wir das objektive Maß, das wir sonst nirgendwo finden.

Der Aszendent und seine Entfaltung geben uns das Maß für die richtige Auswahl der vom Leben bereitgestellten Möglichkeiten vor. Das Prinzip, auf das die erste Merkur-Stufe der Wandlung hinweist, legt den Maßstab an. Kommt es für uns zu einer Entscheidung, sagt uns dieses Prinzip, welche der gegebenen Möglichkeiten uns helfen, den Aszendenten zu entfalten. Wählen wir gemäß diesem Prinzip aus und treffen die entsprechende Entscheidung, so stellen wir hier bereits die Weichen für unsere geistig-seelische Entwicklung.

Zum besseren Verständnis nehmen wir nochmals das Beispiel des Aszendenten Skorpion. Die erste Merkur-Stufe der Wandlung weist beim Aszendenten Skorpion – zwei Tierkreiszeichen weiter – auf das Zeichen Steinbock. Das Steinbockprinzip wird somit zum Maßstab für die richtige Auswahl der Möglichkeiten und für die entsprechende Entscheidung. Wann immer ein Horoskopeigner mit Aszendent Skorpion vor einer wichtigen Lebensentscheidung steht und mehrere Möglichkeiten zur Auswahl hat, kann er sich nun am Prinzip Steinbock orientieren. Der Entfaltungsplan seines Aszendenten legt ihm nahe, von allen Möglichkeiten diejenige herauszusuchen, die dem Prinzip Steinbock am nächsten kommt. Bald wird der Horoskopeigner sehen, daß er damit ein brauchbares und objektives Maß zur Verfügung hat. Von mal zu mal wird ihm dabei das Entscheidungsprinzip Steinbock immer offensichtlicher, von Entscheidung zu Entscheidung wird er sicherer in der Auswahl der richtigen Möglichkeit – und eines Tages gibt es keine wirkliche Entscheidung mehr für ihn: Er sieht die zur Verfügung stehenden Möglichkeiten, erkennt ohne Zögern die »Steinbockmöglichkeit«, die ihn auf seinem Entwicklungsweg weiterbringt, und trifft seine Entscheidung. Er weiß mittlerweile, daß Steinbock das erste überpersönliche Zeichen im Tierkreis ist, ein Prinzip der Verantwortungsübernahme, der Verwesentlichung und der Ausübung seiner Berufung. Jede Entscheidung für einen Weg, der schwierig ist und zu höherer Verantwortung führt, entspricht dem Steinbock, dient der Entfaltung des Aszendenten Skorpion und dem geistig-seelischen Entwicklungsweg unseres Horoskopeigners.

(Ausführliches dazu siehe im Kapitel über den Aszendenten Skorpion!)

Anmerkung
»Im Anfang liegt alles!«, wir alle kennen diesen Grundsatz. Er gilt nicht nur für die Astrologie, sondern für jeden Neubeginn und für jede Neuschöpfung. Zu einer wirklich neuen Auswahl von Möglichkeiten und damit zu neuen Entscheidungen zu kommen, ist für uns Menschen ein kreativer Schöpfungsakt. Jenseits unserer alten Denkmuster und Bewertungen betreten wir »geistiges Neuland«. Hier legen wir den Grundstein für neue Erfahrungen, die uns zu neuen Einsichten und Werten führen werden. Deutlich können wir dabei erkennen, daß jede echte Wandlung ihren Ausgang im Geist, also in unserer Denk- und Vorstellungswelt hat. Nur wenn wir hier verändern, kann unser Tun wieder wahrhaft kreativ werden und unser Leben sich erneuern. Deshalb ist es wichtig, gerade auf diese erste Stufe der Wandlung zu achten. Denn eines ist sicher: Wollen wir einen Weg gehen (weg-gehen!), dann ist der erste Schritt gleichzeitig der schwierigste, aber auch der bedeutenste. Er ist es, der uns in Bewegung bringt – alle weiteren Schritte empfangen bereits ihre Kraft aus diesem ersten Schritt.

Die zweite Hermes/Merkur-Stufe der Wandlung – Änderung unseres Ausdrucks
(Analogie zum Tierkreiszeichen Jungfrau)

Nach der Entscheidung folgt die Tat. Die Tat macht unsere Kräfte und Fähigkeiten sichtbar für jedermann. Dadurch entsteht eine Verbindung zum Du: Das Ich mit seiner Denk- und Vorstellungswelt wird durch die Tat für das Du erkennbar.
Hier gilt es zuerst einen wichtigen Punkt zu klären: Was immer durch uns und an uns sichtbar wird, ist exakter Ausdruck unseres gegenwärtig entwickelten Potentials. Es bringt uns nicht weiter, wenn wir uns vor Gott und die Welt hinstellen und sagen, daß unsere Absicht eigentlich eine andere

war. Was geschehen ist gehört zu den Tatsachen des Lebens. Daß alles anders hätte sein können oder sollen, mag gelegentlich ein stiller oder lauter Wunsch von uns sein, der uns wenig nützt, dafür aber leicht in die Irre führt. Auch der berühmte Zufall, den wir gerne herbeizitieren, wenn etwas nicht wie vorgesehen abläuft, gehört zur selben Kategorie – er lenkt nur ab vom Wesentlichen. Am stärksten jedoch behindert uns in unserer Entwicklung die Projektion von Schuld. Ob wir in der glatten Fahrbahn die Ursache unseres Autounfalls sehen oder die wirtschaftliche Lage für unsere Arbeitslosigkeit verantwortlich machen, nie wird uns eine Schuldzuweisung wirklich weiterbringen: Weil wir die Ursachen verwechseln, irren wir, weil wir Schuld zuweisen, täuschen wir uns selbst, weil wir Erklärungen im außen suchen, können wir nicht zur rechten Einsicht kommen. Wir befinden uns in einem Labyrinth, das wir erst verlassen können, wenn wir akzeptieren, daß es keine Schuld im herkömmlichen Sinne gibt. Wir selbst sind die Ursache von allem und für alles. Daß wir hier auf diese Erde kommen, einen Körper annehmen und einen Erkenntnisweg gehen, ist von uns freiwillig so gewählt. Unsere Seele sucht sich die geeigneten Rahmenbedingungen aus, damit wir in dieser Welt nicht verloren gehen. Betrachten wir unser Leben von dieser Warte, werden wir aufhören, von Schuld zu reden, und anfangen, unser jeweiliges Schicksal anzunehmen und von ihm zu lernen. Jetzt kann die große Wandlung beginnen. Unsere Taten werden nun – ohne wenn und aber – für uns schicksalshaft: Wir können uns in ihnen bespiegeln, unsere Vollkommenheiten und Unvollkommenheiten wahrnehmen – und den nächsten Schritt der Wandlung vollziehen.

Die zweite Merkur-Stufe der Entfaltung unseres Aszendenten betrifft die Veränderung unseres sichtbaren Ausdrucks. Ging es in der ersten Merkur-Stufe der Wandlung darum, zu veränderten Entscheidungen zu kommen, so geht es in der zweiten Stufe darum, die Wahl der Ausdrucksmittel zu verändern. Das Prinzip, auf das die zweite Merkur-Stufe der Wandlung hinweist, zeigt uns, welche Mittel geeignet und welche Ausdrucksweisen passend sind. Dabei wird ein Zusammenhang deutlich, der für alle Aszendenten gilt: Das Prinzip der zweiten

Merkur-Stufe steht im Tierkreis dem Prinzip unserer Vergangenheit genau gegenüber.

An dieser Stelle können wir vielleicht das große Gesetz der kosmischen Harmonie erspüren. Das Tierkreiszeichen vor dem Aszendenten, das unserer Vergangenheit entspricht, zeigt an, wo wir einseitig geworden sind. Wir haben uns zu sehr in dieses Prinzip eingelassen und zu wenig davon losgelassen. Diese Einseitigkeit wird nun über die Entfaltung des Aszendenten »korrigiert« oder besser gesagt ausgeglichen. Eines Tages wird es uns gelingen, zwischen dem Zeichen der Vergangenheit und dem Zeichen der zweiten Merkur-Stufe die ausgewogene Mitte zu finden. Dann sind wir frei: Unsere alten Muster, unsere alten Ängste, unsere Voreingenommenheiten und Vorurteile – die allesamt einseitig waren – haben keinen Zugriff mehr auf unseren Willen, auf unsere Entscheidungen und auf unsere Taten.

Der griechische Mythos nennt uns Prometheus als ersten Menschen. In der Theogonie von Hesiod wird uns berichtet, daß zwischen Zeus und Prometheus, zwischen Gott und Mensch ein Stier aufgeteilt wird. Dabei denkt Prometheus bereits vor der Teilung an den Vor-teil. Als der »Vorausdenkende«, der »vorsorgend Handelnde« versucht er Zeus zu täuschen: Die besten Teile des Stiers hüllt Prometheus im häßlichen Magen ein, während er die Knochen in glänzendes Fett einbalsamiert. Danach fordert er Zeus auf, zu »*wählen, wonach ihm der Sinn steht*«. Obwohl Zeus alles durchschaut, nimmt er dennoch den schlechteren Teil. Die Folgen für Prometheus sind qualvoll: Er wird an einen Felsen gekettet, an dem ihm tagsüber der Adler des Zeus seine Leber heraushackt, die nachts wieder nachwächst.

Dieses im Mythos beschriebene Vorteilsdenken verbunden mit dem vorsorgenden Handeln finden wir alle in uns, ohne Ausnahme. Unsere vergangenen Erfahrungen von Freude, von Glück und von Annehmlichkeit binden wir an die »Dinge der Welt«, die mit diesen Erfahrungen zusammenhingen.

Ein Beispiel dazu: Hat uns ein Urlaub besonders gut gefallen, liegt dies (scheinbar!) am schönen Urlaubsort, an den netten Leuten dort, an dem gutgeführten Hotel und dem gepflegten Strand. Die Folgen dieser Täuschung sind jedoch fatal. Schon im nächsten Jahr, wenn die Entscheidung ansteht »Wohin im Urlaub?«, sind wir nicht mehr wirklich entscheidungsfrei. Die Erfahrung der Vergangenheit greift in die Entscheidung mit ein und bindet uns. Weil wir wieder einen »so tollen Urlaub« verbringen möchten wie im letzten Jahr, entscheiden wir uns mehr oder weniger für dasselbe: Der gleiche Urlaubsort, die selben netten Leute, ja wenn möglich sogar das gleiche Hotel und das gleiche Zimmer. Wir ahnen bereits die prometheische Fesselung an den Felsen der Materie und das beginnende Leid; denn von nun an wird die Gegenwart gemessen an einem verklärten Höhepunkt vergangener Zeiten – und wird dabei immer schlecht abschneiden. Obendrein sind wir vielleicht für lange Zeit blockiert, um uns für Neues zu entscheiden. Wie sehr uns das Alte, die vergangene Erfahrung fest im Griff hat, wissen nur die wenigsten von uns. Oft sprechen wir von »fesselnden Begebenheiten«. Hier sollten wir hellhörig werden, denn jede Fesselung ist gegenseitig: Binde ich etwas an mich, bin ich gleichzeitig selbst daran gebunden. Gebunden sein aber heißt unfrei sein. Erst in der Entfaltung unseres Aszendenten werden wir der Kräfte gewahr, die uns schon seit langem umklammern und halten, und können uns stufenweise aus diesen Abhängigkeiten befreien. Tag für Tag, Tierkreisumdrehung für Tierkreisumdrehung gelangen wir zu einer höheren Form von Freiheit. Es ist die Freiheit, uns aus unserer Mitte heraus zu entscheiden und aus ganzem Herzen heraus zu handeln. Freiheit meint dabei nicht jenes »ohne Einschränkung tun und lassen können, was wir wollen«, nein, Freiheit meint in der Lage zu sein, vollkommen unabhängig zu entscheiden und in einen Zustand zu kommen, in dem wir wahrhaft freiwillig handeln. Gelingt es uns, das Prinzip der zweiten Merkur-Stufe in die Sichtbarkeit zu bringen, sind wir auf unserem Weg der Befreiung ein großes Stück weiter. Über diesen Weg verschaffen wir unseren brachliegenden Fähigkeiten und unseren innewohnenden schöpferischen Kräften einen Zugang zum Leben. Sonne, Mond und Sterne symbolisieren diese Kräfte und Fähigkeiten in unserem Horoskop, doch nur die Entfaltung unseres Aszendenten baut das »erleuchtete Haus«, in dem alle diese Energien ihren angemessenen Platz einnehmen können.

Nehmen wir ein weiteres mal zur Anschauung den Aszendenten Skorpion: Die zweite Stufe liegt hier – vom Aszendent aus gerechnet fünf Tierkreiszeichen weiter – im Zeichen Widder. Für den Horoskopeigner mit Aszendent Skorpion heißt dies, daß an ihm und in seinen Taten das Prinzip Widder zum Ausdruck kommen will. Gelingt es also, das Prinzip Widder durch die Wahl der zur Verfügung stehenden Mittel für jedermann sichtbar zu machen, wäre dies deutliches Zeichen dafür, daß der Aszendent Skorpion sich entfaltet.

Hatten wir in der ersten Stufe der Wandlung nur uns selbst als Kontrollinstanz dafür, ob wir die richtige Entscheidung treffen oder nicht, so bietet uns die zweite Stufe eine weitere Möglichkeit. Wir selbst können versuchen, unser Wirken und unsere Wirkung danach zu beurteilen, ob sie dem geforderten Prinzip – im Falle des Aszendenten Skorpion wäre es das Prinzip Widder – entsprechen, und wir können unsere Partner befragen. Da die Tat erkennbarer und gleichzeitig eindeutiger Ausdruck unserer Person ist, haben andere Menschen auch die Möglichkeit, uns zu beobachten und zu beurteilen. Ihre Ansichten können wir in Erfahrung bringen und mit unseren eigenen vergleichen. Dabei dürfen wir bei größeren Beobachtungsunterschieden getrost davon ausgehen, daß unsere eigene Brille deutlich getrübter ist als die Brille der anderen. Unschwer läßt sich der Grund dafür im eigenen Horoskop ablesen. Im Falle des Aszendenten Skorpion befindet sich die Vergangenheit des Horoskopeigners im Zeichen Waage, das dem Zeichen Widder im Tierkreis gegenüber liegt. Von diesem »alten« Standpunkt aus ist nämlich das Prinzip Widder nur schwer zu beurteilen.

(Ausführliches dazu siehe im Kapitel über den Aszendenten Skorpion!)

Die Skorpionstufe der Entfaltung – Prüfung der Wandlung

Nach dem Zeichen Jungfrau ist im archetypischen Tierkreis die untere Hälfte abgeschlossen. Wir haben uns entschieden (erste Merkur-Stufe); wir haben unsere Ausdrucksmittel gewählt, danach gehandelt und unsere Absicht für jedermann sichtbar gemacht (zweite Merkur-Stufe). Die Welt kann uns und unsere Tat begutachten – und prüfen.

Die Erde, so erzählt uns der Mythos von Orion, schickt einen gewaltigen Skorpion, der den »alten Orion« endgültig tötet. Einem bösen Schicksal gleich steigt er aus den Fluten des Meeres empor, um seinen tödlichen Stachel in den Kopf des Orion zu bohren. Der alte Orion ist tot, der zum Himmel erhobene Archetyp ist geboren. Wir alle sind von göttlicher Natur; unsere Einzigartigkeit macht jeden von uns zu einem Archetyp – natürlich erst, wenn unsere Einzigartigkeit in ihrer Ganzheit entwickelt ist. Wenn wir den archetypischen Entfaltungsplan des Aszendenten (siehe S. 59) weiter verfolgen, finden wir, vom Aszendenten aus gerechnet, in der Mitte des dritten Quadranten das Tierkreiszeichen Skorpion. Dieser Skorpionstufe der Entfaltung räumt der Mythos offensichtlich eine Sonderstellung ein, denn sie hat weder mit dem veränderlichen Kreuz (Zwillinge, Jungfrau, Schütze, Fische) zu tun noch mit den samenspendenden Göttern (Zeus/Jupiter, Poseidon/Neptun, Hermes/Merkur). Im Tierkreis selbst ist uns Skorpion als »fixes bzw. stabiles Wasserzeichen« bekannt. Wir dürfen daher annehmen, daß es in der achten Stufe nicht um eine Änderung geht. Die erste Merkur-Stufe der Wandlung weist uns auf Änderung in unseren Entscheidungen hin, die zweite Merkur-Stufe auf Änderung unserer Ausdrucksweise, die Jupiter-Stufe, so werden wir noch sehen, auf Änderung unserer Werte, doch worauf weist uns die Skorpionstufe hin?

Seit alters her ist uns Skorpion als Doppelzeichen bekannt: »Skorpion« und »Weißer Adler«. Im Durchwandern des Tierkreises findet an dieser Stelle eine große Transformation statt: Die Erdgebundenheit des Skorpions wird verwandelt in die Schwerelosigkeit des Adlers, der hoch oben am Himmel fliegt. Diese Metamorphose hat dem Tierkreiszeichen Skorpion einen schlimmen Ruf eingebracht, denn in ihm finden alle nur erdenklichen Prozesse des Loslassens statt. Als Gegenzeichen zum Stier ist es das Prinzip der Entwurzelung, des Herausgerissenwerdens und der Vertreibung. Heimat wird durch Heimatlosigkeit, Stabilität durch Instabilität, Sicherheit durch Unsicherheit ersetzt. Solange wir in unserer Erdgebundenheit

Die Skorpionstufe der Entfaltung – Prüfung der Wandlung

den Blick in die Vergangenheit gerichtet haben, sehen wir nur den verlorenen Wohlstand, den schwindenden Frieden und die zurückbleibenden Werte. Wie die Frau des Lot erstarren wir zur Salzsäule. Wir glauben zu opfern, ohne auch nur das Geringste dafür zu erhalten. So klammern wir uns an alte Werte und lassen sie unter keinen Umständen los, ohne zu bemerken, daß sie im Hier und Jetzt bereits längst abgewertet sind. »Schau nicht zurück und bleib nicht stehn!«, sagt der Engel zu Lot. Das Alte, Überholte zu opfern, um Platz für das Neue zu schaffen – dies ist die Botschaft des Doppelzeichens Skorpion/Weißer Adler. Wenn wir nach vorne blicken, unsere Augen vertrauensvoll nach oben zum Himmel richten und ein neues Ziel ansteuern, löst sich alles Vergangene von uns. Wie der Adler des Zeus erheben wir uns und sind frei von den (Schwer-) Kräften der Erde. Auf einmal erkennen wir, daß Geist und Seele sich erheben und fliegen können, wenn das längst Überholte als Ballast erkannt und aufgegeben wurde. Wir selbst haben uns das Leben schwer gemacht, weil wir das Ewige in uns an das Irdisch-Vergängliche so fest angebunden haben, daß wir glaubten, unsere Seele und unser Geist müßte mit dem Vergänglichen gemeinsam untergehen. Doch Geist und Seele sind nicht von dieser Welt. Sie kamen nur in diese Welt, um die Erkenntnis von Gut und Böse zu machen.

Betrachten wir das Zeichen Skorpion aus diesen Zusammenhängen heraus, liegt es nahe, die Skorpionstufe nicht als Stufe der Wandlung, sondern als Stufe der Prüfung und des Opfers aufzufassen. Das Schicksal schickt uns den Stachel des Skorpions, um unsere Entwicklung zu prüfen. Dazu gehört auch die Prüfung unserer Bereitschaft, alte Muster und Gewohnheiten zu opfern und endgültig aufzugeben. Bei unserer Entwicklung fällt uns lange Zeit das Neue noch schwer, während uns das Alte so einfach und leicht von der Hand geht. »*Der Geist ist willig, aber das Fleisch ist schwach!*«, dieses geflügelte Wort spiegelt einen Lebensabschnitt getreu wider, durch den wir alle hindurchgehen. Und gerade für diesen Lebensabschnitt brauchen wir den »Stachel des Skorpion«, damit er uns antreibt und damit wir weiterkommen.

In der Reibung mit dem Du – dem Partner, den Kindern, den Freunden und Bekannten um uns herum – verspüren wir oft einen Stachel, der uns reizt, wütend macht oder verletzt. Wir sind dann betroffen oder gekränkt, fühlen uns unter Druck gebracht oder sind unwillig, empfinden uns mißverstanden oder verleumdet. Alle diese Erlebnisse mögen auf ihre Art schmerzlich sein, dennoch stecken in ihnen wichtige Anstöße für unsere Entwicklung. Wenn wir lernen, sie als Prüfung zu sehen, inwieweit sich unser Aszendent entfaltet hat und inwieweit wir bereit sind, loszulassen, verwandeln wir uns selbst vom Skorpion zum Weißen Adler. Statt uns von Menschen abzuwenden, nur weil sie uns immer wieder schmerzlich verwunden, werden wir uns gerade ihnen im Laufe unserer Entwicklung immer mehr zuwenden, um zu erfahren, warum wir so betroffen sind und was uns so schmerzt. Plötzlich begreifen wir, daß zu jedem abgeschossenen Pfeil, der trifft, ein Ziel gehört, das getroffen wird. Und Pfeil und Ziel sind immer eins, wenn der Pfeil trifft. Wir hören dies nicht gerne. Unser kleines, altes Ich – das Ego – bäumt sich auf. Zutiefst sind wir davon überzeugt, daß es in dieser Welt gute und böse Menschen gibt und daß es natürlich die Bösen sind, die den giftigen Pfeile abschießen, um uns und andere zu verletzen. Doch alle Einteilungen in gut und böse stammen von uns selbst, und die abgeschossenen Pfeile, die uns verletzen, dienen als Hinweis auf unsere Verwundbarkeit und unterstützen die Entfaltung unseres Aszendenten. Dies wird uns bald deutlich werden, wenn wir uns auf diese Sichtweise einlassen und das Prinzip betrachten, in dem sich im eigenen Horoskop die Skorpionstufe befindet. Dieses Prinzip nämlich verkörpert gleichermaßen den Stachel, der uns reizt, den Pfeil, der uns trifft, und das Opfer, das wir eines Tages freiwillig bringen werden. Ob wir uns mit der Welt reiben oder mit unseren Partnern Ärger haben, ob wir uns gezwungen fühlen oder unter Druck gebracht werden – stets ist es das Prinzip der Skorpionstufe, das unsere Achillesferse trifft. Es ist die »Schlange der Entwicklung«, die uns in die Ferse beißt, damit wir wachsam bleiben. Jeden Rückfall in alte Verhaltensmuster, jeder vorschnelle Glaube, wir wären schon entwickelt, jede Stagnation auf unserem Lebensweg und jede Blöße, die wir uns geben, macht sie uns durch ihre schmerzliche Bisse deutlich. Aber ihre Bisse sind heilsam, haben wir erst gelernt, sie anzunehmen und ihre Auswirkung in uns zu hinterfragen. Bald sehen wir dann, wie der Schmerz nachläßt, die Wut vergeht und unsere Schuldzuweisung schwindet. Das irdische Erlebnis wird, aus der Position des hochfliegenden Adlers besehen, in Selbsterkenntnis transformiert, und damit Materie in Geist verwandelt – das ist es, was die alten Griechen mit ›Metamorphose‹ meinten: In das Innere der Form bzw. hinter den äußeren Schein zu gelangen. Je mehr wir aber Sehende werden, umso tiefer gehen unsere Einsichten, bis wir eines Tages den Punkt erreichen, an dem wir aus Einsicht loslassen. Hier können wir dann die ganze Schönheit des Kosmos, seine Ordnung, seine Harmonie und seine Fülle an Liebe auf einmal erfahren: Unser Opfer ist freiwillig, der Schmerz ist weg, wir sind frei, fließen im Strom des Lebens und fühlen uns in der göttlichen Ordnung geborgen.

Werfen wir auch hier einen Blick auf das Beispiel des Aszendenten Skorpion.

Die Skorpionstufe der Entfaltung finden wir, vom Aszendenten gerechnet, sieben Zeichen weiter. Für den Aszendent Skorpion weist diese Stufe auf das Tierkreiszeichen Zwillinge. Dieses Prinzip wird somit in der Entfaltung des Aszendenten Skorpion zum Prüfstein, an ihm entsteht Reibung, von ihm kommen die schmerzlichen Widerstände. Immer wieder wird ein Horoskopeigner mit Aszendent Skorpion in seinen zwischenmenschlichen Begegnungen auf die Energie der Zwillinge treffen – und er wird betroffen sein. Das Prinzip Zwillinge setzt den Maßstab, ob der Aszendent Skorpion seine Vergangenheit (im Zeichen Waage) wirklich überwunden hat und das Prinzip Widder zum Ausdruck bringt oder nicht. Erst wenn eines Tages die Achse Waage – Widder in Harmonie ist und der Horoskopeigner mit Aszendent Skorpion seine Mitte gefunden hat, wird das Prinzip Zwillinge nicht mehr seine Schwachstelle, seine Achillesferse sein. Es kann ihn nicht mehr locken und in Versuchung führen, vielmehr wird er dieses Prinzip dem Du opfern. In seinen Beziehungen wird er im Gegenüber nicht nur das Zwillingsprinzip dulden, sondern sogar begrüßen und willkommen heißen, wohl wissend, daß es für ihn ein ständiger Prüfstein sein wird, der jederzeit aufs

Neue zum Stein des Anstoßes werden kann. Und stößt er sich gelegentlich doch an den Zwillingeeigenschaften seines Partners – sei es dessen Standpunktlosigkeit, die ihm mißfällt, oder dessen Leichtfertigkeit, mit der er alles nimmt, oder dessen Geschicklichkeit, mit der er sich allen Zwängen entzieht –, wird er seine Verirrung bald durchschauen, seine Schuldzuweisung zurücknehmen und den kurzfristig verlorenen Faden seiner Entwicklung wieder bewußt aufnehmen. Im Laufe der Zeit wird er das unvoreingenommene, kontaktfreudige und flexible Zwillingeprinzip verstehen und eines schönen Tages sogar lieben lernen. Die Freude und das Lächeln kehren aus ihrer Verbannung wieder zum Horoskopeigner zurück – er hat die Prüfung bestanden.

(Ausführliches dazu siehe im Kapitel über den Aszendenten Skorpion!)

Die Zeus/Jupiter-Stufe der Wandlung – Änderung unserer Werte

Zeus (lateinisch: Jupiter) gilt in der esoterischen Astrologie als Gott der Liebe und Weisheit. Ihm ist das Tierkreiszeichen Schütze zugeordnet. Die traditionelle Astrologie ordnet dem Schützen neben der Weisheitslehre auch die Religion und die Philosophie zu. Beobachten wir den Weisheitslehrer, den Religionslehrer oder den Philosophen näher, werden wir ohne Mühe das ihnen Gemeinsame finden: Sie alle lieben ihr Metier, und ihr Drang zur Vermittlung kommt aus dem Bedürfnis, alle Menschen an ihrer Liebe teilhaben zu lassen. Auch im griechischen Mythos ist es Zeus, der höchste der zwölf olympischen Götter, der in vielerlei Gestalt das Weibliche – ob göttlich oder menschlich – mit seiner Liebe beglückt. Dreißig Verbindungen ist er eingegangen, aus denen zahlreiche Nachkommenschaft Himmel und Erde bevölkert. Stellvertretend sei hier Herakles erwähnt, Sohn von Zeus und Alkmene, der Gattin von König Amphitryon. In Gestalt ihres eigenen Gatten erscheint ihr Zeus, um in einer mystischen Nacht Herakles, den Archetyp und Vorreiter aller Helden, zu zeugen. Herakles ist der »zu Hera Berufene«, dem Hera, die Gattin des Zeus, jene zwölf Arbeiten und Aufgaben aufgetragen hat, deren Lösung ihn so berühmt machte. Durch den Tierkreis wandernd löste Herakles Aufgabe für Aufgabe und zeigt uns Menschen damit noch heute den archetypischen Weg des Berufenen. Doch nicht genug: Da wir alle Berufene sind, zeigt Herakles einem jeden von uns auf dem ganz persönlichen Weg die Tücken und Schwierigkeiten – und wie sie zu meistern sind. Auch Orion ist ein »Berufener«. Er folgt dem Ruf der Wandlung, die wir Stufe für Stufe im Tierkreis nachvollziehen und mit der Entfaltung des Aszendenten nachzeichnen. In der Jupiter-Stufe der Wandlung geht es für uns um die Änderung unserer Werte. Sie wird notwendig, wenn wir zu unserer eigenen Berufung gelangen wollen.

Das Zeitalter der alten Griechen – astrologisch dem kardinalen Feuerzeichen Widder zugeordnet – war zum Himmel und zu den Göttern hin orientiert. Das Geistige war höher bewertet als das Materielle, die Seele wichtiger als der Körper, das Sein von größerer Bedeutung als das Haben. Im Fische-Zeitalter hat sich dies grundlegend gewandelt. Wir Menschen haben uns dem Materiellen mehr zugewandt und dabei erwartungsgemäß das Geistige vernachlässigt. Dabei haben wir auch den Bezug zum Heldenweg verloren, der seit jeher ein »Seinsweg« war. Unsere Helden heute sind Menschen, die es, wie wir so schön sagen, »geschafft« haben. Ihre Erkennungsmerkmale sind materieller Reichtum und irdischer Glanz, Macht und Durchsetzungskraft, öffentliche Anerkennung und dynamische Erscheinung. Mit einem Helden wie Herakles haben sie nicht mehr viel gemeinsam. Dies sehen wir am deutlichsten daran, daß Herakles am Ende seiner zwölf Aufgaben – sozusagen am Höhepunkt seiner »Karriere« – nichts anderes ist als ein »guter Hirte«. Vom äußeren Schein her ein Niemand, doch in der Tiefe seiner Seele von gewaltiger menschlicher Größe. Was in der Welt der Sichtbarkeit zählt, scheint in der unsichtbaren Welt von eher geringer Bedeutung zu sein – und umgekehrt. Wollen wir also von unserem Beruf zu unserer Berufung emporsteigen, werden sich unsere Werte ändern müssen. Was heute noch für uns Bedeutung hat und in der Rangskala unserer Werte ganz oben steht, wird möglicherweise morgen schon weniger wichtig und übermorgen gar unwichtig sein. Und was uns heute noch unbedeutend erscheint, kann morgen schon an Bedeutung gewinnen.

Betrachten wir einmal am Unterschied von Beruf zu Berufung die Verschiebung von Werten, um zu einem Archetyp der Wandlung zu kommen. Im Beruf stehen wir, um unseren Lebensunterhalt zu verdienen. Die Arbeit erledigen wir um des Lohnes willen; fällt der Lohn weg, lassen wir die Arbeit sein. Nicht so der Berufene: Seine Arbeit verrichtet er, weil er sich freiwillig dazu entschlossen hat. Er liebt seine Arbeit, deshalb ist die Arbeit sein Lohn. Sollte er wenig oder keinen Lohn dafür erhalten, wird er trotzdem an seiner Arbeit bleiben.

Hier sehen wir bereits wichtige Veränderungen, wenn wir uns zu unserer Berufung hin entwickeln wollen: Die Liebe zur Arbeit nimmt zu, die Lohnabhängigkeit nimmt ab. Mit der Liebe zur Arbeit nimmt naturgemäß auch die Freiwilligkeit zu, denn alles, was wir lieben, tun wir freiwillig und gerne. Niemand und nichts braucht uns dazu zu zwingen. Und noch etwas wird für uns offensichtlich: Sinnfülle und Liebe hängen zusammen. Ist für uns eine Arbeit sinnvoll, sind wir ihr zugeneigt, erscheint sie uns sinnlos, lehnen wir sie ab. Dieser Zusammenhang hat Zeus/Jupiter nicht nur zum Gott der Liebe und Weisheit sondern auch zum Gott der Sinnfindung gemacht – dort, wo wir den Sinn finden, begegnet uns also auch die Liebe.

Diesen Samen des Zeus bekommt Orion auf seinen Weg mit. Wir dürfen daher annehmen, daß die Jupiter-Stufe der Wandlung eine Änderung zu mehr Liebe, zu mehr Sinn und zu weniger Lohnabhängigkeit mit sich bringen wird. Diese Stufe deutet auf ein Prinzip, das wir im Laufe unseres Lebens immer mehr schätzen und lieben lernen – es gewinnt daher mit unserer Entwicklung zunehmend an Bedeutung. Betrachten wir es unter dem Blickpunkt unserer Berufung, werden wir feststellen, wie notwendig es ist, gerade in diesem Prinzip zu wachsen. Wir gewähren ihm den angemessenen Platz in unserem Leben, befreien es in uns – und befreien uns damit selbst.

Solange wir noch in unserem alten Muster stecken, werden

Die Zeus/Jupiter-Stufe der Wandlung – Änderung unserer Werte

wir uns für dieses Prinzip nur entscheiden, wenn es sich für uns (materiell oder emotional) lohnt, wenn für uns etwas dabei »herausspringt«, wenn wir uns einen Vorteil davon versprechen. Freiwillig, aus höherer Einsicht heraus, sind wir ihm nicht zugetan. Je mehr wir uns jedoch unserer Berufung nähern, um so mehr erkennen wir unseren überpersönlichen Beitrag für diese Welt. Wir entdecken uns als Zelle eines größeren Ganzen und stellen fest, daß wir im größeren Ganzen eine wichtige Funktion haben. Alle Menschen hängen zusammen und bilden eine einzige Menschheit – und wenn zu viele Zellen nicht funktionieren, bricht alles zusammen. Gerade am Ende des Fischezeitalters wird uns diese Tatsache vor Augen geführt. Wir stehen am Rande des Abgrunds, nur weil einige wenige die Macht haben und den anderen alles wegnehmen. Der Überfluß und alle damit zusammenhängenden Probleme kommen aber nicht von den anderen – denn sie haben ohnehin nichts Überflüssiges – sondern von den wenigen, die im eigenen Überfluß fast ersticken. Die Menschheit ist krank, ohne Zweifel, aber nur der Berufene kann Abhilfe schaffen. Unter diesem Aspekt gesehen, können wir das Prinzip der Jupiter-Stufe auch so auffassen: Hier verändert sich der Mensch vom Materiellen zum Ideellen, vom Haben zum Sein, vom Sichtbaren zum Unsichtbaren. Wir gewinnen geistig-seelische Fähigkeiten, ohne Lohn oder materiellen Gegenwert dafür zu erhalten. Da unsere Entwicklung stets in Richtung des Geistigen geht, dürfen wir annehmen, daß im Laufe des Lebens das Prinzip der Jupiter-Stufe gerade für unsere Entwicklung immer mehr an Bedeutung gewinnt. Durch unsere Entwicklung gewinnen wir Einsicht in die größeren Zusammenhänge. Wir beginnen unseren ureigensten Lebenssinn zu begreifen. Und mit dieser geistig-seelischen Expansion, mit diesem Bewußtwerdungsprozeß geht einher, daß das Prinzip der Jupiter-Stufe der Wandlung für uns zunehmend wichtiger wird. Erst wird das Prinzip für uns sinnvoll, dann wertvoll und am Ende wollen wir es von innen heraus freiwillig in unser Leben und Wirken einbringen.

An dieser Stelle können wir wieder einmal die Schönheit und Geschlossenheit des Tierkreises bewundern. Alles fügt sich in vollkommener Harmonie ineinander. Wenn wir den

Entfaltungsplan des Aszendenten betrachten, sehen wir, daß das Prinzip der Jupiter-Stufe der Wandlung im Tierkreis dem Prinzip der ersten Merkur-Stufe genau gegenüberliegt. Die Jupiter-Stufe wandelt unsere Werte und damit unsere Bewertungen. Die erste Merkur-Stufe wandelt unsere Entscheidungen. Unschwer erkennen wir den Zusammenhang: Basis unserer Entscheidung ist stets unsere Bewertung. Solange wir nach dem persönlichen Vorteil schielen, sind wir wie Prometheus an den Felsen der Materie gekettet. Oder anders ausgedrückt: Wir sind an unsere alten Muster und Gewohnheiten gebunden, die Vergangenheit holt uns ein. Unsere Unterscheidung in gut oder böse hat ja gerade zu dem Vorteilsdenken geführt, aus dem heraus sich die vergangenen Handlungsmuster geformt haben. Expandieren wir also nicht dort, wo unsere Werte liegen und unsere Bewertungen entstehen (= Jupiter-Stufe), können wir uns im gegenüberliegenden Prinzip der veränderten Entscheidungen (= erste Merkur-Stufe) nicht wirklich dauerhaft wandeln. Zwischen diesen zwei Prinzipien besteht eine Art Wechselbeziehung, die wir auch so formulieren können: Veränderung der Werte bringt neue Entscheidungen, neue Entscheidungen bringen neue Erfahrungen und neue Erfahrungen verändern die alten Bewertungen. Daher haben der Planet Jupiter und das Zeichen Schütze in der Astrologie mit Rückverbindung (lateinisch: religio) zu tun. Durch die Erfahrung von gut und böse haben wir uns im Denken vom Hier und Jetzt gelöst und unser Denken auf den zukünftigen Vorteil hin ausgerichtet (Prometheus = »der Vorausdenkende, der vorsorgend Handelnde«!). Um zum Hier und Jetzt zurück zu finden, benötigen wir eine rückverbindende Kraft, die unsere Bewertungen und Vorurteile überwindet und unser Vorteilsdenken aufhebt. Diese Funktion übernehmen im Horoskop Hermes/Merkur und Zeus/Jupiter. Sie bringen uns in einen Erfahrungskreislauf, in dem wir im vermeintlichen Vorteil auch den Nachteil und im vermeintlichen Nachteil auch den Vorteil erleben können. So heben sich eines Tages Vor- und Nachteil gegeneinander auf, wir sind frei von Vorurteilen und einseitigen Bewertungen. Jetzt können wir uns einzig dem widmen, was im Moment unser Leben erfüllt und ihm Sinn verleiht.

Die Zeus/Jupiter-Stufe der Wandlung – Änderung unserer Werte 79

Betrachten wir auch hier kurz die Jupiter-Stufe der Wandlung am Beispiel des Aszendenten Skorpion. Bei diesem Aszendenten befindet sich die Jupiter-Stufe, vom Aszendenten aus gerechnet, acht Tierkreiszeichen weiter, also im Zeichen Krebs. Krebs ist das Zeichen des Wachsens und Reifens. Um am Ende die volle Reife, die höchste Qualität, das ganze Potential zu verwirklichen braucht es Zeit und ständiges Hegen und Pflegen. Als Vorbild gilt hier die vollkommene Mutter, die ihr Kind mit Hingabe hütet, es nährt und liebevoll erzieht, um es in jeder Hinsicht »auf eigene Füße« zu stellen. Ist das Kind ganz erwachsen, entläßt sie es in die Welt.

Wir alle haben »Kinder« in uns. Es sind unsere Schwächen und unreifen Eigenschaften. Ein Horoskopeigner mit Aszendent Skorpion wird in seinem ersten Lebensabschnitt innere Reifungsprozesse im Sinne des Krebsprinzips nur dann auf sich nehmen, wenn es sich lohnt, d.h. wenn er sich einen Vorteil davon verspricht und von der Welt etwas dafür zurückbekommt. Dies kann ebenso materieller Lohn sein wie emotionale Belohnung (z.B. Lob, Anerkennung, berufliches Weiterkommen, Zuneigung vom Partner etc.). Ähnliches wird sich von seinen mütterlichen Fähigkeiten sagen lassen. Ansonsten ist er dem Prinzip des Krebses gegenüber eher zurückhaltend bis ablehnend eingestellt. Da er am liebsten das tut, was er gut kann und beherrscht, entscheidet er sich für Reifungsprozesse weder freiwillig noch aus tiefer Einsicht. Mit der Entfaltung des Aszendenten Skorpion ändert sich dann diese Haltung. Der Sinn von Reifungsprozessen wird erkannt, verinnerlicht und in das tätige Leben mit eingebracht. Mehr und mehr sieht der Horoskopeigner die Bedeutung der »mütterlichen Hingabe«, die das Prinzip Krebs fordert – und entwickelt in allen Lebenslagen eine echte, überpersönliche Mütterlichkeit, die seinen eigenen Unvollkommenheiten genauso zuteil wird wie jedem anderen Menschen – ohne Unterschiede. Schwächen, bei sich und bei anderen, sieht er als willkommene Gelegenheit, Reifungsprozesse einzuleiten und eine umsorgende, nährende Hingabefähigkeit zu entwickeln.

(Ausführliches dazu siehe im Kapitel über den Aszendenten Skorpion!)

Die Poseidon/Neptun-Stufe der Wandlung – Änderung unseres Wesens

Erkannten wir zu Beginn der Entfaltung des Aszendenten die Fischestufe als »unsere Vergangenheit«, in der wir unbewußt verhaftet sind, vollzieht sich – am Ende des Kreises angekommen – die Änderung unseres Wesens. Mit der Willensäußerung, unseren Aszendenten zu entfalten, fingen wir an. In der ersten Merkur-Stufe suchten wir nach der richtigen Entscheidung, die dieser Entfaltung entgegenkommt und sie unterstützt. In der zweiten Merkur-Stufe veränderten und »veredelten« wir unsere Ausdrucksweise, so daß auch die Außenwelt unsere Wandlung wahrnehmen konnte. In der Skorpionstufe erlebten wir Reibung und Widerstand als Prüfung unserer Entwicklung. Weil wir den entsprechenden Widerstand in uns selbst zu sehen vermochten, vollbrachten wir aus Einsicht das notwendige Opfer. In der Jupiter-Stufe »ging uns ein Licht auf«. Wir erkannten den Sinn unseres Daseins. Dem Göttlichen und Ganzheitlichen in uns gaben wir mehr Raum und entwickelten ein überpersönliches Verantwortungsgefühl – unser kleineres Ich – das Ego – beginnt im größeren Selbst aufzugehen. Der Wille wuchs, auf dieser Welt und für die Menschheit den vorgesehenen Beitrag zu leisten, während umgekehrt die Abhängigkeit von Lohn und Zuwendung abnahm. So veränderten sich unsere Werte, das Geistig-Himmlische nahm an Bedeutung zu, das Irdisch-Materielle und mit ihm unser persönlicher Vorteil verloren an Wichtigkeit.

Wenn sich nun der Kreis mit der Neptun-Stufe schließt, sind wir nicht mehr dieselben Menschen wie vorher. In der Entwicklungsspirale eine Stufe höhergestiegen, hat sich unser gesamtes Wesen verändert. Etwas in uns ist ganzheitlich geworden. Ein Teil einer unbewußten, uns stets beschränkenden Ichbezogenheit – vom Denken über das Handeln bis hin zur Bewertung – hat sich von uns gelöst. Weil wir uns dieses Teils bewußt geworden sind, konnten wir ihn freiwillig aufgeben. Jetzt erhalten wir als Lohn das echte Glück: Nachdem sich unsere Werte und Bewertungen mitverändert haben, erleben

Die Poseidon/Neptun-Stufe der Wandlung

wir das Neue als Fülle, während wir nachträglich die Aufgabe des Alten als Akt der Befreiung empfinden. Was uns einst so wichtig war, erscheint uns heute im völlig neuen Licht: Es war Ballast, den wir endlich abgeworfen haben – und nach dem kein Hahn mehr kräht.

Die Aufgabe des Alten verbunden mit Meisterung und Vollendung zeigt uns im Mythos niemand schöner und klarer als Herakles. Für jedes der zwölf Tierkreiszeichen macht er uns deutlich, was es zu tun und was es aufzugeben gilt, um Meisterschaft zu erreichen. Seine zwölf Arbeiten sind gleichermaßen zwölf Aufgaben – er löst sie alle, um uns den Weg und die Schwierigkeiten aufzuzeigen. Zwar müssen wir den Weg selbst gehen, aber die symbolisch-allegorischen Mythen von den zwölf Heraklesaufgaben sind Vorbild und Wegweiser. Durch sie sind wir davor geschützt, uns nicht aufs Neue zu verirren. Unsere Ichbezogenheit hat viele Gesichter. Gerne täuschen wir uns mit scheinbarer Entwicklung, die in Wahrheit gar nicht stattgefunden hat. Oft sind es Trugbilder äußerer Veränderung, die uns glauben machen, wir seien bereits »auf dem Weg«. Nicht selten fallen wir darauf herein, obwohl sich in uns wenig gewandelt hat. Eine Bequemlichkeit hat sich in uns breit gemacht, die ihren Platz nicht verlieren will und die bereit ist, diesen Platz mit allen Mitteln zu verteidigen. Um in der Neptun-Stufe den Kreis der Entwicklung zu vollenden, sollten wir lernen, diese Bequemlichkeit und ihre Mittel zu durchschauen. Hier, an der Nahtstelle von Vergangenheit, Gegenwart und Zukunft entscheidet sich alles, denn hier befinden wir uns wieder im ewigen Hier und Jetzt. »Wer bin ich heute?«, heißt die erste Frage. »Bin ich ein anderer?«, heißt die nächste.

Die dem Prinzip der Fischestufe zugeordnete Heraklesaufgabe gibt hier zweifelsfreie Antwort. Diese Aufgabe beschreibt exakt – exakt im Sinne der Gesetzmäßigkeit von Raum und Zeit, die der Mythos niederlegt – die jeweilige Entwicklung und Meisterung. Was es zu tun gibt, beschreibt sie ebenso, wie alles, was aufzugeben ist. Wenn wir lernen, uns in diesen Mythos, in diese uns betreffende Aufgabe hineinzuversetzen, erhalten wir die Antworten auf die oben formulierten Fragen.

Wir sind imstande, die Veränderung unseres Wesens zu messen an den Forderungen der Heraklesaufgabe. Dabei werden wir feststellen, daß Vollkommenheit ein göttliches Ideal ist, das uns lediglich als Leitlinie und Vision dienen soll. Für uns alle geht es immer nur darum, uns an diesem Ideal zu orientieren. Niemals geht es darum, das Ideal zu erreichen, nein, der Weg selbst ist unser Ziel, während das Ideal uns lediglich die Richtung weist. Runde für Runde gehen wir so durch den Tierkreis, getragen von der Vision, ein Berufener zu sein und die Berufung zu finden. Die mythischen Helden sind dabei Wegbereiter: Sie übermitteln uns das Maß aller Dinge, geben uns Anhaltspunkte auf dem Weg und machen uns Mut.

An der Schwierigkeit unserer Heraklesaufgabe sollten wir deshalb nicht verzagen, sondern wachsen. Im Vertrauen darauf, daß wir alle Gotteskinder sind, und im Glauben daran, das ein jeder von uns Berge versetzen kann, schaffen wir die Grundlagen für diesen Weg. Bauen wir auf dieses Fundament, kann uns nichts mehr aufhalten. Hindernisse erkennen wir als Prüfung, momentane Hemmnisse als kurze Ruhephasen, Fehlschläge und Rückfälle als Hinweise auf das, was noch schwach in uns ist. So bleiben wir nach vorne orientiert – unbeeindruckt von Schwierigkeiten, die hinter uns liegen, und hoffnungsfroh ausgerichtet auf die Lebens- und Erkenntnisfülle, die noch auf uns wartet.

Nehmen wir ein letztes Mal den Aszendenten Skorpion als Beispiel. Die Neptun-Stufe der Wandlung – vom Aszendenten aus gerechnet elf Tierkreiszeichen weiter – weist auf das Tierkreiszeichen Waage. Im Prinzip Waage treffen sich für den Horoskopeigner mit Aszendent Skorpion Vergangenheit und Zukunft. Hierin hat er sich verwickelt, hier heraus will er sich entwickeln. Die dem Zeichen Waage zugeordnete siebte Heraklesaufgabe (Einfangen des Erymanthischen Ebers) beschreibt, was es zu tun und was es aufzugeben gilt.

(Hinweis: Genaue Beschreibung der zwölf Heraklesaufgaben und ihre Deutung sind zu finden im Buch: »Die zwölf Aufgaben des Herakles im Tierkreis« von Wolfgang J. Denzinger, Hugendubel Verlag München.)

In dieser Aufgabe symbolisiert der Erymanthische Eber jene dunkle und doch göttliche Kraft, die alles Verborgene und Vergessene, alles Verdrängte und Versteckte, alles Häßliche und Unschöne unerbittlich in die Sichtbarkeit zerrt. Wie wir lernen, diese wilde, unberechenbare Kraft zu bändigen und zu zähmen, zeigt die siebte Heraklesaufgabe, die dem Tierkreiszeichen Waage zugeordnet ist. Die Dramen des Lebens, die gerade für den Aszendent Skorpion immer wieder auf unvorhersehbare Art und Weise in sein Leben dringen, werden so verwandelt in rechtzeitige Einsicht, die das dramatische Geschehen überflüssig machen. Die Heraklesaufgabe lehrt dem Aszendent Skorpion, wie er schmerzlich-dramatische Erfahrungen des Loslassens durch frühzeitig-einsichtsvolles Handeln ab- und erlöst. Hier wird archetypisch von Herakles vorgeführt, daß Verdrängen und »Unter-den-Teppich-Kehren« der Dinge lediglich die wilde Kraft des Ebers mobilisiert, der über dramatische Verwicklung am Ende die Wahrheit für jedermann sichtbar macht. Und Herakles meistert den Eber und zeigt, wie wir ihn zähmen können.

Dieser kurze Einblick in die siebte Heraklesaufgabe mag uns ein wenig von ihrem Wert überzeugen: Mit ihrer Hilfe kann nun jeder Horoskopeigner mit Aszendent Skorpion seine Entwicklung und Wandlung messen. An den Dramen seines Lebens selbst kann er sehen, wie weit er diese Aufgabe schon gelöst hat. Wenn ja, wird er in seinen zwischenmenschlichen Beziehungen die Wahrheit nicht mehr unter den Teppich kehren, nur weil er hofft, dadurch eine bestimmte (Schein-) Harmonie aufrecht zu erhalten. Ja er wird bereits Mittel und Wege entdeckt haben, die es ihm gestatten, Offenheit und Ehrlichkeit in alle Beziehungen einzubringen. Er spürt, wie er den »Eber« allmählich einfängt und zähmt, Direktheit und Gradlinigkeit werden wieder zwangloser und spontaner Bestandteil seiner Partnerschaften. Er braucht nicht mehr länger abzuwägen, ob er reden soll oder besser stumm bleibt, um den Frieden nicht zu gefährden. Er hat den Weg der Öffnung gefunden, fühlt sich frei und – so berichtet uns der Mythos – macht obendrein sich und andere damit froh.

Belassen wir es bei diesem kurzen Beispiel. Im Kapitel über

den Aszendenten Skorpion werden die Zusammenhänge ausführlicher dargelegt.

Anmerkung
Zum Abschluß sei nur erwähnt, daß die Heraklesaufgabe ebenso wie der Entfaltungsplan des Aszendenten dazu dienen, uns Anhaltspunkte auf unserem Erkenntnisweg zu geben. Sie können und wollen uns nicht zu etwas zwingen, sondern sie sind freundliche Wegbegleiter, dem griechischen Götterboten Hermes nicht unähnlich, die uns auf den Weg unserer Seele führen. Wir alleine entscheiden, ob wir uns führen lassen wollen, dies sollten wir uns stets vor Augen halten. Den Göttern ist der freie Wille des Menschen heilig, ihn lassen sie unangetastet. In uns können wir das Echo dessen spüren: Entscheiden und handeln wir wahrhaft freiwillig, lieben wir die Arbeit und sie fällt uns leicht, auch wenn sie schwer und langwierig ist, doch werden wir zur Entscheidung gezwungen und handeln widerwillig, sind wir bereits von einer Kleinigkeit überfordert. Der Weg der Entfaltung unseres Aszendenten ist nicht nur ein Weg zur Freiwilligkeit, sondern auch ein Weg zu mehr Liebe und innerer Erfüllung.

Entfaltungsplan des Aszendenten – Zusammenfassung

Der Entfaltungsplan des Aszendenten geht von der Stufe der Vergangenheit bis hin zur Stufe der Erlösung und Meisterung, die von der jeweiligen Heraklesaufgabe repräsentiert wird. Als Wandlungsstufen und Anhaltspunkte auf unserem Entwicklungsweg finden wir in unserem Horoskop:

1. *Die Stufe der Vergangenheit*
   im Horoskop: Das Zeichen vor dem Aszendenten
2. *Die erste Hermes/Merkur-Stufe der Wandlung –*
   Änderung unserer Entscheidungen
   im Horoskop: Zwei Zeichen weiter als der Aszendent

Entfaltungsplan des Aszendenten – Zusammenfassung

3. Die zweite Hermes/Merkur-Stufe der Wandlung –
Änderung unseres Ausdrucks
im Horoskop: Fünf Zeichen weiter als der Aszendent
4. Die Skorpionstufe der Prüfung
im Horoskop: Sieben Zeichen weiter als der Aszendent
5. Die Zeus/Jupiter-Stufe der Wandlung –
Änderung unserer Werte
im Horoskop: Acht Zeichen weiter als der Aszendent
6. Die Poseidon/Neptun-Stufe der Wandlung –
Änderung des Wesens (Heraklesaufgabe)
im Horoskop: Elf Zeichen weiter als der Aszendent

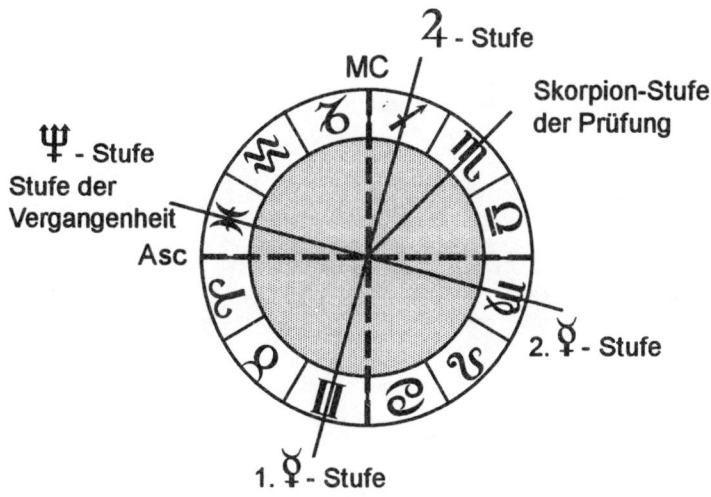

*Das archetypische Horoskop
mit allen Entfaltungsstufen*

Dritter Teil

Die Entfaltung der zwölf Aszendenten

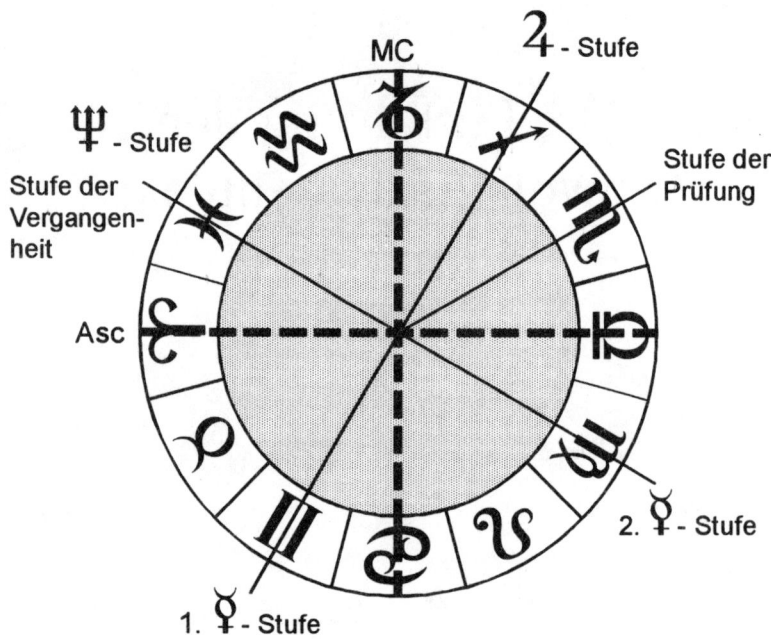

Die Entfaltung des Aszendenten Widder

Vergangenheit des Aszendenten Widder

Wie immer wir uns Vergangenheit vorstellen – ob wir in unsere Kindheit zurückgehen oder von früheren Inkarnationen sprechen –, eines ist stets gewiß: Unser Geist und unsere Seele sind nicht unberührt geblieben von den Erfahrungen und Erlebnissen dieser Vergangenheit. In uns sind Verwicklungen entstanden, es haben sich Gewohnheiten herausgebildet und feste Handlungsmuster eingeprägt. Wir haben gelernt, zu bewerten, zu beurteilen und nach gut und böse zu unterscheiden. Wir haben Kräfte entwickelt, um das Gute vom Bösen, das Angenehme vom Unangenehmen, das Geliebte vom Ungeliebten zu trennen. Dabei haben wir unseren ganzheitlichen, paradiesisch-unschuldigen Zustand verloren. Mit der Ganzheit haben wir aber auch unser Heil verloren: Wir sind einseitig, krank und schwach geworden.

Etwa zwei Stunden bevor am östlichen Horizont das Tierkreiszeichen des Aszendenten aufsteigt, sehen wir im Osten das dem Aszendenten vorausgehende Tierkreiszeichen emporsteigen. Betrachten wir diese Gegebenheit symbolisch und deuten diesen zeitlichen Ablauf, so dürfen wir annehmen, daß die Vergangenheit eines Horoskopeigners von dem Prinzip beherrscht wird, das dem Aszendenten im Tierkreis vorausgeht.

Zeigt in unserem Horoskop der Aszendent auf das Tierkreiszeichen Widder, ist damit gleichzeitig das Fischeprinzip als unsere Vergangenheit ausgewiesen. Unbewußt haften wir an diesem Prinzip fest: Alle unsere Handlungsweisen, Gewohnheiten und Reaktionen sind einseitig von ihm geprägt. Das Fischeprinzip ist in uns überbetont, wodurch die gesamte Achse Fische – Jungfrau ins Ungleichgewicht geraten ist: Was vom Prinzip Fische »zuviel« ist, fehlt uns am Prinzip Jungfrau. Die Entfaltung des Aszendenten Widder wird, wie wir noch sehen werden, den Ausgleich herbeiführen, so daß eines Tages die Achse Fische-Jungfrau in unserem Horoskop in Harmonie kommt. Die einseitige Fischebetonung ist dann aufgehoben, das (noch) fehlende Prinzip Jungfrau wird in die Sichtbarkeit

Vergangenheit des Aszendenten Widder

gebracht. Geschieht dies, dann hat sich unbewußtes Sein in Bewußtsein verwandelt, wir sind – dem Wesen nach verändert – ganzheitlicher geworden.

Doch bevor wir den Aszendenten Widder entfalten und diesen Entwicklungsweg gehen können, ist es notwendig, unsere Anhaftung im Prinzip Fische zu erkennen. Stellen wir uns deshalb folgende zwei Fragen:
Wie sehen unsere Bewertungen und Handlungsmuster aus?
Wo liegen ihre Betonungen und warum sind sie dem Fischeprinzip zuzuordnen?
Um darüber Aufklärung zu erhalten, sollten wir zuerst das Fischeprinzip verstehen. Es gilt als Zeichen der Synthese. Am Ende des Tierkreises steht es zwischen dem Alten und dem Neuen. Überholtes und Unbrauchbares will ebenso aufgelöst oder zerstört werden wie Neues entstehen und sich aufbauen will. Nichts erscheint von Dauer, alles ist – wie das den Fischen zugeordnete Meer – in Bewegung. Die innere Welt der Fische kennt keine konstanten Werte, die äußere Welt des Schicksals entsprechend auch nicht. Leben wird erfahren als ein stetes auf und ab, den Wellen des Meeres gleich. Dabei erscheint es wichtig und von Vorteil, sich in allen Lebenslagen »über Wasser« zu halten. Gesteuert von inneren Ahnungen wird versucht, den Angeboten des Lebens nachzujagen und gleichzeitig alle Nachfragen zu erfüllen, um ja nichts zu verpassen oder gar mit leeren Händen dazustehen.

Liegt unsere Vergangenheit – was beim Aszendent Widder der Fall ist – im Zeichen Fische, dann ist unsere Lebenslinie weit davon entfernt, eine Gerade zu sein oder annähernd eine klare Richtung aufzuzeigen. Unbeständigkeit machen wir zur Gewohnheit, Unberechenbarkeit zu unserem Handlungsmuster. Wir selbst leiden nicht daran, denn wir fühlen uns wohl in diesem Muster. Oft lassen wir uns im Leben dahintreiben, binden uns mal an das eine, dann an das andere. Auch Partnerschaften können leicht einen ähnlichen Charakter annehmen. Da keinem Tierkreiszeichen Auflösung und Tod näher stehen als dem Zeichen der Fische, fällt das Beenden leichter als das Beginnen. Wohl bewundern wir Stärken und Fähigkeiten bei Freunden und Bekannten, träumen gelegentlich davon, selbst groß und stark zu sein, doch die dazu erforderlichen Mühen und Notwendigkeiten – den harten Alltag – nehmen wir weniger gerne auf uns. Um Ausflüchte sind wir dabei selten verlegen: Entweder wir fühlen uns nicht stark genug oder etwas Unüberwindliches steht im Weg oder wir definieren uns für ungeeignet und untalentiert. Daß Talente und Eignung auch den Willen zur Entfaltung und eine Zeit des Reifens brauchen, hören wir nicht gerne.

Indem wir unsere Schwäche hochhalten und unser Unvermögen pflegen, tendieren wir zu starken Partnern. Die von uns verweigerte Stärke sollen die anderen besitzen – und davon so viel wie möglich. Dafür erhalten sie als Gegenleistung unsere ganze Hingabefähigkeit, unser Einfühlungsvermögen und unser volles Verständnis. Wir gehen auf unsere Partner ein, geben ihnen das, was sie sich erträumen, und erfüllen ihre Wünsche, damit sie uns in unserer Art belassen. Doch diese Rechnung geht nicht auf. Die verdeckten Schwächen des Partners fliegen auf – und die uns fehlenden Stärken dabei ebenfalls: Ein weiteres mal stehen wir vor der Entscheidung Auflösung und Ende oder Zueinanderstehen und Durchhalten. Im letzteren Falle kann eines Tages der wahre Wert einer echten Liebesbeziehung erlebt werden: Ein gegenseitiges Reiben und Ziehen, Kämpfen und Überzeugen, um der persönlichen Vollendung und dem eigenen Heil näher zu kommen.

Lassen wir uns jedoch nur auf reibungslose Beziehungen ein und versuchen weiterhin, unsere Träume zur Wirklichkeit zu machen, wird unser Zwiespalt zwischen Wollen und Handeln bleiben. Es besteht die Gefahr, langsam von einer anfänglichen Standpunktlosigkeit über eine zeitweise Orientierungslosigkeit bis hin zur inneren Haltlosigkeit abzudriften, ohne daß wir es merken. Sprechen uns andere Menschen daraufhin an, so fühlen wir uns eher mißverstanden, ohne zu sehen, daß wir selbst diese Mißverständnisse erzeugen. Dabei kann es vorkommen, daß wir in Zukunft noch etwas mehr vor den anderen verstecken und verbergen. Gerade bei Aszendent Widder mit der Vergangenheit im Zeichen Fische ist es nicht selten, daß wir – der Wirkung des äußeren Scheines mehr oder weniger bewußt – den äußeren Schein für unseren eigenen

Vorteil nützen. Wir machen Gott und der Welt etwas vor, von Stärke und Zuverlässigkeit bis hin zu Schwäche und Krankheit, um unseren Gewinn daraus zu ziehen. Wir neigen zu einer Opferhaltung, zeigen uns hingebungsvoll und glauben, der Welt damit zu dienen. Doch den echten Dienst, der in der mühsamen Vervollkommnung unserer innewohnenden, kreativen Potentiale bestünde, bleiben wir der Welt für lange Zeit schuldig.

Wie in keiner anderen Aszendentenkonstellation setzt hier der Kosmos eine Bedingung: Der Aszendent Widder kommt nur weiter, wenn er unermüdlich versucht, seine eigenen Kräfte zu entwickeln und auf den Punkt zu bringen. Nur auf die neuen und neu entwickelten Kräfte wird der Aszendent Widder sich eines fernen Tages verlassen können, in allen anderen Fällen wird er sonst der Verlassene und Einsame sein.

Für den Aszendenten Widder ist es daher förderlicher, einen gescheiterten Versuch als Ansporn für einen weiteren Versuch zu betrachten, denn vorschnell neigt er dazu, die Flinte ins Korn zu werfen und das eben Versuchte als für ihn »ungeeignet« zu erklären.

Zusammenfassung der Vergangenheit im Zeichen Fische
- ständiges auf und ab, hin und her, Unstetigkeit, kein fester Standpunkt
- löst eher auf und beendet, als daß er selbst sich erneuert
- ist bei eigenen und fremden Unzulänglichkeiten oft nachsichtig, hat dabei für sich selbst stets eine Ausrede
- das Handeln wird bestimmt von Angebot und Nachfrage, wenig Eigeninitiative, träumt gerne
- mehr von außen und vom Schicksal, weniger von innen und vom Selbst bestimmt, dadurch oft ein Mangel an Liebe zu dem, was er tut
- verbirgt viel, nützt den äußeren Schein, täuscht und enttäuscht leicht
- meidet Verpflichtung und Verantwortung, weicht oft aus, flieht gerne (z.B Flucht in Partnerschaften, eventuell auch Flucht in Krankheiten)
- ahnt viel, scheut aber den Aufwand für exaktes Wissen
- fühlt sich dem Chaos mehr verbunden als der Ordnung

– für andere oft unverständlich, irrational, undefinierbar, unberechenbar, schwer greifbar und begreifbar

Der Aszendent Widder

Ist es uns gelungen, den »Fisch in uns« zu erkennen, und sind wir bereit, unseren Aszendenten aus freien Stücken heraus zu entfalten, gibt uns der Tierkreis exakte Anleitung, wie der Aszendent Widder stufenweise entfaltet werden kann. Wir werden im Laufe der Zeit spüren, daß es mit der reinen Willensäußerung im Sinne eines »*Ich will meinen Aszendenten Widder leben!*« nicht getan ist. Wir können versuchen, das Widderprinzip (Spontaneität, Ich-Durchsetzung, kämpferischer Eigenwille, Entschlossenheit, ect.) mehr zu leben, doch eine Auflösung unseres unbewußt überbetonten Fischeprinzips geschieht nicht.

Wir haben bereits davon gesprochen, daß in unserem Horoskop die Achse Fische – Jungfrau im Ungleichgewicht ist und in Harmonie kommen will. Wie dies geschieht, zeigt uns der Verlauf des Tierkreises ebenso wie die aus dem Mythos des Orion gewonnenen Stufen der Entfaltung. Steigen wir sie empor, wird uns mehr und mehr innere Harmonie und Ausgewogenheit zuteil. Das Prinzip Fische beherrschen wir dann genauso wie das Prinzip Jungfrau: Jetzt können wir unseren Ahnungen und den Strömungen des Lebens (Prinzip Fische!) folgen, ohne uns dabei den Notwendigkeiten und Forderungen des Lebens (Prinzip Jungfrau!) zu entziehen. Unsere Einseitigkeit zieht sich zurück, wir werden frei und können überall ungehemmt und unvoreingenommen unsere Kräfte und Fähigkeiten einbringen.

Doch gehen wir in unserer Wandlung und Veränderung Schritt für Schritt vor. Zuerst übertragen wir das archetypische Horoskop auf unser persönliches Horoskop. Dabei ergibt sich – von unserem Aszendenten angefangen – ein vierstufiger Entfaltungsplan: Erste und zweite Hermes/Merkur-Stufe, Zeus/Jupiter-Stufe und Poseidon/Neptun-Stufe. Jede einzelne

Stufe gibt dabei Hinweise zur Wandlung. Hier können wir uns im Laufe der Zeit verändern, um dadurch die Entfaltung des Aszendenten und damit gleichzeitig die Entwicklung unserer Persönlichkeit zu fördern.

Die erste Hermes/Merkur-Stufe der Wandlung – Änderung unserer Entscheidungen

Da wir unsere Vergangenheit kennen, können wir in die erste Phase der Wandlung eintreten: Wir verändern unsere zukünftigen Entscheidungen im Sinne unserer geistig-seelischen Entwicklung, wie sie in unserem Horoskop niedergelegt ist. Das archetypische Horoskop (siehe S. 48) beschreibt die Entscheidungsfindung durch den ersten Quadranten, die dazugehörigen Tierkreiszeichen sind Widder (freier Wille), Stier (geplante Absicht) und Zwillinge (Wahl der zur Verfügung stehenden Möglichkeiten). Das veränderliche Tierkreiszeichen ist dabei Zwillinge, dem der Götterbote Hermes/Merkur zugeordnet ist. Hermes/Merkur bietet in seiner Funktion als Götterbote uns Menschen Möglichkeiten und Gelegenheiten, um neue, bewußtseinserweiternde Erfahrungen zu machen. Die Auswahl aus den zur Verfügung stehenden Möglichkeiten sowie die Entscheidung, eine gebotene Gelegenheit zu ergreifen, stehen uns dabei frei. Dies bedeutet für uns, daß wir die Art und Weise unserer Auswahl – und damit jede anstehende Entscheidung – jederzeit verändern können.

Immer wieder stellt uns das Leben vor Entscheidungen. Da wir anfangs weder unsere Berufung noch unseren Lebensweg klar und deutlich erkennen, begleiten uns Zweifel und Unsicherheit auf unserem Weg. Welche Entscheidung ist die richtige, welche die falsche? Gibt es überhaupt eine richtige Entscheidung? Da wir keine Antwort wissen, geben wir die Entscheidung oft ab an unser Unbewußtes: Unsere alten Bewertungen und Vorurteile geben den Ausschlag für unsere Entscheidung. Wir verharren im alten Muster, ein neues ist noch nicht entwickelt. Hier soll der Entfaltungsplan des Aszendenten Hilfestellung geben.

Für den Aszendenten Widder befindet sich die erste Hermes/Merkur-Stufe der Wandlung im Zeichen Zwillinge (siehe Abb. S. 88). Ist unser Aszendent im Zeichen Widder, sollten wir uns für jene Möglichkeiten und Gelegenheiten entscheiden, die dem Prinzip Zwillinge am meisten entsprechen. Tun wir dies, wird die Entfaltung unseres Aszendenten gefördert. Tun wir dies nicht, ist anzunehmen, daß unsere alten Muster und Gewohnheiten gesiegt haben: Die Vergangenheit (Prinzip Fische!) hat uns wieder einmal eingeholt, wir sind ihr unbewußt erlegen. Was heißt es nun, eine Entscheidung zu treffen, die dem Prinzip Zwillinge entspricht? Auch hier sollten wir erst das Prinzip Zwillinge verstehen, ehe wir diese Frage beantworten können.

Zwillinge ist das Prinzip des Interesses. Aus dem Lateinischen übersetzt heißt ›interesse‹ soviel wie ›dazwischen sein‹. Ähnlich einem Niemandsland meint das Prinzip Zwillinge jene Bereiche von Geist und Seele, die noch nicht durch einseitige Erfahrungen und besondere Erlebnisse beeinflußt sind. Dort, wo wahrhaft Neues sich abzeichnet und nur die pure Neugier uns treibt, sind wir dem Prinzip Zwillinge nah. Dort, wo wir vom Leben und Erleben geprägt und geformt sind und bereits festgefügte Meinungen und Standpunkte vertreten, sind wir dem Prinzip Zwillinge fern. Die wahre Unvoreingenommenheit dieses Prinzips findet ihren Niederschlag weder in Bewertungen noch in Beurteilungen, sondern manifestiert sich nur dort, wo wir für uns unbekanntes Neuland betreten. So heißt es für den Aszendenten Widder stets Ausschau zu halten nach der Entscheidung, die ins unbekannte Nirgendwo führt. Nicht die höchste Bewertung sollte den Ausschlag geben, sondern das, was nahezu wertfrei ist. Naturgemäß muß es ins Unbekannte und in die Fremde führen, denn alles Bekannte hat bereits einen Wert zugeordnet und eine persönliche Bedeutung erhalten. Wir haben es bereits in gut und böse eingeteilt, katalogisiert und festgeschrieben. Wählen wir also in Zukunft nach dem Prinzip des Interesses und der Neugier die gebotenen Möglichkeiten aus, treffen wir – aus Sicht unserer nach Entwicklung drängenden Seele – sicherlich die richtigen Entscheidungen. Weist unser Aszendent auf das Zeichen Widder, sollten wir uns daher vor jeder wichtigen Entscheidung im Leben fragen:

Entspricht unsere Wahl dem Prinzip Zwillinge?
Haben wir uns für das »Fremde«, das »Unbekannte« entschieden?
Hat unsere Neugier gesiegt?
Gehen wir wirklich unserem Interesse nach?
Lassen wir uns wirklich unvoreingenommen ein?
Sind wir offen dafür, daß ein »Wunder« geschieht? Ist unsere Enscheidung so, daß dieses »Wunder« geschehen kann?
Gehen wir mit unserer Wahl und unserer Entscheidung auch wirklich über alte Grenzen und Begrenzungen hinaus?

Lautet – wenigstens auf einige dieser Fragen – die Antwort »ja«, dann haben wir die richtige Wahl getroffen. Unschwer können wir selbst dabei den Widerstreit der Kräfte in uns fühlen. Die »Fischeseele« in uns (unsere Vergangenheit!) verläßt sich lieber auf Ahnungen und Vorahnungen. Ohne uns dessen ganz bewußt zu sein, erzeugen unsere Ahnungen Bewertungen, die leicht zu Voreingenommenheit, Ablehnung und Ausgrenzung führen. Gerne begeben wir uns in die Illusion, unseren Weg genau zu kennen, doch eine genaue Analyse würde uns offenbaren, daß wir sowohl allzu gerne den »Schwierigkeiten des Lebens« aus dem Weg gehen möchten als auch die Konfrontation mit unserer eigenen Unvollkommenheit und Unzulänglichkeit scheuen. Erst wenn wir bereit sind, die angebotenen Möglichkeiten und Gelegenheiten nicht mehr nach »für mich gut« und »für mich nicht gut« auszusortieren, kann jene Offenheit und Unvoreingenommenheit entstehen, die wir brauchen, um Entscheidungen im Sinne des Prinzips Zwillinge zu treffen. Von nun an können uns die eigenen Ahnungen und Vermutungen nicht mehr täuschen, auch nicht mehr betrügen: Weil wir das Wunder in uns zulassen, kann es uns im Außen begegnen. Den ersten Schritt in der Entfaltung unseres Aszendenten Widder haben wir getan, und gleichzeitig sind wir dem, was wir wahrhaft lieben, ein großes Stück näher gekommen – die »Widderseele« in uns hat sich durchgesetzt.

Anmerkung
Untersuchen wir im Entscheidungsfindungsprozeß die Wahl der Möglichkeiten nach dem Prinzip Zwillinge, kann es sein, daß wir nicht unbedingt zu einer eindeutigen Entscheidung vordringen. Vielleicht schwanken wir zwischen mehreren Möglichkeiten, die unserer Auffassung nach alle – mehr oder weniger – dem Prinzip Zwillinge entsprechen. Hier sollten wir wissen, daß es für die Entfaltung unseres Aszendenten Widder unerheblich ist, für welche der »Zwillingemöglichkeiten« wir uns entscheiden. Von Bedeutung ist lediglich, daß unsere Wahl das Prinzip Zwillinge überhaupt beinhaltet. Daher genügt es auch, wenn wir aus dem oben angeführten Katalog nur einige Fragen mit einem klaren »ja« beantworten können.

Wie im Mythos von Orion so schön beschrieben, ist in der ersten Entfaltungsphase des Aszendenten nur wichtig, nicht in das alte Muster zurückzufallen. Auch Orion, nachdem er sein Augenlicht zurückerhalten hatte, war nahe daran, aus Rache in seine alte Gewohnheit – seine Vergangenheit – zurückzufallen. Doch er hat sich von seiner Vergangenheit befreit, das macht ihn bereits zum großen Vorbild. Das Wesentliche in dieser ersten Hermes/Merkur-Stufe der Entfaltung ist es, alle jene Entscheidungsmöglichkeiten auszuschalten, die uns zurückziehen würden in den Sog der Fische-Vergangenheit. Erreichen wir dies, haben wir bereits gewonnen. Nur wenn das Alte uns einholt und umfängt, bleiben wir auf unserem Weg stehen; alles andere gehört bereits zum Vorwärtsschreiten, zur Entwicklung unserer Persönlichkeit, zur Entfaltung des Aszendenten.

Die zweite Hermes/Merkur-Stufe der Wandlung – Änderung unseres Ausdrucks

Haben wir uns entschieden, treten wir in eine neue Phase unseres Wirkens ein: Wir schreiten zur Tat. Das archetypische Horoskop beschreibt unser Handeln durch den zweiten Quadranten, die dazugehörigen Tierkreiszeichen sind Krebs (Iden-

Die zweite Hermes/Merkur-Stufe der Wandlung

tifikation), Löwe (Ausdruckskraft) und Jungfrau (Ausdrucksmittel). Das veränderliche Tierkreiszeichen ist Jungfrau, der herrschende Planet ist auch hier Hermes/Merkur, der Götterbote. Dies bedeutet, daß wir uns in der Wahl der Ausdrucksmittel ebenfalls jederzeit verändern können.

So wie wir in der ersten Hermes/Merkur-Stufe unsere Entscheidungen verwandeln können, bietet uns analog dazu die zweite Stufe die Möglichkeit, unsere Ausdrucksmittel zu verändern. In der zweiten Stufe der Entfaltung des Aszendenten wird unser Innerstes nach außen hin sichtbar. War unsere Entscheidungsfindung für andere Menschen weitgehend unsichtbar, so sind unsere Vorgehensweisen und Taten als sichtbarer Ausdruck unserer Entscheidungen normalerweise für jedermann wahrnehmbar.

Wir alle drücken uns aus im Reden, im Tun, in unseren Bewegungen und in der Art und Weise, wie wir mit den zur Verfügung stehenden Mitteln umgehen. Dies zusammen sind unsere Ausdrucksmittel, mit denen wir der Welt begegnen. Unsere Mitmenschen nehmen sie wahr, erkennen uns daran und nennen diesen Gesamteindruck »unsere Eigenart«. Dabei entsteht – in Analogie zur ersten Stufe – auch in der zweiten Stufe ein Zwischenreich: Das Ich auf der einen Seite, das Du auf der anderen Seite, und die Ausdrucksmittel dazwischen. Aus dieser Position heraus ist es weiter nicht verwunderlich, wenn sich die Wahrnehmung des Ich nicht unbedingt mit der Wahrnehmung des Du deckt. Ein jeder sieht die Dinge von seiner Seite, erst alle Sichtweisen zusammen ergeben das Ganze.

Für den Aszendenten Widder weist die zweite Hermes/Merkur-Stufe der Wandlung auf das Zeichen Jungfrau (siehe Abb. S. 88).

Ist unser Aszendent im Zeichen Widder, sollten sich unsere Art und Weise des Ausdrucks sowie unsere verwendeten Ausdrucksmittel im Laufe der Zeit dem Prinzip Jungfrau annähern. An dieser Stelle ist es wichtig, sich daran zu erinnern, daß unsere Vergangenheit im Zeichen Fische liegt. Unbewußt verwenden wir als sichtbaren Ausdruck deshalb vorzugsweise das Prinzip Fische. Durch die Entfaltung des Aszendenten wird damit ein Ausgleich herbeigeführt: Wir lernen, das Prinzip Jungfrau in die Sichtbarkeit zu bringen.

Wie sieht nun das Prinzip Jungfrau – in die Sichtbarkeit gebracht – aus? Auch hier ist es unumgänglich, dieses Prinzip erst einmal zu verstehen. Jungfrau ist im Tierkreis zwischen Löwe und Waage eingefügt. In dieser Position stellt es die Verbindung zwischen dem Ich (Löwe) und dem Du (Waage) her. Aus diesem Grund gehören zu Jungfrau alle Prozesse des Lebens, die das aus der Ganzheit herausgefallene Ich wieder in das Du einbinden wollen. Die traditionelle Astrologie nennt Jungfrau das Zeichen der Anpassung, mit Recht, denn Ich und Du werden auf irgendeine Art und Weise aufeinander abgestimmt und aneinander angepaßt. Dabei sollten wir Anpassung nicht verstehen als scheinheiliges sich einfügen oder gar unterordnen, sozusagen als Mittel zum Zweck, sondern vielmehr begreifen als einen Akt der Erkenntnis. Im Zeichen Jungfrau geht es nämlich darum, das »Passende« bzw. das »Geeignete« zu finden. Das Passende ist aber stets das, was dem Ich und dem Du gleichermaßen »paßt«. Mit anderen Worten: Es geht um das Herausfinden jener Ausdrucksweise, die für beide Seiten stimmig ist – und damit die Zustimmung vom Ich ebenso hat wie vom Du. Keinesfalls geht es darum, wie so oft mißverstanden wird, das herauszufinden, was zwar dem anderen gefällt und ihm angenehm ist, aber zur Leugnung des eigenen Wesens führt. Betreiben wir Anpassung auf Kosten der Unterdrückung eigener Persönlichkeitsanteile, führt dies lediglich zu Schattenbildung, im Sinne des Jungfrauprinzips ist nichts erreicht und für die Entfaltung des Aszendenten ist nichts gewonnen.

Als schönes Beispiel für dieses Prinzip kann uns die Jungfrau Maria dienen, die Mutter von Jesus. Sie ist wahrhaftig die »passende Mutter«, denn Mutter eines Kindes zu sein, das eines Tages zum Christos wird und den Tod am Kreuz erleidet, ist eine außergewöhnliche Mutter-Kind-Beziehung und bedarf einer hoch entwickelten Erkenntnisfähigkeit und außergewöhnlichen Opferbereitschaft. Sie hatte beides und ist dadurch auch zum Maßstab für das Jungfrauprinzip geworden.

Für uns könnte sie zum Vorbild werden. Gelingt es uns, die Wahrnehmungsfähigkeit zu schärfen, werden wir schnell erkennen, wo und wann unser Verhalten unpassend ist und warum die gewählten Ausdrucksmittel ungeeignet sind. Als Aszendent Widder haben wir unsere Ideen und Anregungen der Umwelt mitzuteilen und spontane Impulse an andere weiterzugeben. Schnell werden wir spüren, welche verwendeten Mittel ungeeignet sind, weil sie beim Du auf Ablehnung treffen und Unstimmigkeit auslösen. Hier sind wir aufgefordert, dem Jungfrauprinzip zu dienen. Indem wir alte Verhaltensweisen über Bord werfen und aufgeben, kann sich unsere Ausdrucksweise verfeinern und veredeln. Folge ist, daß andere uns gegenüber keine Abwehrmauern mehr aufbauen. Jetzt können sie unsere Impulse aufnehmen – und annehmen. Unsere intuitive Widderkraft hat sich nun wahrhaft im Außen durchgesetzt – unbewußte, spontane Impulsivität hat sich geläutert und verwandelt; selbstbewußte, wirksame Impulse sind daraus entstanden. Unsere früheren Ansätze, Impulse zu setzen und weiterzugeben, wurden nur allzu häufig von der überstarken Fischekraft in uns in das »Meer des Unbewußten« zurückgezogen. So blieben wir als Zuschauer oft passiv, anstatt mit spontaner Kraft einzugreifen und zuzupacken – der feurige Widderimpuls wurde vom Wasser der Fische gelöscht. Mit der Entfaltung des Aszendenten wird an uns mehr und mehr auch die Jungfraukraft sichtbar, unsere Hilfsbereitschaft, die schon immer da war, kann sich nun in unseren Taten erfüllen.

Vielleicht können wir in diesem Zusammenhang auch das Prinzip der Reinheit, der Makellosigkeit und der Unberührbarkeit, das der Jungfrau zugeordnet wird, besser verstehen. Der Läuterungsprozeß, der alle unbewußten und unbedachten Lebensäußerungen des Aszendenten Widder veredelt und in die jeweils passenden und annehmbaren Impulse verwandelt, kommt einer inneren Reinigung gleich. Allmählich entwickeln wir die Fähigkeit, alles unangetastet zu lassen, was unser Gegenüber in eine ablehnende Haltung bringt, verletzt oder gar zum Feind werden läßt. In uns sammeln wir ein stilles Wissen über die passende Form, das geeignete Verhalten und die rechte Ausdrucksweise, das als immerwährendes Gewissen uns begleitet und beschützt. Gelingt es uns, dem eigenen Gewissen zu folgen, wird uns jene Makellosigkeit zuteil, die das Prinzip Jungfrau seit jeher auszeichnet.

An dieser Stelle sollte ein weit verbreiteter Irrtum (›Euryale‹, Mutter des Orion = ›weit verbreiteter Irrtum‹) aufgedeckt werden. Weil wir das Sichtbare (den Körper!) zur Ursache erklären und vergessen haben, daß stets die unsichtbar wirkende Kraft (der Geist!) der Ursprung der Tat ist, haben sich Fehler in der traditionellen Astrologie eingeschlichen. Dem Aszendenten Widder wird das Prinzip Widder als (an ihm sichtbare) Eigenschaft zugeschrieben. Folge ist, daß z.B. in astrologischen Beratungen dem Aszendenten Widder angeraten wird, impulsiver und spontaner zu sein, sich mehr in der Welt durchzusetzen und stärkere Eigeninitiative zu entwikkeln, um so sein Aszendentenpotential bzw. seine Anlage zu »entfalten«. So entsteht die Anregung zu einer »blinden« Widderkraft (Im Mythos: Blindheit des Orion!), die weder Richtung noch Ziel hat. Greifen wir diese Anregung auf, vergewaltigen wir in Wirklichkeit die Welt mit unserer Widderkraft, weil wir dieser Kraft Sinn und Zweck rauben. Sinn und Zweck der Widderenergie ist es, die vom Schöpfer ausgesandten Impulse zu empfangen, in die Welt zu tragen und an andere Menschen weiterzugeben – nur so ist der Widderimpuls fruchtbar und von den Göttern gesegnet. Als Aszendent Widder lernen wir, Träger dieser Impulse zu werden. Doch geben wir die Impulse nicht so weiter, daß sie von der Welt auf- und angenommen werden, haben wir versagt: Der Impuls verpufft, er war umsonst.

Hier sehen wir vielleicht am deutlichsten den Unterschied zwischen einem Horoskopeigner mit der Sonne in Widder und einem mit dem Aszendenten Widder. Mit der Sonne in Widder haben wir eine spontane Impulsenergie in allen Lebenslagen zur Verfügung, die wir manchmal mehr und manchmal weniger zur Geltung bringen, während der Aszendent Widder einen speziellen Entwicklungsweg geht, an dessen Ende er gelernt hat, seine Impulse so zu setzen, daß sie im höchsten Maße wirksam sind und von der Welt angenommen werden. Die Frage für die Sonne in Widder könnte eher lauten: »Wie kann ich von meiner Widderenergie und damit von meinem eigentlichen Wesen im Leben mehr einbringen?«; die Frage für den Aszendenten Widder lautet eher: »Wie treffe ich die geeignete Wahl unter den zur Verfügung stehenden

(Ausdrucks-) Mitteln, damit meine Impulse besser ankommen?« Nur bei der letzten Fragestellung gewinnt das Prinzip Jungfrau an Bedeutung, weil es die ideale Art und Weise festlegt, wie sich das Ich mit dem Du verbinden kann. Jungfrau sucht das Passende – und findet es. Der Widderimpuls ist ein Geschenk des Himmels, das der Aszendent Widder der Welt bringen soll. Die Aufgabe des Aszendenten Widder ist es, für das Geschenk die passende Person, die richtige Verpackung, die rechte Zeit und den rechten Ort der Übergabe und die für die Übergabe geeigneten Umstände zu finden – nur so kommt das Geschenk an. Dabei dürfen wir annehmen, daß mit der Entfaltung des Aszendenten der Raum geschaffen wird, in dem unser eigenes Wesen (= Sonne im Horoskop) mehr und mehr zu strahlen vermag.

Die Skorpionstufe der Entfaltung – Prüfung der Wandlung

In den beiden Hermes/Merkur-Stufen haben wir unsere Entscheidung und unsere Ausdrucksweise geändert. Doch können wir sicher sein, daß sich in uns wirklich ein Wandel vollzogen hat? Oder unterliegen wir ein weiteres mal der großen Illusion, jener Täuschungskraft, die uns immer wieder einen Zerrspiegel vorhält, in dem wir uns selbst nicht zu erkennen vermögen?

Um dies zu beantworten, bedarf es einer prüfenden Instanz, die jenseits unserer Subjektivität liegt. Stets kommt die Prüfung von außen auf uns zu, gelegentlich liebevoll und nachsichtig, oft jedoch widerborstig und dornenreich. Wie der Stachel des Skorpion, der im Mythos den Orion tötet, sticht sie uns, verletzt uns und dringt ein in unsere Tiefen, um zu sehen, ob unsere »alte Form« noch lebt – oder schon gestorben ist. Denn nur wenn die alte Form tot ist, können wir sicher sein, daß unsere Änderungen von Dauer sind.

Für den Aszendenten Widder weist die Stufe der Prüfung auf das Tierkreiszeichen Skorpion (siehe Abb. S. 88).
Die Kraft des fixen Wasserzeichens Skorpion wird sym-

bolisiert durch den »reißenden Fluß«, der die »kleinen, stillen Wasser« (=Krebs, kardinales Wasserzeichen) dorthin zurückbringt, von wo sie genommen – dem Meer (=Fische, veränderliches Wasserzeichen). Wir alle, die wir Individualseelen sind, uns als kleines Ich empfinden und in aller Regel danach handeln, wollen zurück zum Ganzen, zur großen Mutter, zum Paradies. Die Kraft des sich ständig vermehrenden Wassers bindet uns aneinander, damit wir mehr Energie und größere Schnelligkeit auf unserem Weg gewinnen. Das Zeichen Skorpion steht für diese zunehmende Kraft der zwischenmenschlichen Bindung und Einigung. Nur alle zusammen kehren wir zurück ins Paradies oder keiner von uns – das ist uns von unseren Ahnen überliefert. Dank der Skorpionenergie werden wir es eines Tages gemeinsam schaffen, auch wenn es des öfteren weh tut. Sie drückt und biegt und schiebt uns, bis wir Einigungsbereitschaft signalisieren. Jegliche zwischenmenschliche Reibung zeugt von der Anwesenheit der Skorpionenergie, doch Sinn und Ziel dieser Kraft ist Einigung, Gemeinsamkeit, Verbundenheit und gegenseitige Verständigung.

Befindet sich unser Aszendent im Zeichen Widder, so ist für uns eines wichtig zu wissen: In allen unseren Partnerschaften und Beziehungen ist es stets die Skorpionenergie, die vom Partner kommt, um uns zu reizen, zu stechen – und zu prüfen. Erzielen wir mit unseren Partnern keine Einigkeit oder kommt es zu keiner Verständigung, zeigt dies bloß, daß unsere eigenen Impulse vom anderen nicht wirklich angenommen wurden. Gehen wir jetzt in die Projektion, werden wir die Ursache im Partner sehen, ja wir werden ihm die Schuld dafür geben, daß es zu keiner Einigung kommt. Verstehen wir aber den tieferen Sinn, kann die Entfaltung unseres Aszendenten voranschreiten. Wir stehen am Scheideweg unserer Entwicklung: Rückfall in alte Muster oder Festigung der neuen Form. In dem Moment, wo der Stachel des Skorpion – ausgehend vom Partner – tief in uns eindringt, stellt sich heraus, ob die erfolgte Wandlung lediglich oberflächlich oder tatsächlich tiefgreifend ist. Im ersten Fall wäre die Wandlung nur Schein, im zweiten Fall echt. Da der eigene Schmerz das Maß der Prüfung ist, können wir ihn weder mißverstehen noch ignorieren. Der Stachel hat – dessen sollten wir uns bewußt werden – nur ein

Ziel: Unsere alte Form zu »töten«. Dafür sollten wir dankbar sein; und wir sollten aufhören, nach Schuld und Schuldigen zu suchen. Nur so gelangen wir zur richtigen Deutung aller zwischenmenschlichen Schwierigkeiten, einer Deutung, die wir in der dritten Stufe der Wandlung brauchen, um alte Werte und Bewertungen zu verändern.

Die Zeus/Jupiter-Stufe der Wandlung – Änderung unserer Werte

Nach zwei Stufen der Wandlung und einer Stufe der Prüfung sind wir ein wenig klüger als zuvor. Die Skorpion-Stufe der Prüfung zeigte uns insbesondere, wo wir »gut« zu sein glaubten, aber am Ende doch nicht »gut genug« waren. Nun heißt es, innehalten und verweilen. Die Jupiter-Stufe der Wandlung will unsere Werte verändern. Das archetypische Horoskop beschreibt unsere Erfahrung, die Entstehung unserer Werte und unsere Urteilsfindung durch den dritten Quadranten. Die dazugehörigen Tierkreiszeichen sind Waage (Reaktion des Du), Skorpion (Vereinigung und Reibung mit dem Du) und Schütze (Bewertung der Beziehung; Sinnfindung). Das veränderliche Tierkreiszeichen ist dabei Schütze, der herrschende Planet Zeus/Jupiter. Dies bedeutet, daß wir jederzeit unsere Werte verändern, unsere Bewertungen wandeln und unseren Sinn neu ausrichten können.

Vieles, ja vermutlich fast alles, wofür wir uns entscheiden und was wir tun, halten wir anfangs für gut. Doch dann folgt das bittere Ende: Die Welt, der Partner, der Freund, sie urteilen anders, finden es weniger gut, vielleicht sogar unmöglich oder böse. Doch solange wir uns verwickeln und immer mehr in Täuschungen verstricken, kümmert uns die Meinung anderer wenig. Wir sind mit ihnen zusammen, weil wir uns einsam fühlen, weil wir uns einen Vorteil von ihnen versprechen oder weil wir ihre Anerkennung und Zuneigung gewinnen möchten.

Mit den Erfahrungen und Erlebnissen wächst gewöhnlich unsere Selbsterkenntnis. Nicht selten erleben wir dabei ein Phänomen: Die Bewertung von Dingen, Menschen und Ereignissen, die wir einst gut oder böse genannt haben, relativiert sich. Das Böse erkennen wir rückblickend als Anstoß, der uns von längst Überholtem gelöst und frischen Wind in unser Leben gebracht hat. Aber auch das Gute geht oft diesen Weg der Wandlung. Was einst gut und sinnvoll erschien, heute hat es nicht mehr denselben Stellenwert. Mit unserer Entwicklung wandeln sich unsere Werte, diese Erfahrung hat jeder von uns schon gemacht.

Die Jupiter-Stufe der Entfaltung des Aszendenten zeigt uns, wo und wie sich unsere Werte und Bewertungen wandeln sollen, damit wir nicht in alte Vorurteile und Bewertungsmuster zurückfallen. Wir finden in unserem Horoskop den Hinweis auf ein Tierkreiszeichen, dessen Sinn sich uns erst im Laufe der Entwicklung enthüllt und dessen Wert wir erst im Laufe der Zeit schätzen lernen. Mit unserem geistigen Wachstum dehnt sich dieses Prinzip mehr und mehr in uns aus. Entschieden wir uns früher nur dafür, wenn es Vorteile zu bringen schien, so wachsen wir gerade in diesem Prinzip über uns selbst hinaus: Es öffnet uns das Tor zum Überpersönlichen, harmonisiert unseren Geist und befriedet unsere Seele.

Für den Aszendenten Widder befindet sich diese Zeus/Jupiter-Stufe der Wandlung im Zeichen Schütze (siehe Abb. S. 88).

Schütze ist das Zeichen der Weisheit, des Tiefgründigen, der Religion. Es ist der Bogenschütze, der die Mitte sucht, findet und trifft. Von der Kunst des Bogenschießens wissen wir, was ein Schütze dazu benötigt: Einen gut gespannten Bogen, einen Pfeil und Konzentration.

Der gespannte Bogen steht für die Bereitschaft, Spannung zu ertragen; der Pfeil steht für die Bereitschaft, verwundbar zu sein und Schmerz zu erdulden; die Konzentration steht für die Fähigkeit, sich nicht ablenken zu lassen und alle Kräfte auf ein Ziel zu vereinen. Das sind für den Aszendenten Widder die Werte, die sich im Laufe seiner Entwicklung verändern werden. War er in seiner Vergangenheit nur dann bereit, Spannung und Schmerz zu ertragen, wenn für ihn dabei die Aussicht auf materielle, emotionale oder ideelle Vorteile bestand, so lernt er jetzt dazu. Er benötigt nicht mehr den Zwang der Umstände, sondern nimmt freiwillig auf sich. Aus wachsender innerer Überzeugung heraus will er seine Berufung erfüllen – und stellt fest, daß die oben erwähnte Bereitschaft und Fähigkeit dieser Berufung dient. Die Spannungsbereitschaft braucht er, um vor seinen eigenen Ängsten nicht davonzulaufen. Die Fähigkeit, Schmerzen zu ertragen, braucht er, um keine Unbesonnenheiten zu begehen und um den Schmerz und die Verwundbarkeit anderer besser zu verstehen. Die Konzentrationsfähigkeit braucht er, um mit seiner Kraft nicht abzuirren und ins Leere zu treffen. Läßt sich der Aszendent Widder darauf ein, werden eines Tages alle seine Impulse wie Pfeile den Punkt in der Mitte treffen – der einzige Punkt, bei dem niemand verletzt und nichts zerstört wird.

Die Poseidon/Neptun-Stufe der Wandlung – Änderung unseres Wesens

Nach den ersten drei Wandlungs- und Entfaltungsstufen will sich der Tierkreis schließen, um auf einer höheren Ebene der Entwicklung von Neuem zu beginnen. Das archetypische Horoskop schließt mit dem vierten, dem überpersönlichen Quadranten ab, die dazugehörigen Tierkreiszeichen sind Steinbock (Verwesentlichung, Abgrenzung), Wassermann (Erkenntnis der Ganzheit, Integration) und Fische (Auflösung, Einbindung, Synthese). Fische ist im vierten Quadranten das veränderliche Zeichen, herrschender Planet ist Poseidon/Neptun. Dies bedeutet, daß wir uns in der Auflösung, im Abschließen und im Beenden verändern können.

Beenden aber heißt vollenden. Vollendet sein aber heißt Meister sein. Die letzte Stufe der Entfaltung unseres Aszendenten spricht zu uns von Meisterschaft: Hat sich alles gewandelt – von der Entscheidung über die Ausdrucksweise bis hin zu unseren Werten – und bestehen wir alle Prüfungen, zu jeder Zeit und an jedem Ort, ist unser ganzes Wesen verändert. Wir beherrschen das Prinzip unseres Aszendenten von Anfang bis Ende und sind darin Meister.

Um über diese Stufe der Entwicklung etwas zu erfahren, liegt es nahe, sich an Menschen zu wenden, die vor uns den Weg schon gegangen und Meister geworden sind. An ihrer

Art, in ihrem Wesen und an ihren Taten erkennen wir, wo unser Weg hinführt. Sie geben uns die geeignete Vision, die unserer Entwicklung Richtung und Stabilität verleiht. Viele Meister könnten wir hier anführen, doch nur einer zeigt uns in allen zwölf Tierkreiszeichen, was Meisterschaft bedeutet. Es ist Herakles, der sagenumwobene Held der alten Griechen, der uns in seinen zwölf Aufgaben für jedes Tierkreiszeichen den Weg zur Meisterschaft hinterlassen hat. Er löst alle Aufgaben. Der Mythos von ihm gibt uns die Lösungen an die Hand. So können wir an den jeweiligen Heraklesaufgaben ersehen, was es in der letzten Stufe der Wandlung für uns zu entwickeln – und was es aufzugeben gilt.

Der Aszendent Widder hat die Poseidon/Neptun-Stufe der Entfaltung im Zeichen Fische. In der dem Zeichen Fische zugeordneten Heraklesaufgabe geht es um

Das Einfangen der roten Rinderherde des Geryon
Die zwölfte Aufgabe besteht für Herakles darin, von einem fernen, dunklen Ort, genannt »Erytheia«, die rote Rinderherde des Geryon zu holen und zu König Eurystheus zu treiben. Erytheia, die Insel der Abendröte, liegt ganz im Westen in der Nähe des Okeanos-Stromes, jenseits der »Säulen des Herakles«. Geryon ist Sohn von Chrysaor und der Kallirrhoe. Er hat drei Köpfe und drei Körper mit sechs Armen. Er mißachtet Gesetz und Recht und hält sich eine Herde von dunkelrotem Vieh, die er sehr gut von dem Hirten Eurytion, Sohn des Ares, und seinem doppelköpfigen Hund Orthos bewachen läßt.
An der Meeresenge von Gibraltar angekommen, opfert Herakles dem Helios und verbringt sieben Tage in tiefer Meditation. Daraufhin erhält er von Helios einen goldenen Pokal, der die Form einer Wasserlilie hat. Damit kann Herakles über den Ozean zur Insel Erytheia segeln.
Nach einer sehr bewegten Seefahrt kommt Herakles auf der Insel an. Er findet die Viehherde. Sofort greift der doppelköpfige Hund ihn an, doch Herakles erledigt ihn mit einem gezielten Keulenschlag. Den um sein Leben flehenden Hirten Eurytion läßt Herakles am Leben.

Die Poseidon/Neptun-Stufe der Wandlung

Ein weiterer Hirte meldet Geryon das Geschehnis. Sofort eilt das Ungeheuer mit den drei Oberkörpern herbei und stürzt sich auf Herakles. Der aber schießt einen einzigen Pfeil so ab, daß er Geryon in die Seite trifft und damit gleichzeitig alle drei Körper durchbohrt. Der Unhold schreit verzweifelt ein letztes Mal auf und fällt tot zu Boden. Nun nimmt Herakles die Herde mit in sein »Boot«, segelt zurück über das Meer und treibt von Gibraltar aus die ganze Herde über die Alpen und das nördliche Italien zu König Eurystheus. Auf diesem Rückweg hat Herakles noch viele Schwierigkeiten (u.a. mit Viehdiebstählen) zu überwinden und Kämpfe zu bestehen. Er macht jedoch seine Arbeit äußerst gewissenhaft und genau und holt jedes einzelne Rind, ob entlaufen oder geraubt, wieder zurück. Was immer auch für Arbeit damit verbunden war, er liefert die Herde vollzählig bei Eurystheus ab.

Zusammenfassung der Ergebnisse aus der Deutung des Mythos

zu entwickeln wären
- zum »guten Hirten« werden
- Geduld und Gewissenhaftigkeit; nichts unerledigt liegen lassen;
- Gesamtschau aller Dinge
- die Sichtweise des anderen mit einbeziehen
- das Verborgene und Versteckte sehen
- stets an die Wurzel der Dinge gehen
- nicht auf den äußeren Schein, auf die »vergoldeten Hüllen«, auf die Verpackung hereinfallen
- das musische Element; Achtsamkeit; Beobachtungsfähigkeit

aufzugeben wären
- scheinbare Bedürfnisse, geweckt durch lauttönende Werbung
- äußere Ablenkungen
- alles Trennende im Denken, Fühlen und Handeln
- alles Besondere, alles Sonderbare, alles Absondernde
- alle Verbesserungen und Erneuerungen auf der äußeren Ebene
- stets der erste sein wollen

Diese Zusammenfassung erhebt keinen Anspruch auf Vollständigkeit. Zu empfehlen wäre eine persönliche Auseinandersetzung mit dem Heraklesmythos, hier im speziellen mit der zwölften Heraklesaufgabe, die dem Zeichen Fische zugeordnet ist.

Herakles ist das Ideal eines Menschen, der sich aus dem Dunkel des Unbewußten heraus in das Licht der Bewußtheit hinein entwickelt. Wie alle Ideale soll er uns nur als richtungsweisendes Leitbild, als Vision dienen. Für uns ist es nicht wichtig, ein Held wie er zu sein, aber um so wichtiger ist es für uns, den von Herakles vorgezeichneten Weg zu beschreiten. Der Weg ist das Ziel, sagt uns die östliche Weisheit. Dies teilt uns mit, daß für uns Menschen weder im Erreichen noch im Verweilen die wahre Erfüllung liegt, sondern nur im Gehen. Viele von uns lassen sich abhalten, weil sie – vom fernen Ziel paralysiert – resignieren und glauben, ein so hohes Ziel nie erreichen zu können. Machen wir die ersten Schritte, um zu erfahren, daß nur im Gehen die Freude uns begleitet, nur in der Bewegung die Schönheit uns begegnet und nur im Wandel sich die Liebe uns offenbart.

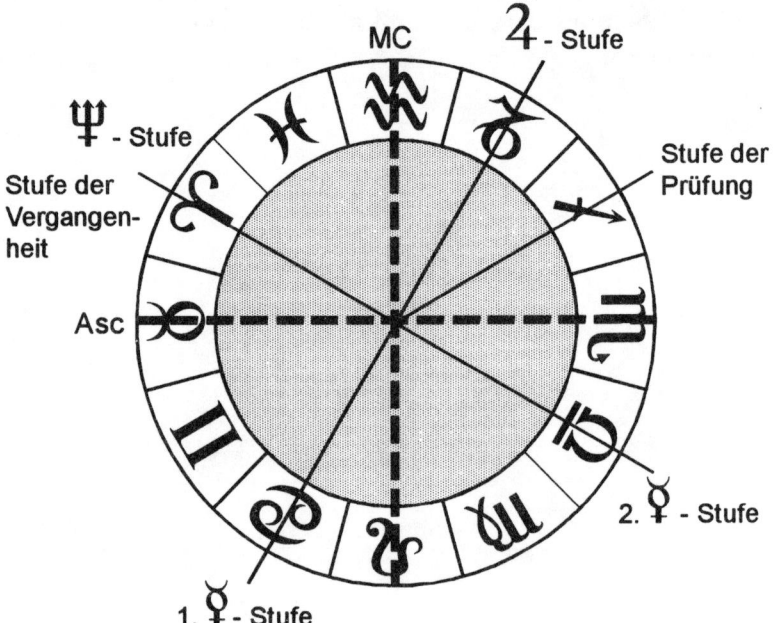

Die Entfaltung des Aszendenten Stier

Vergangenheit des Aszendenten Stier

Wie immer wir uns Vergangenheit vorstellen – ob wir in unsere Kindheit zurückgehen oder von früheren Inkarnationen sprechen –, eines ist stets gewiß: Unser Geist und unsere Seele sind nicht unberührt geblieben von den Erfahrungen und Erlebnissen dieser Vergangenheit. In uns sind Verwicklungen entstanden, es haben sich Gewohnheiten herausgebildet und feste Handlungsmuster eingeprägt. Wir haben gelernt, zu bewerten, zu beurteilen und nach gut und böse zu unterscheiden. Wir haben Kräfte entwickelt, um das Gute vom Bösen, das Angenehme vom Unangenehmen, das Geliebte vom Ungeliebten zu trennen. Dabei haben wir unseren ganzheitlichen, paradiesisch-unschuldigen Zustand verloren. Mit der Ganzheit haben wir aber auch unser Heil verloren: Wir sind einseitig, krank und schwach geworden.

Etwa zwei Stunden bevor am östlichen Horizont das Tierkreiszeichen des Aszendenten aufsteigt, sehen wir im Osten das dem Aszendenten vorausgehende Tierkreiszeichen emporsteigen. Betrachten wir diese Gegebenheit symbolisch und deuten diesen zeitlichen Ablauf, so dürfen wir annehmen, daß die Vergangenheit eines Horoskopeigners von dem Prinzip beherrscht wird, das dem Aszendenten im Tierkreis vorausgeht.

Zeigt in unserem Horoskop der Aszendent auf das Tierkreiszeichen Stier, ist damit gleichzeitig das Widderprinzip als unsere Vergangenheit ausgewiesen. Unbewußt haften wir an diesem Prinzip fest: Alle unsere Handlungsweisen, Gewohnheiten und Reaktionen sind einseitig von ihm geprägt. Das Widderprinzip ist in uns überbetont, wodurch die gesamte Achse Widder – Waage ins Ungleichgewicht geraten ist: Was vom Prinzip Widder »zuviel« ist, fehlt uns am Prinzip Waage. Die Entfaltung des Aszendenten Stier wird, wie wir noch sehen werden, den Ausgleich herbeiführen, so daß eines Tages die Achse Widder-Waage in unserem Horoskop in Harmonie kommt. Die einseitige Widderbetonung ist dann aufgehoben, das (noch) fehlende Prinzip Waage wird in die Sichtbarkeit

gebracht. Geschieht dies, dann hat sich unbewußtes Sein in Bewußtsein verwandelt, wir sind – dem Wesen nach verändert – ganzheitlicher geworden.

Doch bevor wir den Aszendenten Stier entfalten und diesen Entwicklungsweg gehen können, ist es notwendig, unsere Anhaftung im Prinzip Widder zu erkennen. Stellen wir uns deshalb folgende zwei Fragen:

Wie sehen unsere Bewertungen und Handlungsmuster aus?

Wo liegen ihre Betonungen und warum sind sie dem Widderprinzip zuzuordnen?

Um darüber Aufklärung zu bekommen, sollten wir zuerst das Widderprinzip verstehen. Das kardinale Feuerzeichen Widder gilt als das Zeichen des spontanen Impulses, den der Mensch »von oben« empfängt und der Welt weitergibt. Scheinbar losgelöst von allem Vergangenen – unbeeindruckt von Erfahrungen, Hemmungen oder Ängsten – scheint die Widderkraft sich direkt und ohne Rücksicht durchsetzen zu müssen. »Jetzt oder nie!« heißt die Losung. Jedes Zögern und Zaudern kostet Zeit und gleichzeitig Kraft. Von allen Tierkreisprinzipien ist es die Widderkraft, die ganz und gar subjektiv, ichbezogen und unmittelbar ist. Nur so kann sie ihre ganze Kraft entfalten. Der erste Augenblick entscheidet hier über Erfolg oder Versagen. Schon ein kurzes Abwarten, ein Innehalten, ein Nachdenken schwächt die Widderenergie, raubt ihr die Durchschlagskraft und führt zum Scheitern. Da jeder Neubeginn einem Durchbrechen alter Mauern und Überschreiten bestehender Grenzen gleichkommt, gilt Widder auch als Zeichen des ewigen Anfangs. Nicht Durchhalte- und Standvermögen sind seine Vorzüge, sondern Schnelligkeit und Impulsivität.

Liegt unsere Vergangenheit – was beim Aszendenten Stier der Fall ist – im Zeichen Widder, dann zählt für uns das Jetzt mehr als das Später, das Heute mehr als das Morgen. Andere mögen uns voreilig nennen, ja, aber das Eilen ist uns wichtiger als das Verweilen. So stehen wir immer unter Druck, sind auf dem Sprung und kennen weder Rast noch Ruhe. Rücksicht kennen wir nicht, weil wir nie zurückschauen. Unser Blick ist nach vorne gerichtet, und wir sind bereit, alle Widerstände auf unserem Weg zu beseitigen. So ist es nicht weiter verwunderlich, daß wir bei dieser Konstellation in unserem Gegenüber stets den Feind und Widersacher wittern. Vorschnell nehmen wir Kampfposition ein, beginnen den Kampf, verletzen den anderen – und wundern uns, daß er von uns nichts mehr wissen will.

Aber nicht nur in Beziehungen, auch in anderen Lebensbereichen haben wir unsere Schwierigkeiten. Unsere Ungeduld läßt uns oft planlos handeln und sorgt dafür, daß viele Versuche im Leben scheitern: Ob privat oder im Beruf, ob drinnen oder draußen, ob zuhause oder bei anderen, wir fangen viel an, bringen es aber nie wirklich zuende. Unsere heimliche Sehnsucht nach Stabilität und Sicherheit projizieren wir in den Partner. Ihn wünschen wir uns treu und zuverlässig, um eines Tages auch hier im Spiegel die eigene Unzulänglichkeit zu erleben. So sind wir schnell begeistert, verliebt und entflammt, doch die Enttäuschung folgt auf dem Fuß – der Geist ist entschwunden, die Liebe vergangen, die Flamme erloschen. Wohl möchten wir von Gott und der Welt geliebt werden, doch sind wir selbst auch zur Liebe fähig? Diese Frage müssen wir uns ein Leben lang stellen, denn die Entfaltung des Aszendenten Stier ist die Suche nach den Grundlagen der Liebe – und am Ende sogar die Antwort auf diese Frage. Nur diese Aszendentenkonstellation hat doppelten Bezug zu Aphrodite/Venus, der Göttin der Liebe. Sowohl dem Zeichen Stier ist sie zugeordnet als auch dem Zeichen Waage, das dem Widder gegenüber liegt. Und die Entfaltung des Aszendenten Stier soll ja, wie wir bereits wissen, die Achse Widder-Waage in Ausgleich bringen. Wenn wir allerdings weiterhin nur aus der Kraft des Widders schöpfen und mit dem Kopf durch alle Wände wollen, wird sich Aphrodite von uns zurückziehen. Dann allerdings wird unser Lebenskampf zum Lebenskrampf, denn Sinn und Tiefe ziehen sich dann ebenso zurück wie Freude und innerer Friede. Gehetzt und im außen dem Glück nachjagend, stürzen wir uns ins brodelnde Leben, um bald darauf erschöpft und ermattet am Boden zu liegen. Zu den Siegern, die wir gerne wären, gehören wir nicht mehr; zu den Verlierern, die wir nie sein wollten, zählen uns aber bereits die anderen.

Zusammenfassung der Vergangenheit im Zeichen Widder
- impulsiv, (vor-) schnell, begeisterungsfähig, aktiv, eigenwillig
- ungeduldig, innerlich unruhig, stets keine Zeit
- kann schwer abwarten und geschehen lassen
- mit dem Kopf durch die Wand, lieber aktiv sein und kämpfen
- geringes Durchhaltevermögen, wenig Beständigkeit
- Neigung zum vorzeitigen Abbruch, zum Aufgeben und zum Scheitern
- will keinen Umweg machen, sucht den direkten Weg
- hält nicht zurück, nimmt kaum Rücksicht, scheut Verantwortung
- schwacher Bezug zum Du, kann keine Resonanz herstellen und macht sich wenig Gedanken über andere
- dennoch immer auf der Suche (nach dem, was er am meisten liebt)
- Angst zu verlieren auf allen Ebenen
- kann besser neu anfangen als vollenden
- liebt weder Grenzen noch Einschränkungen
- macht sich gerne seine eigenen Gesetzte und Vorschriften

Der Aszendent Stier

Ist es uns gelungen, den »Widder in uns« zu erkennen, und sind wir bereit, unseren Aszendenten aus freien Stücken heraus zu entfalten, gibt uns der Tierkreis exakte Anleitung, wie der Aszendent Stier stufenweise entfaltet werden kann. Wir werden im Laufe der Zeit spüren, daß es mit der reinen Willensäußerung im Sinne eines *»Ich will meinen Aszendenten Stier leben!«* nicht getan ist. Wir können versuchen, das Stierprinzip (Verwurzelung, Festigung, Realitätsbezogenheit, Beständigkeit) mehr zu leben, doch eine Auflösung unseres unbewußt überbetonten Widderprinzips geschieht nicht. Wir haben bereits davon gesprochen, daß in unserem Horoskop die Achse Widder-Waage im Ungleichgewicht ist und in Harmonie kommen will. Wie dies geschieht, zeigen uns der Verlauf des Tierkreises ebenso wie die aus dem Mythos des Orion gewonnenen Stufen der Entfaltung. Folgen wir ihnen, wird uns mehr und mehr innere Harmonie und Ausgewogenheit zuteil. Das Prinzip Widder beherrschen wir dann genauso wie das Prinzip Waage: Jetzt können wir unsere Impulse und Ideen einbringen und umsetzen, ohne in der Außenwelt – über kurz oder lang – auf massive Gegenwehr und unüberwindbare Widerstände zu stoßen. Unsere Einseitigkeit zieht sich zurück, wir kommen in unsere Mitte und können überall frei und unvoreingenommen unsere Kräfte und Fähigkeiten einbringen.

Doch gehen wir in unserer Wandlung und Veränderung Schritt für Schritt vor. Zuerst übertragen wir das archetypische Horoskop auf unser persönliches Horoskop. Dabei ergibt sich – von unserem Aszendenten ausgehend – ein vierstufiger Entfaltungsplan: Erste und zweite Hermes/Merkur-Stufe, Zeus/Jupiter-Stufe und Poseidon/Neptun-Stufe. Jede einzelne Stufe gibt dabei Hinweise zur Wandlung. Hier können wir uns im Laufe der Zeit verändern, um dadurch die Entfaltung des Aszendenten und damit gleichzeitig die Entwicklung unserer Persönlichkeit zu fördern.

Die erste Hermes/Merkur-Stufe der Wandlung – Änderung unserer Entscheidungen

Da wir unsere Vergangenheit kennen, können wir in die erste Phase der Wandlung eintreten: Wir verändern unsere zukünftigen Entscheidungen im Sinne unserer geistig-seelischen Entwicklung, wie sie in unserem Horoskop niedergelegt ist. Das archetypische Horoskop (siehe Abb. S. 48) beschreibt die Entscheidungsfindung durch den ersten Quadranten, die dazugehörigen Tierkreiszeichen sind Widder (freier Wille), Stier (geplante Absicht) und Zwillinge (Wahl der zur Verfügung stehenden Möglichkeiten). Das veränderliche Tierkreiszeichen ist dabei Zwillinge, dem der Götterbote Hermes/Merkur zugeordnet ist. Hermes/Merkur bietet in seiner Funktion als Götterbote uns Menschen Möglichkeiten und Gelegenheiten, um neue, bewußtseinserweiternde Erfahrungen zu machen. Die Auswahl aus den zur Verfügung stehenden Möglichkeiten sowie die Entscheidung, eine gebotene Gelegenheit zu ergreifen, steht uns dabei frei. Dies bedeutet für uns, daß wir die Art und Weise unserer Auswahl – und damit jede anstehende Entscheidung – jederzeit verändern können.

Immer wieder stellt uns das Leben vor Entscheidungen. Da wir anfangs weder unsere Berufung noch unseren Lebensweg klar und deutlich erkennen, begleiten uns Zweifel und Unsicherheit auf unserem Weg. Welche Entscheidung ist die richtige, welche die falsche? Gibt es überhaupt eine richtige Entscheidung? Da wir keine Antwort wissen, geben wir die Entscheidung oft ab an unser Unbewußtes: Unsere alten Bewertungen und Vorurteile geben den Ausschlag für unsere Entscheidung. Wir verharren im alten Muster, ein neues ist noch nicht entwickelt. Hier soll der Entfaltungsplan des Aszendenten Hilfestellung geben.

Für den Aszendenten Stier befindet sich die erste Hermes/ Merkur-Stufe der Wandlung im Zeichen Krebs (siehe Abb. S. 112).
Ist unser Aszendent im Zeichen Stier, sollten wir uns für jene Möglichkeiten und Gelegenheiten entscheiden, die dem Prinzip Krebs am meisten entsprechen. Tun wir dies, wird die Entfaltung unseres Aszendenten gefördert. Tun wir dies nicht, ist anzunehmen, daß unsere alten Muster und Gewohnheiten gesiegt haben: Unsere Vergangenheit – die Widderkraft – hat uns ein weiteres Mal eingeholt, wir sind ihr unbewußt erlegen. Was heißt es nun, eine Entscheidung zu treffen, die dem Prinzip Krebs entspricht? Auch hier sollten wir erst das Prinzip Krebs verstehen, ehe wir diese Frage beantworten können.

Krebs ist das Zeichen des Wachsens und Reifens. Um am Ende die volle Reife, die höchste Qualität, das ganze Potential zu verwirklichen braucht es Zeit und ständiges Hegen und Pflegen. Als Vorbild gilt hier die vollkommene Mutter, die ihr Kind mit Hingabe hütet, es nährt und liebevoll erzieht, um es in jeder Hinsicht »auf eigene Füße« zu stellen. Ist das Kind ganz erwachsen, entläßt sie es in die Welt. Das Kind selbst steht symbolisch auch für unsere Schwächen und Unvollkommenheiten, aber auch für unsere Talente und Begabungen, denen wir noch nicht genügend Zeit und Beachtung geschenkt haben. So schlummern sie in unserer Tiefe den Schlaf des Dornröschens und warten auf den mutigen Prinzen, der die Mühe nicht scheut, zu ihnen vorzudringen, um sie zum Leben zu erwecken. Für den Aszendenten Stier heißt dies, zu lernen, sich stets für sein eigenes Talent zu entscheiden – und sich Zeit und Muse zu nehmen, dieses Talent zu fördern. Dabei wird er sein Talent gerade dort finden, wo er sich im Moment weder stark noch vollkommen empfindet. Mensch werden heißt heil werden, und heil werden heißt in seine Mitte kommen. Deshalb gehört es zu den wunderbaren Fügungen, daß unsere Begabung dort liegt, wo wir uns anfangs schwach fühlen. Wäre es nicht so, würden wir unsere Stärken auf Kosten unserer Schwächen noch weiter fördern, die innere Spaltung nähme zu und mit ihr unser Unheil. Doch jedes Gefühl von Schwäche geht einher mit innerer Hemmung, einer Angst vor Verletzung, einer Erfahrung von Leid. Nur die Zeit kann hier alle Wunden heilen. Weist unser Aszendent auf das Zeichen Stier, so sollten wir uns vor jeder wichtigen Lebensentscheidung fragen:

> Entspricht unsere Wahl dem Prinzip Krebs?
> Fördert es unser Talent? Bringt es Musisches hervor?
> Wird eine vermeintliche Schwäche zur Reife gebracht?
> Sind wir bereit, uns auf einen längeren Reifungsprozeß einzulassen?
> Haben wir uns Zeit gelassen und Zeit gegeben?
> Haben wir das gewählt, wozu wir die größte innere Resonanz verspüren?
> Kommt die Entscheidung wirklich aus unserem tiefsten Innern?
> Haben wir uns von keinen äußeren Gegebenheiten fremdbestimmen oder von Zwängen unter Druck setzen lassen?
> Fühlen wir uns mit unserer Entscheidung rundherum wohl, bringt sie Geborgenheit mit sich?

Lautet die Antwort ja, haben wir die richtige Wahl getroffen. Unschwer fühlen wir den Widerstreit der Kräfte. Obwohl die »Widderseele« (Vergangenheit!) in uns den schnellen Durchbruch sucht, haben wir sie durch unsere getroffene Entscheidung gezügelt, denn jedes Reifen braucht seine Zeit, braucht viel Geduld, beständiges Üben und einen Platz der Geborgenheit. Jetzt sind die Weichen gestellt, die zweite Hermes/Merkur-Stufe der Wandlung kann den Ausgleich der Achse Widder-Waage herbeiführen – die »Stierseele« in uns hat sich durchgesetzt.

Anmerkung
Untersuchen wir im Entscheidungsfindungsprozeß die Wahl der Möglichkeiten nach dem Prinzip Krebs, kann es sein, daß wir nicht unbedingt zu einer eindeutigen Entscheidung vordringen. Vielleicht schwanken wir zwischen mehreren Möglichkeiten, die unserer Auffassung nach alle – mehr oder weniger – dem Prinzip Krebs entsprechen. Hier sollten wir wissen, daß für die Entfaltung unseres Aszendenten Stier es unerheblich ist, für welche der »Krebsmöglichkeiten« wir uns entscheiden. Von Bedeutung ist lediglich, daß unsere Wahl das Prinzip Krebs überhaupt beinhaltet. Daher genügt es auch, wenn wir aus dem oben angeführten Katalog nur einige Fragen mit einem klaren »ja« beantworten können.
Wie im Mythos von Orion so schön beschrieben, ist in der ersten Entfaltungsphase des Aszendenten nur wichtig, nicht in das alte Muster zurückzufallen. Auch Orion, nachdem er sein Augenlicht zurückerhalten hatte, war nahe daran, aus Rache in seine alte Gewohnheit – seine Vergangenheit – zurückzufallen. Doch er hat sich von seiner Vergangenheit befreit, und das alleine macht ihn schon zum großen Vorbild. Das Wesentliche in dieser ersten Hermes/Merkur-Stufe der Entfaltung ist es, alle jene Entscheidungsmöglichkeiten auszuschalten, die uns zurückziehen würden in den Sog der Widder-Vergangenheit. Erreichen wir dies, haben wir bereits gewonnen. Nur wenn wir zulassen, daß das Alte uns einholt und umklammert, bleiben wir auf unserem Weg stehen; alles andere gehört bereits zum Vorwärtsschreiten,

zur Entwicklung unserer Persönlichkeit, zur Entfaltung des Aszendenten.

Die zweite Hermes/Merkur-Stufe der Wandlung – Änderung unseres Ausdrucks

Haben wir die richtige Wahl getroffen und uns entschieden, treten wir in eine neue Phase ein: Wir schreiten zur Tat. Das archetypische Horoskop (siehe Abb. S. 48) beschreibt unser Handeln durch den zweiten Quadranten, die dazugehörigen Tierkreiszeichen sind Krebs (Identifikation), Löwe (Ausdruckskraft) und Jungfrau (Ausdrucksmittel). Das veränderliche Tierkreiszeichen ist Jungfrau, der herrschende Planet ist Hermes/Merkur, der Götterbote. Dies bedeutet, daß wir uns auch in der Wahl der Ausdrucksmittel jederzeit verändern können.

So wie wir in der ersten Hermes/Merkur-Stufe unsere Entscheidungen verwandeln können, bietet uns analog dazu die zweite Stufe die Möglichkeit, unsere Ausdrucksmittel zu verändern. In der zweiten Stufe der Entfaltung des Aszendenten wird unser Innerstes nach außen hin sichtbar. War unsere Entscheidungsfindung für andere Menschen weitgehend unsichtbar, so sind unsere Vorgehensweisen und Taten als sichtbarer Ausdruck unserer Entscheidungen normalerweise für jedermann wahrnehmbar.

Wir alle drücken uns aus im Reden, im Tun, in unseren Bewegungen und in der Art und Weise, wie wir mit den zur Verfügung stehenden Mitteln umgehen. Dies zusammen sind unsere Ausdrucksmittel, mit denen wir der Welt begegnen. Unsere Mitmenschen nehmen sie wahr, erkennen uns daran und nennen den Gesamteindruck unsere »Eigenart«. Dabei entsteht – in Analogie zur ersten Stufe – auch in der zweiten Stufe ein Zwischenreich: Das Ich auf der einen Seite, das Du auf der anderen Seite und die Ausdrucksmittel dazwischen. Aus dieser Position heraus ist es weiter nicht verwunderlich, wenn die Wahrnehmung des Ich sich nicht unbedingt mit der Wahrnehmung des Du deckt. Ein jeder sieht die Dinge von seiner Seite, erst alle Sichtweisen zusammen ergeben das Ganze.

Für den Aszendenten Stier weist die zweite Hermes/Merkur-Stufe der Wandlung auf das Zeichen Waage (siehe Abb. S. 112).

Ist unser Aszendent im Zeichen Stier, sollten unsere Art und Weise des Ausdrucks sowie unsere verwendeten Ausdrucksmittel sich im Laufe der Zeit dem Prinzip Waage annähern. An dieser Stelle ist es wichtig, sich daran zu erinnern, daß unsere Vergangenheit im Zeichen Widder liegt. Unbewußt verwenden wir als sichtbaren Ausdruck deshalb vorzugsweise das Prinzip Widder. Durch die Entfaltung des Aszendenten wird damit ein Ausgleich herbeigeführt: Wir lernen, auch das Prinzip Waage in die Sichtbarkeit zu bringen.

Wie sieht nun das Prinzip Waage – in die Sichtbarkeit gebracht – aus? Auch hier ist es unumgänglich, dieses Prinzip erst einmal zu verstehen. Das kardinale Luftzeichen Waage ist die Kraft der Überwindung aller Gegensätze. Es schlägt die Brücke zwischen den einzelnen Menschen, überwindet das Trennungsdenken und sorgt für zwischenmenschlichen Ausgleich. Dort, wo zuviel ist, wird weggenommen, um es dort, wo zuwenig ist, zuzuführen. So werden allmählich die Unterschiede aufgehoben, Harmonie und Frieden wachsen unter den Menschen, und die Liebe gedeiht. Aus diesem Aspekt heraus ist auch zu verstehen, daß die Liebesgöttin Aphrodite/Venus dem Zeichen Waage zugeordnet ist. Weist unser Aszendent auf das Zeichen Stier, bedeutet dies für uns, die Wahl unserer Ausdrucksmittel mehr und mehr dem Prinzip Waage anzupassen. Wo immer wir handeln, was immer wir tun, es sollte stets eine Brücke bauen zwischen uns und der Welt. Besonders wäre darauf zu achten, daß eine mögliche vorhandene Kluft zwischen uns und anderen Menschen nicht noch größer wird. Gegensätze sind da, um überwunden zu werden, das ist der für diese Konstellation geeignete Wahlspruch. Anfeindung und Gegnerschaft von Seiten anderer sind bei dieser Konstellation gerade ideal, da sie die Möglichkeit bieten, das Prinzip Waage sichtbar zu machen. Gelingt es uns, Ausgleich zu finden und Harmonie herzustellen, zeigt dies die

Entfaltung unseres Aszendenten. Nicht Abgrenzung oder Ausgrenzung sind hier gefragt, sondern Überwindung des eigenen Trennungsdenkens. Weitere Aspekte des Waageprinzips sind Schönheit, Liebe, Anmut, Rechtmäßigkeit. Schaffen wir es, der Welt davon mehr und mehr zu bringen, können wir sicher sein, daß keine Kluft entsteht zwischen dem Ich und dem Du. Im Gegenteil, sie sind wie »Heilmittel«: Sie verbinden die geschlagenen Wunden, überwinden die Widerstände und heilen alle Abneigungen.

Und wie stets bei der zweiten Hermes/Merkur-Stufe der Wandlung haben wir auch hier die Möglichkeit, unser Gegenüber – den Partner, Kollegen oder Bekannten – zu fragen, ob auch er das Prinzip Waage an uns entdeckt. Erkennt er unser Bemühen um Ausgleich und Frieden, um Schönheit und Gerechtigkeit, und fühlt er sich weder von uns abgelehnt noch bei uns unwillkommen, bestätigt dies den Erfolg unseres Bemühens. Jetzt erst dürfen wir annehmen, daß wir in unserer seelischen Entwicklung einen großen Schritt weiter gekommen sind.

An dieser Stelle sollte ein weit verbreiteter Irrtum (›Euryale‹, Mutter des Orion, = ›weit verbreiteter Irrtum‹) aufgedeckt werden. Weil wir das Sichtbare (den Körper!) zur Ursache erklären und vergessen haben, daß stets die unsichtbar wirkende Kraft (der Geist!) der Ursprung der Tat ist, haben sich Fehler in der traditionellen Astrologie eingeschlichen. Dem Aszendenten Stier wird das Prinzip Stier als (an ihm sichtbare) Eigenschaft zugeschrieben. Folge ist, daß z.B. in astrologischen Beratungen dem Aszendenten Stier angeraten wird, beharrlicher und unnachgiebiger zu sein, sich mehr auf seinen eigenen Bereich zu beschränken und stärkere »Wurzeln« zu entwikkeln, um dadurch sein Aszendentenpotential bzw. seine Anlage zu »entfalten«. So entsteht die Anregung zu einer »blinden« Stierkraft (Im Mythos: Blindheit des Orion!), die weder Richtung noch Ziel hat. Greifen wir diese Anregung auf, vergewaltigen wir in Wirklichkeit die Welt mit unserer Stierkraft, weil wir dieser Kraft Sinn und Zweck rauben. Sinn und Zweck der Stierenergie ist es, unseren Ideen festen Boden und Stabilität zu verleihen. Nur so wird sichergestellt, daß aus einem Neuanfang mehr wird als nur ein kurzlebiger Versuch ohne Zukunft. Gelingt es uns, Stabilität und Dauerhaftigkeit in alles zu bringen, was wir beginnen, dann ist die Stierkraft entwickelt und von den Göttern gesegnet. Als Aszendent Stier lernen wir, unseren Taten und Werken eine Kraft mitzugeben, die für Dauer und Beständigkeit sorgt. Dabei dürfen wir annehmen, daß diese Kraft von Aphrodite/Venus ausgeht, die sowohl dem Zeichen Stier (Aszendent) als auch dem Zeichen Waage (zweite Merkur-Stufe) zugeordnet ist. Als »Göttin der Harmonie und Schönheit« weist sie uns den Weg zur Dauerhaftigkeit – sichtbares Beispiel dafür sind noch heute die ägyptischen Pyramiden, die an Schönheit wie Dauerhaftigkeit in dieser Welt von nichts übertroffen werden. Sie stammen aus dem Stierzeitalter, in dem die Gesetze der Harmonie, der Schönheit und der Ausgewogenheit (Prinzip Waage) auf dieser Erde – sichtbar – verankert wurden.

Hier sehen wir vielleicht am deutlichsten den Unterschied zwischen einem Horoskopeigner mit der Sonne in Stier und und einem mit Aszendenten Stier. Mit der Sonne in Stier haben wir eine beharrliche und ausdauernde Kraft in allen Lebenslagen zur Verfügung, die wir manchmal mehr und manchmal weniger zur Geltung bringen, während der Aszendent Stier einen speziellen Entwicklungsweg geht, an dessen Ende er gelernt hat, seine Sprunghaftigkeit in Ebenmäßigkeit, seine Impulsivität in Stabilität, seine Bedenkenlosigkeit in Überlegenheit zu verwandeln. Dies ermöglicht ihm eines Tages, stets mit beiden Beinen auf dem Boden der Tatsachen zu stehen und – ausgehend von dieser Basis – seinen Werken Fundament und Festigkeit zu verleihen.

Die Frage für die Sonne in Stier könnte eher lauten: »Wie kann ich von meiner Stierenergie und damit von meinem eigentlichen Wesen im Leben mehr einbringen?«; die Frage für den Aszendenten Stier lautet eher: »Wie treffe ich die geeignete Wahl unter den zur Verfügung stehenden (Ausdrucks-) Mitteln, damit meinen Vorhaben und Werken von vorneherein mehr Beständigkeit innewohnt?« Nur bei der letzten Fragestellung gewinnt das Prinzip Waage an Bedeutung, weil es zu uns vom kosmischen Gesetz der Harmonie spricht, vom aphroditischen Ebenmaß, vom goldenen Schnitt, von jener

Schönheit, die den Göttern und Menschen gleichermaßen gefällt. Die Stierkraft ist eine Gabe der Götter, die der Aszendent Stier sichtbar machen soll, damit er und andere sich daran erbauen können. Der Mythos drückt diesen Zusammenhang so aus: Die himmlische Aphrodite Urania, die »Tochter des Uranos (griech.: ›Sternenhimmel‹)«, ist auf die Erde gekommen und hat sichtbare Gestalt angenommen – zur Freude der Götter und der Menschen. Der Aszendent Stier hat sich aufgemacht, daran mitzuwirken. Mit der Entfaltung des Aszendenten wird sozusagen der geeignete »Raum« geschaffen, in dem unser eigenes Wesen (= Sonne im Horoskop) mehr und mehr zu strahlen vermag.

Die Skorpionstufe der Entfaltung – Prüfung der Wandlung

In den beiden Hermes/Merkur-Stufen haben wir unsere Entscheidung und unsere Ausdrucksweise geändert. Doch können wir sicher sein, daß sich in uns wirklich ein Wandel vollzogen hat? Oder unterliegen wir ein weiteres mal der großen Illusion, jener Täuschungskraft, die uns immer wieder einen Zerrspiegel vorhält, in dem wir uns selbst nicht zu erkennen vermögen?

Um dies zu beantworten, bedarf es einer prüfenden Instanz, die jenseits unserer Subjektivität liegt. Stets kommt die Prüfung von außen auf uns zu, gelegentlich liebevoll und nachsichtig, oft jedoch widerborstig und dornenreich. Wie der Stachel des Skorpion, der im Mythos den Orion tötet, sticht sie uns, verletzt uns und dringt ein in unsere Tiefen, um zu sehen, ob unsere »alte Form« noch lebt oder schon gestorben ist. Denn nur wenn die alte Form tot ist, können wir sicher sein, daß unsere Änderungen von Dauer sind.

Für den Aszendenten Stier weist die Stufe der Prüfung auf das Tierkreiszeichen Schütze (siehe Abb. S. 112).

Die Kraft des veränderlichen Feuerzeichens Schütze wird symbolisiert durch Pfeil und Bogen, im Mythos auch durch den Kentaur, ein Fabelwesen halb Pferd halb Mensch. Als

Die Skorpionstufe der Entfaltung – Prüfung der Wandlung 127

bekanntester Kentaur ist uns Chiron überliefert, ein Heiler der Menschen. Er war der Kampflehrer aller großen Helden, insbesondere von Herakles. Den Wert des Kämpfens anzuerkennen, den tieferen Sinn unseres Lebens unablässig zu suchen und nach Höherem zu streben, dies lehrt uns das Zeichen Schütze. Es führt uns so zur wahren Erkenntnis von Gut und Böse, zum Hintergrund von Sünde und Verfehlung und zum Glauben an uns und unsere Göttlichkeit.

Befindet sich unser Aszendent im Zeichen Stier, so ist es für uns wichtig zu wissen, daß in allen Partnerschaften es stets die Schützeenergie ist, die vom Partner kommt, um uns zu reizen und zu prüfen. Jeder Partner wird hier zum Kentauren Chiron und damit zu unserem »Kampflehrer«. Er weist uns auf unsere Schwächen, zeigt uns unsere Fehler und belehrt uns über alles, was in unserem Umgang mit Mensch oder Welt nicht stimmt. Dabei scheint er das Auge eines Adlers zu haben – er sieht alles und wird nicht müde, uns damit zu konfrontieren. Von der überhöhten Position eines Lehrers schaut er auf uns herab und zeigt uns, wie alles besser geht. Mögen wir ab und zu darunter leiden, dennoch dient er unserem Heil. Wie kein anderer kennt er unsere Schwächen, deckt sie unerbittlich auf und schafft so die Grundlage dafür, daß wir unsere Schwächen erkennen und vervollkommnen können. Dies nun ist unsere Prüfung: Fallen wir zurück in unsere Widdervergangenheit, werden wir den Kampf aufnehmen. Statt zu lernen, werden wir uns an unseren Partnern aufreiben, denn gewinnen können wir gegen unsere »Kampflehrer« nie. Irgendwann wird es keine Brücke mehr zwischen uns und unseren Partnern geben, die Kluft vertieft sich, die Trennung ist vorprogrammiert. Wir denken, es liegt am anderen, doch in Wahrheit haben wir die Chance verpaßt, unseren Aszendenten Stier zu entwickeln. Bestehen wir die Prüfung, beginnen wir die Fähigkeiten unseres Partners erst zu akzeptieren, später sogar zu bewundern. Indem wir ihn in seiner Gegensätzlichkeit als Lehrer annehmen, verbinden wir uns mit ihm – und beginnen ihn allmählich zu lieben.

Die Zeus/Jupiter-Stufe der Wandlung – Änderung unserer Werte

Nach zwei Stufen der Wandlung und einer Stufe der Prüfung sind wir ein wenig klüger als zuvor. Die Skorpion-Stufe der Prüfung zeigte uns insbesondere, wo wir »gut« zu sein glaubten, aber am Ende doch nicht »gut genug« waren. Nun heißt es, innehalten und verweilen. Die Jupiter-Stufe der Wandlung will unsere Werte verändern. Das archetypische Horoskop beschreibt unsere Erfahrung, die Entstehung unserer Werte und unsere Urteilsfindung durch den dritten Quadranten. Die dazugehörigen Tierkreiszeichen sind Waage (Reaktion des Du), Skorpion (Vereinigung und Reibung mit dem Du) und Schütze (Bewertung der Beziehung; Sinnfindung). Das veränderliche Tierkreiszeichen ist dabei Schütze. Dies bedeutet, daß wir jederzeit unsere Werte verändern, unsere Bewertungen wandeln und unseren Sinn neu ausrichten können.

Vieles, ja vermutlich sogar das meiste, wofür wir uns entscheiden und was wir tun, halten wir anfangs für gut. Doch dann folgt das bittere Ende: Die Welt, der Partner, der Freund, sie urteilen anders, finden es weniger gut, vielleicht sogar unmöglich oder schlimm. Doch solange wir uns verwickeln und immer mehr in Täuschungen verstricken, kümmert uns die Meinung anderer wenig. Wir sind mit ihnen zusammen, weil wir uns einsam fühlen, weil wir uns einen Vorteil davon versprechen oder weil wir Anerkennung und Zuneigung haben möchten.

Mit den Erfahrungen und Erlebnissen wächst gewöhnlich unsere Selbsterkenntnis. Nicht selten erleben wir dabei ein Phänomen: Die Bewertung von Dingen, Menschen und Ereignissen, die wir einst gut oder böse genannt haben, relativiert sich. Das Böse erkennen wir rückblickend als Anstoß, der uns von längst Überholtem gelöst und frischen Wind in unser Leben gebracht hat. Aber auch das Gute geht oft diesen Weg der Wandlung. Was einst gut und sinnvoll erschien, heute hat es nicht mehr denselben Stellenwert. Mit unserer Entwicklung wandeln sich unsere Werte, diese Erfahrung hat jeder von uns schon gemacht.

Die Zeus/Jupiter-Stufe der Wandlung – Änderung unserer Werte

Die Jupiter-Stufe der Entfaltung des Aszendenten zeigt uns, wo und wie sich unsere Werte und Bewertungen wandeln sollen, damit wir nicht in alte Vorurteile und Bewertungsmuster zurückfallen. Wir finden in unserem Horoskop den Hinweis auf ein Tierkreiszeichen, dessen Sinn sich uns erst im Laufe der Entwicklung enthüllt und dessen Wert wir erst im Laufe der Zeit schätzen lernen. Mit unserem geistigen Wachstum dehnt sich auch dieses Prinzip in uns aus. Entschieden wir uns früher nur dafür, wenn es Vorteile zu bringen schien, so wachsen wir gerade in diesem Prinzip über uns selbst hinaus: Es öffnet uns das Tor zum Überpersönlichen, harmonisiert unseren Geist und befriedet unsere Seele.

Für den Aszendenten Stier befindet sich diese Zeus/Jupiter-Stufe der Wandlung im Zeichen Steinbock (siehe Abb. S. 112).

Steinbock gilt als Zeichen der Berufung, aber auch der damit verbundenen Verantwortung. Schon in dieser Wechselwirkung zwischen Ruf und Antwort können wir die verbindende Kraft dieses Zeichens erkennen. Damit ein Ruf, woher immer er auch kommen mag, nicht im leeren Raum verhallt, bedarf es einer Kraft, die ihn aufnimmt, darauf hört und danach handelt. Das letztere wäre dann die Antwort: Die Tat als Antwort auf den Ruf. Nur so können wir verstehen, indem wir einen Berufenen stets nach seinen Taten beurteilen. Oder umgekehrt: In der Tat und im Geschehen zeigt sich die Berufung, nicht im Reden und Versprechen. »*An ihren Taten werdet ihr sie erkennen!*«, so drückt es der biblische Kontext aus.

Weist unser Aszendent auf das Zeichen Stier, so dürfen wir annehmen, daß in der Vergangenheit Berufung und Verantwortung keine wichtige Rolle gespielt haben. Wohl sind wir gelegentlich – meist kurzfristig – einem Ruf von außen gefolgt und haben, wenn es sich nicht umgehen ließ, auch ab und zu Verantwortung übernommen, doch nur, wenn wir uns einen handfesten Vorteil davon versprochen haben. Freiwillig und aus höherer Einsicht war es jedenfalls bestimmt nicht. Erst im Laufe unserer Entwicklung gewinnt das Thema Berufung und Verantwortungsübernahme an Bedeutung. Einen eigenen Weg zu gehen, der unser innewohnendes Potential mit einer Funktion in der Welt verbindet, erscheint uns plötzlich sinnvoll. Auch überpersönlich tätig zu sein, anderen Menschen und der Welt unsere Kraft zur Verfügung zu stellen, öffentlich zu wirken – nicht nur davon zu reden – wird immer wichtiger. Dabei entdecken wir Grundlegendes: Um sich in der Welt zu manifestieren, bedarf es einer klaren und eindeutigen Vorstellung von dem, was wir zu tun beabsichtigen. Stürzten wir uns früher eher unüberlegt ins volle Leben, ohne klare Vorstellung und ohne eindeutige Abgrenzung, um nach kurzem Anlauf bereits zu scheitern, so bringt uns die Erfahrung den Wert der Steinbockkraft. Je eindeutiger wir alles definieren, je genauer wir uns abzugrenzen wissen, je mehr wir uns auf das Wesentliche beschränken und je unverbrüchlicher wir uns daran halten, umso dauerhafter der Erfolg. Vergangene Unbeständigkeit kann sich langsam in Beständigkeit verwandeln – wir sind in unserer Entwicklung wiederum ein großes Stück weiter.

Die Poseidon/Neptun-Stufe der Wandlung – Änderung unseres Wesens

Nach den ersten drei Wandlungs- und Entfaltungsstufen will sich der Tierkreis schließen, um auf einer höheren Ebene der Entwicklung von Neuem zu beginnen. Das archetypische Horoskop schließt mit dem vierten, dem überpersönlichen Quadranten ab, die dazugehörigen Tierkreiszeichen sind Steinbock (Verwesentlichung, Abgrenzung), Wassermann (Erkenntnis der Ganzheit, Integration) und Fische (Auflösung, Einbindung, Synthese). Fische ist im vierten Quadranten das veränderliche Zeichen, herrschender Planet ist Poseidon/Neptun. Dies bedeutet, daß wir uns in der Auflösung, im Abschließen und im Beenden verändern können.

Beenden aber heißt vollenden, vollendet sein aber heißt Meister sein. Die letzte Stufe der Entfaltung unseres Aszendenten spricht zu uns von Meisterschaft: Hat sich alles gewandelt – von der Entscheidung über die Ausdrucksweise bis hin zu unseren Werten – und bestehen wir alle Prüfungen, zu jeder Zeit und an jedem Ort, ist unser ganzes Wesen verändert.

Die Poseidon/Neptun-Stufe der Wandlung

Wir beherrschen das Prinzip unseres Aszendenten von Anfang bis Ende und sind darin Meister.

Um über diese Stufe der Entwicklung etwas zu erfahren, liegt es nahe, sich an Menschen zu wenden, die vor uns den Weg schon gegangen und Meister geworden sind. An ihrer Art, in ihrem Wesen und an ihren Taten erkennen wir, wo unser Weg hinführt. Sie geben uns die geeignete Vision, die unserer Entwicklung Richtung und Stabilität verleiht. Viele Meister könnten wir hier anführen, doch nur einer zeigt uns in allen zwölf Tierkreiszeichen, was Meisterschaft bedeutet. Es ist Herakles, der sagenumwobene Held der alten Griechen, der uns in seinen zwölf Aufgaben für jedes Tierkreiszeichen den Weg zur Meisterschaft hinterlassen hat. Er löst alle Aufgaben, der Mythos von ihm gibt uns die Lösungen an die Hand. So können wir an den jeweiligen Heraklesaufgaben ersehen, was es in der letzten Stufe der Wandlung für uns zu entwickeln und was es aufzugeben gilt.

Der Aszendent Stier hat die Poseidon/Neptun-Stufe der Entfaltung im Zeichen Widder (siehe Abb. S. 112). In der dem Zeichen Widder zugeordneten Heraklesaufgabe geht es um

Das Fangen der menschenfressenden Stuten des Diomedes
In der ersten Aufgabe fängt Herakles die menschenfressenden Stuten des Diomedes. Diomedes ist Sohn des Kriegsgottes Ares. Seine Pferde sind wild, ungezähmt und hitzig, verwüsten das Land und töten alle Menschen, die sich ihnen in den Weg stellen. Es heißt auch, daß es sich um vier Stuten handelt, die unermüdlich neue, wilde Kriegsrosse gebären.
Bei der Erledigung dieser Arbeit nimmt Herakles seinen Freund Abderos mit, der aber weder die Stärke noch den Mut des Herakles besitzt.
Nach sorgfältiger Planung folgen die beiden den Pferden. Schließlich treibt Herakles die Stuten auf einem Feld zusammen, wo sie weder ausweichen noch entkommen können. Er fängt alle ein und fesselt sie.
Zufrieden mit sich und seiner Leistung, überläßt Herakles stolz seinem Freund Abderos die gebundenen Pferde und

fordert ihn auf, sie zu König Eurystheus zurückzubringen. Er ist sich sicher, seine Aufgabe bereits erfüllt zu haben. Doch Abderos ist schwach und fürchtet sich vor der gebundenen Kraft der Pferde. Er kann die Stuten nicht halten, sie wenden sich gegen ihn, zerreißen und zerstampfen ihn dabei und entkommen in die Ländereien des Diomedes. Durch dieses Unglück gedemütigt und voller Gram, kehrt Herakles noch einmal an seine erste Aufgabe zurück – diesmal ohne Begleitung. Er sucht wiederum nach den Stuten, findet sie, fängt sie ein zweitesmal ein und bringt sie zu König Eurystheus an einen Ort des Friedens, wo sie gezähmt und abgerichtet werden. Doch Abderos, sein Freund, ist tot.

Zusammenfassung der Ergebnisse aus der Deutung des Mythos

zu entwickeln wären
- Konzentration der Gedanken
- Lenkung der Gedanken auf ein einziges Ziel hin
- unbedingter Wille, das Ziel zu erreichen
- spontanes Umsetzen in die Tat
- nicht in die Vergangenheit zurückschauen
- alleiniges Entscheiden und Handeln
- innere Konfrontation mit dem Thema Tod
- niemals vorzeitig aufgeben
- Scheitern als Gewinn und Ermutigung zu neuen Versuchen betrachten
- Zähmung der Triebkräfte ohne Zwang- und Gewaltausübung

aufzugeben wären
- ablenkende und abschweifende Gedanken
- Feindbilder
- feindliche Gedanken, Vermutungen, Unterstellungen, Mißtrauen
- Zweifel an sich selbst und anderen
- Bedenken, Rücksichten, Verpflichtungen
- Scheu, Hemmungen, Zögern, Abwarten
- hemmende Gemeinschaften und Beziehungen, Abhängigkeiten
- Versuche, andere gegen ihren Willen mit in etwas »hineinzuziehen«

Diese Zusammenfassung erhebt keinen Anspruch auf Vollständigkeit. Zu empfehlen wäre eine persönliche Auseinandersetzung mit dem Heraklesmythos, hier im speziellen mit der ersten Heraklesaufgabe, die dem Zeichen Widder zugeordnet ist.

Herakles ist das Ideal eines Menschen, der sich aus dem Dunkel des Unbewußten heraus in das Licht der Bewußtheit hinein entwickelt. Wie alle Ideale soll er uns nur als richtungsweisendes Leitbild, als Vision dienen. Für uns ist es nicht wichtig, ein Held wie er zu sein, aber um so wichtiger ist es für uns, den von Herakles vorgezeichneten Weg zu beschreiten. Der Weg ist das Ziel, sagt uns die östliche Weisheit. Dies teilt uns mit, daß für uns Menschen weder im Erreichen noch im Verweilen die wahre Erfüllung liegt, sondern nur im Gehen. Viele von uns lassen sich abhalten, weil sie – vom fernen Ziel paralysiert – resignieren und glauben, ein so hohes Ziel nie erreichen zu können. Machen wir die ersten Schritte , um zu erfahren, daß im Gehen die Freude uns begleitet, in der Bewegung die Schönheit uns begegnet und nur im Wandel sich die Liebe uns offenbart.

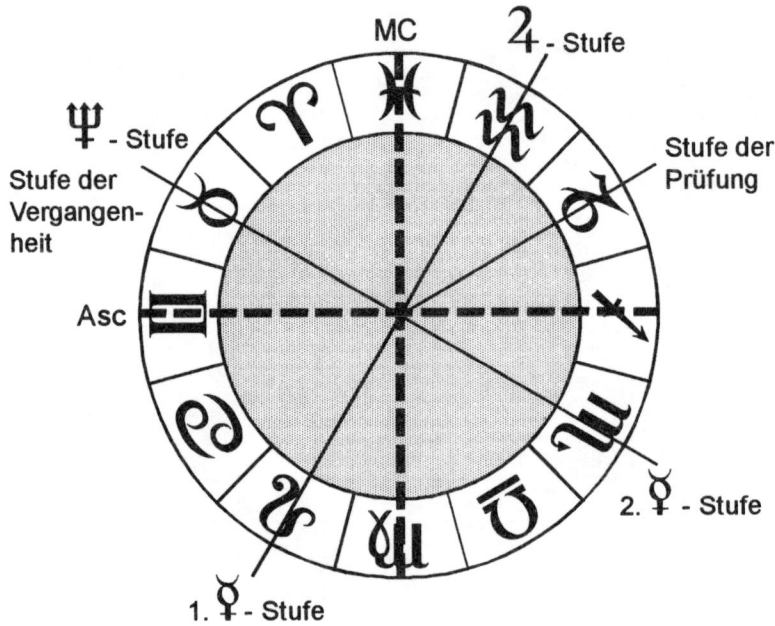

Die Entfaltung des Aszendenten Zwillinge

Vergangenheit des Aszendenten Zwillinge

Wie immer wir uns Vergangenheit vorstellen – ob wir in unsere Kindheit zurückgehen oder von früheren Inkarnationen sprechen –, eines ist stets gewiß: Unser Geist und unsere Seele sind nicht unberührt geblieben von den Erfahrungen und Erlebnissen dieser Vergangenheit. In uns sind Verwicklungen entstanden, es haben sich Gewohnheiten herausgebildet und feste Handlungsmuster eingeprägt. Wir haben gelernt, zu bewerten, zu beurteilen und nach gut und böse zu unterscheiden. Wir haben Kräfte entwickelt, um das Gute vom Bösen, das Angenehme vom Unangenehmen, das Geliebte vom Ungeliebten zu trennen. Dabei haben wir unseren ganzheitlichen, paradiesisch-unschuldigen Zustand verloren. Mit der Ganzheit haben wir aber auch unser Heil verloren: Wir sind einseitig, krank und schwach geworden.

Etwa zwei Stunden bevor am östlichen Horizont das Tierkreiszeichen des Aszendenten aufsteigt, sehen wir im Osten das dem Aszendenten vorausgehende Tierkreiszeichen emporsteigen. Betrachten wir diese Gegebenheit symbolisch und deuten diesen zeitlichen Ablauf, so dürfen wir annehmen, daß die Vergangenheit eines Horoskopeigners von dem Prinzip beherrscht wird, das dem Aszendenten im Tierkreis vorausgeht.

Zeigt in unserem Horoskop der Aszendent auf das Tierkreiszeichen Zwillinge, ist damit gleichzeitig das Stierprinzip als unsere Vergangenheit ausgewiesen. Unbewußt haften wir an diesem Prinzip fest: Alle unsere Handlungsweisen, Gewohnheiten und Reaktionen sind einseitig von ihm geprägt. Das Stierprinzip ist in uns überbetont, wodurch die gesamte Achse Stier – Skorpion ins Ungleichgewicht geraten ist: Was vom Prinzip Stier »zuviel« ist, fehlt uns am Prinzip Skorpion. Die Entfaltung des Aszendenten Zwillinge wird, wie wir noch sehen werden, den Ausgleich herbeiführen, so daß eines Tages in unserem Horoskop die Achse Stier – Skorpion in Harmonie kommt. Die einseitige Stierbetonung ist dann aufgehoben, das (noch) fehlende Prinzip Skorpion wird in die Sichtbarkeit

gebracht. Geschieht dies, dann hat sich unbewußtes Sein in Bewußtsein verwandelt, wir sind – dem Wesen nach verändert – ganzheitlicher geworden.

Doch bevor wir den Aszendenten Zwillinge entfalten und diesen Entwicklungsweg gehen können, ist es notwendig, unsere Anhaftung im Prinzip Stier zu erkennen. Stellen wir uns deshalb folgende zwei Fragen:
Wie sehen unsere Bewertungen und Handlungsmuster aus?
Wo liegen ihre Betonungen und warum sind sie dem Stierprinzip zuzuordnen?
Um darüber Aufklärung zu bekommen, sollten wir zuerst das Stierprinzip verstehen. Das fixe Erdzeichen Stier gilt als Zeichen der Verwurzelung, der Festigung und der Absicherung. Das Haben herrscht hier vor dem Sein, der persönliche Besitzanspruch geht vor den Ansprüchen anderer. Dabei werden deutliche Grenzen gezogen: Das, was zu einem Menschen gehört, wird gehegt und gepflegt, wird bewacht und gehütet, während fremdes Gut und Eigentum unangetastet bleibt. Besondere Aufmerksamkeit wird – meist unbewußt – auf die Vermehrung der eigenen Güter gelegt, weil eine große Ansammlung von Werten aller Art gleichzeitig als Absicherung für schlechte Zeiten gesehen wird. Nichts zu haben wirkt belastend, erzeugt Angst und motiviert die eigene Schaffenskraft. In der Überbetonung führt das Prinzip Stier zur starken Abgrenzung von allem, was einem fremd ist, ja das Fremde flößt einem sogar Furcht ein, so daß nicht selten große Mauern im Denken und Fühlen gebaut werden. Sie zeigen sich in klar definierten Abneigungen gegen Dinge des äußeren Lebens, aber auch gegen Menschen und ihre Eigenarten, Verhaltensweisen und Standpunkte. Da Aphrodite/Venus dem Zeichen Stier zugeordnet ist, ist es zwar von Grund auf friedlich und den schönen Dingen und Genüssen des Lebens zugetan, dennoch bleibt eine immerwährende Angst vor dem »unbekannten Feind«, der unberechenbar das eigene, festgefügte Leben verändern, die Mauern brechen und den Besitz rauben will. Kein Zeichen im Tierkreis hat größere Angst vor Wandlung und plötzlichem Wechsel als das Stierprinzip. Dies führt dazu, daß der nächste Schritt stets sorgfältig bedacht wird, um mög-

lichen Auseinandersetzungen und Kämpfen – der friedliebenden Art des Stiers gemäß – eher aus dem Weg zu gehen, als in sie verwickelt zu werden. Liegt unsere Vergangenheit – was beim Aszendenten Zwillinge der Fall ist – im Zeichen Stier, so sind auch in uns bereits viele Grenzen gezogen. Vieles lehnen wir ab, grenzen es aus oder weichen ihm aus. Da die Stierkraft in uns unbewußt wirkt, entsteht oft eine seltsame bis widersprüchliche Mischung aus Denken und Handeln. Gott und der Welt gestatten wir viel, finden alles mögliche interessant, verurteilen nichts und niemanden und zeigen Verständnis für alles, doch uns selbst gestatten wir diese Freiheiten nicht. Hier grenzen wir uns stark ab, vieles würden wir niemals tun, ja nicht einmal daran denken, es zu tun. So formieren sich unsere Gewohnheiten zu festgfahrenen Mustern. Wir verrichten immer dieselben Arbeiten, treffen dieselben Leute, gehen in uns bekannte Lokale und fahren immer zur gleichen Zeit an denselben Urlaubsort. Ohne es zu bemerken, verfestigt sich so unser Lebensrhythmus, er gerinnt und erstarrt. Dabei verlieren wir nicht selten jegliche Offenheit für das Fremde, für das Neue, für das Unbekannte. Gerade unsere Beziehungen weisen hier einen deutlichen Mangel auf: Es fehlt an wirklich andersartigen und anders gearteten Menschen. Sie werden oft im Vorfeld der ersten Begegnung als seltsam, ungehörig oder unerträglich ausgesondert. Das echte Gespräch, der tiefere Kontakt und der geistige Austausch finden – weil nicht gesucht – auch nicht statt, so daß wirklich neue Beziehungen erst gar nicht entstehen können. Wir befinden uns in einer seltsamen Art von Abgeschlossenheit. Weil wir dem aphroditisch-venusischen Prinzip gemäß friedliebend sind und von uns aus keinerlei Übergriffe starten, halten wir uns für tolerant. Doch diese Toleranz beruht lediglich auf der Fähigkeit, uns selbst von allem Fremden und Unbekannten fern zu halten. Symbol des Stiers, so heißt es, ist der Zaun. Weist unser Aszendent auf das Zeichen Zwillinge, dann ist es besonders wichtig, zu erkennen, wo wir in der Tiefe unseres Unbewußten zu viele Zäune gezogen, zu viel Fremdes ausgeklammert, zu viele Mauern gebaut haben. Hier sind wir überbetont, die Entfaltung des Aszendenten Zwillinge wird das dem Stier gegenüberliegende Prinzip Skorpion in die Sichtbarkeit bringen und damit den Ausgleich herbeiführen.

Zusammenfassung der Vergangenheit im Zeichen Stier
- verwurzelnd, festigend, besitzergreifend, sammelnd, mehrend
- unbeweglich, schwerfällig, beharrend, absichernd, abgrenzend, bewahrend
- realitätsbezogen; glaubt nur an das Machbare und Beweisbare
- friedlich, friedliebend, weicht allem Unbekannten aus, vermeidet Auseinandersetzung
- Erstarrung, festgefahrene Muster, Unbeeinflußbarkeit, Hartnäckigkeit, nicht selten auch Sturheit
- läßt gerne andere so sein, wie sie sind, will aber auch selbst in seiner Eigenart belassen werden; mag keine Kritik
- nachtragend; kann nicht leicht über den eigenen Schatten springen
- tut nur das, was er beherrscht; lehnt (für sich!) das Fremde ab
- lehnt das Undefinierte, das Unbeweisbare und Grenzenlose ab
- hält bis zum letzten fest, läßt fast nie freiwillig los
- geringe Neigung zu echten Veränderungen
- schwer von Vorhaben und Plänen abzubringen

Der Aszendent Zwillinge

Ist es uns gelungen, den »Stier in uns« zu erkennen, und sind wir bereit, unseren Aszendenten aus freien Stücken heraus zu entfalten, gibt uns der Tierkreis exakte Anleitung, wie der Aszendent Zwillinge stufenweise entwickelt werden kann. Wir werden im Laufe der Zeit spüren, daß es mit der reinen Willensäußerung im Sinne eines »*Ich will meinen Aszendenten Zwillinge leben!*« nicht getan ist. Wir können versuchen, das Zwillinge-Prinzip (Interesse, Neugier, Kontaktfreudigkeit, Unvoreingenommenheit) mehr zu leben, doch eine Auflösung unseres unbewußt überbetonten Stierprinzips geschieht nicht. Wir haben bereits davon gesprochen, daß in unserem Horoskop die Achse Stier – Skorpion im Ungleichgewicht ist und in Harmonie kommen will. Wie dies geschieht, zeigen uns der Verlauf des Tierkreises ebenso wie die aus dem Mythos des Orion gewonnenen Stufen der Entfaltung. Steigen wir sie empor, wird uns mehr und mehr innere Harmonie und Ausgewogenheit zuteil. Das Prinzip Stier beherrschen wir dann genau so wie das Prinzip Skorpion: Jetzt können wir gut verwurzeln und in Besitz nehmen – und doch zur rechten Zeit wieder loslassen und weiterziehen. Ohne Angst, unseren Standpunkt zu verlieren, können wir dann Anregungen von außen ebenso wie fremde Einflüsse an- und aufnehmen, um das für uns Beste daraus zu machen. Unsere Einseitigkeit zieht sich zurück, wir werden frei und können überall ungehemmt und unvoreingenommen unsere Kräfte und Fähigkeiten einbringen.

Doch gehen wir in unserer Wandlung und Veränderung Schritt für Schritt vor. Zuerst übertragen wir das archetypische Horoskop auf unser persönliches Horoskop. Dabei ergibt sich – von unserem Aszendenten angefangen – ein vierstufiger Entfaltungsplan: Erste und zweite Hermes/Merkur-Stufe, Zeus/Jupiter-Stufe und Poseidon/Neptun-Stufe. Jede einzelne Stufe gibt dabei Hinweise zur Wandlung. Hier können wir uns im Laufe der Zeit verändern, um dadurch die Entfaltung des Aszendenten und damit gleichzeitig die Entwicklung unserer Persönlichkeit zu fördern.

Die erste Hermes/Merkur-Stufe der Wandlung – Änderung unserer Entscheidungen

Da wir unsere Vergangenheit kennen, können wir in die erste Phase der Wandlung eintreten: Wir verändern unsere zukünftigen Entscheidungen im Sinne unserer geistig-seelischen Entwicklung, wie sie in unserem Horoskop niedergelegt ist. Das archetypische Horoskop (siehe Abb. S. 48) beschreibt die Entscheidungsfindung durch den ersten Quadranten, die dazugehörigen Tierkreiszeichen sind Widder (freier Wille), Stier (geplante Absicht) und Zwillinge (Wahl der zur Verfügung stehenden Möglichkeiten). Das veränderliche Tierkreiszeichen ist dabei Zwillinge, dem der Götterbote Hermes/Merkur zugeordnet ist. Hermes/Merkur bietet in seiner Funktion als Götterbote uns Menschen Möglichkeiten und Gelegenheiten, um neue, bewußtseinserweiternde Erfahrungen zu machen. Die Auswahl aus den zur Verfügung stehenden Möglichkeiten sowie die Entscheidung, eine gebotene Gelegenheit zu ergreifen, steht uns dabei frei. Dies heißt, daß wir die Art und Weise unserer Auswahl und damit jede anstehende Entscheidung jederzeit verändern können.

Immer wieder stellt uns das Leben vor Entscheidungen. Da wir anfangs weder unsere Berufung noch unseren Lebensweg klar und deutlich erkennen, begleiten uns Zweifel und Unsicherheit auf unserem Weg. Welche Entscheidung ist die richtige, welche die falsche? Gibt es überhaupt eine richtige Entscheidung? Da wir keine Antwort wissen, geben wir die Entscheidung oft ab an unser Unbewußtes: Unsere alten Bewertungen und Vorurteile geben den Ausschlag für unsere Entscheidung. Wir verharren im alten Muster, ein neues ist noch nicht entwickelt. Hier soll der Entfaltungsplan des Aszendenten Hilfestellung geben.

Für den Aszendenten Zwillinge befindet sich die erste Hermes/Merkur-Stufe der Wandlung im Zeichen Löwe (siehe Abb. S. 136).

Ist unser Aszendent im Zeichen Zwillinge, sollten wir uns für jene Möglichkeiten und Gelegenheiten entscheiden, die dem Prinzip Löwe am meisten entsprechen. Tun wir dies, wird die Entfaltung unseres Aszendenten gefördert. Tun wir dies nicht, ist anzunehmen, daß unsere alten Muster und Gewohnheiten gesiegt haben: Die Vergangenheit hat uns wieder einmal eingeholt, wir sind ihr unbewußt erlegen. Was heißt es nun, eine Entscheidung zu treffen, die dem Prinzip Löwe entspricht? Auch hier sollten wir erst das Prinzip Löwe verstehen, ehe wir diese Frage beantworten können.

Löwe ist das Zeichen der Befreiung unserer innewohnenden Schöpferkräfte. In allen Traditionen ist ihm als Planet die

Sonne zugeordnet. Ihr Licht, ihre Strahlung, ihre Wärme, ihre Kraftentfaltung, ihr unbegrenztes Geben sind daher auch zu Eigenschaften des Prinzips Löwe geworden. Auch ihre Position in der Mitte unseres Sonnensystems hat auf das Zeichen Löwe abgefärbt, denn wir wissen, daß nur aus unserer Mitte heraus – mit ganzem Mut und mit vollem Herzen – wir alle unsere Kraft schöpfen können. Löwe symbolisiert unseren Willen zur Größe, die wir allerdings niemals im Nehmen sondern nur im Geben erreichen können. Hier dürfen wir verschwenderisch sein und werden dabei etwas ebenso Großartiges wie Einzigartiges erleben: Im Verschwenden unserer Kräfte haben wir die Fülle des ganzen Universums zur Verfügung. Wenn wir uns selbst nicht beschränken, aus freiem Willen heraus handeln und mit Liebe und Zuneigung bei der Sache sind, ist unsere Energie so unbegrenzt wie das Licht und die Wärme der Sonne, ja wir selbst beginnen zu strahlen und werden zu Lichtbringern und Wärmespendern. Weist unser Aszendent auf das Zeichen Zwillinge, sollten wir uns daher vor jeder wichtigen Entscheidung im Leben fragen:

> Entspricht unsere Wahl dem Prinzip Löwe?
> Fördert und befreit es unsere kreativen, schöpferischen Kräfte?
> Sind wir freiwillig und mit vollem Herzen bei der Sache?
> Erfordert es unseren (ganzen) Mut?
> Gehen wir mit unserer Entscheidung ein Risiko ein?
> Können wir wirklich alles geben? Sind wir auch dazu bereit?
> Spiegelt die Entscheidung den Glauben an unsere Größe wider?

Lautet die Antwort ja, haben wir die richtige Wahl getroffen. Unschwer können wir dabei den Widerstreit der Kräfte in uns fühlen. Die Stierkraft in uns will lieber bewahren, sich eingrenzen und absichern – vor allem aber kein Risiko eingehen. Alles Unberechenbare soll ausgegrenzt und, wenn möglich, abgeschafft werden. Doch entscheiden wir uns für die Kraft des Löwen, werden alle diese Grenzen und Einschränkungen niedergerissen. Aus Behalten und Besitzen wird so ein Geben und Verschwenden. Der Lohn dafür ist immateriell, wir gewinnen Liebe, Freude und Freiheit, während sich alte Lasten und Belastungen von uns lösen. Der Stier in uns wird zwar versuchen, uns einzureden, daß wir alles verlieren könnten und eines Tages mit leeren Händen in der Kälte stehen werden, doch unser Aszendent Zwillinge spricht zu uns von seelischem Reichtum und geistiger Erfüllung – an uns liegt es, die rechte Wahl zu treffen und die Weichen für die Entfaltung des Aszendenten Zwillinge zu stellen.

Anmerkung
Untersuchen wir im Entscheidungsfindungsprozeß die Wahl der Möglichkeiten nach dem Prinzip Löwe, kann es sein, daß wir nicht unbedingt zu einer eindeutigen Entscheidung vordringen. Vielleicht schwanken wir zwischen mehreren Möglichkeiten, die unserer Auffassung nach alle – mehr oder weniger – dem Prinzip Löwe entsprechen. Hier sollten wir wissen, daß es für die Entfaltung unseres Aszendenten Zwillinge unerheblich ist, für welche der »Löwemöglichkeiten« wir uns entscheiden. Von Bedeutung ist lediglich, daß unsere Wahl das Prinzip Löwe überhaupt beinhaltet. Daher genügt es auch, wenn wir aus dem oben angeführten Katalog nur einige Fragen mit einem klaren »ja« beantworten können.
Wie im Mythos von Orion so schön beschrieben, ist in der ersten Entfaltungsphase des Aszendenten nur wichtig, nicht in das alte Muster zurückzufallen. Auch Orion, nachdem er sein Augenlicht zurückerhalten hatte, war nahe daran, aus Rache in seine alte Gewohnheit – seine Vergangenheit – zurückzufallen. Doch er hat sich von seiner Vergangenheit befreit, das alleine macht ihn schon zum großen Vorbild. Das Wesentliche in dieser ersten Hermes/Merkur-Stufe der Entfaltung ist es, alle jene Entscheidungsmöglichkeiten auszuschalten, die uns zurückziehen würden in den Sog der Stier-Vergangenheit. Erreichen wir dies, haben wir bereits gewonnen. Nur wenn das Alte uns einholt und umklammert, bleiben wir auf unserem Weg stehen; alles andere gehört bereits zum Vorwärtsschreiten, zur Entwicklung der Persönlichkeit, zur Entfaltung des Aszendenten.

Die zweite Hermes/Merkur-Stufe der Wandlung – Änderung unseres Ausdrucks

Haben wir die richtige Wahl getroffen und uns entschieden, treten wir in eine neue Phase ein: Wir schreiten zur Tat. Das archetypische Horoskop beschreibt unser Handeln durch den zweiten Quadranten, die dazugehörigen Tierkreiszeichen sind Krebs (Identifikation), Löwe (Ausdruckskraft) und Jungfrau (Ausdrucksmittel). Das veränderliche Tierkreiszeichen ist Jungfrau, der herrschende Planet ist Hermes/Merkur, der Götterbote. Dies bedeutet, daß wir uns auch in der Wahl der Ausdrucksmittel jederzeit verändern können.

So wie wir in der ersten Hermes/Merkur-Stufe unsere Entscheidungen verwandeln können, bietet uns analog dazu die zweite Stufe die Möglichkeit, unsere Ausdrucksmittel zu verändern. In dieser zweiten Stufe der Entfaltung des Aszendenten wird unser Innerstes nach außen hin sichtbar. War unsere Entscheidungsfindung für andere Menschen weitgehend unsichtbar, so sind unsere Vorgehensweisen und Taten als sichtbarer Ausdruck unserer Entscheidungen normalerweise für jedermann wahrnehmbar.

Wir alle drücken uns aus im Reden, im Tun, in unseren Bewegungen und in der Art und Weise, wie wir mit den zur Verfügung stehenden Mitteln umgehen. Dies zusammen sind unsere Ausdrucksmittel, mit denen wir der Welt begegnen. Unsere Mitmenschen nehmen sie wahr, erkennen uns daran und nennen den Gesamteindruck unsere »Eigenart«. Dabei entsteht – in Analogie zur ersten Stufe – auch in der zweiten Stufe ein Zwischenreich: Das Ich auf der einen Seite, das Du auf der anderen Seite und die Ausdrucksmittel zwischen den beiden. Aus dieser Position heraus ist es weiter nicht verwunderlich, wenn die Wahrnehmung des Ich sich nicht unbedingt mit der Wahrnehmung des Du deckt. Ein jeder sieht die Dinge von seiner Seite, erst alle Sichtweisen zusammen ergeben das Ganze.

Für den Aszendenten Zwillinge weist die zweite Hermes/Merkur-Stufe der Wandlung auf das Zeichen Skorpion (siehe

Die zweite Hermes/Merkur-Stufe der Wandlung

Abb. S. 136). Ist unser Aszendent im Zeichen Zwillinge, sollten unsere Art und Weise des Ausdrucks sowie unsere verwendeten Ausdrucksmittel sich im Laufe der Zeit dem Prinzip Skorpion annähern. An dieser Stelle ist es wichtig, sich daran zu erinnern, daß unsere Vergangenheit im Zeichen Stier liegt. Unbewußt verwenden wir als sichtbaren Ausdruck deshalb vorzugsweise das Prinzip Stier. Durch die Entfaltung des Aszendenten wird damit ein Ausgleich herbeigeführt: Wir lernen, das Prinzip Skorpion in die Sichtbarkeit zu bringen.

Wie sieht nun das Prinzip Skorpion – in die Sichtbarkeit gebracht – aus? Auch hier ist es unumgänglich, dieses Prinzip erst einmal zu verstehen. Das fixe Wasserzeichen Skorpion gilt als Prinzip der zwischenmenschlichen (Ver-) Einigung. Hier sammeln sich die Kräfte der Menschen, um gegenseitige Widerstände aufzulösen und Grenzen zu überwinden, um Gemeinsamkeiten zu entwickeln und Gemeinschaften zu bilden. Auf das einzelne Individuum wirkt die Kraft des Skorpion verwandelnd und transformierend. Die Ich-Grenzen geraten unter Druck, werden aufgebrochen und aufgelöst, damit ein umfassenderes Bewußtsein entstehen kann. Was unser Ego als Angriff auf seine Existenz empfindet, dient dem größeren Ganzen: Nur wenn wir Menschen zusammenkommen, uns einigen und unsere Kräfte vereinen, kann angehäuftes Karma im größeren Umfange aufgearbeitet werden. Der Mythos erzählt uns, daß die Stierkraft – ist sie unausgewogen – zuerst zu Abgrenzung, dann zu Lieblosigkeit und am Ende zu Habgier, Haß und Zerstörung führt, wenn wir nicht bereit sind, sie rechtzeitig zu opfern. Das Skorpionprinzip sorgt dafür, daß alles Erstarrte wieder in Fluß kommt, sich alle Anhäufungen von Materie und Besitz wieder auflösen oder zu anderen überwechseln. Es bringt uns Menschen dazu, von unseren Anhaftungen loszulassen, damit Raum ensteht für neue Entwicklungen. Seit altersher gilt es als Doppelzeichen: Skorpion und Weißer Adler. Die »alte Materie« (Skorpion!) muß sterben, damit wir wieder den Blick heben (Weißer Adler!) und am Horizont unseres Bewußtseins die Morgenröte eines neuen, menschlicheren Lebens erschauen.

Weist unser Aszendent auf das Zeichen Zwillinge, sollten wir lernen, dieses Prinzip Skorpion in die Sichtbarkeit zu bringen. Mehr und mehr wählen wir dann unsere Ausdrucksmittel so, daß für jedermann die Kraft der zwischenmenschlichen Einigung sichtbar wird. Wir opfern von unseren Vorstellungen, Gewohnheiten und festgefahrenen Mustern, um mit unseren Partnern und Freunden, Bekannten und Kollegen auf einen gemeinsamen Nenner zu kommen. Unsere Tendenz, uns von Fremden zurückzuziehen oder ihnen auszuweichen, um nur nichts von unserem Besitz und von unserem »Wohlstand« herzugeben, wird schwächer – wir erfahren zum erstenmal, daß mitteilen auch heißt, etwas miteinander zu teilen. Dabei erleben wir auch Erleichterung: Was wir früher im Schweiße unseres Angesichts alleine machen und realisieren mußten, wird nun aufgeteilt auf mehrere oder viele. Gemeinsam geht alles viel leichter, macht mehr Freude und ist weniger dornenreich. Unsere Angst, daß andere uns ausnützen und es sich auf unsere Kosten gut gehen lassen, erweist sich als unbegründet. Es kommt oft mehr zurück, als wir an Geld und Energie hineinstecken, weil sich herausstellt, daß der Fremde niemals unser Feind, viel eher aber unser Freund ist. Im tieferen Sinne des Wortes können wir nun den Begriff der wahren »Gastfreundschaft« begreifen: Die alten Griechen nannten sie ›philoxenia‹, was wörtlich übersetzt soviel wie ›fremder Freund‹ bedeutet.

An dieser Stelle sollte ein weit verbreiteter Irrtum (›Euryale‹, Mutter des Orion = ›weit verbreiteter Irrtum‹) aufgedeckt werden. Weil wir das Sichtbare (den Körper!) zur Ursache erklären und vergessen haben, daß stets die unsichtbar wirkende Kraft (der Geist!) der Ursprung der Tat ist, haben sich in der traditionellen Astrologie Fehler eingeschlichen. Dem Aszendenten Zwillinge wird das Prinzip Zwillinge als (an ihm sichtbare) Eigenschaft zugeschrieben. Folge ist, daß z.B. in astrologischen Beratungen einem Aszendent Zwillinge angeraten wird, kontaktfreudiger zu sein und mehr seiner Neugier oder seinen Interessen nachzugehen. Auch sollte er unvoreingenommener der Welt begegnen, stets bereit, eine sich bietende Gelegenheit zu ergreifen, um so sein Aszendentenpotential bzw. seine Anlage zu »entfalten«. So entsteht die Anregung zu einer »blinden« Zwillingekraft (Im Mythos: Blindheit

Die zweite Hermes/Merkur-Stufe der Wandlung 149

des Orion!), die weder Richtung noch Ziel hat. Greifen wir diese Anregung auf, vergewaltigen wir in Wirklichkeit die Welt mit unserer Zwillingekraft, weil wir dieser Kraft Sinn und Zweck rauben. Wir nützen jede Gelegenheit zum Kontakt, werden zum Schwätzer, plappern munter drauf los und dienen jedem unsere Informationen an. Sinn und Zweck der Zwillingeenergie aber ist es, Bote der Götter zu sein. Nicht alles sollen wir mit jedem bereden, sondern – sorgfältig ausgewählt – jedem Menschen die richtige Botschaft bringen, die er gerade im Moment braucht. So wird der Aszendent Zwillinge zum »Kanal«, der stets die Information auf der Zunge trägt und ausspricht, die dem Einzelnen oder dem Ganzen zum Heil dient. Nur so ist zu verstehen, wenn der den Zwillingen zugeordnete Götterbote Hermes/Merkur den alten Griechen auch als großer Heilsbringer galt. Mit Aszendent Zwillinge lernen wir, die Botschaften der Götter zu empfangen und an die richtige Stelle weiterzuleiten. Schaffen wir dies, werden wir zum Vermittler und die Götter bedienen sich unserer Zwillingekraft, schaffen wir es nicht, haben wir in unserer Entwicklung – zumindest vorläufig – versagt.

Hier sehen wir vielleicht am deutlichsten den Unterschied zwischen einem Horoskopeigner mit der Sonne im Zeichen Zwillinge und einem mit dem Aszendenten Zwillinge. Mit der Zwillingesonne haben wir in allen Lebenslagen eine spontane Kommunikations- und Vermittlungsenergie verbunden mit einer gesunden Neugier zur Verfügung. Sie bringen wir manchmal mehr, manchmal weniger zur Geltung. Der Aszendent Zwillinge hingegen geht einen speziellen Entwicklungsweg, an dessen Ende er gelernt hat, Botschaften so zu empfangen und weiterzugeben, daß sie zur rechten Zeit an die richtige Person gelangen. Die Frage für die Zwillingesonne könnte daher eher lauten: »*Wie kann ich von meiner Zwillingeenergie und damit von meinem eigentlichen Wesen im Leben mehr einbringen?*«; die Frage für den Aszendenten Zwillinge lautet eher: »*Wie treffe ich die geeignete Wahl unter den zur Verfügung stehenden (Ausdrucks-)Mitteln, damit meine Botschaften und Informationen besser empfangen werden und eine größere Heilwirkung haben?*« Nur bei der letzten Fragestellung gewinnt das Prinzip Skorpion an Bedeutung, weil es die ideale Art und

Weise festlegt, wie das Ich zum Du die Resonanz herstellen kann. Der »Skorpion« taucht in die Tiefe und gewinnt Einsicht in das Verborgene. Weil es selbst viel Leid erfahren hat, kennt es das Leid der anderen. Deshalb kann es sich in der Tiefe der Gefühle mit jedem anderen Menschen verbinden, seine Schwierigkeiten verstehen und auf ihn eingehen. Jetzt sind die Voraussetzungen geschaffen, um anderen den Weg heraus aus ihren Schwierigkeiten zu vermitteln. Botschaften des Heils sind, so dürfen wir daraus entnehmen, nur Hinweise und Informationen über den Weg, jedoch keine konkrete Hilfe und Unterstützung. Sie alleine sorgen dafür, daß kein Zwang entsteht und der Empfänger der Botschaft in seiner Entscheidungsfreiheit nicht beeinträchtigt wird. Er erhält die Information, was er damit macht ist seine Sache. Vielleicht wird an dieser Stelle deutlich, warum in der christlichen Lehre die zentrale Heilsbotschaft lautet: »*Steh auf, nimm dein Bett und geh!*« *(Joh 5/8)*. So beinhaltet dieser Satz für den Aszendenten Zwillinge noch eine weitere wichtige Mitteilung: Sein Wert für andere Menschen besteht weder in dem, was er für sie tut, noch darin, was er ihnen an materieller oder emotionaler Zuwendung gibt. Sie besteht vielmehr in der Fähigkeit, ihnen die richtige Botschaft zu bringen. Diese Fähigkeit wird bei der Entfaltung seines Aszendenten entwickelt, während alles »Machertum« zurückgenommen wird, weil es neue Zwänge und damit neues Karma schafft. (›karma‹ heißt übersetzt ›tun, machen‹).

Die Skorpionstufe der Entfaltung – Prüfung der Wandlung

In den beiden Hermes/Merkur-Stufen haben wir unsere Entscheidung und unsere Ausdrucksweise geändert. Doch können wir sicher sein, daß sich in uns wirklich ein Wandel vollzogen hat? Oder unterliegen wir ein weiteres mal der großen Illusion, jener Täuschungskraft, die uns immer wieder einen Zerrspiegel vorhält, in dem wir uns selbst nicht zu erkennen vermögen?

Um dies zu beantworten, bedarf es einer prüfenden Instanz,

Die Skorpionstufe der Entfaltung – Prüfung der Wandlung

die jenseits unserer Subjektivität liegt. Stets kommt die Prüfung von außen auf uns zu, gelegentlich liebevoll und nachsichtig, oft jedoch widerborstig und dornenreich. Wie der Stachel des Skorpion, der im Mythos den Orion tötet, sticht sie uns, verletzt uns und dringt ein in unsere Tiefen, um zu sehen, ob unsere »alte Form« noch lebt oder schon gestorben ist. Denn nur wenn die alte Form tot ist, können wir sicher sein, daß unsere Änderungen von Dauer sind.

Für den Aszendenten Zwillinge weist die Stufe der Prüfung auf das Tierkreiszeichen Steinbock (siehe Abb. S. 136).

Das kardinale Erdzeichen Steinbock gibt dem Menschen die Kraft, eigene Vorstellungen zu bilden. Auf der Basis einer festen, klar definierten Vorstellung gelingt es dann, einen eigenen Weg in der Welt zu manifestieren. Abgetrennt und losgelöst vom Du wird man durch die Steinbockkräfte abgeschirmt von Fremdeinflüssen: Der Steinbock steht wie ein Fels in der Brandung, je heftiger das Meer wogt, umso stabiler und unangreifbarer erscheint sein Standpunkt.

Befindet sich unser Aszendent im Zeichen Zwillinge, ist es für uns wichtig zu wissen, daß in allen Partnerschaften stets diese Steinbockenergie auf uns zukommt, um uns zu reizen und zu prüfen. So erscheinen uns oft Partner oder Verwandte wie »Felsen in der Brandung«, die sich weder beeinflussen noch von ihrem Weg abbringen lassen. Sie hören uns zwar zu – und tun, offensichtlich unbeeindruckt, am Ende doch das, was sie wollen. Wir bieten alle Überzeugungskräfte auf, aber wir reden gegen eine Wand und scheitern am Ende kläglich. Dabei erleben wir, wie sich Partner oder Verwandte, Freunde oder Bekannte immer wieder emotional von uns abtrennen und auf ihre eigenen Standpunkte zurückziehen, ja gelegentlich uns sogar kühl abweisen. Gerne drehen sie auch den Spieß um: Weisen wir sie auf Fehler oder Schwächen hin, sagen sie uns ihrerseits, daß es unser eigenes Problem ist, wenn wir uns an ihnen stören oder etwas an ihnen auszusetzen haben. So reiben wir uns häufig mit anderen, versuchen auf unsere Art Einfluß zu nehmen und prallen an der harten Schale des Steinbocks ab. Doch der Schmerz trägt für uns eine wichtige Botschaft. Zwillinge ist das Prinzip der Unvoreingenommenheit. Der zugeordnete Götterbote Hermes/Merkur gilt als menschenfreundlicher Geselle, der zwar den Weg weist und die geeigneten Gelegenheiten dazu bietet – aber niemals zwingt. Er informiert, aber läßt die Entscheidungsfreiheit beim anderen. Wollen wir anderen Menschen Botschaften bringen, sie informieren, müssen wir erst lernen, alle Zwänge und alles Zwingende herauszunehmen. Dazu gehören in erster Linie alle unsere Bewertungen und Unterscheidungen in Gut und Böse, die es loszulassen gilt. So betrachtet wird der Steinbock zum idealen Prüfstein. Da er das Gute für sich bereits gefunden und zur Grundlage seines Weges gemacht hat, prallt von ihm alles ab, was andere für gut halten und womit sie ihn beeinflussen wollen. Unbeirrt geht er seinen steinigen Weg, läßt sich weder zwingen noch davon abbringen. Er muß jede Erfahrung – ob gut oder böse – selbst machen, deshalb kann ihn keiner von einer Richtungsänderung überzeugen. Verstehen wir diesen Zusammenhang, werden wir uns in Zukunft an diesem Prinzip nicht mehr reiben. Wir informieren, wie es sich für den Aszendenten Zwillinge gehört, und ziehen weiter, ohne zurückzuschauen, ob unsere Botschaft aufgenommen und umgesetzt wird. Jetzt erkennen wir, daß früher hinter jeder unserer Mitteilungen eine Absicht verknüpft mit einer Erwartung steckte: Wir wollten den anderen dazu bringen, ja fast dazu zwingen, sich zu verändern. Und genau diese Erwartungshaltung hat unsere Botschaft verdorben, sie fiel auf »steinigen Boden« und konnte keine Früchte tragen. Wir begreifen, daß wir nicht in der Welt sind, um die Menschen zu ändern. Wenn wir mit anderen reden, tauschen wir unsere Erfahrungen aus und geben unsere persönlichen Meinungen wieder, dies ist in Ordnung. Können wir es eines Tages völlig dem anderen überlassen, was er von uns annimmt und was er damit anfängt, haben wir die »Steinbock-Prüfung« bestanden und können die nächste Stufe der Wandlung angehen.

Die Zeus/Jupiter-Stufe der Wandlung – Änderung unserer Werte

Nach zwei Stufen der Wandlung und einer Stufe der Prüfung sind wir ein wenig klüger als zuvor. Die Skorpion-Stufe der Prüfung zeigte uns insbesondere, wo wir »gut« zu sein glaubten, aber am Ende doch nicht »gut genug« waren. Nun heißt es, innehalten und verweilen. Die Jupiter-Stufe der Wandlung will unsere Werte verändern. Das archetypische Horoskop beschreibt unsere Erfahrung, die Entstehung unserer Werte und unsere Urteilsfindung durch den dritten Quadranten. Die dazugehörigen Tierkreiszeichen sind Waage (Reaktion des Du), Skorpion (Vereinigung und Reibung mit dem Du) und Schütze (Bewertung der Beziehung; Sinnfindung). Das veränderliche Tierkreiszeichen ist dabei Schütze, der herrschende Planet Zeus/Jupiter. Dies bedeutet, daß wir jederzeit unsere Werte verändern, unsere Bewertungen wandeln und unseren Sinn neu ausrichten können.

Vieles, ja vermutlich sogar das meiste, wofür wir uns entscheiden und was wir tun, halten wir anfangs für gut. Doch dann folgt das bittere Ende: Die Welt, der Partner, der Freund, sie urteilen anders, finden es weniger gut, vielleicht sogar unmöglich oder schlimm. Doch solange wir uns verwickeln und immer mehr in Täuschungen verstricken, kümmert uns die Meinung anderer wenig. Wir sind mit ihnen zusammen, weil wir uns einsam fühlen, weil wir uns einen Vorteil davon versprechen oder weil wir Anerkennung und Zuneigung haben möchten.

Mit den Erfahrungen und Erlebnissen wächst gewöhnlich unsere Selbsterkenntnis. Nicht selten erleben wir dabei ein Phänomen: Die Bewertung von Dingen, Menschen und Ereignissen, die wir einst gut oder böse genannt haben, relativiert sich. Das Böse erkennen wir rückblickend als Anstoß, der uns von längst Überholtem gelöst und frischen Wind in unser Leben gebracht hat. Aber auch das Gute geht oft diesen Weg der Wandlung. Was einst gut und sinnvoll erschien, heute hat es nicht mehr denselben Stellenwert. Mit unserer Entwicklung wandeln sich unsere Werte, diese Erfahrung hat jeder von uns schon gemacht.

Die Jupiter-Stufe der Entfaltung des Aszendenten zeigt uns, wo und wie sich unsere Werte und Bewertungen wandeln wollen, damit wir nicht in alte Vorurteile und Bewertungsmuster zurückfallen. Wir finden in unserem Horoskop den Hinweis auf ein Tierkreiszeichen, dessen Sinn sich uns erst im Laufe der Entwicklung enthüllt, dessen Wert wir erst im Laufe der Zeit schätzen lernen. Mit unserem geistigen Wachstum dehnt sich auch dieses Prinzip in uns aus. Entschieden wir uns früher nur dafür, wenn es Vorteile zu bringen schien, so wachsen wir gerade in diesem Prinzip über uns selbst hinaus: Es öffnet uns das Tor zum Überpersönlichen, harmonisiert unseren Geist und befriedet unsere Seele.

Für den Aszendenten Zwillinge befindet sich diese Zeus/Jupiter-Stufe der Wandlung im Zeichen Wassermann (siehe Abb. S. 136). Wassermann gilt als Zeichen des Menschen schlechthin. Als fixes Luftzeichen symbolisiert es eine alle Menschen verbindende, geistige Kraft. Unser kleineres Ich, oft auch Ego genannt, sieht nur uns und unsere Umstände. Tagtäglich arbeiten wir zwar daran, um sie zu verbessern, aber den wenigsten gelingt es. Immer wieder scheinen höhere Kräfte ins persönliche Leben einzugreifen, werfen unsere sorgfältigen Planungen über den Haufen und verändern unseren Lebenslauf – und eines Tages möchten wir diese Kräfte und ihre Gesetzmäßigkeiten kennen lernen. Der im Zeichen Wassermann herrschende Planet Uranus (griechisch: ›uranos‹ = ›der gestirnte Himmel‹) führt uns dann zum nächtlichen Sternenhimmel und deckt uns hier alle Gesetze und Gesetzmäßigkeiten auf. Er zeigt uns, daß alles, was im Großen Gültigkeit hat, auch im Kleinen und Kleinsten gilt. *»Wie oben, so unten«* und *»Wie im Himmel, so auch auf Erden«*, so drücken es die Weisheitslehren aus. Er zeugt auch von der Unbegrenztheit und Göttlichkeit des Menschen, damit wir uns nicht zu sehr an unser begrenztes Ich binden. Unser Geist ist frei, unsere Seele ewig, nur unser Körper ist der irdischen Vergänglichkeit unterworfen. Binden wir also Geist und Seele zu sehr an die Materie – an das, was wir sehen, und an das, was wir erfahren haben – schränken wir uns ein und werden zu Abhängigen unserer Vergangenheit. Weist unser Aszendent auf das Zeichen Zwillinge, werden wir im Laufe unserer Entwicklung den Wert des Wassermannprinzips mehr und mehr schätzen lernen. Wir begreifen uns allmählich als »Gruppenwesen«, während die Überbetonung unserer Eigenarten und Besonderheiten abklingt. Wir sind in die Welt gekommen, um für die Menschheit einen Beitrag zu leisten, egal ob wir dafür entlohnt werden oder nicht. Erste Schritte dazu lernen wir mit Freunden und in Gruppen. In der Vergangenheit war für uns eine Gruppe nur dann interessant, wenn sie uns materielle oder emotionale Vorteile einbrachte. Wir gingen ins Geschäft, arbeiteten mit Kollegen zusammen, doch wir taten es für Lohn. Wir schlossen uns Vereinen und Parteien an, doch auch hier nur, weil am Ende auf uns Genuß, Vergünstigung und Belohnung warteten. Andere Gruppen kamen nicht in Frage, schließlich brachten sie uns nichts ein. Mit der Entfaltung unseres Aszendenten Zwillinge ändert sich dies. Wir bekommen Kontakt zu höheren, geistigen Welten und erkennen allmählich, daß wir Menschen alle vom »Himmel abstammen«. Wir haben uns auf der Erde verirrt, zu sehr in die Materie verstrickt und suchen nun nach einem Weg heraus aus diesem irdischen Jammertal. Dabei entdecken wir – ganz nebenbei – den Wert der Freundschaft. Indem wir uns zusammentun, können wir uns aus der gemeinsamen Verstrickung befreien und wiederum anderen dabei helfen. So befinden wir uns als Aszendent Zwillinge lange Zeit auf der Suche nach unserer »geistigen Gruppe«, nach unserem Platz in dieser Welt und nach dem Beitrag, den wir nur dort zu leisten vermögen. Anfangs wird diese Suche noch stark gestört, ja geradezu torpediert von der unbewußten Stierkraft in uns. Überall wittert sie Unfrieden, störende Elemente und Energien, Feinde, Verluste, ungeliebte Menschen oder Tätigkeiten, und redet uns ein, sich lieber abzugrenzen als einzulassen. Sie geht auf »Nummer sicher«, verliert jedoch dabei den Himmel und mit ihm die wahre Freiheit des Menschen. Die wahre Freiheit liegt nämlich nicht darin, zu jeder Zeit und an jedem Ort das zu tun, wozu wir gerade Lust haben, sondern sie liegt in der Freiheit, das auszuwählen und das zu tun, was uns am meisten am Herzen liegt. Die erste Freiheit trügt, sie ist nur Schein, denn im Schatten der Lust wartet die Unlust. Es sind die

Disteln und Dornen am Wegesrand, es ist der Schweiß in unserem Angesicht, es sind die Mühen und Plagen, die uns das Schicksal bringt, damit Gutes und Böses, Liebe und Leid, Angenehmes und Unangenehmes sich die Waage halten. Diesem kosmischen Gesetz des ewigen Ausgleichs kann sich kein Mensch auf Dauer entziehen, das Zeichen Wassermann lehrt es uns. Es zeigt uns auch, daß der Rhythmus dieser Welt der Zahl Sieben entspricht. Nach den sieben fetten Jahren, so erzählt uns die biblische Weisheit, kommen die sieben mageren Jahre. An uns Menschen liegt es, klug mit diesem Wissen umzugehen und uns darauf einzustellen. Wir sind dem Schicksal nicht ausgeliefert, können es aber auch nicht abwenden – unsere Chance liegt im kreativen Umgang damit. Die Zahl Sieben spiegelt sich auch in der Umlaufzeit des Planeten Uranus wieder. In 84 Jahren durchläuft er den gesamten Tierkreis, sieben Jahre verweilt er in jedem einzelnen Tierkreiszeichen. Weist unser Aszendent auf das Zeichen Zwillinge, könnte es für uns von großer Bedeutung sein, im eigenen Leben die Kontinuität dieses Rhythmus zu erspüren, zu durchschauen und sich darauf einzustellen. Hat die »Stierseele« in uns (Vergangenheit!) stets alles mobilisiert, um die »sieben mageren Jahre« aus dem Kalender des Lebens zu streichen, hilft uns eines Tages unsere »Zwillingeseele« bei der Einbindung in eine tragende Gemeinschaft von Freunden und Gleichgesinnten. Erst jetzt legt sich unsere Angst vor dem Auf und Ab des Lebens – wir blicken stets hoffnungsfroh und freudig in eine Zukunft, die jeden Tag aufs neue unbegrenzte Möglichkeiten bietet.

Die Poseidon/Neptun-Stufe der Wandlung – Änderung unseres Wesens

Nach den ersten drei Wandlungs- und Entfaltungsstufen will sich der Tierkreis schließen, um auf einer höheren Ebene der Entwicklung von Neuem zu beginnen. Das archetypische Horoskop schließt mit dem vierten, dem überpersönlichen Quadranten ab, die dazugehörigen Tierkreiszeichen sind Steinbock (Verwesentlichung, Abgrenzung), Wassermann

Die Poseidon/Neptun-Stufe der Wandlung

(Erkenntnis der Ganzheit, Integration) und Fische (Auflösung, Einbindung, Synthese). Fische ist im vierten Quadranten das veränderliche Zeichen, herrschender Planet ist Poseidon/Neptun. Dies bedeutet, daß wir uns in der Auflösung, im Abschließen und im Beenden verändern können.

Beenden aber heißt vollenden, vollendet sein aber heißt Meister sein. Die letzte Stufe der Entfaltung unseres Aszendenten spricht zu uns von Meisterschaft: Hat sich alles gewandelt – von der Entscheidung über die Ausdrucksweise bis hin zu unseren Werten – und bestehen wir alle Prüfungen, zu jeder Zeit und an jedem Ort, ist unser ganzes Wesen verändert. Wir beherrschen das Prinzip unseres Aszendenten von Anfang bis Ende und sind darin Meister.

Um über diese Stufe der Entwicklung etwas zu erfahren, liegt es nahe, sich an Menschen zu wenden, die vor uns den Weg schon gegangen und Meister geworden sind. An ihrer Art, in ihrem Wesen und an ihren Taten erkennen wir, wo unser Weg hinführt. Sie geben uns die geeignete Vision, die unserer Entwicklung Richtung und Stabilität verleiht. Viele Meister könnten wir hier anführen, doch nur einer zeigt uns in allen zwölf Tierkreiszeichen, was Meisterschaft bedeutet. Es ist Herakles, der sagenumwobene Held der alten Griechen, der uns in seinen zwölf Aufgaben für jedes Tierkreiszeichen den Weg zur Meisterschaft hinterlassen hat. Er löst alle Aufgaben, der Mythos von ihm gibt uns die Lösungen an die Hand. So können wir an den jeweiligen Heraklesaufgaben ersehen, was es in der letzten Stufe der Wandlung für uns zu entwickeln und was es aufzugeben gilt.

Der Aszendent Zwillinge hat die Poseidon/Neptun-Stufe der Entfaltung im Zeichen Stier (siehe Abb. S. 136). In der dem Zeichen Stier zugeordneten Heraklesaufgabe geht es um

Die Gefangennahme des Kretischen Stiers
Der vom Kreterkönig Minos nicht dem Poseidon geopferte, weiße, leuchtende Stier ist wild geworden und verwüstet das kultivierte Land; er reißt Zäune ein und zerstört Obstgärten und Felder.
Herakles, vom Festland kommend, überquert den Ozean

und beginnt, den Stier zu suchen. Er soll ihn lebend in das Land der einäugigen Zyklopen bringen. Die von Minos angebotene Hilfe lehnt er ab – er geht seinen Weg allein. Ein leuchtender Stern auf der Stirn des Stieres weist ihm den Weg, da er nachts durch den Widerschein des Lichts weithin sichtbar wird. Herakles fängt ihn, steigt auf seinen Rücken und reitet den strahlenden Stier über das Wasser ins Land der Zyklopen – der Stern des Stieres dient ihm dabei als Licht für seinen Weg.

Vorgeschichte zum Stiermythos
Agenor, Sohn von Libya und Poseidon, Urenkel von Zeus und Io, war der letzte Priesterkönig in Ägypten. Von dort wanderte er nach Kanaan aus, wo er Telephassa heiratete. Sie gebar ihm fünf Söhne, darunter Kadmos, und eine Tochter, Europa.
Zeus, der oberste der Götter, verliebte sich in Europa und beauftragte deshalb Hermes, Agenors Rinderherde an die Küste bei Tyros zu treiben, wo Europa gern spazierenging. Er selbst schloß sich der Herde an in Gestalt eines schneeweißen, leuchtenden Stiers, dessen Schönheit Europa überwältigte. Sie näherte sich dem Stier, spielte mit ihm, setzte sich auf seinen Rücken. Der Stier trabte gemächlich zum Meer, stieg wie zum Spiel in die Wogen des Meeres – und plötzlich schwamm er mit ihr fort in Richtung Kreta, verwandelte sich dort in einen Adler und vergewaltigte sie. Europa heiratete auf Kreta König Asterion und brachte ihm drei Söhne zur Welt: Minos, Rhadamantys und Sarpedon.

Mythos vom Stier
Pasiphae, Tochter von Helios und Perseis, verbindet sich mit Minos, dem Sohn von Zeus und Europa. Als Minos nach dem Tod seines Vaters Asterion die Königswürde auf Kreta erringen und das Volk für sich gewinnen will, erbittet er sich von Poseidon ein für jedermann sichtbares Zeichen seiner göttlichen Abstammung. Daraufhin schickt ihm Poseidon jenen berühmten, aus den Wellen des Meeres aufsteigenden, weißen Stier mit der Auflage, alles aus dem Meer Erscheinende ihm, Poseidon, wieder zu opfern. Doch

Die Poseidon/Neptun-Stufe der Wandlung

Minos versäumt das Opfer und bricht damit sein Versprechen, da der Stier so schön, weiß und leuchtend wie kein anderer ist. Statt dessen opfert Minos einen anderen Stier aus seiner Herde.

Doch Poseidon, der Gott der Meere, läßt sich nicht täuschen. Zorn erfüllt ihn, und er schwört bittere Rache. Als erstes erfüllt Poseidon die Frau des Minos, Pasiphae, mit Liebe zu dem schönen Stier, was Minos rasend macht.

Aus der Verbindung der Pasiphae mit dem Stier entsteht zur allgemeinen Schande des Minos der Minotauros, ein Ungeheuer mit Menschenkörper und Stierkopf. Der Tausendkünstler Daidalos, der Minos bereits den Erzmann Talos geschenkt hat, baut für Minos ein Labyrinth, in dem der Minotauros versteckt wird. Dort haust er nun, wobei ihm zu seiner Befriedigung Menschenopfer gebracht werden.

Es wird auch erzählt, daß dieses Labyrinth Minos und Pasiphae dazu dient, die Schande geheimzuhalten, so daß auch Minos den Rest seines Lebens in diesem Labyrinth verbringen muß.

Theseus, der große Held der Athener, tötet später den Minotauros mit Hilfe der Minostochter Ariadne, die ihm ein von Daidalos stammendes Wollknäuel – den berühmten »roten Faden« – gibt. Dieser rote Faden ermöglicht es Theseus, in das Zentrum des Labyrinths vorzudringen, ohne in Gefahr zu geraten, den Rückweg nicht mehr zu finden.

Zusammenfassung der Ergebnisse aus der Deutung des Mythos

zu entwickeln wären
- Opferbereitschaft, Loslassen, den permanenten Übergang
- Überwindung aller Grenzen im Denken, Fühlen und Handeln
- der Rhythmus zwischen Beherrschen und Loslassen, zwischen Ruhen und Bewegen, zwischen Verweilen und Weiterziehen
- innerer Halt, d. h. statt äußere Macht innere Ermächtigung
- Flexibilität und Beweglichkeit, Gastfreundschaft
- Grenzenlosigkeit im Denken, Mut zur Kommunikation und zur Begegnung

aufzugeben wären
- das falsche Opfer, die (sichtbaren) Beweise, die (offensichtlichen) Erklärungen
- das Machen um des Machens willen, der Pragmatismus, jegliche Besessenheit
- Streben nach und Orientierung an äußeren, materiellen Gütern
- äußerer Halt, die »Insel des Wohlbehagens«, das Haben, den dauerhaften »Wohlstand«
- der Glauben an Beständigkeit und an ewige Dauer im Diesseits
- jegliche Ersatzbefriedigung, das stierköpfige Denken
- Angst vor falschen Entscheidungen, Angst vor dem Fremden, Angst vor Untergang und Verlust
- Versuche, dem Schicksal – dem Auf und Ab des Lebens – zu entfliehen

Diese Zusammenfassung erhebt keinen Anspruch auf Vollständigkeit. Zu empfehlen wäre eine persönliche Auseinandersetzung mit dem Heraklesmythos, hier im speziellen mit der

zweiten Heraklesaufgabe, die dem Zeichen Stier zugeordnet ist.

Herakles ist das Ideal eines Menschen, der sich aus dem Dunkel des Unbewußten heraus in das Licht der Bewußtheit hinein entwickelt. Wie alle Ideale soll er uns nur als richtungsweisendes Leitbild, als Vision dienen. Für uns ist es nicht wichtig, ein Held wie er zu sein, aber um so wichtiger ist es für uns, den von Herakles vorgezeichneten Weg zu beschreiten. Der Weg ist das Ziel, sagt uns die östliche Weisheit. Dies teilt uns mit, daß für uns Menschen weder im Erreichen noch im Verweilen die wahre Erfüllung liegt, sondern nur im Gehen. Viele von uns lassen sich abhalten, weil sie – vom fernen Ziel paralysiert – resignieren und glauben, ein so hohes Ziel nie erreichen zu können. Machen wir die ersten Schritte, um zu erfahren, daß im Gehen die Freude uns begleitet, in der Bewegung die Schönheit uns begegnet und nur im Wandel sich die Liebe uns offenbart.

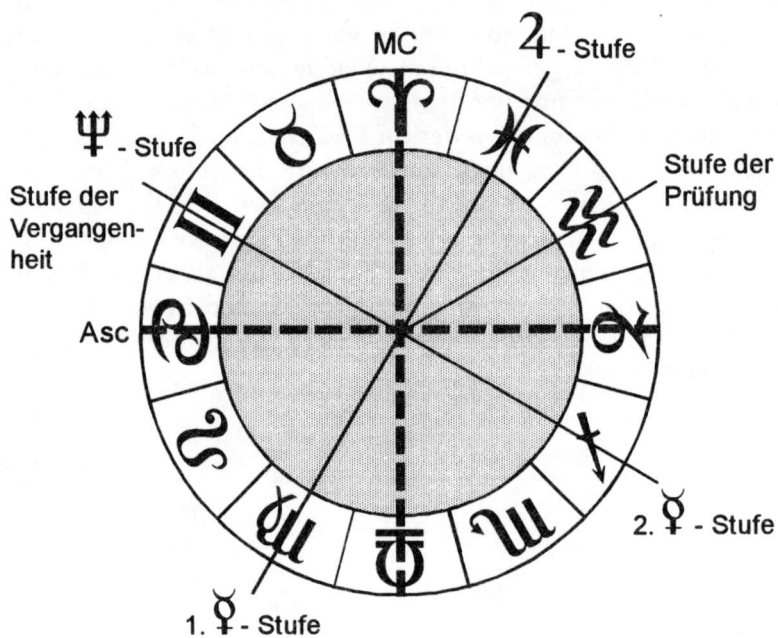

Die Entfaltung des Aszendenten Krebs

Vergangenheit des Aszendenten Krebs

Wie immer wir uns Vergangenheit vorstellen – ob wir in unsere Kindheit zurückgehen oder von früheren Inkarnationen sprechen –, eines ist stets gewiß: Unser Geist und unsere Seele sind nicht unberührt geblieben von den Erfahrungen und Erlebnissen dieser Vergangenheit. In uns sind Verwicklungen entstanden, es haben sich Gewohnheiten herausgebildet und feste Handlungsmuster eingeprägt. Wir haben gelernt, zu bewerten, zu beurteilen und nach gut und böse zu unterscheiden. Wir haben Kräfte entwickelt, um das Gute vom Bösen, das Angenehme vom Unangenehmen, das Geliebte vom Ungeliebten zu trennen. Dabei haben wir unseren ganzheitlichen, paradiesisch-unschuldigen Zustand verloren. Mit der Ganzheit haben wir aber auch unser Heil verloren: Wir sind einseitig, krank und schwach geworden.

Etwa zwei Stunden bevor am östlichen Horizont das Tierkreiszeichen des Aszendenten aufsteigt, sehen wir im Osten das dem Aszendenten vorausgehende Tierkreiszeichen emporsteigen. Betrachten wir diese Gegebenheit symbolisch und deuten diesen zeitlichen Ablauf, so dürfen wir annehmen, daß die Vergangenheit eines Horoskopeigners von dem Prinzip beherrscht wird, das dem Aszendenten im Tierkreis vorausgeht.

Zeigt in unserem Horoskop der Aszendent auf das Tierkreiszeichen Krebs, ist damit gleichzeitig das Zwillingeprinzip als unsere Vergangenheit ausgewiesen. Unbewußt haften wir an diesem Prinzip fest: Alle unsere Handlungsweisen, Gewohnheiten und Reaktionen sind einseitig von ihm geprägt. Das Zwillingeprinzip ist in uns überbetont, wodurch die gesamte Achse Zwillinge – Schütze ins Ungleichgewicht geraten ist: Was vom Prinzip Zwillinge »zuviel« ist, fehlt uns am Prinzip Schütze. Die Entfaltung des Aszendenten Krebs wird, wie wir noch sehen werden, den Ausgleich herbeiführen, so daß eines Tages in unserem Horoskop die Achse Zwillinge – Schütze in Harmonie kommt. Die einseitige Zwillingebetonung ist dann aufgehoben, das (noch) fehlende Prinzip Schütze wird in die

Sichtbarkeit gebracht. Geschieht dies, dann hat sich unbewußtes Sein in Bewußtsein verwandelt, wir sind – dem Wesen nach verändert – ganzheitlicher geworden.

Doch bevor wir den Aszendenten Krebs entfalten und diesen Entwicklungsweg gehen können, ist es notwendig, unsere Anhaftung im Prinzip Zwillinge zu erkennen. Stellen wir uns deshalb folgende zwei Fragen:
 Wie sehen unsere Bewertungen und Handlungsmuster aus?
 Wo liegen ihre Betonungen und warum sind sie dem Zwillingeprinzip zuzuordnen?
 Um darüber Aufklärung zu bekommen, sollten wir zuerst das Zwillingeprinzip verstehen. Zwillinge gilt als Prinzip des »Interesses« (lateinisch: ›interesse‹ = ›dazwischen sein‹). Überall ist es dazwischen, aber nie ganz auf einer Seite. Es sucht den freien Raum zwischen den Parteien, das Niemandsland, bleibt stets neutral, beweglich und flexibel. *»Mir ist es egal!«*, ist ebenso ein Satz, der zum Zeichen Zwillinge paßt wie der Satz *»Das macht mit überhaupt nichts aus!«* Als Prinzip der Neugier strebt es zwar gierig danach, überall dabei zu sein und ja nichts zu versäumen, doch für ein tieferes Einlassen bleibt keine Zeit, auch fehlt die Lust dazu. Es bevorzugt die Oberfläche, neigt daher auch zur Oberflächlichkeit: Das habe ich schon gehört, das habe ich bereits gesehen, das kenn ich schon, das weiß ich schon – schnellebig und flatterhaft ist diese Energie. Als Zeichen der Kommunikation und des flüchtigen Kontakts zählt hier die Menge, nicht die Intensität. So ist es weiter nicht verwunderlich, daß oft Quantität der Qualität vorgezogen wird. Der ständige Wechsel geht vor Beständigkeit: Ob Gespräch oder Begegnung, ob Beruf oder Partnerschaft, wichtig ist das »wieviel« und das »wieoft«. Viele Möglichkeiten haben, viele Gelegenheiten nutzen, mit vielen Menschen und Dingen in Berührung kommen erscheint als wahres Leben. Diese innere Haltung hat dem unruhigen und rastlosen Zwillingeprinzip den Vergleich mit einem Schmetterling eingebracht. In Berührung kommen, ja, aber gerührt sein, nein! Die dunkle, unbekannte Welt der Gefühle löst Unbehagen aus, ihr wird mißtraut und aus dem Weg gegangen, ja oft wird sie abgetrennt, verdrängt und anschließend für nicht existent

erklärt. Das Fähnchen hängt im Wind, man läßt sich durchs Leben treiben und verzichtet auf eine seelische Heimat, auf ein wirkliches Zuhause. Liegt unsere Vergangenheit – was beim Aszendenten Krebs der Fall ist – im Zeichen Zwillinge, so neigen wir auch unbewußt dazu, unseren und fremden Gefühlen aus dem Weg zu gehen. Weder wollen wir uns in die emotionalen Probleme anderer hineinziehen lassen, noch erkennen wir sie an als Spiegelbild unserer eigenen unterdrückten Gefühle. Um uns eine angenehme Leichtigkeit im Leben zu erhalten, lassen wir uns nie wirklich und ernsthaft tiefer ein. Zwar sehnen wir uns nach Liebe, nach Zuwendung, nach tiefen Gefühlen, doch stets umsteuern wir die Klippen, die uns damit konfrontieren würden. Weil wir jeglichem Streit und Ärger, allen Spannungen und Schwierigkeiten, dem Leid und der Mühe aus dem Weg gehen möchten, verlieren wir die Liebe. Aphrodite/Venus, die Göttin der Liebe, begegnet nur dem Menschen, der sich ganz auf ihre Seite stellt, ganz zu ihr steht und niemals an ihr zweifelt. Sie verlangt diese Eindeutigkeit. Ihre Kraft vereinigt die Gegensätze, bringt sie untrennbar zusammen, in Freude und Leid. Wer dies nicht von vorneherein akzeptiert, muß auf Aphrodite und die Liebe verzichten, ihm wird sie sich weder zuneigen noch ihn umarmen. Erst wenn wir unsere Neugier auf weltliche Dinge genügend gestillt haben, und die Bereitschaft wächst, die Oberfläche des Lebens zu verlassen, um hinabzusteigen in die Tiefen des Unbewußten, des Verdrängten und Vergessenen, dann öffnet sich wieder das Tor zur Liebe. Wie kein anderer Aszendent sehnt sich gerade der Aszendent Krebs in seiner verborgenen Tiefe nach allem, was ein Mensch »wundervoll« nennt und was die menschliche Seele in den Zustand der Extase versetzt. Lange, vielleicht viele Inkarnationen, hat er ohne tiefe Liebe und echte Zuneigung auskommen müssen, jetzt hat er die Chance, über die Entfaltung seines Aszendenten die Grundlagen zu schaffen, diesem »Wunder der Liebe« zu begegnen.

Zusammenfassung der Vergangenheit im Zeichen Zwillinge
– Neugier, Interesse, Dazwischensein, Hin- und Hergerissensein

- keine Eindeutigkeit, keine Tiefe, Wechselhaftigkeit, Flatterhaftigkeit
- ständige Suche nach Kommunikation und Austausch
- oberflächlich, gleichgültig, unverbindlich, ungerührt
- wißbegierig, unterhaltsam, kontakt- und redefreudig
- mangelnder Zugang zu eigenen und fremden Gefühlen
- geht Spannung, Mühen, Ärger und Schwierigkeiten gerne aus dem Weg
- bleibt nicht lange und nicht intensiv bei einer Sache
- hütet sich, in Probleme anderer hineingezogen zu werden
- gibt sich in allen Lebenslagen flexibel
- kann jeden Standpunkt annehmen, aber nicht halten

Der Aszendent Krebs

Ist es uns gelungen, das Prinzip Zwillinge in uns zu erkennen, und sind wir bereit, unseren Aszendenten aus freien Stücken heraus zu entfalten, gibt uns der Tierkreis exakte Anleitung, wie der Aszendent Krebs stufenweise entfaltet werden kann. Wir werden im Laufe der Zeit spüren, daß es mit der reinen Willensäußerung im Sinne eines »*Ich will meinen Aszendent Krebs leben!*« nicht getan ist. Wir können versuchen, das Krebs-Prinzip (Gefühlsnähe, Mütterlichkeit, Wachsen und Reifen, Qualitätsempfinden, Zurückgezogenheit) mehr zu leben, doch eine Auflösung unseres unbewußt überbetonten Zwillingeprinzips geschieht nicht. Wir haben bereits davon gesprochen, daß in unserem Horoskop die Achse Zwillinge – Schütze im Ungleichgewicht ist und in Harmonie kommen will. Wie dies geschieht, zeigen uns der Verlauf des Tierkreises ebenso wie die aus dem Mythos des Orion gewonnenen Stufen der Entfaltung. Steigen wir sie empor, wird uns mehr und mehr innere Harmonie und Ausgewogenheit zuteil. Das Prinzip Zwillinge beherrschen wir dann genauso wie das Prinzip Schütze: Jetzt können wir unseren Interessen nachgehen, ohne uns zugleich in der Vielfalt und Oberflächlichkeit des Lebens zu verlieren. Unsere Einseitigkeit nimmt ab, wir werden frei und können überall ungehemmt und unvoreingenommen unsere Kräfte und Fähigkeiten einbringen.

Doch gehen wir in unserer Wandlung und Veränderung Schritt für Schritt vor. Zuerst übertragen wir das archetypische Horoskop auf unser persönliches Horoskop. Dabei ergibt sich – von unserem Aszendenten angefangen – ein vierstufiger Entfaltungsplan: Erste und zweite Hermes/Merkur-Stufe, Zeus/Jupiter-Stufe und Poseidon/Neptun-Stufe. Jede einzelne Stufe gibt dabei Hinweise zur Wandlung. Hier können wir uns im Laufe der Zeit verändern, um dadurch die Entfaltung des Aszendenten und damit gleichzeitig die Entwicklung unserer Persönlichkeit zu fördern.

Die erste Hermes/Merkur-Stufe der Wandlung – Änderung unserer Entscheidungen

Da wir unsere Vergangenheit kennen, können wir in die erste Phase der Wandlung eintreten: Wir verändern unsere zukünftigen Entscheidungen im Sinne unserer geistig-seelischen Entwicklung, wie sie in unserem Horoskop niedergelegt ist. Das archetypische Horoskop (siehe Abb. S. 48) beschreibt die Entscheidungsfindung durch den ersten Quadranten, die dazugehörigen Tierkreiszeichen sind Widder (freier Wille), Stier (geplante Absicht) und Zwillinge (Wahl der zur Verfügung stehenden Möglichkeiten). Das veränderliche Tierkreiszeichen ist dabei Zwillinge, dem der Götterbote Hermes/Merkur zugeordnet ist. Hermes/Merkur bietet in seiner Funktion als Götterbote uns Menschen Möglichkeiten und Gelegenheiten, um neue, bewußtseinserweiternde Erfahrungen zu machen. Die Auswahl aus den zur Verfügung stehenden Möglichkeiten sowie die Entscheidung, eine gebotene Gelegenheit zu ergreifen, steht uns dabei frei. Dies heißt, daß wir die Art und Weise unserer Auswahl und damit alle anstehenden Entscheidungen jederzeit verändern können.

Immer wieder stellt uns das Leben vor Entscheidungen. Da wir anfangs weder unsere Berufung noch unseren Lebensweg klar und deutlich erkennen, begleiten uns Zweifel und Unsicherheit auf unserem Weg. Welche Entscheidung ist die richtige, welche die falsche? Gibt es überhaupt eine richtige Entscheidung? Da wir keine Antwort wissen, geben wir die Entscheidung oft ab an unser Unbewußtes: Unsere alten Bewertungen und Vorurteile geben den Ausschlag für unsere Entscheidung. Wir verharren im alten Muster, ein neues ist noch nicht entwickelt. Hier soll der Entfaltungsplan des Aszendenten Hilfestellung geben.

Für den Aszendenten Krebs befindet sich die erste Hermes/Merkur-Stufe der Wandlung im Zeichen Jungfrau (siehe Abb. S. 162). Ist unser Aszendent im Zeichen Krebs, sollten wir uns für jene Möglichkeiten und Gelegenheiten entscheiden, die dem Prinzip Jungfrau am meisten entsprechen. Tun wir dies, wird die Entfaltung unseres Aszendenten gefördert. Tun wir dies nicht, ist anzunehmen, daß unsere alten Muster und Gewohnheiten gesiegt haben: Die Vergangenheit hat uns wieder einmal eingeholt, wir sind ihr unbewußt erlegen.

Was heißt es nun, eine Entscheidung zu treffen, die dem Prinzip Jungfrau entspricht? Auch hier sollten wir erst das Prinzip Jungfau verstehen, ehe wir diese Frage beantworten können. Traditionell gilt Jungfrau als Zeichen der Bescheidenheit. Der Satz »*Nichts im Übermaß!*«, geschrieben in der Vorhalle des Tempels zu Delphi, scheint ihr wie auf den Leib geschnitten. Ihre Fähigkeit liegt dabei in einer besonderen Art der Unterscheidung: Sie trennt das Geeignete vom Ungeeigneten. Jungfrau ist die Kraft, die das Ich (Löwe) in passender Weise mit dem Du (Waage) verbindet. Wir Menschen haben alle unsere Eigenarten, niemand weiß dies besser als die Jungfrau. Begegnen sich Menschen, kommen sie sich näher, und entsteht der erste Kontakt, so entsteht auch der berühmte »erste Eindruck« – er ist entscheidend für Annahme oder Ablehnung. Hier, an der Nahtstelle zwischen zwei Menschen, entscheidet sich, ob die Naht hält und die Voraussetzung für eine engere Beziehung geschaffen wird oder ob die Naht reißt und in Folge Entfremdung entsteht. Jungfrau weiß, daß es an der äußeren Form liegt, die das Licht reflektiert, das der Betrachter empfängt. Und sie weiß ein weiteres: Es liegt stets in unserer eigenen Macht, welches Licht wir reflektieren und welches Bild wir im anderen erzeugen. Das Zeichen Jungfrau verleiht uns die Fähigkeit, das zu finden, was gleichermaßen zu uns paßt und im anderen den richtigen Eindruck von uns hinterläßt. So lehrt es uns in letzter Konsequenz, uns so darzustellen, wie wir wirklich sind – ohne unsere Stärken zu übertreiben und ohne unsere Schwächen zu verbergen –, damit jeder Mensch unsere ganze Eigenart wahrnehmen kann. Tun wir dies, sind wir wahrhaft bescheiden, weil alles Unwahre an uns ausgeschieden ist. Weist unser Aszendent auf das Zeichen Krebs, sollten wir uns daher vor allen wichtigen Entscheidungen im Leben fragen:

> Entspricht unsere Wahl dem Prinzip Jungfrau?
> Stellen wir uns den Notwendigkeiten? Erfüllen wir unsere Zusagen und Verpflichtungen?
> Ist es wirklich das Geeignete für uns selbst? Ist es auch das Geeignete für alle anderen Beteiligten?
> Sind keinerlei Einwände vorhanden? Sind alle Bedenken ausgeräumt?
> Sind alle Betroffenen zufrieden? Haben alle zugestimmt?
> Paßt die Entscheidung zu uns, entspricht die Wahl unserem Charakter, kommt unsere ganze Art dadurch zum Ausdruck – ohne Übertreibung und ohne Untertreibung?
> Ist es für uns und für unsere Umwelt in Ordnung? Dient es allen?
> Ist alles Ungeeignete, alles Übermäßige, alles Unechte ausgegrenzt?

Sind wir all diesen Fragen nachgegangen und selektieren die uns zur Verfügung stehenden Möglickeiten nach dem Prinzip Jungfrau, werden wir die richtige Wahl treffen. Unschwer können wir dabei den Widerstreit der Kräfte und Argumente in uns spüren. Die »Zwillingeseele« (unsere Vergangenheit!) in uns hat sich nie große Gedanken über das Wesen und die Eigenart des anderen gemacht. Was uns gerade einfiel, haben wir gesagt bzw. getan, wie es der andere aufnimmt, war uns letzten Endes egal. Weil wir wenig Resonanz zur eigenen Gefühlswelt und deshalb auch zu den Gefühlen anderer hatten, berührten uns die Eigenarten, die Worte und Handlungen

Die erste Hermes/Merkur-Stufe der Wandlung

anderer nie besonders. Was interessant war, behielten wir, alles andere ging an uns vorbei, wir belasteten uns nicht damit. Lange Zeit gelang es uns so, Probleme und Schwierigkeiten im Außen zu belassen. Die Folgen waren Oberflächlichkeit, Beziehungs- und Verständnislosigkeit sowie Mangel an Liebe und Tiefe. Mit der Entfaltung des Aszendenten Krebs wollen wir den Verlust an Beziehung und Verständnis, an Zuwendung und Aufmerksamkeit, an Liebe und Tiefe wieder wettmachen. Treffen wir unsere Auswahl der Möglichkeiten und Gelegenheiten im Sinne des Jungfrauprinzips, setzen wir uns automatisch mehr mit der Eigenart und dem Wesen anderer Menschen auseinander. Wir stellen Resonanz zu ihnen her, beziehen ihre Gefühlswelt ebenso wie ihre Eigenarten in unsere Entscheidungen mit ein und offenbaren ihnen dadurch unsere Verbundenheit. Jetzt sind die Voraussetzungen geschaffen für zwischenmenschliche Nähe, für Zuneigung und für gegenseitiges Verständnis – die »Krebsseele« in uns hat gesiegt.

Anmerkung
Untersuchen wir im Entscheidungsfindungsprozeß die Wahl der Möglichkeiten nach dem Prinzip Jungfrau, kann es sein, daß wir nicht unbedingt zu einer eindeutigen Entscheidung vordringen. Vielleicht schwanken wir zwischen mehreren Möglichkeiten, die unserer Auffassung nach alle – mehr oder weniger – dem Prinzip Jungfrau entsprechen. Hier sollten wir wissen, daß es für die Entfaltung unseres Aszendenten Krebs unerheblich ist, für welche der »Jungfraumöglichkeiten« wir uns entscheiden. Von Bedeutung ist lediglich, daß unsere Wahl das Prinzip Jungfrau überhaupt beinhaltet. Daher genügt es auch, wenn wir aus dem oben angeführten Katalog nur einige Fragen mit einem klaren »ja« beantworten können.
Wie im Mythos von Orion so schön beschrieben, ist in der ersten Entfaltungsphase des Aszendenten nur wichtig, nicht in das alte Muster zurückzufallen. Auch Orion, nachdem er sein Augenlicht zurückerhalten hatte, war nahe daran, aus Rache in seine alte Gewohnheit – seine Vergangenheit – zurückzufallen. Doch er hat sich von seiner Vergangenheit befreit, und das macht ihn bereits zum großen Vorbild. Das

Wesentliche in dieser ersten Hermes/Merkur-Stufe der Entfaltung ist es, alle jene Entscheidungsmöglichkeiten auszuschalten, die uns zurückziehen würden in den Sog der Zwillinge-Vergangenheit. Erreichen wir dies, haben wir bereits gewonnen. Nur wenn das Alte uns einholt und umklammert, bleiben wir auf unserem Weg stehen; alles andere gehört bereits zum Vorwärtsschreiten, zur Entwicklung unserer Persönlichkeit, zur Entfaltung des Aszendenten.

Die zweite Hermes/Merkur-Stufe der Wandlung – Änderung unseres Ausdrucks

Haben wir die richtige Wahl getroffen und uns entschieden, treten wir in eine neue Phase ein: Wir schreiten zur Tat. Das archetypische Horoskop (siehe Abb. S. 48) beschreibt unser Handeln durch den zweiten Quadranten, die dazugehörigen Tierkreiszeichen sind Krebs (Identifikation), Löwe (Ausdruckskraft) und Jungfrau (Ausdrucksmittel). Das veränderliche Tierkreiszeichen ist Jungfrau, der herrschende Planet ist Hermes/Merkur, der Götterbote. Dies bedeutet, daß wir uns in der Wahl der Ausdrucksmittel jederzeit verändern können.

So wie wir in der ersten Hermes/Merkur-Stufe unsere Entscheidungen verwandeln können, bietet uns analog dazu die zweite Stufe die Möglichkeit, unsere Ausdrucksmittel zu verändern. In dieser Stufe der Entfaltung des Aszendenten wird unser Innerstes nach außen hin sichtbar. War unsere Entscheidungsfindung für andere Menschen weitgehend unsichtbar, so sind unsere Vorgehensweisen und Taten als sichtbarer Ausdruck unserer Entscheidungen normalerweise für jedermann wahrnehmbar.

Wir alle drücken uns aus im Reden, im Tun, in unseren Bewegungen und in der Art und Weise, wie wir mit den zur Verfügung stehenden Mitteln umgehen. Dies zusammen sind unsere Ausdrucksmittel, mit denen wir der Welt begegnen. Unsere Mitmenschen nehmen sie wahr, erkennen uns daran und nennen den Gesamteindruck unsere »Eigenart«. Dabei entsteht – in Analogie zur ersten Stufe – auch in der zweiten

Stufe ein Zwischenreich: Das Ich auf der einen Seite, das Du auf der anderen Seite und die Ausdrucksmittel zwischen den beiden. Aus dieser Position heraus ist es weiter nicht verwunderlich, wenn die Wahrnehmung des Ich sich nicht unbedingt mit der Wahrnehmung des Du deckt. Ein jeder sieht die Dinge von seiner Seite, erst alle Sichtweisen zusammen ergeben das Ganze.

Für den Aszendenten Krebs weist die zweite Hermes/Merkur-Stufe der Wandlung auf das Zeichen Schütze (siehe Abb. S. 162). Ist unser Aszendent im Zeichen Krebs, sollten sich unsere Art und Weise des Ausdrucks sowie unsere verwendeten Ausdrucksmittel im Laufe der Zeit dem Prinzip Schütze annähern. An dieser Stelle ist es wichtig, sich daran zu erinnern, daß unsere Vergangenheit im Zeichen Zwillinge liegt. Unbewußt verwenden wir als sichtbaren Ausdruck deshalb vorzugsweise das Prinzip Zwillinge. Durch die Entfaltung des Aszendenten wird damit ein Ausgleich herbeigeführt: Wir lernen, das Prinzip Schütze in die Sichtbarkeit zu bringen.

Wie sieht nun das Prinzip Schütze – in die Sichtbarkeit gebracht – aus? Auch hier ist es unumgänglich, dieses Prinzip erst einmal zu verstehen. Das veränderliche Feuerzeichen Schütze ist ein geistiges Zeichen. So verschieden wir Menschen auch sind, so einzigartig unser Wesen auch ist, uns allen gemeinsam ist ein Geist, ein höherer Sinn, ein Gott – und die Liebe. Diese eine Kraft kann uns alle miteinander verbinden und unsere Ichhaftigkeit und Eigenwilligkeit auflösen. Traditionell gilt Schütze als Zeichen der Rückverbindung (religio!). Es ist die Kraft, die uns alle gemeinsam nach oben blicken läßt, um uns auf ein einziges, höheres Ziel hin auszurichten: Es ist das Ziel der Menschwerdung. Die Weisheitslehren, allesamt dem Prinzip Schütze zugeordnet, erzählen uns davon. Je tiefer wir in sie eindringen, dem Pfeil des Schützen gleich, umso deutlicher werden die Konturen. Was wir »Mensch« nennen, sind wir von Geburt an – und müssen es dennoch werden. Paradox erscheint uns dies, aber alle Wahrheit ist paradox. Die Wahrheit umfaßt alles. Das Sichtbare gehört ebenso dazu wie das Unsichtbare, das Vordergründige ebenso wie das Hintergründige, die erkennbare Wirkung ebenso wie die im Verborgenen wirkenden Kräfte. Erkennen wir nur eines von beiden an, so ist es die feurige Kraft des Schützen, die uns mit der anderen Seite verbindet, um uns tiefere Einsicht in die Zusammenhänge des Lebens zu bringen. Um die Kräfte der Trennung und Spaltung aufzuheben, gibt uns Schütze die Vision eines Paradieses, einer menschlichen Welt voller Liebe und Verständnis, um uns untereinander und miteinander auf dieses Ziel hin zu lenken. So lernen wir, den Kampf gegeneinander aufzugeben, um uns gemeinsam für dieses Ziel einzusetzen. Das Prinzip Schütze lehrt uns, unsere Pfeile nicht auf Ziele in dieser Welt zu richten, da jeder abgeirrte Pfeil – jede »Verfehlung« – bereits einen oder viele Menschen verletzen, ja sogar töten könnte. Erst der nach oben gerichtete Pfeil, der zum Himmel strebt und ihn erreicht, trifft und verletzt niemanden.

Weist unser Aszendent auf das Zeichen Krebs, sollten wir lernen, in der Wahl unserer Ausdrucksmittel uns des Prinzips Schütze zu bedienen. Erst wenn an uns – für andere deutlich sichtbar – das Schützeprinzip erkennbar wird, wenn Liebe und Tiefe, Einsicht und Verständnis, Weisheit und Sinnhaftigkeit den anderen erreichen, sind wir in der Entfaltung unseres Aszendenten einen gehörigen Schritt weitergekommen. Wir haben die Fähigkeit gewonnen, auf das Gemeinsame hinzudeuten, wir können uns wahrhaft verständlich machen, und einer echten und dauerhaften Verständigung steht nichts mehr im Weg. Alles Sinnlose ist aufgehoben, alle Absonderungen und Absonderlichkeiten sind überwunden und alle widerstreitenden Kräfte auf gemeinsame Ziele ausgerichtet. Aus geistiger Verbundenheit entsteht zuerst Geschlossenheit, dann gegenseitiges Einverständnis, später echte Zuneigung und am Ende sogar gemeinsames Handeln. Jetzt haben sich Geist, Seele und Körper miteinander verbunden – wir lieben einander. Von nun an sind wir wie ein vom Bogen ausgesandter Pfeil: Wir steuern unbeirrt und unbehindert auf unser Ziel zu, weder lassen wir uns ablenken noch gibt es jemanden, der uns davon abbringen möchte. Gelingt uns diese innere und äußere Einheit, werden wir zum Lehrer für andere, zu einem Lehrer, der verehrt wird und dessen Worte ihren Widerhall finden in der einmütigen Zustimmung aller Zuhörer – ein wahres »Vorbild« ist geboren.

An dieser Stelle sollte ein weit verbreiteter Irrtum (›Euryale‹, Mutter des Orion = ›weit verbreiteter Irrtum‹) aufgedeckt werden. Weil wir das Sichtbare (den Körper!) zur Ursache erklären und vergessen haben, daß stets die unsichtbar wirkende Kraft (der Geist!) der Ursprung der Tat ist, haben sich Fehler in der traditionellen Astrologie eingeschlichen. Dem Aszendenten Krebs wird das Prinzip Krebs als (an ihm sichtbare) Eigenschaft zugeschrieben. Folge ist, daß z.B. in astrologischen Beratungen dem Horoskopeigner mit Aszendent Krebs angeraten wird, geduldiger zu sein und sich vermehrt auf Reifungsprozesse einzulassen. Auch mütterliche Fähigkeiten soll er entwickeln, sich mehr mit seinem inneren Seelenpotential auseinandersetzen und öfter auf seine innere Stimme hören, um so sein Aszendentenpotential bzw. seine Anlage zu »entfalten«. So entsteht die Anregung zu einer »blinden« Krebskraft (Im Mythos: Blindheit des Orion!), die weder Richtung noch Ziel hat. Greifen wir diese Anregung auf, vergewaltigen wir in Wirklichkeit zuerst uns selbst, dann die Welt mit unserer Krebskraft, weil wir dieser Kraft Sinn und Zweck rauben. Krebs ist ein äußerst sensibles, nach innen gerichtetes Prinzip. Seine Wirkung besteht darin, uns für längere Zeit vom Lärm und von den Ablenkungen der Außenwelt abzusondern, um ein »inneres Ohr« zu entwickeln. Mit der Zeit empfangen wir dann unsere innere Stimme. Sie allein kann uns sagen, welches »Kind wir unter dem Herzen tragen«, welches Talent und welche verborgene Gabe wir von unserer großen Seelenmutter mitbekommen haben. Diese Gabe soll zur Reife gebracht und als Begabung eines Tages der Welt zur Verfügung gestellt werden. Diese unsere Begabung braucht die Welt, mit ihr können wir den Menschen und der Menschheit dienen. Finden wir sie nicht, ist uns der Weg zu unserer Berufung versperrt. Dann hat alles, was wir machen, für andere Menschen keinen Wert, es findet nirgendwo Anerkennung und nützt niemandem – wir selbst sind der auf felsigen Grund gefallene Same, der keine Früchte bringt.

Hier sehen wir vielleicht am deutlichsten den Unterschied zwischen einem Horoskopeigner mit der Sonne in Krebs und einem mit Aszendenten Krebs. Mit der Sonne in Krebs haben wir in allen Lebenslagen eine mütterliche, beschützende und behütende Kraft zur Verfügung, mit der wir anderen sehr von Nutzen sein können. Hier geht es darum, vermehrt diese Kraft zur Geltung zu bringen, während der Aszendent Krebs einen speziellen Entwicklungsweg geht, an dessen Ende sein Talent zu einer echten, von allen anerkannten Begabung ausgereift ist. Die Frage für die Sonne in Krebs könnte eher lauten: »*Wie kann ich von meiner Krebsenergie und damit von meinem eigentlichen Wesen im Leben mehr einbringen?*«; die Frage für den Aszendenten Krebs lautet eher: »*Wie treffe ich die geeignete Wahl unter den zur Verfügung stehenden (Ausdrucks-) Mitteln, damit meine Begabung erkannt wird und anderen Nutzen bringen kann?*« Nur bei der letzten Fragestellung gewinnt das Prinzip Schütze an Bedeutung, weil es den gemeinsamen Sinn und Wert bestimmt. Schütze erkennt den Wert des Einzelnen und bringt seine Begabung in die Gemeinschaft ein. Das Talent des Aszendenten Krebs ist ein Geschenk der Götter, das er der Welt bringen soll. Doch solange diesem Talent die nötigen Reife fehlt, solange es zuhause noch nicht genügend gehegt und gepflegt worden ist, kann die Welt damit nichts anfangen. Es bedarf des Übens, des Vertiefens, des Intensivierens, damit es wächst und gedeiht. Sich davon nicht abbringen lassen, heißt die Forderung an den Aszendenten Krebs. Steuert er wie der Pfeil des Schützen auf die volle Entwicklung seines Talents zu, erreicht er unweigerlich Reife. Seine Bedeutung für andere Menschen wächst, sein Aszendent ist entfaltet. Mit der Entfaltung des Aszendenten, so dürfen wir annehmen, wird der Raum geschaffen, in dem das eigene Wesen (= Sonne im Horoskop) mehr und mehr zu strahlen vermag.

Die Skorpionstufe der Entfaltung – Prüfung der Wandlung

In den beiden Hermes/Merkur-Stufen haben wir unsere Entscheidung und unsere Ausdrucksweise geändert. Doch können wir sicher sein, daß sich in uns wirklich ein Wandel vollzogen hat? Oder unterliegen wir ein weiteres mal der großen Illusion, jener Täuschungskraft, die uns immer wieder

Die Skorpionstufe der Entfaltung – Prüfung der Wandlung

einen Zerrspiegel vorhält, in dem wir uns selbst nicht zu erkennen vermögen?

Um dies zu beantworten, bedarf es einer prüfenden Instanz, die jenseits unserer Subjektivität liegt. Stets kommt die Prüfung von außen auf uns zu, gelegentlich liebevoll und nachsichtig, oft jedoch widerborstig und dornenreich. Wie der Stachel des Skorpion, der im Mythos den Orion tötet, sticht sie uns, verletzt uns und dringt ein in unsere Tiefen, um zu sehen, ob unsere »alte Form« noch lebt – oder schon gestorben ist. Denn nur wenn die alte Form tot ist, können wir sicher sein, daß unsere Änderungen von Dauer sind.

Für den Aszendenten Krebs weist die Stufe der Prüfung auf das Tierkreiszeichen Wassermann (siehe Abb. S. 162).

Die Kraft des fixen Luftzeichens Wassermann wird symbolisiert durch einen Menschen, der das »Wasser des Wissens und der Weisheit« über die Menschheit ausgießt. Es ist das Zeichen des Menschens schlechthin, alles was zum Begriff Menschlichkeit gehört, ist ihm zugeordnet. Als Prinzip der ständigen geistigen Erneuerung ist es zukunftsorientiert, es arbeitet bereits heute an der besseren Welt von morgen. Mit seiner Fähigkeit, alles von allen Seiten betrachten zu können, hebt er alle einseitigen Sichtweisen auf, bildet daraus eine Gesamtschau und ist bestrebt, daß möglichst viele seiner Mitmenschen an dieser Schau der Dinge teilhaben. Dieses Bestreben hat dem Wassermann den Ruf des »ewigen Missionars« eingebracht. Weil er umfassend sieht und erkennt, daß Auseinandersetzung und Feindschaft, Kampf und Krieg, ja alle menschlichen Probleme und Schwierigkeiten stets aus einseitigen Sichtweisen und dementsprechenden Verhaltensweisen entstehen, schüttet er überall dort seine »Wasser des Wissens« aus, wo er auf die »gegenüberliegende Seite«, den entgegengesetzten Standpunkt, die andere Sichtweise aufmerksam machen kann. Nicht selten setzt das überpersönliche Wassermannprinzip sich dabei sogar so heftig für die andere Seite ein, daß er der einen Seite als Feind erscheint.

Befindet sich unser Aszendent im Zeichen Krebs, ist es für uns wichtig zu wissen, daß in allen Partnerschaften, Freundschaften und engeren Beziehungen stets diese Wassermannenergie auf uns zukommt, um uns zu reizen und zu prüfen. So wird ofmals der Partner in Diskussionen und Gesprächen zum Widersacher, scheint gänzlich gegen uns eingestellt zu sein und greift uns gelegentlich vehement an. Gerade dort, wo wir nicht an das Ganze denken, den Mitmenschen nicht als unseren Bruder behandeln und ihn mit seinen Problemen alleine lassen, richtet sich die Energie des Wassermanns gegen uns. Da Wassermann ein Gruppenprinzip ist, kann es dabei gut möglich sein, daß – in der Gesellschaft oder im Beruf, in der Öffentlichkeit oder Zuhause – auf unsere Worte und unbedachten Äußerungen hin sich gleich mehrere Menschen gegen uns stellen, ja uns die ganze Gruppe geschlossen angreift und im schlimmsten Fall ausstößt. Wo immer wir uns befinden, wo immer wir in unserer Oberflächlichkeit und Gedankenlosigkeit eine Unmenschlichkeit begehen, ist der »Wassermann« da: Er hakt nach, legt den Finger auf die Wunde und tut uns gelegentlich weh. Doch der Schmerz soll uns nur darauf hinweisen, daß der Aszendent Krebs noch nicht entfaltet und das Prinzip Schütze, das Prinzip der Tiefe und Liebe, für die Welt und unsere Partner noch nicht sichtbar geworden ist. Weil wir in unser Muster der Vergangenheit (Prinzip Zwillinge!) zurückgefallen sind, traf uns auf wassermännische Art und Weise der »Stachel des Skorpions«. Tun wir die Argumente unserer Partner und Freunde als »Besserwisserei« ab, werden wir sie uns nicht zu Herzen nehmen – die Zwillingeseele in uns hat (vorerst) gesiegt. Hören wir auf sie, nehmen wir sie an und integrieren sie, ist das Prinzip Krebs in uns einen gehörigen Entwicklungsschritt vorangekommen.

Die Zeus/Jupiter-Stufe der Wandlung – Änderung unserer Werte

Nach zwei Stufen der Wandlung und einer Stufe der Prüfung sind wir ein wenig klüger als zuvor. Die Skorpion-Stufe der Prüfung zeigte uns insbesondere, wo wir »gut« zu sein glaubten, aber am Ende doch nicht »gut genug« waren. Nun heißt es, innehalten und verweilen. Die Jupiter-Stufe der Wandlung will unsere Werte verändern. Das archetypische Horoskop beschreibt unsere Erfahrung, die Entstehung unserer Werte und unsere Urteilsfindung durch den dritten Quadranten. Die dazugehörigen Tierkreiszeichen sind Waage (Reaktion des Du), Skorpion (Vereinigung und Reibung mit dem Du) und Schütze (Bewertung der Beziehung; Sinnfindung). Das veränderliche Tierkreiszeichen ist dabei Schütze, der herrschende Planet Zeus/Jupiter. Dies bedeutet, daß wir jederzeit unsere Werte verändern, unsere Bewertungen wandeln und unseren Sinn neu ausrichten können.

Vieles, ja vermutlich sogar das meiste, wofür wir uns entscheiden und was wir tun, halten wir anfangs für gut. Doch dann folgt das bittere Ende: Die Welt, der Partner, der Freund, sie urteilen anders, finden es weniger gut, vielleicht sogar unmöglich oder schlimm. Doch solange wir uns verwickeln und immer mehr in Täuschungen verstricken, kümmert uns die Meinung anderer wenig. Wir sind mit ihnen zusammen, weil wir uns einsam fühlen, weil wir uns einen Vorteil davon versprechen oder weil wir Anerkennung und Zuneigung haben möchten.

Mit den Erfahrungen und Erlebnissen wächst gewöhnlich unsere Selbsterkenntnis. Nicht selten erleben wir dabei ein Phänomen: Die Bewertung von Dingen, Menschen und Ereignissen, die wir einst gut oder böse genannt haben, relativiert sich. Das Böse erkennen wir rückblickend als Anstoß, der uns von längst Überholtem gelöst und frischen Wind in unser Leben gebracht hat. Aber auch das Gute geht oft diesen Weg der Wandlung. Was einst gut und sinnvoll erschien, heute hat es nicht mehr denselben Stellenwert. Mit unserer Entwicklung wandeln sich unsere Werte, diese Erfahrung hat jeder von uns schon gemacht.

Die Jupiter-Stufe der Entfaltung des Aszendenten zeigt uns, wo und wie sich unsere Werte und Bewertungen wandeln sollen, damit wir nicht in alte Vorurteile und Bewertungsmuster zurückfallen. Wir finden in unserem Horoskop den Hinweis auf ein Tierkreiszeichen, dessen Sinn sich uns erst im Laufe der Entwicklung enthüllt und dessen Wert wir erst im Laufe der Zeit schätzen lernen. Mit unserem geistigen Wachstum dehnt sich auch dieses Prinzip in uns aus. Entschieden wir uns früher nur dafür, wenn es Vorteile zu bringen schien, so wachsen wir gerade in diesem Prinzip über uns selbst hinaus: Es öffnet uns das Tor zum Überpersönlichen, harmonisiert unseren Geist und befriedet unsere Seele.

Für den Aszendenten Krebs befindet sich diese Zeus/Jupiter-Stufe der Wandlung im Zeichen Fische (siehe Abb. S. 162). Das Fischeprinzip steht für Vollendung, für Nächstenliebe und für Hingabe an das Leben. Das Schicksal – in seinem Lauf dem Auf und Ab der Meereswellen nicht unähnlich – zu ertragen und die Fähigkeit, sich ihm auszuliefern, gehören zur Energie, die uns das Zeichen Fische gibt. Auch wenn wir gerne in Gedanken im Morgen oder Übermorgen verweilen, um das Unschöne und Unangenehme der Gegenwart zu vergessen, lehren uns die Fische die Grundlage einer jeglichen Meisterschaft: Der nächste Schritt ist immer der wichtigste. Indem wir uns – angeregt von unserem Schicksal, von unseren Begegnungen, von den »Zufälligkeiten des Lebens« – dem Naheliegenden widmen und lernen, ganz darauf einzugehen, ergründen wir das tiefere Geheimnis des Menschseins und der Nächstenliebe. Wir beginnen zu ahnen, daß alles in dieser Welt miteinander verwoben ist, ja ein Gewebe bildet, in dem jeder einzelne Mensch einen Faden darstellt. Reißt nur einer dieser Fäden, ist bereits das ganze Gewebe in Gefahr. Das Zeichen Fische gibt uns die notwendige Heilenergie. Es bindet alles auch noch so Gegensätzliche und Auseinanderstrebende zusammen, löst alle menschlichen Egoismen auf, zerstört alle Barrieren und überwindet alle Trennungen.

Weist unser Aszendent auf das Zeichen Krebs, werden wir im Laufe unserer Entwicklung gerade das Prinzip Fische immer mehr kennen und schätzen lernen. Allmählich erfahren wir, welcher »Faden« wir im Gewebe der Menschheit sind, welche Funktion wir dort zu erfüllen haben und was uns mit anderen Menschen, denen wir begegnen, verbindet. Bald ahnen wir, daß wir zur Erfüllung unserer Lebensaufgabe der Vollendung bedürfen. Haben wir uns früher um Vollendung, Perfektion und Meisterschaft höchstens dann gekümmert, wenn ein materieller oder emotionaler Vorteil auf uns wartete, so gewinnen wir jetzt tiefere Einsicht. Um unserer Berufung nachzugehen, um unser Talent und unsere Begabung der Welt zu bringen, macht es für uns Sinn, diese Fähigkeiten zu entwickeln. Die uns eigene Oberflächlichkeit und Lockerheit, mit der wir früher mehr schlecht als recht durchs Leben geschlittert sind, zieht sich zurück. Das Naheliegende, das »wie« des nächsten Schrittes, nehmen wir genauer unter die Lupe, gehen sorgfältiger und achtsamer damit um, und können endlich aufräumen mit unseren Halbheiten, Halbherzigkeiten und Unvollkommenheiten. Wir lernen, unsere Worte ebenso wie unsere Taten auf die Goldwaage zu legen, um sie nach »Reinheit und Echtheit« zu begutachten. Und nur das Edle bieten wir der Welt an, während wir alles andere zurückbehalten und einem neuerlichen Veredelungsprozeß zuführen. Eines Tages offenbart sich uns das Geheimnis der Fische: Das Vollendete, das Vollkommene, das Meisterliche entsteht von selbst durch die Auflösung aller Unvollkommenheiten – nichts anderes brauchen wir tun, um heil zu werden. Wir Menschen sind im vollkommenen Bilde Gottes gemacht, seit jeher also von göttlicher Natur. Diese Eigenschaft haben wir niemals verloren, sie geriet lediglich in Vergessenheit und wurde überlagert von der verwirrenden Vielfalt der irdisch-materiellen Welt. Lösen wir diese Verstrickungen und Überlagerungen wieder auf, strahlt unsere Göttlichkeit wieder im alten Glanz. Aus dieser Perspektive gesehen könnte der Weg des Aszendenten Krebs auch als Weg der Auflösung aller Unvollkommenheiten und Schwächen bezeichnet werden. Und Schwächen, das wissen wir vom Kind, lösen sich durch geduldige Reifungs- und Wachstumsprozesse, durch Üben und Bemühen, durch Feilen und Schleifen, langsam aber stetig auf. Wer geschickt und einfallsreich ist und seine Fähigkeiten nützt, um diesen Reifungsprozessen auszuweichen, dient der Entfaltung des Aszendenten Krebs nicht. Wer aber den Wert in der Vollendung und in der Auflösung aller Unvollkommenheiten sieht, wer also Qualität über Quantität stellt, der schätzt die Kraft des Zeichen Fische und die mit diesem Zeichen verbundenen Kräfte des Schicksals. Und es wird ihm eines Tages wie Schuppen von den Augen fallen, daß Schicksal und Umwelt stets nur eines im Sinn hatten: Den Aszendenten Krebs in der Entwicklung seines Talents zu fördern.

Die Poseidon/Neptun-Stufe der Wandlung – Änderung unseres Wesens

Nach den ersten drei Wandlungs- und Entfaltungsstufen will sich der Tierkreis schließen, um auf einer höheren Ebene der Entwicklung von Neuem zu beginnen. Das archetypische Horoskop (siehe Abb. S. 48) schließt mit dem vierten, dem überpersönlichen Quadranten ab, die dazugehörigen Tierkreiszeichen sind Steinbock (Verwesentlichung, Abgrenzung), Wassermann (Erkenntnis der Ganzheit, Integration) und Fische (Auflösung, Einbindung, Synthese). Fische ist im vierten Quadranten das veränderliche Zeichen, herrschender Planet ist Poseidon/Neptun. Dies bedeutet, daß wir uns in der Auflösung, im Abschließen und im Beenden verändern können.

Beenden aber heißt vollenden, vollendet sein aber heißt Meister sein. Die letzte Stufe der Entfaltung unseres Aszendenten spricht zu uns von Meisterschaft: Hat sich alles gewandelt – von der Entscheidung über die Ausdrucksweise bis hin zu unseren Werten – und bestehen wir alle Prüfungen, zu jeder Zeit und an jedem Ort, ist unser ganzes Wesen verändert. Wir beherrschen das Prinzip unseres Aszendenten von Anfang bis Ende und sind darin Meister.

Um über diese Stufe der Entwicklung etwas zu erfahren, liegt es nahe, sich an Menschen zu wenden, die vor uns den Weg schon gegangen und Meister geworden sind. An ihrer Art, in ihrem Wesen und an ihren Taten erkennen wir, wo unser Weg hinführt. Sie geben uns die geeignete Vision, die unserer Entwicklung Richtung und Stabilität verleiht. Viele Meister könnten wir hier anführen, doch nur einer zeigt uns in allen zwölf Tierkreiszeichen, was Meisterschaft bedeutet. Es ist Herakles, der sagenumwobene Held der alten Griechen, der uns in seinen zwölf Aufgaben für jedes Tierkreiszeichen den Weg zur Meisterschaft hinterlassen hat. Er löst alle Aufgaben, der Mythos von ihm gibt uns die Lösungen an die Hand. So können wir an den jeweiligen Heraklesaufgaben ersehen, was es in der letzten Stufe der Wandlung für uns zu entwickeln und was es aufzugeben gilt.

Der Aszendent Krebs hat die Poseidon/Neptun-Stufe der Entfaltung im Zeichen Zwillinge (siehe Abb. S. 162). In der dem Zeichen Zwillinge zugeordneten Heraklesaufgabe geht es um

Das Sammeln der goldenen Äpfel der Hesperiden
Diese Aufgabe des Herakles besteht darin, die goldenen Äpfel der Hesperiden, die ferne auf einem heiligen Baum der Weisheit wachsen, zu holen. Jedoch wird dieser heilige Baum von drei Jungfrauen und dem hundertköpfigen Drachen Ladon gut bewacht. Auch weiß Herakles zu Beginn seiner Suche nicht, wo und in welcher Gegend sich der Baum befindet.

Das Sammeln der Äpfel der Hesperiden unterteilt sich in fünf Teilaufgaben:

1. Herakles geht als erstes nach Norden und begegnet dort dem alten Meeresgott Nereus, dem Sohn von Pontos und Gaia.
2. Herakles wendet sich dem Süden zu und ringt dort mit Antaios, dem Sohn von Poseidon und Gaia.
3. Herakles geht nach Westen und trifft dort auf Bousiris, den Bruder des Antaios, der ein Betrüger ist, sich aber als Lehrer der Weisheit und Wahrheit ausgibt.
4. Herakles befreit auf seinem Weg nach Osten den an einen Felsen gefesselten Prometheus, pflegt und heilt ihn.
5. Herakles nimmt für eine Zeit dem Atlas die Weltkugel ab, während dieser ihm dafür die goldenen Äpfel der Hesperiden besorgt.

Als sich Herakles auf seine lange Suche nach den Äpfeln der Hesperiden begibt, weiß er überhaupt nicht, wohin er zu gehen hat. Er wendet sich nach Norden und fragt sich durch. Dabei begegnet ihm immer wieder der orakelsprechende Meeresgott Nereus, jedoch in ständig verwandelter Form, um Herakles immer mit neuen Worten der Wahrheit weiterzuhelfen. Herakles aber erkennt die Worte der Weisheit nicht und ist der Wahrheit gegenüber blind. Der Weg

nach Norden erweist sich deshalb erst einmal als Fehlschlag.
Herakles wendet sich nun nach Süden. Er trifft auf den Riesen Antaios und ringt mit ihm. Jedesmal aber, wenn Herakles den Riesen auf den Boden gezwungen hat, bekommt Antaios durch die Berührung mit seiner Mutter, der Erde, neue Kraft, so daß Herakles ihn nicht überwinden kann. Als Herakles überlegt und nachdenkt, findet er die Lösung: Er hebt den Riesen Antaios ganz vom Boden fort in die Luft. In diesem Moment wird der Riese kraftlos; so trägt Herakles den Sieg davon.
Nach dem Süden wendet sich Herakles nach Westen. Hier trifft er den Betrüger Bousiris, einen Sohn des Wassers. Dieser täuscht ihn mit scheinbarer Weisheit und schönen Worten. Herakles fällt darauf herein, nimmt ihn als Lehrer an und hört auf seine Worte – ja er wird ihm so hörig, daß er, mehr und mehr geschwächt, eines Tages von seinem falschen Lehrer für ein ganzes Jahr an einen Altar gebunden wird. Erst als er allmählich erkennt, wer Bousiris wirklich ist, und sich erinnert an die Worte des Nereus: »Die Wahrheit liegt in dir selbst. Wende dich nach Innen und erwecke die ewige Kraft, die Macht und das Erbe aller Menschen!«, gewinnt er seine Stärke zurück und sprengt die Fesseln. Wortlos bindet er seinerseits Bousiris an den Altar und läßt ihn dort, damit dieser daraus lerne.
Auf seinem Weg nach Osten wird Herakles aufgehalten durch das qualvolle Stöhnen des Prometheus, an dem sein Weg ihn vorbeiführt. Er befreit ihn von seinen Fesseln, jagt den Geier (=Adler des Zeus) fort, der tagsüber die Leber des Prometheus auffrißt. Er unterbricht seine Suche, pflegt den Kranken und heilt dessen Wunden.
Zum Schluß wendet sich Herakles den hohen Bergen zu. Hier erinnert er sich ein weiteres Mal an die Worte des Nereus, der ihm sagte, daß nur Atlas, der Bruder des Prometheus, Zugang zum Garten der Hesperiden habe. Er sucht und trifft Atlas auf dem Berg. Dieser trägt mit großer Mühe die schwere Weltkugel auf seinem Rücken. Herakles nimmt ihm, ohne um Hilfe gebeten zu sein, die Weltkugel ab und lädt sie auf seinen eigenen Rücken. Im gleichen Moment

rollt die Kugel von seinem Rücken. Herakles und Atlas sind befreit von der Last. Atlas, der ja den Garten der Hesperiden gebaut hat, holt nun für Herakles die goldenen Äpfel der Hesperiden und übergibt sie ihm.
Die goldenen Äpfel werden von Herakles zu Eurystheus gebracht, dieser gibt sie an Athene weiter. Dann werden sie Hera wieder zurückgegeben, weil es gegen das göttliche Gesetz verstößt, daß das Eigentum Heras aus ihren Händen geht.

Zusammenfassung der Ergebnisse aus der Deutung des Mythos

zu entwickeln wären
- Erinnerungsvermögen
- ein unermüdliches Weitermachen, niemals aufhören und aufgeben
- Erkenntnis, daß aller äußerer Widerstand auf einen inneren Widerstand zurückzuführen ist
- loslösen von falschen Vorbildern und Lehrern
- Scheinargumente und Ausflüchte durchschauen
- die Suche nach der Wahrheit im Innern
- die Fähigkeit, die Welt zu (er-) tragen
- die Bereitschaft, für das Ganze und das Heil der Welt einen Beitrag zu leisten

aufzugeben wären
- Bequemlichkeit, Verzögerungen, Stillstand, Innehalten, Verweilen, Unterbrechung, Ablenkung
- alle Erklärungen, der erste Anschein
- Widerstände, die sich gegen Menschen oder Dinge richten
- Anhängigkeit vom Wissen und von der Erfahrung anderer
- Vorurteile und Voreingenommenheit
- das vorsorgende Denken, Planen und Handeln
- alle Versuche, sich anderen gegenüber Vorteile zu verschaffen

Diese Zusammenfassung erhebt keinen Anspruch auf Vollständigkeit. Zu empfehlen wäre eine persönliche Auseinandersetzung mit dem Heraklesmythos, hier im speziellen mit der dritten Heraklesaufgabe, die dem Zeichen Zwillinge zugeordnet ist.

Herakles ist das Ideal eines Menschen, der sich aus dem Dunkel des Unbewußten heraus in das Licht der Bewußtheit hinein entwickelt. Wie alle Ideale soll er uns nur als richtungsweisendes Leitbild, als Vision dienen. Für uns ist es nicht wichtig, ein Held wie er zu sein, aber um so wichtiger ist es für uns, den von Herakles vorgezeichneten Weg zu beschreiten. Der Weg ist das Ziel, sagt uns die östliche Weisheit. Dies teilt uns mit, daß für uns Menschen weder im Erreichen noch im Verweilen die wahre Erfüllung liegt, sondern nur im Gehen. Viele von uns lassen sich abhalten, weil sie – vom fernen Ziel paralysiert – resignieren und glauben, ein so hohes Ziel nie erreichen zu können. Machen wir die ersten Schritte, um zu erfahren, daß im Gehen die Freude uns begleitet, in der Bewegung die Schönheit uns begegnet und nur im Wandel sich die Liebe uns offenbart.

Die Entfaltung des Aszendenten Löwe

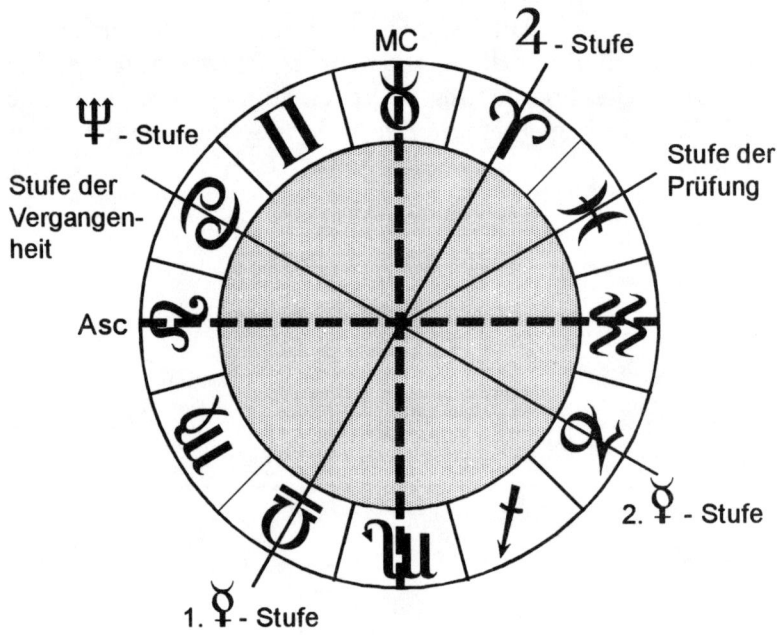

Die Entfaltung des Aszendenten Löwe

Vergangenheit des Aszendenten Löwe

Wie immer wir uns Vergangenheit vorstellen – ob wir in unsere Kindheit zurückgehen oder von früheren Inkarnationen sprechen –, eines ist stets gewiß: Unser Geist und unsere Seele sind nicht unberührt geblieben von den Erfahrungen und Erlebnissen dieser Vergangenheit. In uns sind Verwicklungen entstanden, es haben sich Gewohnheiten herausgebildet und feste Handlungsmuster eingeprägt. Wir haben gelernt, zu bewerten, zu beurteilen und nach gut und böse zu unterscheiden. Wir haben Kräfte entwickelt, um das Gute vom Bösen, das Angenehme vom Unangenehmen, das Geliebte vom Ungeliebten zu trennen. Dabei haben wir unseren ganzheitlichen, paradiesisch-unschuldigen Zustand verloren. Mit der Ganzheit haben wir aber auch unser Heil verloren: Wir sind einseitig, krank und schwach geworden.

Etwa zwei Stunden bevor am östlichen Horizont das Tierkreiszeichen des Aszendenten aufsteigt, sehen wir im Osten das dem Aszendenten vorausgehende Tierkreiszeichen emporsteigen. Betrachten wir diese Gegebenheit symbolisch und deuten diesen zeitlichen Ablauf, so dürfen wir annehmen, daß die Vergangenheit eines Horoskopeigners von dem Prinzip beherrscht wird, das dem Aszendenten im Tierkreis vorausgeht.

Zeigt in unserem Horoskop der Aszendent auf das Tierkreiszeichen Löwe, ist damit gleichzeitig das Krebsprinzip als unsere Vergangenheit ausgewiesen. Unbewußt haften wir an diesem Prinzip fest: Alle unsere Handlungsweisen, Gewohnheiten und Reaktionen sind einseitig von ihm geprägt. Das Krebsprinzip ist in uns überbetont, wodurch die gesamte Achse Krebs – Steinbock ins Ungleichgewicht geraten ist: Was vom Prinzip Krebs »zuviel« ist, fehlt uns am Prinzip Steinbock. Die Entfaltung des Aszendenten Löwe wird, wie wir noch sehen werden, den Ausgleich herbeiführen, so daß eines Tages in unserem Horoskop die Achse Krebs – Steinbock in Harmonie kommt. Die einseitige Krebsbetonung ist dann aufgehoben, das (noch) fehlende Prinzip Steinbock wird in die Sicht-

barkeit gebracht. Geschieht dies, dann hat sich unbewußtes Sein in Bewußtsein verwandelt, wir sind – dem Wesen nach verändert – ganzheitlicher geworden.

Doch bevor wir den Aszendenten Löwe entfalten und diesen Entwicklungsweg gehen können, ist es notwendig, unsere Anhaftung im Prinzip Krebs zu erkennen. Stellen wir uns deshalb folgende zwei Fragen:
Wie sehen unsere Bewertungen und Handlungsmuster aus?
Wo liegen ihre Betonungen und warum sind sie dem Krebsprinzip zuzuordnen?
Um darüber Aufklärung zu erhalten, sollten wir zuerst das Krebsprinzip verstehen. Krebs ist das Zeichen von Mutter und Kind. Das Behüten und Schützen, das Wachsen und Reifen stehen im Vordergrund. »Eile mit Weile!«, »Nimm dir Zeit!« oder »Handle mit Muse!« könnten Wahlsprüche dieses Prinzips sein. Sich Zurückziehen, um der Hektik des Lebens zu entgehen und alle Eindrücke erst zu verarbeiten, liegt dem Krebsprinzip näher als schnelles, entschlossenes und mutiges Handeln. Um sich mit einem Menschen, einer Sache oder einer Arbeit zu identifizieren, nimmt es sich Zeit. Von allen Prinzipien des Tierkreises kann es am längsten abwarten. Umgekehrt verhält es sich dann, wenn es sich für jemand oder etwas entscheidet: Es haftet ebenso fest daran wie eine Mutter an ihrem Kind. Ist die Zeit reif, loszulassen, beginnen meist leidvolle und schmerzliche Prozesse. Es klammert oft so fest, es umarmt so innig, es bindet sich so stark, bis Erstickung droht – und am Ende alle Stricke reißen müssen. Ist die Seelenqual am höchsten, ist es nicht selten das Krebsprinzip selbst, das noch die letzte »Nabelschnur« und mit ihr die letzte Verbindung radikal abschneidet, um sich von der Pein für immer zu befreien. So finden wir gerade im Zeichen Krebs den größten Widerspruch: Wie kein anderes Zeichen haftet es an und wie kein anderes Zeichen kann es sich total abtrennen. Dahinter verbirgt sich die ewige Suche nach der Heimat der Seele. Glaubt ein Mensch, sie gefunden zu haben, gibt ihm das Zeichen Krebs die Kraft, sich mit aller Konsequenz niederzulassen, fühlt er jedoch eines Tages keine Resonanz mehr, ist es dieselbe Kraft, die es ihm möglich macht zu gehen. Wie der dem

Krebs zugeordnete Mond abhängig ist vom Licht der Sonne, so ist das Krebsprinzip stets abhängig von dem, was von außen kommt. Es kann nur mitschwingen und Resonanz herstellen, aber nicht aus sich alleine heraus die Schwingung, die Strahlung und die Wärme erzeugen. Liegt unsere Vergangenheit – was beim Aszendenten Löwe der Fall ist – im Zeichen Krebs, so neigen auch wir zu dieser Abhängigkeit von der Außenwelt. Stets suchen wir nach Menschen und Dingen, nach Berufen und Tätigkeiten, nach Plätzen und Gelegenheiten, die in uns Resonanz hervorrufen. Lange Zeit im Leben ist uns diese Abhängigkeit von unserer inneren Welt der Gefühle nicht bewußt. Immer wieder erfahren wir Ablehnung und Ausgrenzung, ohne zu bemerken, daß es mit uns selbst zu tun hat. Es ist unser Anspruch auf Schutz und Geborgenheit, auf Nähe und Zuwendung, auf Versorgung und Unterhalt, den wir in die Welt hinaus projizieren und von unseren Partnern und Freunden, Bekannten und Verwandten erfüllt sehen möchten. Für unsere Bereitschaft, uns mit Haut und Haaren zu opfern, um ganz für den anderen da zu sein, erwarten wir entsprechende Gegenleistung. Doch die Welt sieht anders aus für den Aszendenten Löwe. Niemand fordert sein Opfer, niemand seine persönliche Einschränkung, niemand will seine Bereitschaft, ganz für ihn da zu sein. Nicht seine mütterlich-weiblichen Qualitäten sind in diesem Leben gefragt, sondern die Entwicklung väterlich-männlicher Kräfte. Nicht das, was er sich erträumt, zählt, sondern das, was er kreativ schöpft und zum Ausdruck bringt. Nicht seine Resonanzfähigkeit, sein Mitgefühl, sein Mitschwingen und Mitmachen braucht die Welt, sondern seine gebende Kraft, seinen Mut, seine Strahlung, seine Kreativität – mit einem Wort: Seine ihm innewohnende Einzigartigkeit. Letzteres gilt es zu entwickeln, die Entfaltung des Aszendenten Löwe zeigt die dazu notwendigen Wandlungsschritte.

Zusammenfassung der Vergangenheit im Zeichen Krebs
- Suche nach der »großen Mutter«, nach Heim und Familie
- Suche nach seelischer Heimat und emotionaler Geborgenheit

- nimmt sich Zeit zum Wachsen und Reifen; Neigung, zu lange abzuwarten
- das Ich als »Nabel der Welt«
- Egoismus; die persönlichen Bedürfnisse haben eindeutig Vorrang
- Identifikation, Mitfühlen, Mitschwingen, Mitmachen
- Resonanzabhängigkeit: Abhängigkeit von der Strahlung, der Kraft und der Wärme anderer
- starke Abhängigkeit von den eigenen Gefühlen
- stark abhängig von Zuwendung
- kann sich schwer von persönlichen Abneigungen trennen
- mehr im Traum als in der Wirklichkeit
- viele Wünsche, aber wenig Mut und Initiativkraft
- bindet sich am stärksten und trennt sich am radikalsten
- vorsichtig, ausweichend, zurückziehend
- nach außen hin nachgiebig, formbar und anpassungsfähig
- gibt Entscheidungen und Verantwortung gerne ab
- hat Angst, sich zu zeigen wie er ist
- empfindlich, leicht verletzbar, leicht gekränkt

Der Aszendent Löwe

Ist es uns gelungen, den »Krebs in uns« zu erkennen, und sind wir bereit, unseren Aszendenten aus freien Stücken heraus zu entfalten, gibt uns der Tierkreis exakte Anleitung, wie der Aszendent Löwe stufenweise entfaltet werden kann. Wir werden im Laufe der Zeit spüren, daß es mit der reinen Willensäußerung im Sinne eines »*Ich will meinen Aszendenten Löwe leben!*« nicht getan ist. Wir können versuchen, das Löweprinzip (Kreativität, Mut, Risikobereitschaft, Verausgabung) mehr zu leben, doch eine Auflösung unseres unbewußt überbetonten Krebsprinzips geschieht nicht. Wir haben bereits davon gesprochen, daß in unserem Horoskop die Achse Krebs – Steinbock im Ungleichgewicht ist und in Harmonie kommen will. Wie dies geschieht, zeigen uns der Verlauf des Tierkreises ebenso wie die aus dem Mythos des Orion gewonnenen Stufen der Entfaltung. Steigen wir sie empor, wird uns mehr und mehr innere Harmonie und Ausgewogenheit zuteil. Das Prinzip Krebs beherrschen wir dann genauso wie das Prinzip Steinbock: Jetzt können wir uns von unseren Gefühlen und Empfindungen leiten lassen, ohne uns heimlich der Verantwortungsübernahme für unsere kreativen, väterlich-männlichen Kräfte zu entziehen. Unsere Einseitigkeit schwindet, wir werden frei und können überall in der Welt – ohne Hemmungen und Ängste – unsere Einzigartigkeit zeigen und unter Beweis stellen.

Doch gehen wir in unserer Wandlung und Veränderung Schritt für Schritt vor. Zuerst übertragen wir das archetypische Horoskop auf unser persönliches Horoskop. Dabei ergibt sich – von unserem Aszendenten angefangen – ein vierstufiger Entfaltungsplan: Erste und zweite Hermes/Merkur-Stufe, Zeus/Jupiter-Stufe und Poseidon/Neptun-Stufe. Jede einzelne Stufe gibt dabei Hinweise zur Wandlung. Hier können wir uns im Laufe der Zeit verändern, um dadurch die Entfaltung des Aszendenten und damit gleichzeitig die Entwicklung unserer Persönlichkeit zu fördern.

Die erste Hermes/Merkur-Stufe der Wandlung – Änderung unserer Entscheidungen

Da wir unsere Vergangenheit kennen, können wir in die erste Phase der Wandlung eintreten: Wir verändern unsere zukünftigen Entscheidungen im Sinne unserer geistig-seelischen Entwicklung, wie sie in unserem Horoskop niedergelegt ist. Das archetypische Horoskop (siehe Abb. S. 48) beschreibt die Entscheidungsfindung durch den ersten Quadranten, die dazugehörigen Tierkreiszeichen sind Widder (freier Wille), Stier (geplante Absicht) und Zwillinge (Wahl der zur Verfügung stehenden Möglichkeiten). Das veränderliche Tierkreiszeichen ist dabei Zwillinge, dem der Götterbote Hermes/Merkur zugeordnet ist. Hermes/Merkur bietet in seiner Funktion als Götterbote uns Menschen Möglichkeiten und Gelegenheiten, um neue, bewußtseinserweiternde Erfahrungen zu machen. Die

Die erste Hermes/Merkur-Stufe der Wandlung

Auswahl aus den zur Verfügung stehenden Möglichkeiten sowie die Entscheidung, eine gebotene Gelegenheit zu ergreifen, steht uns dabei frei. Dies heißt, daß wir die Art und Weise unserer Auswahl und damit alle anstehenden Entscheidungen jederzeit verändern können.
Immer wieder stellt uns das Leben vor Entscheidungen. Da wir anfangs weder unsere Berufung noch unseren Lebensweg klar und deutlich erkennen, begleiten uns Zweifel und Unsicherheit auf unserem Weg. Welche Entscheidung ist die richtige, welche die falsche? Gibt es überhaupt eine richtige Entscheidung? Da wir keine Antwort wissen, geben wir die Entscheidung oft ab an unser Unbewußtes: Unsere alten Bewertungen und Vorurteile geben den Ausschlag für unsere Entscheidung. Wir verharren im alten Muster, ein neues ist noch nicht entwickelt. Hier soll der Entfaltungsplan des Aszendenten Hilfestellung geben.

Für den Aszendenten Löwe befindet sich die erste Hermes/Merkur-Stufe der Wandlung im Zeichen Waage (siehe Abb. S. 188). Ist unser Aszendent im Zeichen Löwe, sollten wir uns für jene Möglichkeiten und Gelegenheiten entscheiden, die dem Prinzip Waage am meisten entsprechen. Tun wir dies, wird die Entfaltung unseres Aszendenten gefördert. Tun wir dies nicht, ist anzunehmen, daß unsere alten Muster und Gewohnheiten gesiegt haben: Die Vergangenheit hat uns wieder einmal eingeholt, wir sind ihr unbewußt erlegen.
Was heißt es nun, eine Entscheidung zu treffen, die dem Prinzip Waage entspricht? Auch hier sollten wir erst das Prinzip Waage verstehen, ehe wir diese Frage beantworten können. Das kardinale Luftzeichen Waage gilt als Prinzip der Harmonie und des gerechten Ausgleichs. In seiner höchsten Ausdrucksform symbolisiert Waage das hinter allem waltende kosmische Gesetz. Als Planet ist diesem Zeichen Aphrodite/Venus zugeordnet, die Göttin der Liebe, deren Schönheit irdischer Spiegel göttlicher Gesetz- und Ebenmäßigkeit ist. Liebe kennen wir als die Kraft der Gegensatzvereinigung. Sie bindet Menschen aneinander, um ganz bestimmte Erkenntnisprozesse einzuleiten: Je mehr wir den anderen lieben, umso klarer erscheint er uns als vollkommener Gegensatz: Er sieht die

Welt anders, er denkt anders, er fühlt anders, er handelt und reagiert anders wie wir. Doch gerade deswegen lieben wir ihn. So ist gesichert, daß wir im Spiegel des anderen erkennen, was uns selbst zur Vollkommenheit fehlt. Lehnen wir die Andersartigkeit unseres Partners ab oder bekämpfen sie gar, haben wir von der Schönheit und Anmut der Waagekraft nichts verstanden. Und weil wir dieses Verständnis nicht haben, lieben wir unseren Partner nicht wirklich. Eine echte Beziehung eingehen heißt, sich vom anderen – seinem Wesen, seiner Art und seiner Kraft – »ziehen« lassen. Als Zeichen der Reaktion fordert Waage uns auf, vom Partner zu lernen, nicht ihn zu belehren. Das Lichte, das Helle, das Strahlende an ihm, das uns so gefällt, ist gleichzeitig das Dunkle, das Verborgene, das Fehlende an uns. Wollen wir in unsere Mitte kommen, müssen wir die Harmonie herstellen zwischen allen unseren Wesensanteilen. Die entwickelten Teile bedürfen der fehlenden zur Ergänzung, die strahlenden Fähigkeiten brauchen die Schattenanteile zum Ausgleich. Nur so kommt es zum inneren Frieden, der sich dann stets im äußeren Frieden widerspiegelt. Weist unser Aszendent auf das Zeichen Löwe, sollten wir uns daher vor allen wichtigen Entscheidungen im Leben fragen:

Entspricht unsere Wahl dem Prinzip Waage?
Ist es die »vollkommene« Entscheidung?
Entspricht unsere Entscheidung der übergeordneten, kosmischen Gesetzmäßigkeit? Ist sie im höheren Sinne gerecht?
Entscheiden wir uns für Liebe, Schönheit, Anmut, wahren Frieden?
Stehen unsere engsten Partner und Freunde mit unserer Wahl in Harmonie?
Verbinden wir uns mit dem Gegensatz? Dient sie dem (inneren) Ausgleich? Bringt sie einen Zuwachs an Harmonie?
Können wir das, was wir tun, wirklich aus ganzer Tiefe und vollem Herzen anerkennen?
Lieben wir? Offenbart unsere Entscheidung unser Verständnis? Haben wir versucht, alles zu verstehen?
Ist alles bedacht, auch die Folgen und Reaktionen anderer?

Fehlt wirklich nichts mehr? Gibt es weder Verborgenes noch Verstecktes noch andere Schattenseiten? Gibt es noch eine vollkommenere, eine idealere Möglichkeit? Haben wir aus Mängeln und Fehlern früherer Entscheidungen wirklich gelernt? Ist ein Rückfall in die Vergangenheit ausgeschlossen?

Sind wir all diesen Fragen ernsthaft nachgegangen und können sie im Wesentlichen mit »ja« beantworten, werden wir aus den zur Verfügung stehenden Möglichkeiten die richtige Wahl treffen. Unschwer werden wir dabei den Widerstreit der Argumente in uns spüren. Die »Krebsseele« (unsere Vergangenheit!) in uns hat sich nie gefragt, woher Zuneigung und Ablehnung kommen. Sie waren einfach da, ihnen gemäß haben wir uns verhalten. Unsere Fähigkeit, zu Menschen Resonanz herzustellen, um über unsere Gefühlswelt persönliche Antworten zu erhalten, haben wir nie hinterfragt. So reagierten wir entsprechend unserer Gefühle: Wir nahmen den Betreffenden an, wenn wir uns in seiner Nähe wohlfühlten, und lehnten ihn ab, wenn wir uns unwohl fühlten. Da wir unsere Abneigungen als gegebene, unveränderbare Wesensbestandteile begriffen, gab es keinen Anlaß, nach ihren Ursachen zu suchen. Noch weniger glaubten wir an eine Möglichkeit, sie verändern zu können. Erst als wir mit der Kraft der Waage begannen, über die tieferen Hintergründe unserer Beziehungen nachzudenken, ging uns ein Licht auf: Alles Abgelehnte im Außen korrespondiert mit einer Verdrängung im eigenen Wesen. Weder in der Natur noch im Verhalten unserer Partner finden wir die wahren Ursachen, nein, in unseren Schattenseiten liegen sie. So führt uns die erste Stufe der Wandlung auch zur Auseinandersetzung mit unserem eigenen Schatten, mit unseren Verdrängungen, mit allem, was wir ins Reich der Vergessenheit verbannt haben. Indem wir die oben angeführten Fragen beantworten, gründlich nachdenken und bereit sind, die Vergangenheit, die früheren Entscheidungen und ihre Folgen, nochmals Revue passieren zu lassen, öffnet sich das Tor zu unserer eigenen Unterwelt. Dort hinein nämlich will durch die Entfaltung unseres Aszendenten das strahlendes Licht des Löwen gebracht werden, damit alles Gebundene und Gefesselte, alle Abhängigkeiten und Anhaftungen Befreiung finden. Wir gehen als Aszendent Löwe den Weg der Entwicklung von Mut, der uns befähigt, im Leben wieder Risiken einzugehen. Dabei entdecken wir eines Tages, daß unser Mut schon immer da war. Es waren die Ängste, die ihn zugeschüttet haben. Können wir sie auflösen, erstrahlt die Löwekraft im alten Glanz. Voraussetzung dafür ist, daß wir uns in der Wahl unserer Möglichkeiten und Gelegenheiten am ausgleichenden Prinzip der Waage orientieren. Nicht das, was unsere Einseitigkeit betont und unsere Schwächen ausklammert, sondern das, was unsere Schattenseite mit einbezieht, macht uns stark. Treffen wir unsere Entscheidungen nach diesem Grundsatz, hat die »Löweseele« in uns über die »Krebsseele« gesiegt.

Anmerkung
Untersuchen wir im Entscheidungsfindungsprozeß die Wahl der Möglichkeiten nach dem Prinzip Waage, kann es sein, daß wir nicht unbedingt zu einer eindeutigen Entscheidung vordringen. Vielleicht schwanken wir zwischen mehreren Möglichkeiten, die unserer Auffassung nach alle – mehr oder weniger – dem Prinzip Waage entsprechen. Hier sollten wir wissen, daß es für die Entfaltung unseres Aszendenten Löwe unerheblich ist, für welche der »Waagemöglichkeiten« wir uns entscheiden. Von Bedeutung ist lediglich, daß unsere Wahl das Prinzip Waage überhaupt beinhaltet. Daher genügt es auch, wenn wir aus dem oben angeführten Katalog nur einige Fragen mit einem klaren »ja« beantworten können.
Wie im Mythos von Orion so schön beschrieben, ist in der ersten Entfaltungsphase des Aszendenten nur wichtig, nicht in das alte Muster zurückzufallen. Auch Orion, nachdem er sein Augenlicht zurückerhalten hatte, war nahe daran, aus Rache in seine alte Gewohnheit – seine Vergangenheit – zurückzufallen. Doch er hat sich von seiner Vergangenheit befreit, und das macht ihn bereits zum großen Vorbild. Das Wesentliche in dieser ersten Hermes/Merkur-Stufe der Entfaltung ist es, alle jene Entscheidungsmöglichkeiten auszu-

schalten, die uns zurückziehen würden in den Sog der Krebs-Vergangenheit. Erreichen wir dies, haben wir bereits gewonnen. Nur wenn das Alte uns einholt und umklammert, bleiben wir auf unserem Weg stehen; alles andere gehört bereits zum Vorwärtsschreiten, zur Entwicklung unserer Persönlichkeit, zur Entfaltung des Aszendenten.

Die zweite Hermes/Merkur-Stufe der Wandlung – Änderung unseres Ausdrucks

Haben wir die richtige Wahl getroffen und uns entschieden, treten wir in eine neue Phase ein: Wir schreiten zur Tat. Das archetypische Horoskop (siehe Abb. S. 48) beschreibt unser Handeln durch den zweiten Quadranten, die dazugehörigen Tierkreiszeichen sind Krebs (Identifikation), Löwe (Ausdruckskraft) und Jungfrau (Ausdrucksmittel). Das veränderliche Tierkreiszeichen ist Jungfrau, der herrschende Planet ist Hermes/Merkur, der Götterbote. Dies bedeutet, daß wir uns auch in der Wahl der Ausdrucksmittel jederzeit verändern können.

So wie wir in der ersten Hermes/Merkur-Stufe unsere Entscheidungen verwandeln können, bietet uns analog dazu die zweite Stufe die Möglichkeit, unsere Ausdrucksmittel zu verändern. In der zweiten Stufe der Entfaltung des Aszendenten wird unser Innerstes nach außen hin sichtbar. War unsere Entscheidungsfindung für andere Menschen weitgehend unsichtbar, so sind unsere Vorgehensweisen und Taten als sichtbarer Ausdruck unserer Entscheidungen normalerweise für jedermann wahrnehmbar. Wir alle drücken uns aus im Reden, im Tun, in unseren Bewegungen und in der Art und Weise, wie wir mit den uns zur Verfügung stehenden Mitteln umgehen. Dies zusammen sind unsere Ausdrucksmittel, mit denen wir der Welt begegnen. Unsere Mitmenschen nehmen sie wahr, erkennen uns daran und nennen den Gesamteindruck unsere »Eigenart«. Dabei entsteht – in Analogie zur ersten Stufe – auch in der zweiten Stufe ein Zwischenreich: Das Ich auf der einen Seite, das Du auf der anderen Seite und die Ausdrucksmittel dazwischen. Aus dieser Position heraus ist es weiter nicht verwunderlich, wenn die Wahrnehmung des Ich sich nicht unbedingt mit der Wahrnehmung des Du deckt. Ein jeder sieht die Dinge von seiner Seite, erst alle Sichtweisen zusammen ergeben das Ganze.

Für den Aszendenten Löwe weist die zweite Hermes/Merkur-Stufe der Wandlung auf das Zeichen Steinbock (siehe Abb. S. 188). Ist unser Aszendent im Zeichen Löwe, sollten unsere Art und Weise des Ausdrucks sowie unsere verwendeten Ausdrucksmittel sich im Laufe der Zeit dem Prinzip Steinbock annähern. An dieser Stelle ist es wichtig, sich daran zu erinnern, daß unsere Vergangenheit im Zeichen Krebs liegt. Unbewußt verwenden wir als sichtbaren Ausdruck deshalb vorzugsweise das Prinzip Krebs. Durch die Entfaltung des Aszendenten wird damit ein Ausgleich herbeigeführt: Wir lernen, das Prinzip Steinbock in die Sichtbarkeit zu bringen.

Wie sieht nun das Prinzip Steinbock – in die Sichtbarkeit gebracht – aus? Auch hier ist es unumgänglich, dieses Prinzip erst einmal zu verstehen. Steinbock ist im Tierkreis das erste überpersönliche Zeichen. Als Prinzip der Abgrenzung zum Wesentlichen hin verleiht es uns die Kraft, unsere kleinen, ichbezogenen Wünsche und Bedürfnisse zurückzunehmen, um Verantwortung für andere Menschen zu übernehmen. Steinbock symbolisiert den »Bergführer«, der den Weg zum Gipfel der Erkenntnis gegangen ist und bereit ist, andere auf diesem Weg hinauf zu führen. Er ist der Berufene, der – dem Ruf der Welt folgend – herabsteigt vom Gipfel, um seine Erfahrung anderen Menschen zu bringen. Dabei ist dieser Abstieg vorwiegend ein geistig-seelischer. Die Größe des Steinbocks liegt in der Fähigkeit, von sich zu geben ohne zu zwingen, zu führen ohne sich über den anderen zu erheben, zu erziehen ohne das Verständnis für den anderen abreißen zu lassen. Nur so wird er zum Vorbild, an dem sich jeder freiwillig orientiert. Überall dort, wo Menschen ihre Machtposition benützen, um Druck auf andere auszuüben, verleiht das Zeichen Steinbock die *Kraft* zum Widerstand. Der diesem Zeichen zugeordnete Planet Saturn gilt als »Hüter der Schwelle«. Es ist die Schwelle zum Überpersönlichen, die er hütet. Er setzt die Grenzen, über die hinaus wir nicht schreiten dürfen, da wir

Die zweite Hermes/Merkur-Stufe der Wandlung

sonst zu stark den freien Willen anderer einschränken und unterdrücken. Steinbock lehrt uns, daß der freie Wille eines Menschen heilig ist – ihn gilt es unangetastet zu lassen.

Weist unser Aszendent auf das Zeichen Löwe, sollten wir lernen, unsere Ausdrucksmittel so zu wählen, daß der freie Wille anderer weder eingeschränkt noch unterdrückt wird. Gelingt es uns, der Welt von unserer Kraft zu geben, ohne zu zwingen, wirken wir wahrhaft überpersönlich. Hier, an der Nahtstelle zwischen dem Ich und dem Du, besteht wiederum die Möglichkeit, unsere Partner und Freunde, unsere Verwandten und Bekannten zu fragen. Sie können uns sagen, ob wir über sie Macht ausüben, sie unter Druck bringen oder sie sich durch unsere Art eingeschränkt und gezwungen fühlen. Wenn ja, heißt es nach innen zu schauen, um erneut nach verborgenen, persönlichen Ängsten oder Bedürfnissen zu suchen. Wenn nein, sind wir in der Entfaltung unseres Aszendenten einen gehörigen Schritt weitergekommen. Wir vermögen zu geben, ohne es an irgendwelche Erwartungen oder Hoffnungen zu knüpfen. Frei von Bedingungen und Forderungen gelingt es uns, unsere Kräfte uneingeschränkt zu entfalten. Weder machen wir es von Zuneigung oder Ablehnung anderer, noch von persönlichen Abneigungen oder Empfindlichkeiten abhängig – wir geben alles, und das von Herzen.

An dieser Stelle sollte ein weit verbreiteter Irrtum (›Euryale‹, Mutter des Orion = ›weit verbreiteter Irrtum‹) aufgedeckt werden. Weil wir das Sichtbare (den Körper!) zur Ursache erklären und vergessen haben, daß stets die unsichtbar wirkende Kraft (der Geist!) der Ursprung der Tat ist, haben sich Fehler in der traditionellen Astrologie eingeschlichen. Dem Aszendenten Löwe wird das Prinzip Löwe als (an ihm sichtbare) Eigenschaft zugeschrieben. Folge ist, daß z.B. in astrologischen Beratungen dem Aszendenten Löwe angeraten wird, mehr Kreativität, Strahlung und Größe zu entwickeln, um auf diese Art sein Aszendentenpotential bzw. seine Anlage zu »entfalten«. So entsteht die Anregung zu einer »blinden« Löwekraft (Im Mythos: Blindheit des Orion!), die weder Richtung noch Ziel hat. Greifen wir diese Anregung auf, vergewaltigen wir in Wirklichkeit die Welt mit unserer Löwekraft, weil wir dieser Kraft Sinn und Zweck rauben. Sinn und Zweck der Löweenergie ist es, alle vorhandenen Energien zu verschmelzen, um zu einer großen und starken schöpferischen Kraftentfaltung zu kommen. Alle widerstrebenden Energien im Innern müssen daher erkannt und miteinander verbunden werden, weil sie sonst unseren freien Energiefluß behindern. Nur wenn wir alles geben, in jeder Hinsicht und ohne wenn und aber, ist die Löwekraft weithin leuchtend, fruchtbar und von den Göttern gesegnet. Als Aszendent Löwe lernen wir, Träger dieser strahlenden Sonnenkraft zu werden, die ohne Unterschiede auf alle Menschen gleichermaßen stark scheint. Gelingt uns dies, haben wir im Innern alle Barrieren – und damit alle Unterscheidungen – überwunden und wirken im Außen jenseits unserer persönlichen Interessen und Bedürfnisse. Jetzt erst sind wir wahrhaft überpersönlich.

Hier sehen wir vielleicht am deutlichsten den Unterschied zwischen einem Horoskopeigner mit der Sonne im Zeichen Löwe und einem mit dem Aszendenten Löwe. Mit der Löwesonne haben wir eine kreative Strahlkraft in allen Lebenslagen zur Verfügung, die wir manchmal mehr und manchmal weniger zur Geltung bringen, während der Aszendent Löwe einen speziellen Entwicklungsweg geht, an dessen Ende er diese Kraft entwickelt hat. Die Frage für die Sonne im Zeichen Löwe könnte eher lauten: »*Wie kann ich von meiner Löweenergie und damit von meinem eigentlichen Wesen im Leben mehr einbringen?*«; die Frage für den Aszendenten Löwe lautet eher: »*Wie treffe ich die geeignete Wahl unter den zur Verfügung stehenden (Ausdrucks-) Mitteln, damit meine Strahlung stärker wird, und andere sie mehr (an-) erkennen und schätzen können?*« Nur bei der letzten Fragestellung gewinnt das Prinzip Steinbock an Bedeutung, weil es uns überpersönliches Wirken lehrt. Und nur den überpersönliche Anteil unseres Wirkens empfängt der andere und heißt ihn willkommen. Hinter den persönlichen Anteilen stecken stets eigene Wünsche, Bedürfnisse und Erwartungen, die den anderen verpflichten, ihn unter Druck bringen und möglicherweise seines freien Willens berauben. Mit der Entfaltung des Aszendenten Löwe schaffen wir es, mit der Zeit alle an uns haftenden und von der Welt trennenden Gefühle aufzulösen. Sie stammen aus unserer Vergangenheit

(Zeichen Krebs!) und sie waren es, die uns an unserer Berufung und am überpersönlichen Wirken gehindert haben. Dabei dürfen wir annehmen, daß mit der Entfaltung des Aszendenten der Raum geschaffen wird, in dem unser eigenes Wesen (= Sonne im Horoskop) mehr und mehr zu strahlen vermag.

Die Skorpionstufe der Entfaltung – Prüfung der Wandlung

In den beiden Hermes/Merkur-Stufen haben wir unsere Entscheidung und unsere Ausdrucksweise geändert. Doch können wir sicher sein, daß sich in uns wirklich ein Wandel vollzogen hat? Oder unterliegen wir ein weiteres mal der großen Illusion, jener Täuschungskraft, die uns immer wieder einen Zerrspiegel vorhält, in dem wir uns selbst nicht zu erkennen vermögen?

Um dies zu beantworten, bedarf es einer prüfenden Instanz, die jenseits unserer Subjektivität liegt. Stets kommt die Prüfung von außen auf uns zu, gelegentlich liebevoll und nachsichtig, oft jedoch widerborstig und dornenreich. Wie der Stachel des Skorpion, der im Mythos den Orion tötet, sticht sie uns, verletzt uns und dringt ein in unsere Tiefen, um zu sehen, ob unsere »alte Form« noch lebt oder schon gestorben ist. Denn nur wenn die alte Form tot ist, können wir sicher sein, daß unsere Änderungen von Dauer sind.

Für den Aszendenten Löwe weist die Skorpion-Stufe der Prüfung auf das Tierkreiszeichen Fische (siehe Abb. S. 188). Die Kraft des veränderlichen Wasserzeichens Fische wird symbolisiert durch das Meer. Überpersönlich, ja fast unpersönlich wie das Schicksal weist es uns auf das ewige Auf und Ab des Lebens hin. Im Rhythmus kommen Ebbe und Flut, ohne daß wir Menschen daran etwas zu ändern vermögen. Auch die Welt unserer Gefühle zeigt Resonanz zu den Gezeiten. Sie schwanken zwischen den Höhen und Tiefen des Lebens hin und her, um uns an Freude und Leid, an Vergnügen und Trauer, an Seeligkeit und Trübsal teilhaben zu lassen. Nichts erweist sich im Zeichen der Fische als wahrhaft beständig. Ob Partnerschaft oder Beruf, Heim oder Kind – alles unterliegt hier dem schicksalshaften Wechsel. Als letztes Zeichen im Tierkreis scheint die Kraft der Fische stets alles beenden zu wollen. »*Wie gewonnen, so zerronnen!*«, dieser Spruch charakterisiert am meisten das Fischeprinzip.

Befindet sich unser Aszendent im Zeichen Löwe, ist es für uns wichtig zu wissen, daß in allen Partnerschaften, Freundschaften und engeren Beziehungen stets dieses Fischeprinzip auf uns zukommt, um uns zu reizen und zu prüfen. So erscheinen uns gerade Menschen, deren liebende und wärmende Nähe wir suchen, ungreifbar und undefinierbar, ja oft unberechenbar. Nie wissen wir, wie lange die Beziehung (noch) hält, nie haben wir das Gefühl der gemeinsamen Zugehörigkeit, nie gibt uns der Partner das Empfinden, ganz angekommen zu sein. Wie ein Fisch im Wasser entzieht er sich dem Zugriff, kommt und geht urplötzlich, ist mal gefühlvoll und liebend, mal abweisend und fremd. Jede Begegnung, so glauben wir, kann schon die letzte sein. Das Krebsprinzip (Vergangenheit!) in uns wird so auf äußerste gereizt, strebt es doch nach Geborgenheit und Nähe, nach beständiger Umarmung und Innigkeit. Die hohen Wellen des Schicksals vermeidend, sucht es Rückzug und Schutz eher als Auseinandersetzung und Kampf. So gelten gerade in der Partnerschaft viele Bemühungen dem gemeinsamen Zusammensein, dem gemütlichen Zuhause und dem Wunsch, die ganze Zuneigung und Zuwendung des Partners auf sich zu konzentrieren. Doch das Fischeprinzip konzentriert nicht, sondern verteilt, es steht nicht zu einem, sondern zu allen, es sucht nicht eine Verbindung sondern viele. Als Prinzip der Allverbundenheit kann es wie das Meer (fast) alles aufnehmen und annehmen – und wird in dieser Eigenschaft zum Stachel für den Aszendenten Löwe. Nun kann er beweisen, ob sein Geben wirklich jenen Grad der Überpersönlichkeit erreicht hat, den die Entfaltung seines Aszendenten erfordert. Wenn ja, wird er seinem Partner alle Liebe, alle Kraft und alle Kreativität geben, ohne Erwartungen und Bedingungen daran zu knüpfen. Und er kann in der Begegnung das große Gesetz der kosmischen Harmonie erschauen: Die Fischekraft im Partner ist wie das Meer, sie nimmt alles ungezwungen an und bedingungslos auf. So bleibt die Beziehung unbelastet von gegenseitigen Verpflichtungen und Versprechungen, von Zwängen und Einengungen, von Unwahrheiten und Heucheleien. Jetzt sind die Voraussetzungen geschaffen für eine wahrhaft freie Beziehung, in der keiner den anderen unter Druck setzt, ihm seine Freiheit nimmt und dadurch seine Kraft raubt. Der unendliche Raum ist da, in dem der Aszendent Löwe ungehindert seine Strahlung und sein schöpferisches Potential entfalten kann. Weil er sich selbst nicht mehr hindert, behindert ihn auch kein anderer mehr – er hat die Freiheit erobert.

Die Zeus/Jupiter-Stufe der Wandlung – Änderung unserer Werte

Nach zwei Stufen der Wandlung und einer Stufe der Prüfung sind wir ein wenig klüger als zuvor. Die Skorpion-Stufe der Prüfung zeigte uns insbesondere, wo wir »gut« zu sein glaubten, aber am Ende doch nicht »gut genug« waren. Nun heißt es, innehalten und verweilen. Die Jupiter-Stufe der Wandlung will unsere Werte verändern. Das archetypische Horoskop (siehe Abb. S. 48) beschreibt unsere Erfahrung, die Entstehung unserer Werte und unsere Urteilsfindung durch den dritten Quadranten. Die dazugehörigen Tierkreiszeichen sind Waage (Reaktion des Du), Skorpion (Vereinigung und Reibung mit dem Du) und Schütze (Bewertung der Beziehung; Sinnfindung). Das veränderliche Tierkreiszeichen ist dabei Schütze, der herrschende Planet Zeus/Jupiter. Dies bedeutet, daß wir jederzeit unsere Werte verändern, unsere Bewertungen wandeln und unseren Sinn neu ausrichten können.

Vieles, ja vermutlich sogar das meiste, wofür wir uns entscheiden und was wir tun, halten wir anfangs für gut. Doch dann folgt das bittere Ende: Die Welt, der Partner, der Freund, sie urteilen anders, finden es weniger gut, vielleicht sogar unmöglich oder schlimm. Doch solange wir uns verwickeln und immer mehr in Täuschungen verstricken, kümmert uns die Meinung anderer wenig. Wir sind mit ihnen zusammen, weil wir uns einsam fühlen, weil wir uns einen Vorteil davon versprechen oder weil wir Anerkennung und Zuneigung haben möchten.

Mit den Erfahrungen und Erlebnissen wächst gewöhnlich unsere Selbsterkenntnis. Nicht selten erleben wir dabei ein Phänomen: Die Bewertung von Dingen, Menschen und Ereignissen, die wir einst gut oder böse genannt haben, relativiert sich. Das Böse erkennen wir rückblickend als Anstoß, der uns von längst Überholtem gelöst und frischen Wind in unser Leben gebracht hat. Aber auch das Gute geht oft diesen Weg der Wandlung. Was einst gut und sinnvoll erschien, heute hat es nicht mehr denselben Stellenwert. Mit unserer Entwicklung wandeln sich unsere Werte, diese Erfahrung hat jeder von uns schon gemacht.

Die Jupiter-Stufe der Entfaltung des Aszendenten zeigt uns, wo und wie sich unsere Werte und Bewertungen wandeln sollen, damit wir nicht in alte Vorurteile und Bewertungsmuster zurückfallen. Wir finden in unserem Horoskop den Hinweis auf ein Tierkreiszeichen, dessen Sinn sich uns erst im Laufe der Entwicklung enthüllt, dessen Wert wir erst im Laufe der Zeit schätzen lernen. Mit unserem geistigen Wachstum dehnt sich auch dieses Prinzip in uns aus. Entschieden wir uns früher nur dafür, wenn es Vorteile zu bringen schien, so wachsen wir gerade in diesem Prinzip über uns selbst hinaus: Es öffnet uns das Tor zum Überpersönlichen, harmonisiert unseren Geist und befriedet unsere Seele.

Für den Aszendenten Löwe befindet sich diese Zeus/Jupiter-Stufe der Wandlung im Zeichen Widder (siehe Abb. S. 188). Das Widderprinzip steht für den ersten Impuls, für Neubeginn und Durchsetzungskraft. Als kardinales Feuerzeichen symbolisiert es den sich spontan entfaltenden Eigenwillen, der zum Anstoß wird und stets das Ziel hat, etwas ins Rollen zu bringen. Als Planetenenergie ist ihm der Kriegsgott Ares/Mars zugeteilt, der für sein betont kämpferisches Draufgängertum bekannt ist. Weniger bekannt ist, daß die Wildheit und Unbesonnenheit des Ares/Mars dennoch eine tiefere Bedeutung hatte: Sein Streben und Mühen galt nämlich seiner Geliebten, Aphrodite/Venus, der Göttin der Schönheit und Vollkommenheit. Dieses Streben nach Vollkommenheit machte ihn göttlich und verlieh ihm einen Platz unter den zwölf olympischen Gottheiten.

Weist unser Aszendent auf das Zeichen Löwe, werden wir im Laufe der Zeit gerade das Widderprinzip schätzen und lieben lernen. Haben wir früher meist unseren spontanen Impulsen und ersten Eingebungen mißtraut, weil wir Angst vor unbekannt lauernden Gefahren, vor möglichen Schwierigkeiten und unberechenbaren Widerständen hatten, so wachsen mit der Entfaltung unseres Aszendenten Löwe Zutrauen und Mut. Viel Zeit haben wir verloren durch unsere Unentschlossenheit und Ängstlichkeit, obwohl uns die Erfahrung immer wieder gezeigt hat, daß alle Probleme nur vorher – in unserer Vorstellung – unüberwindbar schienen. Schnell angepackt lassen sie sich dann, oft leichter und müheloser als gedacht, erledigen. Sie lösen sich von uns, wir sind vom Druck befreit und erlöst. Allmählich begreifen wir, daß Druck und Zwang dadurch entstanden, daß wir ungelöste Probleme vor uns herschoben, bis wir keine Kraft zum Schieben mehr hatten. So vergeudeten wir unsere Kräfte, rieben uns dabei auf und standen eines Tages »mit dem Rücken zur Wand«. Mit einem zerstörerischen Gewaltakt mußten wir uns davor bewahren, erdrückt zu werden, und hätten es doch – sofort angepackt – auch gleich erledigt. Mit der Entfaltung unseres Aszendenten Löwe wird so die impulsive Widderkraft immer wichtiger. Was uns das Schicksal auch bringt, wir lernen mehr und mehr, unserem ersten Impuls zu folgen, legen unsere ganze Kraft hinein und haben Erfolg damit. Von nun an erledigen wir die Dinge, nicht die Dinge uns, die Krebsenergie (Vergangenheit!) in uns zieht sich langsam zurück. Die Achse Krebs – Steinbock in unserem Horoskop kommt in Harmonie, und wir in unsere eigene Mitte.

Die Poseidon/Neptun-Stufe der Wandlung – Änderung unseres Wesens

Nach den ersten drei Wandlungs- und Entfaltungsstufen will sich der Tierkreis schließen, um auf einer höheren Ebene der Entwicklung von Neuem zu beginnen. Das archetypische

Horoskop (siehe Abb. S. 48) schließt mit dem vierten, dem überpersönlichen Quadranten ab, die dazugehörigen Tierkreiszeichen sind Steinbock (Verwesentlichung, Abgrenzung), Wassermann (Erkenntnis der Ganzheit, Integration) und Fische (Auflösung, Einbindung, Synthese). Fische ist im vierten Quadranten das veränderliche Zeichen, herrschender Planet ist Poseidon/Neptun. Dies bedeutet, daß wir uns in der Auflösung, im Abschließen und im Beenden verändern können.

Beenden aber heißt vollenden, vollendet sein aber heißt Meister sein. Die letzte Stufe der Entfaltung unseres Aszendenten spricht zu uns von Meisterschaft: Hat sich alles gewandelt – von der Entscheidung über die Ausdrucksweise bis hin zu unseren Werten – und bestehen wir alle Prüfungen, zu jeder Zeit und an jedem Ort, ist unser ganzes Wesen verändert. Wir beherrschen das Prinzip unseres Aszendenten von Anfang bis Ende und sind darin Meister.

Um über diese Stufe der Entwicklung etwas zu erfahren, liegt es nahe, sich an Menschen zu wenden, die vor uns den Weg schon gegangen und Meister geworden sind. An ihrer Art, in ihrem Wesen und an ihren Taten erkennen wir, wo unser Weg hinführt. Sie geben uns die geeignete Vision, die unserer Entwicklung Richtung und Stabilität verleiht. Viele Meister könnten wir hier anführen, doch nur einer zeigt uns in allen zwölf Tierkreiszeichen, was Meisterschaft bedeutet. Es ist Herakles, der sagenumwobene Held der alten Griechen, der uns in seinen zwölf Aufgaben für jedes Tierkreiszeichen den Weg zur Meisterschaft hinterlassen hat. Er löst alle Aufgaben. Der Mythos von ihm gibt uns die Lösungen an die Hand. So können wir an den jeweiligen Heraklesaufgaben ersehen, was es in der letzten Stufe der Wandlung für uns zu entwickeln und was es aufzugeben gilt.

Der Aszendent Löwe hat die Poseidon/Neptun-Stufe der Entfaltung im Zeichen Krebs (siehe Abb. S. 188). In der dem Zeichen Krebs zugeordneten Heraklesaufgabe geht es um

Das Fangen der Hindin von Keryneia
Die Hindin ist ein Reh – manche sagen aber auch eine

Die Poseidon/Neptun-Stufe der Wandlung

Hirschkuh – mit goldenem Geweih. Sie ist der Göttin Artemis geweiht.
Von diesem magischen, göttlich-tierischen Fabelwesen wird erzählt, daß es seit jeher auf alle Jäger eine große Faszination ausübt. Die von der Hindin ausgehende Gefahr ist weniger ihre Wildheit, als vielmehr die Tatsache, daß sie stets allen Jägern entkommt, die Verfolger aber nicht mit der Jagd aufhören können, weil sie unbedingt das Reh erbeuten wollen. Die Hindin führt dabei die Verfolger jenseits aller bekannten Jagdreviere in ein fernes, unbekanntes Land, von dem es keine Wiederkehr gibt – die Jäger verirren sich und kommen kläglich um.
Während eines ganzen Jahres verfolgt Herakles, der außer Pfeil und Bogen alle Waffen zurückgelassen hat, das Reh. Er folgt ihm von Ort zu Ort, doch er wird immer wieder durch eine List der Artemis getäuscht, die ihr Reh so schützt.
Während dieser Jagd vernimmt Herakles die Stimmen von verschiedenen Göttinnen, die alle das Reh beanspruchen und als ihr Eigentum ansehen. Doch unermüdlich verfolgt er das Reh ein ganzes Jahr. Eines Tages, nach ausdauernder Suche über Wald und Feld, findet Herakles das Tier nahe eines ruhigen Teiches schlafend vor, in voller Länge ausgestreckt und müde von der langen Flucht.
Mit sicherem Auge schießt Herakles einen Pfeil ab und verwundet das Reh am Fuß. Er nähert sich dem Reh – es rührt sich nicht. Dann hebt er es auf, hält es in seinen Armen und drückt es an sein Herz. Er nimmt es auf die Schulter, bringt es zurück in den heiligen Schrein von Mykene und legt es dort im Innersten des heiligen Ortes nieder.
Schweren Herzens läßt er dort das Reh zurück, obwohl er es selbst gern behalten würde. Als er zurückkehrt, sieht er, einen Blick zurückwerfend, das gefangene Reh wieder – frei gelassen – am Horizont stehen.

Zusammenfassung der Ergebnisse aus der Deutung des Mythos

zu entwickeln wären
- Suche nach der inneren Stimme, nach der Mitte, nach dem »rechten Maß«
- Resonanz herstellen zu dem, was uns wirklich »am Herzen liegt«
- Verbindung zu unseren Träumen herstellen
- Reinigung unseres Denkens von Ichbezogenheit und Verurteilung, von Unwissenheit und Beschränkung
- Geduld und Ausdauer, Feinsinn, Sensibilität
- Mut, sich auf das Unbekannte einzulassen

aufzugeben wären
- alle Täuschungen, alles Blendende, alle Verfremdungen, alle Masken
- Jagd nach dem Glück in der irdisch-materiellen Welt
- alle Erwartungen an andere
- alle Vermeidungs- und Fluchtversuche
- alles Ausschließende, alles Ausgeschlossene, alles Unmögliche
- alles Besondere, alle absondernden Kräfte

Diese Zusammenfassung erhebt keinen Anspruch auf Vollständigkeit. Zu empfehlen wäre eine persönliche Auseinandersetzung mit dem Heraklesmythos, hier im speziellen mit der vierten Heraklesaufgabe, die dem Zeichen Krebs zugeordnet ist.

Herakles ist das Ideal eines Menschen, der sich aus dem Dunkel des Unbewußten heraus in das Licht der Bewußtheit hinein entwickelt. Wie alle Ideale soll er uns nur als richtungsweisendes Leitbild, als Vision dienen. Für uns ist es nicht wichtig, ein Held wie er zu sein, aber um so wichtiger ist es für uns, den von Herakles vorgezeichneten Weg zu beschreiten. Der Weg ist das Ziel, sagt uns die östliche Weisheit. Dies teilt uns mit, daß für uns Menschen weder im Erreichen noch im Verweilen die wahre Erfüllung liegt, sondern nur im Gehen. Viele von uns lassen sich abhalten, weil sie – vom fernen Ziel paralysiert – resignieren und glauben, ein so hohes Ziel nie erreichen zu können. Machen wir die ersten Schritte, um zu erfahren, daß im Gehen die Freude uns begleitet, in der Bewegung die Schönheit uns begegnet und nur im Wandel sich die Liebe uns offenbart.

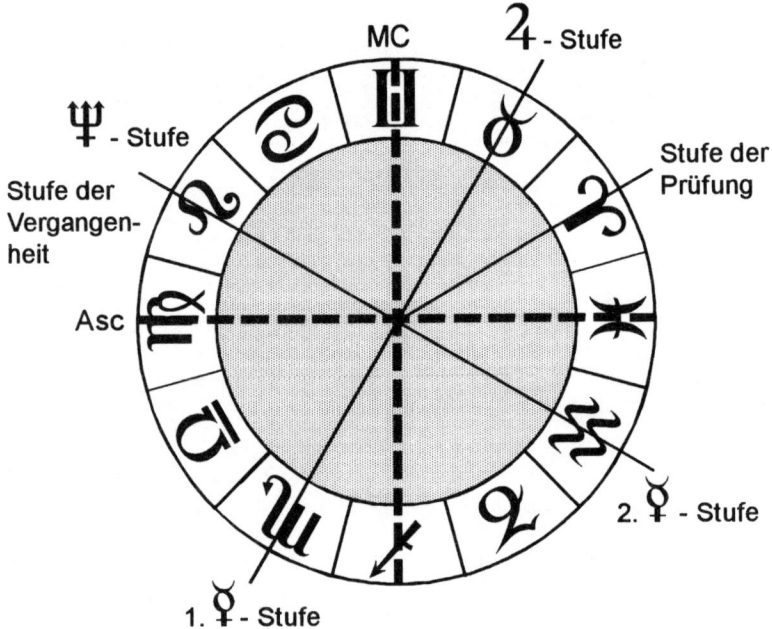

Die Entfaltung des Aszendenten Jungfrau

Vergangenheit des Aszendenten Jungfrau

Wie immer wir uns Vergangenheit vorstellen – ob wir in unsere Kindheit zurückgehen oder von früheren Inkarnationen sprechen –, eines ist stets gewiß: Unser Geist und unsere Seele sind nicht unberührt geblieben von den Erfahrungen und Erlebnissen dieser Vergangenheit. In uns sind Verwicklungen entstanden, es haben sich Gewohnheiten herausgebildet und feste Handlungsmuster eingeprägt. Wir haben gelernt, zu bewerten, zu beurteilen und nach gut und böse zu unterscheiden. Wir haben Kräfte entwickelt, um das Gute vom Bösen, das Angenehme vom Unangenehmen, das Geliebte vom Ungeliebten zu trennen. Dabei haben wir unseren ganzheitlichen, paradiesisch-unschuldigen Zustand verloren. Mit der Ganzheit haben wir aber auch unser Heil verloren: Wir sind einseitig geworden, krank und schwach.

Etwa zwei Stunden bevor am östlichen Horizont das Tierkreiszeichen des Aszendenten aufsteigt, sehen wir im Osten das dem Aszendenten vorausgehende Tierkreiszeichen emporsteigen. Betrachten wir diese Gegebenheit symbolisch und deuten diesen zeitlichen Ablauf, so dürfen wir annehmen, daß die Vergangenheit eines Horoskopeigners von dem Prinzip beherrscht wird, das dem Aszendenten im Tierkreis vorausgeht.

Zeigt in unserem Horoskop der Aszendent auf das Tierkreiszeichen Jungfrau, ist damit gleichzeitig das Löweprinzip als unsere Vergangenheit ausgewiesen. Unbewußt haften wir an diesem Prinzip fest: Alle unsere Handlungsweisen, Gewohnheiten und Reaktionen sind einseitig von ihm geprägt. Das Löweprinzip ist in uns überbetont, wodurch die gesamte Achse Löwe – Wassermann ins Ungleichgewicht geraten ist: Was vom Prinzip Löwe »zuviel« ist, fehlt uns am Prinzip Wassermann. Die Entfaltung des Aszendenten Jungfrau wird, wie wir noch sehen werden, den Ausgleich herbeiführen, so daß eines Tages in unserem Horoskop die Achse Löwe – Wassermann in Harmonie kommt. Die einseitige Löwebetonung ist dann aufgehoben, das (noch) fehlende Prinzip Wassermann wird in die

Sichtbarkeit gebracht. Geschieht dies, dann hat sich unbewußtes Sein in Bewußtsein verwandelt, wir sind – dem Wesen nach verändert – ganzheitlicher geworden.

Doch bevor wir den Aszendenten Jungfrau entfalten und diesen Entwicklungsweg gehen können, ist es notwendig, unsere Anhaftung im Prinzip Löwe zu erkennen. Stellen wir uns deshalb folgende zwei Fragen:

Wie sehen unsere Bewertungen und Handlungsmuster aus?

Wo liegen ihre Betonungen und warum sind sie dem Löweprinzip zuzuordnen?

Um darüber Aufklärung zu erhalten, sollten wir zuerst das Löweprinzip verstehen. Traditionell gilt Löwe als Zeichen von Größe. Ihm ist seit jeher als Stern unsere Sonne zugeordnet, ohne die wir uns menschliches Leben auf dieser Erde gar nicht vorstellen könnten. Als Zentrum des Sonnensystems verkörpert sie nicht nur den Mittelpunkt, sondern auch die ganze Kraft und Energie des Systems. Alle Planeten, auch unsere Erde, sind auf die Sonne bezogen und auf sie ausgerichtet. Ihr gehört die ganze Achtung und Anerkennung, die Aufmerksamkeit und Konzentration der anderen, dafür spendet sie Licht und Wärme, gibt Energie und Kraft und ist bereit, sich für das Wohl aller zu verausgaben. Auch im Tier Löwe finden wir deutliche Analogien zum Wesen der Sonne: Als »König der Tiere« ist er der Größte. Alles ordnet sich ihm unter, zollt ihm Respekt und nimmt Rücksicht auf seine Eigenheiten. Erst dieses Verhalten der anderen ermöglicht dem Löwen, seine Einzigartigkeit – ohne wenn und aber – mit absoluter Selbstverständlichkeit der Welt darzubieten und mit der gleichen Selbstverständlichkeit seinen Eigenwillen zu leben und dabei seinen Eigeninteressen ohne Hemmungen nachzugehen.

Liegt unsere Vergangenheit – was beim Aszendenten Jungfrau der Fall ist – im Zeichen Löwe, ist uns eben diese Selbstverständlichkeit zu eigen. Stets ist unser »Ich« das Zentrum unseres Bewußtseins, ja die Mitte der ganzen Welt. Aus dieser Mitte heraus leben wir, handeln wir – und bewerten wir. Alles, was um uns herum geschieht, beziehen wir auf uns. Andere Menschen sehen wir wie »Trabanten«, die uns umkreisen und nichts besseres zu tun haben, als unserem Eigenwillen zu dienen. So entsteht unbemerkt – ohne bewußte Absicht – eine Überhebung des »Ich« über das »Du«, die nicht selten von anderen als Überheblichkeit empfunden wird. Weil wir glauben, wie die Sonne unsere ganze Kraft und unser ganzes Vermögen der Welt zur Verfügung zu stellen, kommt uns niemals der Gedanke, den anderen um seine Zustimmung zu fragen. Als verschwenderisch gebendes Prinzip überschütten wir förmlich die Welt mit unserer Eigenart, setzen unseren Eigensinn durch und zwingen ihr so unseren Eigenwillen auf. Wir denken dabei, unser Bestes zu geben zum Wohl aller anderen, doch auch hier offenbart sich unsere Einzigartigkeit: Kein anderer denkt wie wir. Im Gegenteil, nicht selten fühlen sich unsere Mitmenschen wie Untertanen behandelt, herabgesetzt oder gedemütigt. Ohne ihre Zustimmung einzuholen, ohne sich um das »Gemeinsame« zu kümmern, ohne Konsens herzustellen, fällen wir Entscheidungen, die auch andere betreffen und in ihr Leben eingreifen. Da wundert es nicht, wenn sich gelegentlich der Partner oder Freund, ja manchmal sogar eine ganze Gruppe von Menschen gegen uns wenden, uns angreifen und im Extremfall sich von uns trennen oder uns ausschließen. Meist sind wir dann erschüttert, verstehen die Welt nicht mehr und ziehen uns und unsere Energie zurück. Jetzt meldet sich die andere Seite des Löwen in uns. Weil unsere Taten weder Anerkennung noch Beifall finden, legen wir uns auf die berühmte »faule Haut« und tun gar nichts mehr. Wolken der Bekümmerung trüben unseren Sonnenschein, wir verlieren an Strahlkraft und spenden unseren Partnern keine Wärme mehr. Wir sprechen von Verausgabung, fühlen uns selbst ausgelaugt und unsere Kraft geht unter wie die Sonne am Abend. Wie kein anderer im Tierkreis erleben wir mit Aszendent Jungfrau gerade in Beziehungen zu Menschen diese Wechselbäder von Anerkennung und Ablehnung, von Lob und Kritik, von Unterstützung und Widerstand. Erst mit unserer fortschreitenden Entwicklung erkennen wir die Hintergründe. Im engen Zusammenleben von Menschen geht die Freiheit des Einzelnen – die sich der Löwe in uns herausnimmt – schnell auf Kosten der Freiheit anderer. Es entstehen Einschränkung und Zwang, Übergriff und Unterdrückung, auch wenn es nicht in unserer Absicht liegt. Es gut meinen und danach handeln heißt noch lange nicht, daß ein anderer es gut findet. Mit der Entfaltung des Aszendenten Jungfrau lernen wir, diese Erkenntnis in unser Wollen und Handeln zu integrieren, die entsprechenden Wandlungsschritte dazu durchzuführen und die notwendigen Änderungen zu vollziehen.

Zusammenfassung der Vergangenheit im Zeichen Löwe
- Ichbezogenheit, Subjektivität
- Wille, einzigartig zu sein
- fügt sich schlecht ein, dient selten dem größeren Ganzen
- Verpflichtungen und Notwendigkeiten überläßt er gerne anderen
- das »Ich« als Mittelpunkt, Überheblichkeit (primus inter pares!)
- starker Glaube an sich und seine Größe
- Eigenwilligkeit, Herrschermentalität
- Schwierigkeiten mit Gruppen, Freunden und Partnern
- zwingt anderen oft seinen Willen auf; bestimmt gerne
- möchte unabhängig sein, macht aber gerne andere von sich abhängig
- Abhängigkeit von Lob und Anerkennung
- glaubt stets daran, das Beste für andere zu wollen und zu tun
- empfindlich gegen Kritik; lehnt für sich Einschränkungen ab
- neigt zu Verausgabung, Verschwendung und Übertreibung
- ordnet sich schlecht ein, stimmt sich nicht mit anderen ab
- will stets das Ganze beherrschen

Der Aszendent Jungfrau

Ist es uns gelungen, den »Löwen in uns« zu erkennen, und sind wir bereit, unseren Aszendenten aus freien Stücken heraus zu entfalten, gibt uns der Tierkreis exakte Anleitung, wie der Aszendent Jungfrau stufenweise entfaltet werden kann. Wir werden im Laufe der Zeit spüren, daß es mit der reinen Willensäußerung im Sinne eines »*Ich will meinen Aszendenten*

Jungfrau leben!« nicht getan ist. Wir können versuchen, das Jungfrauprinzip (Bescheidenheit, Reinheit, Demut, Achtsamkeit, Verfeinerung) mehr zu leben, doch eine Auflösung unseres unbewußt überbetonten Löweprinzips geschieht nicht. Wir haben bereits davon gesprochen, daß in unserem Horoskop die Achse Löwe – Wassermann im Ungleichgewicht ist und in Harmonie kommen will. Wie dies geschieht, zeigen uns der Verlauf des Tierkreises ebenso wie die aus dem Mythos des Orion gewonnenen Stufen der Entfaltung. Steigen wir sie empor, wird uns mehr und mehr innere Harmonie und Ausgewogenheit zuteil. Das Prinzip Löwe beherrschen wir dann genauso wie das Prinzip Wassermann: Jetzt können wir uns verausgaben und unsere Kräfte entfalten, ohne die Bereiche und Lebenskreise anderer dabei zu berühren oder gar einzuschränken. Übergriff und Zwangausübung hören auf, unsere Einseitigkeit zieht sich zurück, wir werden frei und können überall und ungehemmt unser wahres Wesen leben.

Doch gehen wir in unserer Wandlung und Veränderung Schritt für Schritt vor. Zuerst übertragen wir das archetypische Horoskop auf unser persönliches Horoskop. Dabei ergibt sich – von unserem Aszendenten angefangen – ein vierstufiger Entfaltungsplan: Erste und zweite Hermes/Merkur-Stufe, Zeus/Jupiter-Stufe und Poseidon/Neptun-Stufe. Jede einzelne Stufe gibt dabei Hinweise zur Wandlung. Hier können wir uns im Laufe der Zeit verändern, um dadurch die Entfaltung des Aszendenten und damit gleichzeitig die Entwicklung unserer Persönlichkeit zu fördern.

Die erste Hermes/Merkur-Stufe der Wandlung – Änderung unserer Entscheidungen

Da wir unsere Vergangenheit kennen, können wir in die erste Phase der Wandlung eintreten: Wir verändern unsere zukünftigen Entscheidungen im Sinne unserer geistig-seelischen Entwicklung, wie sie in unserem Horoskop niedergelegt ist. Das archetypische Horoskop (siehe Abb. S. 48) beschreibt die Entscheidungsfindung durch den ersten Quadranten, die dazuge-

Die erste Hermes/Merkur-Stufe der Wandlung

hörigen Tierkreiszeichen sind Widder (freier Wille), Stier (geplante Absicht) und Zwillinge (Wahl der zur Verfügung stehenden Möglichkeiten). Das veränderliche Tierkreiszeichen ist dabei Zwillinge, dem der Götterbote Hermes/Merkur zugeordnet ist. Hermes/Merkur bietet in seiner Funktion als Götterbote uns Menschen Möglichkeiten und Gelegenheiten, um neue, bewußtseinserweiternde Erfahrungen zu machen. Die Auswahl aus den zur Verfügung stehenden Möglichkeiten sowie die Entscheidung, eine gebotene Gelegenheit zu ergreifen, steht uns dabei frei. Dies heißt, daß wir die Art und Weise unserer Auswahl und damit alle anstehenden Entscheidungen jederzeit verändern können.

Immer wieder stellt uns das Leben vor Entscheidungen. Da wir anfangs weder unsere Berufung noch unseren Lebensweg klar und deutlich erkennen, begleiten uns Zweifel und Unsicherheit auf unserem Weg. Welche Entscheidung ist die richtige, welche die falsche? Gibt es überhaupt eine richtige Entscheidung? Da wir keine Antwort wissen, geben wir die Entscheidung oft ab an unser Unbewußtes: Unsere alten Bewertungen und Vorurteile geben den Ausschlag für unsere Entscheidung. Wir verharren im alten Muster, ein neues ist noch nicht entwickelt. Hier soll der Entfaltungsplan des Aszendenten Hilfestellung geben.

Für den Aszendenten Jungfrau befindet sich die erste Hermes/Merkur-Stufe der Wandlung im Zeichen Skorpion (siehe Abb. S. 212). Ist unser Aszendent im Zeichen Jungfrau, sollten wir uns für jene Möglichkeiten und Gelegenheiten entscheiden, die dem Prinzip Skorpion am meisten entsprechen. Tun wir dies, wird die Entfaltung unseres Aszendenten gefördert. Tun wir dies nicht, ist anzunehmen, daß unsere alten Muster und Gewohnheiten gesiegt haben: Die Vergangenheit hat uns wieder einmal eingeholt, wir sind ihr unbewußt erlegen.

Was heißt es nun, eine Entscheidung zu treffen, die dem Prinzip Skorpion entspricht? Auch hier sollten wir erst das Prinzip Skorpion verstehen, ehe wir diese Frage beantworten können. Das fixe Wasserzeichen Skorpion gilt als Zeichen der Transformation. Seit alterher ist es ein Doppelzeichen: »Skorpion« und »Weißer Adler«. In diesem Doppelcharakter läßt sich schön die Art und Weise der Transformation erkennen. Skorpion ist erdgebunden, versteckt sich im Dunklen, sieht nur das Naheliegende und reagiert auf alle auch noch so geringen »Erderschütterungen«. Der Weiße Adler schwebt über der Erde, hat Übersicht und Weitblick und ist dem Himmel so nahe wie der Erde. So dürfen wir annehmen, daß die Transformation im Skorpion einer Überwindung der Schwerkraft gleich kommt: Materie wird in Geist, Erfahrung in Erkenntnis, Irdisches in Himmlisches verwandelt. Es ist ein Verwandlungsprozeß, in dem wir Menschen selbst der »Materie« ihre Schwere nehmen. Wir erkennen im Zeichen Skorpion, daß wir selbst uns an die Materie klammern, an Besitz und Geld binden. Weder sind es die oft so herbeizitierten »ungünstigen Lebensumstände« noch unser Mangel an Besitz oder Geld, die uns hindern, uns mehr dem Geist zuzuwenden, nein wir selbst wollen (noch) nicht loslassen. Im Gegenteil, unsere Arbeitskraft dient in Wahrheit zum überwiegenden Teil der Anhäufung von Materie, die sich im monatlichen Lohn ausdrückt. Das Seelische und Geistige wird uns Menschen vom Himmel geschenkt, es kostet nichts und findet sich überall – es bringt aber keinen materiellen Lohn. Vielmehr ist der Lohn ein ideeller, der uns zufriedener und glücklicher, gesünder und kreativer macht. Gerne halten wir dieser Tatsache entgegen, daß Leben in dieser Welt schließlich viel kostet, wobei das notwendige Geld dafür schwer verdient werden muß und dennoch kaum reicht. Doch stimmt das wirklich? Sind wir tatsächlich dazu verdammt, im »Schweiße unseres Angsichts« den ganzen Tag zu arbeiten? Oder arbeiten wir nicht bereits mehr, ja viel mehr für den Überfluß, für das weniger Notwendige, für das Unnötige und Unpassende. In unserer Besessenheit vom Besitz haben wir die Schönheit des Himmlischen und Überirdischen vergessen. Die Kraft des Skorpion führt uns dorthin zurück. Sie lenkt unseren Blick wieder nach oben und lehrt uns »fliegen«. Weist unser Aszendent auf das Zeichen Jungfrau, sollten wir uns daher vor jeder wichtigen Entscheidung im Leben fragen:

> Entspricht unsere Wahl dem transformierenden Prinzip Skorpion/Weißer Adler?

Sind wir bereit von Materie, von Besitz, von Geld loszulassen?
Haben wir eine alte Vorstellung aufgegeben?
Ist ein Verzicht auf Lohn (materiell und emotional) damit verbunden?
Ist ein Opfer (Zeit, Raum, Anspruch, Wunsch, Bedürfnis) anderer Art damit verbunden?
Ist das, wofür wir uns entscheiden, wirklich notwendig?
Befreit es wirklich von einer Last oder einer Bedrückung – oder ist es trügerischer Schein?
Gewinnen wir an seelischen und/oder geistigen Qualitäten?
Ist unsere Entscheidung getragen von Weitblick und Vision (Weißer Adler!) – oder reagieren wir nur auf eine eben eingetretene »Erderschütterung« (Skorpion!)?
Basiert die Auswahl der gegebenen Möglichkeiten auf tiefer Einsicht – oder waren Ängste in uns ausschlaggebend?
Haben wir wirklich alle Möglichkeiten bedacht – oder hat unsere Angst von vorneherein einige Möglichkeiten ausgeschlossen?
Was sagen meine engsten Partner dazu? Sind sie gleicher Meinung? (Wenn nein, was empfehlen sie für eine Entscheidung, und wo liegt die Synthese?)

Sind wir all diesen Fragen ernsthaft nachgegangen und können sie mit ja beantworten, werden wir aus den zur Verfügung stehenden Möglichkeiten die richtige Wahl treffen. Unschwer werden wir dabei den Widerstreit der Argumente in uns spüren. Die »Löweseele« in uns (unsere Vergangenheit!) war nie bereit, zu opfern. Lohn und Anerkennung waren unbewußt stets die Motivation, unsere Kräfte und unsere Energie einzusetzen. Wir wollten groß sein, größer als alle anderen – und dies sollte jedermann weithin erkennen. So banden wir uns an das Sichtbare, an Ansehen und Ruhm, und an die damit verbundenen materiellen Symbole. Wir erdachten uns selbst als »König der Welt«, wir verhielten uns danach und wollten uns auch die dazugehörigen Utensilien verschaffen. Hätte nicht das Schicksal in Gestalt einer bescheidenen und sparsamen Jungfrau für lange Zeit Regie in unserem Leben geführt, säßen wir heute im großen Palast, umgeben von ergebenen Dienern und gehorsamen Untertanen. Doch der Märchenprinz kam nicht. Immer wieder fordert uns das Schicksal auf, den Notwendigkeiten des Lebens zu folgen – und unsere ichbezogenen Wünsche und Bedürfnisse zu opfern. Gelingt es uns, diese Opfer zu erbringen, ehe wir uns für etwas entscheiden, erleben wir später das große Wunder der Liebe. Weil wir bereits alles her- und aufgeben, was sich ohnehin von uns lösen wollte, weil wir dem Ganzen alles zurückgeben, was wir ihm einst genommen haben, erhalten wir – auf seelisch-geistiger Ebene – alles vom Kosmos, von den Göttern und der Welt zurück, was uns lange Zeit verloren war: Freude, Ausstrahlung, Wärme, Herzlichkeit, Zuneigung, Liebe. Immer haben wir geglaubt, der Welt von unserer Kraft zu geben und die Menschen zu lieben, genüge für ein glückliches Leben. Erst spät kommt die Einsicht, daß die Liebe nur dann zwei Menschen ganz erfüllen kann, wenn sie gegenseitig ist. Die Sonne, das wissen wir, wird nur dann wirklich zur Sonne, wenn der Mond, die Erde oder ein anderer Planet ihre Strahlung empfängt und liebend annimmt. Ist unser Aszendent Jungfrau, dann heißt dies, daß ohne die echte Empfangsbereitschaft der Partner und Mitmenschen unsere eigenen Kräfte wertlos sind. Mit der weiteren Entfaltung des Aszendenten Jungfrau lernen wir, in uns selbst die Voraussetzungen dafür zu schaffen, daß eine Brücke zum Du entsteht, die das ausgewogene, gegenseitige Geben und Nehmen möglich macht. Gelingt uns dies, hat unsere »Jungfrauseele« gesiegt, der Löwe in uns ist gebändigt.

Anmerkung
Untersuchen wir im Entscheidungsfindungsprozeß die Wahl der Möglichkeiten nach dem Prinzip Skorpion, kann es sein, daß wir nicht unbedingt zu einer eindeutigen Entscheidung vordringen. Vielleicht schwanken wir zwischen mehreren Möglichkeiten, die unserer Auffassung nach alle – mehr oder weniger – dem Prinzip Skorpion entsprechen. Hier sollten wir wissen, daß es für die Entfaltung unseres Aszendenten Jungfrau unerheblich ist, für welche der »Skorpionmöglichkeiten« wir uns entscheiden. Von Bedeu-

tung ist lediglich, daß unsere Wahl das Prinzip Skorpion überhaupt beinhaltet. Daher genügt es auch, wenn wir aus dem oben angeführten Katalog nur einige Fragen mit einem klaren »ja« beantworten können.

Wie im Mythos von Orion so schön beschrieben, ist in der ersten Entfaltungsphase des Aszendenten nur wichtig, nicht in das alte Muster zurückzufallen. Auch Orion, nachdem er sein Augenlicht zurückerhalten hatte, war nahe daran, aus Rache in seine alte Gewohnheit – seine Vergangenheit – zurückzufallen. Doch er hat sich von seiner Vergangenheit befreit, und das macht ihn zum großen Vorbild. Das Wesentliche in dieser ersten Hermes/Merkur-Stufe der Entfaltung ist es, alle jene Entscheidungsmöglichkeiten auszuschalten, die uns zurückziehen würden in den Sog der Löwevergangenheit. Erreichen wir dies, haben wir bereits gewonnen. Nur wenn das Alte uns einholt und umklammert, bleiben wir auf unserem Weg stehen; alles andere gehört bereits zum Vorwärtsschreiten, zur Entwicklung der Persönlichkeit, zur Entfaltung des Aszendenten.

Die zweite Hermes/Merkur-Stufe der Wandlung – Änderung unseres Ausdrucks

Haben wir die richtige Wahl getroffen und uns entschieden, treten wir in eine neue Phase ein: Wir schreiten zur Tat. Das archetypische Horoskop (siehe Abb. S. 48) beschreibt unser Handeln durch den zweiten Quadranten, die dazugehörigen Tierkreiszeichen sind Krebs (Identifikation), Löwe (Ausdruckskraft) und Jungfrau (Ausdrucksmittel). Das veränderliche Tierkreiszeichen ist Jungfrau, der herrschende Planet ist Hermes/Merkur, der Götterbote. Dies bedeutet, daß wir uns auch in der Wahl der Ausdrucksmittel jederzeit verändern können.

So wie wir in der ersten Hermes/Merkur-Stufe unsere Entscheidungen verwandeln können, bietet uns analog dazu die zweite Stufe die Möglichkeit, unsere Ausdrucksmittel zu verändern. In der zweiten Stufe der Entfaltung des Aszendenten wird unser Innerstes nach außen hin sichtbar. War unsere

Entscheidungsfindung für andere Menschen weitgehend unsichtbar, so sind unsere Vorgehensweisen und Taten als sichtbarer Ausdruck unserer Entscheidungen normalerweise für jedermann wahrnehmbar. Wir alle drücken uns aus im Reden, im Tun, in unseren Bewegungen und in der Art und Weise, wie wir mit den uns zur Verfügung stehenden Mitteln umgehen. Dies zusammen sind unsere Ausdrucksmittel, mit denen wir der Welt begegnen. Unsere Mitmenschen nehmen sie wahr, erkennen uns daran und nennen den Gesamteindruck unsere »Eigenart«. Dabei entsteht – in Analogie zur ersten Stufe – auch in der zweiten Stufe ein Zwischenreich: Das Ich auf der einen Seite, das Du auf der anderen Seite und die Ausdrucksmittel zwischen den beiden. Aus dieser Position heraus ist es weiter nicht verwunderlich, wenn die Wahrnehmung des Ich sich nicht unbedingt mit der Wahrnehmung des Du deckt. Ein jeder sieht die Dinge von seiner Seite, erst alle Sichtweisen zusammen ergeben das Ganze.

Für den Aszendenten Jungfrau weist die zweite Hermes/Merkur-Stufe der Wandlung auf das Zeichen Wassermann (siehe Abb. S. 212). Ist unser Aszendent im Zeichen Jungfrau, sollten unsere Art und Weise des Ausdrucks sowie unsere verwendeten Ausdrucksmittel sich im Laufe der Zeit dem Prinzip Wassermann annähern. An dieser Stelle ist es wichtig, sich daran zu erinnern, daß unsere Vergangenheit im Zeichen Löwe liegt. Unbewußt verwenden wir als sichtbaren Ausdruck deshalb vorzugsweise das Prinzip Löwe. Durch die Entfaltung des Aszendenten wird damit ein Ausgleich herbeigeführt: Wir lernen, das Prinzip Wassermann in die Sichtbarkeit zu bringen.

Wie sieht nun das Prinzip Wassermann – in die Sichtbarkeit gebracht – aus? Auch hier ist es unumgänglich, dieses Prinzip erst einmal zu verstehen. Wassermann gilt als Zeichen der geistigen Verbundenheit. Es verleiht uns eine allumfassende Sichtweise, damit wir verstehen können, warum und wie alles zusammenhängt. Erst wenn wir Einblick nehmen in die zwischenmenschlichen Verknüpfungen, die überall entstehenden Beziehungen und Gemeinschaften, erkennen wir, daß hinter unserem menschlichen Leben ein göttlicher Plan webt und wirkt. Gelingt es uns, ihn mehr und mehr zu durchschauen,

Die zweite Hermes/Merkur-Stufe der Wandlung

offenbart sich uns auch »Aphrodite Urania«, die Vertreterin der himmlische Liebe und der Schönheit der geistigen Welt. Ob wir einen anderen Menschen treffen oder versäumen, ihn gewinnen oder verlieren, ihn annehmen oder ablehnen, alles hat einen tieferen Sinn und vollzieht sich nach einer höheren Gesetzmäßigkeit, in die wir im Grunde nicht einzugreifen brauchen. Die Kraft des Wassermannprinzips schüttet die »Wasser der Weisheit« über uns aus, damit wir – gereinigt im Denken – lernen, in allen Erfahrungen, in allen Menschen und in allen Dingen das Gute (= das Verbindende, das Gemeinsame) zu sehen. Dabei lehrt uns Wassermann weniger das sogenannte »positive Denken«, im Gegenteil, es entlarvt es eher als trügerische »Weißmalerei«, als Übertünchung des Schwarzen, die eher zu Verdrängung als zum Heil führt. Das Gute sehen lernen heißt im Schwarzen bereits den Samen des Weißen zu sehen, so wie wir es vom Yin/Yang-Zeichen her kennen. Nur wer das vermeintlich Böse durchschaut und transzendiert, erkennt in ihm »*den Teil von jener Kraft, die stets das Böse will, und stets das Gute schafft*« (siehe dazu Mephisto in Goethes Faust). Jede Form von Verteufelung steigert das Böse, das Negative, das Schwarze nur noch mehr – damit ist nichts gewonnen. Haß, Abneigung, Ablehnung, Verurteilung entstehen durch Blockaden in unserem Denken. Wir sehen nur eine Seite des Ganzen und hindern uns selbst daran, die andere Seite anzuschauen – und anzuerkennen. Erst die alle Blockaden überwindende Kraft des Zeichens Wassermann befähigt uns, in die jenseitigen Denkbereiche vorzustoßen: Das Unmögliche, das Undenkbare, das Unglaubliche, das Unwirkliche wird mit einbezogen, weil wir unsere Barrieren im Denken durchbrechen und uns dem Unfaßbaren öffnen. Jetzt werden wir gewahr, daß alles Böse nur aus einem Erkenntnismangel heraus entsteht. Solange es uns unbekannt und fremd war, hielten wir es für »böse«, doch je näher wir ihm kommen, je besser wir es kennen lernen, umso mehr verwandelt sich der »Teufel« in den »Lucifer«, den Lichtbinger und Engel, der er immer war und immer bleiben wird. Gelingt es uns, dem Unbekannten auf diese Art und Weise zu begegnen, schaffen wir in unserem Bewußtsein einen Raum, in dem alle anderen Menschen mit ihrer Eigenart und in ihrer Einzigartigkeit frei bestehen können und dürfen. Wir erkennen sie, ohne sie zu bewerten, wir nehmen sie wahr, ohne sie abzulehen, wir gehen mit ihnen um, ohne sie zu verurteilen.

Weist unser Aszendent auf das Zeichen Jungfrau, sollten wir lernen, unsere Ausdrucksmittel so zu wählen, daß dieses wassermännische Prinzip sichtbar wird. Indem wir andere Menschen in ihrer Einzigartigkeit erkennen, verstehen wir auch den Hintergrund unserer Beziehung mit ihnen. Dies schafft die Voraussetzungen für eine wirkliche geistige Verbundenheit, die Grundlage einer echten und dauerhaften zwischenmenschlichen Beziehung ist. Wir nennen solche Beziehungen Freundschaften. Unschwer erkennen wir, daß im Wort Freunde die »Freude« steckt. Natürlich wissen wir auch davon, denn das gemeinsame Zusammensein mit Freunden dient ja gerade der allseitigen Freude. Und hier heißt es für uns, hellhörig zu werden: Ein Zusammensein mit Freunden soll allen Freude bringen, nicht nur uns alleine. Hier spüren wir den Kontrast zu unserer Vergangenheit, dem Prinzip des Löwen in uns. Unsere eigenwillige Löwekraft ist es nämlich, die verhindert, daß wir danach suchen, was allen gemeinsam Freude bringt. Aus unserer Vergangenheit heraus wissen wir nur, was uns selbst Freude macht. Diese »subjektive Freude« projizieren wir in die Welt und nehmen in unserer Ichbezogenheit an, daß alles, was uns Freude macht, selbstverständlich auch andere erfreut. Nun möchten wir Gott und der Welt immer und überall Freude bereiten, und merken nicht, daß wir bereits beginnen, Druck zu erzeugen, Zwang auszuüben und andere in ihrer Freiheit einzuschränken. Wollen wir das Prinzip Wassermann in die Sichtbarkeit bringen, müssen wir uns zuerst einen Zugang zum Wesen, zur Tiefe und zu den Problemen der anderen verschaffen. Im gleichen Maß, wie wir andere verstehen, wächst unser Verständnis für sie. Und wahres Verständnis ist die einzige Brücke zum Du, die in Liebe gebaut ist und den Fluß von Geben und Nehmen harmonisiert. Mit der Entfaltung des Aszendenten Junfrau lernen wir, daß nicht nur im Geben die Freude liegt, sondern auch im Empfangen. Was immer wir von der Welt und von anderen Menschen empfangen, es dient uns als Licht zur Selbsterkenntnis – auch das könnte damit gemeint sein, wenn uns gesagt wird, daß in der Jungfrau »das Licht geboren wird«.

Die zweite Hermes/Merkur-Stufe der Wandlung

Wie stets in der zweiten Stufe der Entfaltung haben wir auch hier wieder die Möglichkeit, unsere Freunde und Partner, unsere Bekannten und Verwandten in unsere Entwicklung miteinzubeziehen. Wählen wir unsere Ausdrucksmittel so, daß das Prinzip Wassermann an uns sichtbar wird, sollten es auch die anderen erkennen. Wir können sie fragen, inwieweit wir ihnen Freunde sind, ob wir ihnen wirklich Freude bringen, ob sie sich wirklich verstanden fühlen, ob sie sich mit uns geistig verbunden fühlen. Auch in Gruppen dürfen wir nachfragen. Empfinden uns andere als »Teil der Gruppe«, als Diener des Ganzen, als integrierten Bestandteil – oder nehmen sie uns anders wahr? Gerade wenn unser Aszendent auf das Zeichen Jungfrau weist, wird Gruppe und Gruppenleben zum Maßstab für unsere Entwicklung. Erst wenn auch der andere mit uns geistige Verbundenheit fühlt und uns als Freund betrachtet, dürfen wir annehmen, die zweite Stufe der Entwicklung erklommen zu haben. Vielleicht spüren wir an diesem Punkt unser »altes Ich« am deutlichsten. Aus dem Löwe kommend möchte es vor allem in der eigenen Entwicklung frei und unabhängig sein von anderen. Sich der Gruppe und ihrer Kritik ausliefern, nein danke, wird es sagen, im Brustton der Überzeugung, daß wir alle schließlich göttlich sind und höchsten unserem Schöpfer Rechenschaft schulden. Einem Menschen aber – noch dazu einem mit vielen Fehlern behafteten – möchten wir keinerlei Macht über uns einräumen und keine Mittel dazu in die Hand geben. So verletzen wir, ohne es zu wissen, bereits im Denken den Grundsatz der Gleichheit aller Menschen – diese Verletzung zu heilen, heißt das Prinzip des Wassermanns in die Sichtbarkeit zu bringen.

An dieser Stelle sollte ein weit verbreiteter Irrtum (›Euryale‹, Mutter des Orion = ›weit verbreiteter Irrtum‹) aufgedeckt werden. Weil wir das Sichtbare (den Körper!) zur Ursache erklären und vergessen haben, daß stets die unsichtbar wirkende Kraft (der Geist!) der Ursprung der Tat ist, haben sich Fehler in der traditionellen Astrologie eingeschlichen. Dem Aszendenten Jungfrau wird das Prinzip Jungfrau als (an ihm sichtbare) Eigenschaft zugeschrieben. Folge ist, daß z.B. in astrologischen Beratungen einem Horoskopeigner mit Aszendenten Jungfrau angeraten wird, bescheidener und sparsamer zu sein, sich mehr den Notwendigkeiten des Lebens zu widmen und dabei pünklicher und exakter seinen Verpflichtungen nachzukommen, um auf diese Weise sein Aszendentenpotential bzw. seine Anlage zu »entfalten«. So entsteht die Anregung zu einer »blinden« Jungfraukraft (Im Mythos: Blindheit des Orion!), die weder Richtung noch Ziel hat. Greifen wir diese Anregung auf, vergewaltigen wir in Wirklichkeit die Welt mit unserer Jungfraukraft, weil wir dieser Kraft Sinn und Zweck rauben. Sinn und Zweck der Jungfrauenergie ist es, nicht die eigene Energie hemmungslos in die Welt hinaus zu verstreuen, sondern die »Reflektionen und Spiegelungen« von außen zu empfangen und in ein inneres Licht der Selbsterkenntnis zu verwandeln. Je mehr wir selbst die Dinge im Außen unberührt lassen, umso mehr können wir uns auf Empfang einstellen. Aus diesem Grund empfiehlt uns das Jungfrauprinzip, unsere Aktivitäten zu bescheiden und auf das Notwendige zu beschränken, damit der nach innen gerichtete Jungfrauimpuls in uns fruchtbar und von den Göttern gesegnet ist.

Hier sehen wir vielleicht am deutlichsten den Unterschied zwischen einem Horoskopeigner mit der Sonne in Jungfrau und einem mit dem Aszendenten Jungfrau. Mit der Sonne in Jungfrau haben wir eine Fähigkeit zur Bescheidenheit, Einfachheit und Zurückhaltung in allen Lebenslagen zur Verfügung, die wir manchmal mehr und manchmal weniger zur Geltung bringen, während der Aszendent Jungfrau einen speziellen Entwicklungsweg geht, an dessen Ende er gelernt hat, alle von außen kommenden Impulse aufzunehmen und in Selbsterkenntnis umzuwandeln. Die Frage für die Sonne im Zeichen Jungfrau könnte eher lauten: »*Wie kann ich von meinen Jungfraugaben und damit von meinem eigentlichen Wesen im Leben mehr einbringen?*«; die Frage für den Aszendenten Jungfrau lautet eher: »*Wie treffe ich die geeignete Wahl unter den zur Verfügung stehenden (Ausdrucks-) Mitteln, damit mein Bemühen um Verständnis für andere und meine geistige Verbundenheit mit anderen zum Ausdruck kommt?*« Nur bei der letzten Fragestellung gewinnt das Prinzip Wassermann an Bedeutung, weil es uns befähigt, alles im Gesamtzusammenhang zu sehen und die Verbindungen untereinander zu begreifen. Wassermann fördert die geistige Verbundenheit, weil es Barrieren im Denken beseitigt und dadurch die Türe öffnet zum Undenkbaren, zum Ungewöhnlichen und zum Unvorhersehbaren. Dabei dürfen wir annehmen, daß mit der Entfaltung des Aszendenten Jungfrau der Raum geschaffen wird, in dem unser eigenes Wesen (= Sonne im Horoskop) mehr und mehr zu strahlen vermag.

Die Skorpionstufe der Entfaltung – Prüfung der Wandlung

In den beiden Hermes/Merkur-Stufen haben wir unsere Entscheidung und unsere Ausdrucksweise geändert. Doch können wir sicher sein, daß sich in uns wirklich ein Wandel vollzogen hat? Oder unterliegen wir ein weiteres mal der großen Illusion, jener Täuschungskraft, die uns immer wieder einen Zerrspiegel vorhält, in dem wir uns selbst nicht zu erkennen vermögen?

Um dies zu beantworten, bedarf es einer prüfenden Instanz, die jenseits unserer Subjektivität liegt. Stets kommt die Prüfung von außen auf uns zu, gelegentlich liebevoll und nachsichtig, oft jedoch widerborstig und dornenreich. Wie der Stachel des Skorpion, der im Mythos den Orion tötet, sticht sie uns, verletzt uns und dringt ein in unsere Tiefen, um zu sehen, ob unsere »alte Form« noch lebt oder schon gestorben ist. Denn nur wenn die alte Form tot ist, können wir sicher sein, daß unsere Änderungen von Dauer sind.

Für den Aszendenten Jungfrau weist die Stufe der Prüfung auf das Tierkreiszeichen Widder (siehe Abb. S. 212).

Das kardinale Feuerzeichen Widder symbolisiert die Kraft des spontanen Impulses, der sich unter allen Umständen in der Welt durchsetzen will. In uns Menschen ist es der zündende Funke, der unseren Eigenwillen entfacht, damit wir uns in dieser Welt behaupten und durchsetzen. Der Mythos kennt den Widder als »Mauerbrecher«. Alles, was den Weg zum Licht versperrt, muß durchbrochen werden, damit wir eines fernen Tages Vollkommenheit erreichen. Und vollkommen ist der Mensch erst, wenn er den ganzen Weg der Selbsterkenntnis, der gleichzeitig auch ein Weg der Gotterkenntnis ist, hinter sich hat und ins Paradies zurückgekehrt ist. So ist von allen zwölf Zeichen des Tierkreises der Widder das Zeichen, das in unmittelbarer Verbindung zum Schöpfergott steht, von dort die Impulse intuitiv empfängt, danach eigenwillig und subjektiv handelt – und nie das Empfinden hat, in dieser Welt irgend einem Menschen dafür Rechenschaft schuldig zu sein.

Befindet sich unser Aszendent im Zeichen Jungfrau, ist es für uns wichtig zu wissen, daß in allen Partnerschaften, Freundschaften und engeren Beziehungen stets dieses impulsgebende Widderprinzip auf uns zukommt, um uns zu reizen, um uns »auf die Hörner« zu nehmen und um unsere Wandlung zu prüfen. So scheinen gerade Menschen, deren Liebe und Nähe wir suchen, uns besonders heftig und impulsiv zu bekämpfen, ja gelegentlich sogar aggressiv anzugreifen, obwohl wir uns keinerlei Schuld und keines Vergehens bewußt sind. Wie aus heiterem Himmel wenden sie sich oft massiv gegen uns, mit geballter Kraft, um sich gegen uns durchzusetzen und uns ihren eigenen Willen aufzuzwingen. Weder gutes Zureden, noch kluge Ratschläge nehmen sie von uns an, im Gegenteil, ob Besänftigungsversuch oder heftige Gegenwehr, nichts kann sie von ihrem Eigensinn und Eigenwillen abbringen. Obendrein scheinen unsere Partner von uns zu erwarten, daß wir ihre Impulse aufnehmen und in unser Handeln einbauen. In uns entsteht dabei nicht selten ein Gefühl von Einsamkeit in der Partnerschaft, weil die erwünschte Zweisamkeit auf Dauer einfach nicht zu bewerkstelligen ist. Doch der tiefere Hintergrund dieser Zusammenhänge liegt nicht in unseren Partnern, sondern in uns selbst. Die Widderkraft, die von außen kommt, dient unserer eigenen Prüfung. Wir benötigen sie, um die (jungfrautypische) Fähigkeit zu entwickeln, Impulse zu empfangen und umzusetzen. An der einströmenden Widderenergie können wir erkennen, ob sich unser Aszendent Jungfrau entfaltet und eine echte Wandlung eingetreten ist. Wenn wir uns gewandelt haben, ist in unseren Ausdrucksmitteln das Wassermannprinzip offenbar geworden – unser Partner empfindet die geistige Verbunden-

Die Skorpionstufe der Entfaltung – Prüfung der Wandlung

heit, weil wir seine Widderkräfte annehmen und auf sie eingehen. Wenn nicht, erscheinen uns diese vom Partner kommenden Impulse als gegen uns gerichtet, und wir beginnen, unsererseits dagegen anzukämpfen, um sie abzuwehren. So wird Kampf und Auseinandersetzung mit unseren Partnern zum Maßstab für die eigene Entwicklung. Empfinden wir die Anregungen und Erregungen im Außen als Unterstützung, haben wir gewonnen: Wir sind in unserer Entwicklung wirklich weitergekommen. Empfinden wir jedoch Kampf und Aggression, gegen die wir uns zur Wehr setzen müssen, ist die Entfaltung unserer Jungfraufähigkeiten noch nicht vollendet – der Löwe in uns (Vergangenheit!) ist noch zu stark.

Betrachten wir diese Prüfung näher, erkennen wir eine bestimmte Form der »Entmachtung«. Unser Eigenwille – und mit ihm unsere Eigenwilligkeit – zieht sich mit der Entfaltung des Aszendenten Jungfrau langsam zurück. Indem wir lernen, in Beziehungen mit anderen Menschen deren Eigenwillen weder einzuschränken noch anzutasten, erfahren wir ein wenig von jener Freiheit, die uns begegnet in dem Satz »*Dein Wille geschehe!*«. Das Zeichen Jungfrau wird oft das Zeichen der Krise genannt – mit Recht. Aus dem Griechischen übersetzt heißt ›krisis‹ nicht nur ›Streit, Scheidung, Zwiespalt‹, sondern auch ›Entscheidung‹. Und ohne Zweifel geraten wir mit jeder Entscheidung in einen inneren Zwiespalt, der uns nicht selten zuerst in eine innere und dann in eine äußere Krise stürzt. Aus Sicht unserer Löwevergangenheit glauben wir an eine Form der Freiheit, die wir Entscheidungsfreiheit nennen. Für das, was wir tun, möchten wir der Alleinbestimmende und Alleinentscheidende sein und bleiben. Unbewußt versuchen wir daher, alles von uns fern zu halten, was uns in irgendeiner Weise einen Teil dieser Freiheit rauben könnte. Lieber machen wir alles ganz alleine, als hier eine Beeinträchtigung in Kauf zu nehmen. So kommt es, daß uns nie wirklich die Unterstützung anderer zuteil wird und wir deshalb nicht von der sich potenzierenden Gruppenenergie profitieren. Aus diesen Gründen steuern wir mit Aszendent Jungfrau häufig in die Krise der totalen Verausgabung, die im geringsten Fall zu Lust- und Freudlosigkeit führt, im schlimmsten Fall jedoch den Zusammenbruch aller Kräfte zur Folge haben kann. Daß in diesen Fällen der Weg zur Krankheit nicht weit ist, kann sicherlich jeder – nicht nur ein Aszendent Jungfrau – nachempfinden. Sind erst Geist und Seele geschwächt, wird auch bald der Körper folgen.

Die Zeus/Jupiter-Stufe der Wandlung – Änderung unserer Werte

Nach zwei Stufen der Wandlung und einer Stufe der Prüfung sind wir ein wenig klüger als zuvor. Die Skorpion-Stufe der Prüfung zeigte uns insbesondere, wo wir »gut« zu sein glaubten, aber am Ende doch nicht »gut genug« waren. Nun heißt es, innehalten und verweilen. Die Jupiter-Stufe der Wandlung will unsere Werte verändern. Das archetypische Horoskop (siehe Abb. S. 48) beschreibt unsere Erfahrung, die Entstehung unserer Werte und unsere Urteilsfindung durch den dritten Quadranten. Die dazugehörigen Tierkreiszeichen sind Waage (Reaktion des Du), Skorpion (Vereinigung und Reibung mit dem Du) und Schütze (Bewertung der Beziehung; Sinnfindung). Das veränderliche Tierkreiszeichen ist dabei Schütze, der herrschende Planet Zeus/Jupiter. Dies bedeutet, daß wir jederzeit unsere Werte verändern, unsere Bewertungen wandeln und unseren Sinn neu ausrichten können.

Vieles, ja vermutlich sogar das meiste, wofür wir uns entscheiden und was wir tun, halten wir anfangs für gut. Doch dann folgt das bittere Ende: Die Welt, der Partner, der Freund, sie urteilen anders, finden es weniger gut, vielleicht sogar unmöglich oder schlimm. Doch solange wir uns verwickeln und immer mehr in Täuschungen verstricken, kümmert uns die Meinung anderer wenig. Wir sind mit ihnen zusammen, weil wir uns einsam fühlen, weil wir uns einen Vorteil davon versprechen oder weil wir Anerkennung und Zuneigung haben möchten.

Mit den Erfahrungen und Erlebnissen wächst gewöhnlich unsere Selbsterkenntnis. Nicht selten erleben wir dabei ein Phänomen: Die Bewertung von Dingen, Menschen und Ereignissen, die wir einst gut oder böse genannt haben, relativiert sich. Das Böse erkennen wir rückblickend als Anstoß, der uns

Die Zeus/Jupiter-Stufe der Wandlung – Änderung unserer Werte

von längst Überholtem gelöst und frischen Wind in unser Leben gebracht hat. Aber auch das Gute geht oft diesen Weg der Wandlung. Was einst gut und sinnvoll erschien, heute hat es nicht mehr denselben Stellenwert. Mit unserer Entwicklung wandeln sich unsere Werte, diese Erfahrung hat jeder von uns schon gemacht.

Die Jupiter-Stufe der Entfaltung des Aszendenten zeigt uns, wo und wie sich unsere Werte und Bewertungen wandeln sollen, damit wir nicht in alte Vorurteile und Bewertungsmuster zurückfallen. Wir finden in unserem Horoskop den Hinweis auf ein Tierkreiszeichen, dessen Sinn sich uns erst im Laufe der Entwicklung enthüllt und dessen Wert wir erst im Laufe der Zeit schätzen lernen. Mit unserem geistigen Wachstum dehnt sich auch dieses Prinzip in uns aus. Entschieden wir uns früher nur dafür, wenn es Vorteile zu bringen schien, so wachsen wir gerade in diesem Prinzip über uns selbst hinaus: Es öffnet uns das Tor zum Überpersönlichen, harmonisiert unseren Geist und befriedet unsere Seele.

Für den Aszendenten Jungfrau befindet sich diese Zeus/Jupiter-Stufe der Wandlung im Zeichen Stier (siehe Abb. S. 212). Das fixe Erdzeichen Stier gilt als Prinzip der Verwurzelung. Es symbolisiert jene gestaltgebende Formungskraft, die es uns ermöglicht, dieser Welt unseren Stempel aufzudrücken. Ohne diese Kraft würden wir in unseren Träumen versinken, ohne je unsere Vorstellungen und Ideen in die Tat umzusetzen. Stier gibt uns die Kraft und die Beharrlichkeit, die wir brauchen, um konkrete Absichten zu verwirklichen und der Welt sichtbar zu machen. Als abgrenzendes Erdprinzip ist dem Stier der Zaun zugeordnet. Er deutet auf die Fähigkeit hin, das Irdisch-Realistische vom Träumerisch-Unrealistischen zu trennen, damit unser Wollen nicht ergebnislos bleibt, sondern sich zur konkreten Manifestation verdichtet. So wie ein Samenkorn sich eines Tages für einen Platz, den nährenden Mutterboden, entscheidet, um dort zu verwurzeln, zu wachsen und zu gedeihen, so sollen auch wir Menschen uns wieder und immer wieder verwurzeln, um zu Stabilität und Festigkeit zu gelangen. Nur die andauernde Treue zu einer Tätigkeit bringt uns – dem Eindringen der Wurzeln in den Boden gleich – eines Tages jene Tiefe und Vertrautheit, die wir benötigen, um etwas wirklich zu beherrschen. Doch nicht nur die Seelenebene, auch die konkret materielle Ebene spricht das Stierprinzip an. Es steht als Symbol für den berühmten »festen Boden unter den Füßen«, der in allen Lebenslagen für innere Ruhe und äußeren Frieden sorgt. Wir haben dafür den Begriff Wohlstand geprägt. Heute beziehen wir ihn gewöhnlich auf die reine Materie und meinen damit die jeweils angehäuften Reichtümer. Aber er hat auch eine andere Komponente. Immer wieder gibt es im Leben Phasen, in denen wir stehen, ja stecken bleiben und wir das Gefühl haben, daß nichts mehr »vorwärts geht«. Der biblische Kontext spricht in diesem Zusammenhang von den »sieben mageren Jahren«, die den »sieben fetten Jahren« folgen. Joseph, der Traumdeuter, empfahl dabei dem Pharao, allen Überfluß der sieben fetten Jahren einzulagern, um damit die sieben mageren Jahre gut zu überstehen. Dieser Rat wurde befolgt und brachte, den biblischen Berichten zufolge, dem Land Ägypten großen Wohlstand. Diese Erzählung offenbart den rechten Umgang mit der Stierkraft: Ein jeglicher Überfluß soll nicht großspurig verpraßt oder verschwendet werden, sondern er soll den mit Sicherheit kommenden »mageren Jahren« dienen.

Weist unser Aszendent auf das Zeichen Jungfrau, lernen wir im Laufe der Zeit gerade dieses Stierprinzip mehr und mehr schätzen und lieben. Früher strebten wir nur dann danach, eine Sache zu beherrschen, wenn wir uns davon materielle oder emotionale Vorteile versprachen. Jetzt, mit der Entfaltung unseres Aszendenten Jungfrau, wird es immer wichtiger, alles, was wir anpacken, auch ganz zu beherrschen. Halbheiten lernen wir, lieber zu lassen, bei entdeckten Fehlern und Unvollkommenheiten bemühen wir uns, sie zu beseitigen und zu vervollkommnen. Wir beginnen allmählich zu begreifen, warum Aphrodite/Venus, die Göttin der Liebe, der Schönheit und der Vollkommenheit dem Zeichen Stier zugeordnet wurde. Nur wenn es uns gelingt, unseren Taten jene göttlichen Eigenschaften mitzugeben, können wir sicher sein, die Zustimmung der Welt zu bekommen. Aphrodite, so sagt uns der Mythos, gefällt allen Göttern und allen Menschen – ihrer Kraft und Magie kann sich keiner entziehen. Gelingt es uns, in allen Lebenslagen zunehmend wert auf die Anwesenheit von Aphrodite/Venus zu legen, egal was wir gerade tun oder vorhaben, werden wir spüren, daß unser Geist ruhiger wird und in unsere Seele mehr innerer Frieden einkehrt. Lernen wir dabei zusätzlich, mit den materiellen Gütern klug umzugehen, indem wir in den »fetten Jahren« auf Überfluß verzichten, um dann in den »mageren Jahren« eine gesunde materielle Grundlage unser eigen zu nennen, gewinnen wir eine neue Form von Freiheit. Weil wir in jeder Lebenslage für uns selbst sorgen können, fallen wir weder unseren Partnern noch unseren Freunden zur Last. Und geraten unsere Partner oder Freunde in Not, können wir von unserem Wohlstand noch abgeben – wir beherrschen auf der irdisch-materiellen Ebene das aphroditische Gesetz des gerechten Ausgleichs.

Die Poseidon/Neptun-Stufe der Wandlung – Änderung unseres Wesens

Nach den ersten drei Wandlungs- und Entfaltungsstufen will sich der Tierkreis schließen, um auf einer höheren Ebene der Entwicklung von Neuem zu beginnen. Das archetypische Horoskop (siehe Abb. S. 48) schließt mit dem vierten, dem überpersönlichen Quadranten ab, die dazugehörigen Tierkreiszeichen sind Steinbock (Verwesentlichung, Abgrenzung), Wassermann (Erkenntnis der Ganzheit, Integration) und Fische (Auflösung, Einbindung, Synthese). Fische ist im vierten Quadranten das veränderliche Zeichen, herrschender Planet ist Poseidon/Neptun. Dies bedeutet, daß wir uns in der Auflösung, im Abschließen und im Beenden verändern können.

Beenden aber heißt vollenden, vollendet sein aber heißt Meister sein. Die letzte Stufe der Entfaltung unseres Aszendenten spricht zu uns von Meisterschaft: Hat sich alles gewandelt – von der Entscheidung über die Ausdrucksweise bis hin zu unseren Werten – und bestehen wir alle Prüfungen, zu jeder Zeit und an jedem Ort, ist unser ganzes Wesen verändert. Wir beherrschen das Prinzip unseres Aszendenten von Anfang bis Ende und sind darin Meister.

Um über diese Stufe der Entwicklung etwas zu erfahren, liegt es nahe, sich an Menschen zu wenden, die vor uns den Weg schon gegangen und Meister geworden sind. An ihrer Art, in ihrem Wesen und an ihren Taten erkennen wir, wo unser Weg hinführt. Sie geben uns die geeignete Vision, die unserer Entwicklung Richtung und Stabilität verleiht. Viele Meister könnten wir hier anführen, doch nur einer zeigt uns in allen zwölf Tierkreiszeichen, was Meisterschaft bedeutet. Es ist Herakles, der sagenumwobene Held der alten Griechen, der uns in seinen zwölf Aufgaben für jedes Tierkreiszeichen den Weg zur Meisterschaft hinterlassen hat. Er löst alle Aufgaben. Der Mythos von ihm gibt uns die Lösungen an die Hand. So können wir an den jeweiligen Heraklesaufgaben ersehen, was es in der letzten Stufe der Wandlung für uns zu entwickeln und was es aufzugeben gilt.

Der Aszendent Jungfrau hat die Poseidon/Neptun-Stufe der Entfaltung im Zeichen Löwe (siehe Abb. S. 212). In der dem Zeichen Löwe zugeordneten Heraklesaufgabe geht es um

Das Töten des Nemeischen Löwen
Herakles erlebt in dieser Aufgabe seine große Mutprobe. Der Löwe verwüstet das Land Nemea und reißt dort viele Menschenopfer. Das ganze Land ist in panischer Angst, keiner wagt sich mehr auf die Straße, alle Türen sind verriegelt.
Herakles geht von Ort zu Ort, den Löwen zu suchen. Ein jeder, der ihm auf der Straße begegnet, erzählt seine Version, wo sich der Löwe im Augenblick aufhält bzw. wo er das letzte Mal gesehen worden ist. So kreist Herakles den Standort des Löwen langsam immer mehr ein. Plötzlich sieht Herakles den Löwen am Rande eines Dickichts. Der Löwe brüllt, als er den Feind wahrnimmt, daß alles erbebt. Doch Herakles läßt sich nicht einschüchtern. Er schießt Pfeil um Pfeil nach der Schulter des Löwen, doch keiner kann eindringen. Dann kommt der Löwe auf ihn zu, wild vor Zorn, aber Herakles wirft Pfeil und Bogen zu Boden und stürzt sich, nur mit seiner Keule bewaffnet, mit wildem Schrei dem Löwen entgegen, der ihm den Weg versperrt.

Die Poseidon/Neptun-Stufe der Wandlung

Erstaunt über die unerwartete Tapferkeit seines Gegners, wendet sich der Löwe, verschwindet im Dickicht und war nicht mehr zu sehen. Herakles sucht nach allen Seiten. Schließlich gelangt er an eine Höhle, aus der er das Brüllen des Löwen vernimmt. Er geht in die Höhle, ohne den Löwen anzutreffen, denn die Höhle hat einen zweiten Ausgang. Als er zum zweiten Ausgang hinausgehen will, hört er den Löwen plötzlich hinter sich, nicht mehr vor sich brüllen. Herakles überlegt, was zu tun ist, da immer, wenn er den Löwen in die Höhle hineingetrieben hat, der Löwe zur anderen Öffnung entkommt. Er sieht einen Holzstoß, schließt damit zuerst die eine Öffnung, verfolgt den Löwen weiter und jagt ihn durch die zweite Öffnung wieder in die Höhle. Jetzt schließt er die zweite Öffnung von innen und sperrt sich mit dem Löwen in der Höhle ein. Dann greift er den Löwen an, packt ihn mit bloßen Händen und würgt ihn. Obwohl der glühendheiße Atem des Tieres ihn fast versengt, drückt er dem Löwen solange die Luft ab, bis dieser tot zu Boden fällt. Dann zieht er ihm das Fell ab und zeigt es den Leuten von Nemea als Zeichen, daß der Löwe tot ist. Jetzt können sie wieder ihre Häuser verlassen und ohne Furcht ihrer Arbeit nachgehen.
Er übergibt das Löwenfell König Eurystheus, erhält es aber zurück und trägt es seither anstelle seines alten Löwenfelles.

Zusammenfassung der Ergebnisse aus der Deutung des Mythos

zu entwickeln wären
- Mut, sich mit seinen Schwächen auseinanderzusetzen
- Verlagerung der Kämpfe von außen nach innen
- Liebe zu allem, was wir tun
- Seelengröße; mehr sein als scheinen
- Suche im Innern nach dem, was wahrhaft »gut« ist
- Offenheit und Ehrlichkeit zu sich selbst
- Selbsterkenntnis
- sich allen Aufgaben und Tätigkeiten ganz widmen und die volle Zeit dafür ausschöpfen

aufzugeben wären
- Streben nach Beifall und Anerkennung
- Wunsch nach weltlicher Größe
- Abhängigkeit von Lob und Tadel
- für andere groß und bedeutend zu sein
- Ehrgeiz, andere zu übertreffen
- alle Halbheiten, Zweideutigkeiten, Zwiespältigkeiten
- alle Scheinheiligkeiten
- alle Übertreibungen, alles Gehabe, alle Allüren, Prunk und Protz
- alle Formen der Selbstdarstellung

Diese Zusammenfassung erhebt keinen Anspruch auf Vollständigkeit. Zu empfehlen wäre eine persönliche Auseinandersetzung mit dem Heraklesmythos, hier im speziellen mit der fünften Heraklesaufgabe, die dem Zeichen Löwe zugeordnet ist.

Herakles ist das Ideal eines Menschen, der sich aus dem Dunkel des Unbewußten heraus in das Licht der Bewußtheit hinein entwickelt. Wie alle Ideale soll er uns nur als richtungsweisendes Leitbild, als Vision dienen. Für uns ist es nicht wichtig, ein Held wie er zu sein, aber um so wichtiger ist es für uns, den von Herakles vorgezeichneten Weg zu beschreiten. Der Weg ist das Ziel, sagt uns die östliche Weisheit. Dies teilt uns mit, daß für uns Menschen weder im Erreichen noch im Verweilen die wahre Erfüllung liegt, sondern nur im Gehen. Viele von uns lassen sich abhalten, weil sie – vom fernen Ziel paralysiert – resignieren und glauben, ein so hohes Ziel nie erreichen zu können. Machen wir die ersten Schritte, um zu erfahren, daß im Gehen die Freude uns begleitet, in der Bewegung die Schönheit uns begegnet und nur im Wandel sich die Liebe uns offenbart.

Anmerkung
An dieser Nahtstelle im Tierkreis – zwischen Jungfrau und Waage – sei auf den Unterschied hingewiesen zwischen »Egoismus« und »Ichbezogenheit«. Im üblichen Sinne verstehen wir unter einem Egoisten einen Menschen, der sich im Leben soviel wie möglich nimmt – und dabei auch anderen Menschen wegnimmt –, ohne im gleichen Maße zu geben. So gesehen definiert sich Egoismus über ein »nein« zum Du und zur Welt. Ja nichts hergeben, ja keinen Vorteil aufgeben, ja keine eigene Beeinträchtigung zulassen heißt die Devise. Folge ist, daß der egoistische Mensch sich von all dem abtrennt, was ihm weder Vorteil noch Gewinn bringt. Alles Unangenehme wird ausgesondert in der Hoffnung, daß das Angenehme dann übrig bleibt. So entstehen Vermeidungs- und Fluchtstrategien, die ein Eindringen des vermeintlich »Bösen« in die Lebensbereiche des Egoisten verhindern sollen.
Dagegen ist Ichbezogenheit anders zu sehen. Ein ichbezogener Mensch stellt sich – sein »Ich« – in den Mittelpunkt der Welt. Alles, was er sieht und erlebt, bezieht er auf sich und erlebt und verarbeitet es als persönlichen Eindruck. Aus der Ichbezogenheit entsteht Subjektivität; das eigene Wesen, das eigene Denken, die persönlichen Werte und Handlungsweisen werden unbewußt übertragen auf alles, auch auf andere Menschen. Folge der Ichbezogenheit ist, daß der andere in seiner Eigenart, in seinem Wesen, in seiner Individualität nicht mehr wahrgenommen werden kann. Verloren geht damit die Achtung vor der Einzigartigkeit des Mitmenschen. So entstehen Mißachtung und Unterdrückung, Zwang und Freiheitsberaubung.

Steigert sich der Egoismus eines Menschen ins Extrem, so ist zu erwarten, daß es zu Kampf und Auseinandersetzung, zu Feindschaft und Haß, zu Krieg, Mord und Totschlag kommt. Steigert sich die Ichbezogenheit eines Menschen ins Extrem, so ist eher zu erwarten, daß vollkommene Beziehungslosigkeit und Lieblosigkeit, totaler Eigensinn und Willkür entstehen. Im letzteren Falle manifestiert sich die »große Illusion«, da ein ichbezogener Mensch die Abwesenheit von Liebe gar nicht wahrnimmt, ja vielmehr davon überzeugt ist, Gott und die Welt zu lieben und alle seine Kräfte – nach bestem Wissen und Gewissen – für andere einzusetzen. So strahlt er, nach seinem Dafürhalten, wie eine »Sonne«, während es weit und breit niemanden gibt, der »Planet oder Trabant« sein will, um dieses Licht und diese Energie zu empfangen. Im Unterschied dazu sieht die Illusion eines egoistischen Menschen anders aus: Er geht in die Projektion – und täuscht sich damit selbst. Den Kampf des anderen um sein Recht erlebt er als eigenen Spiegel. In ihm sieht er den Egoismus des anderen, der ihn bekämpft, um ihm etwas wegzunehmen. In dieser Selbsttäuschung verhaftet, kämpfen Menschen seit jeher gegen Mitmenschen. Jeder ist felsenfest davon überzeugt, daß der andere ihm – unberechtigterweise – etwas wegnehmen will. Daß er selbst derjenige ist, der das »Recht« und damit auch das Unrecht definiert, sieht er nicht; ebensowenig sieht er durch seine »egoistische Brille«, daß »sein Recht« das Recht des anderen ausschließt.

Betrachten wir Egoimus und Ichbezogenheit in Bezug auf den Tierkreis, so ergeben sich eindeutige Zuordnungen. Egoismus entsteht im kardinalen Wasserzeichen Krebs. Im Zeichen von Mutter und Kind ist die Geburt angelegt, und jede Geburt ist gleichzeitig ein Akt der Trennung. Dies läßt sich nachvollziehen bis hin zur Genesis, dem biblischen Schöpfungsbericht, wo am zweiten Schöpfungstag eine Trennung zwischen den »Wassern oben« und den »Wassern unten« vollzogen wurde. Die Möglichkeit der Trennung bzw. Teilung findet sich wieder in der Zahl »zwei«. Sie ist dem Mond zugeordnet, der wiederum das Zeichen Krebs beherrscht. Ichbezogenheit entsteht im fixen Feuerzeichen

Zusammenfassung der Ergebnisse aus der Deutung des Mythos 241

Löwe. In Raum und Zeit strahlt jede Licht- und Kraftquelle von einem Punkt aus, verbreitet ihre Energie im Raum und verliert sie im Unendlichen, falls die Energie nicht auf Widerstand trifft und zurückgeworfen wird. Die Symbolik der Quelle bzw. des Ursprungs findet sich in der Zahl »eins«, die der Sonne, der Herrscherin im Zeichen Löwe, zugeordnet ist. Auch im biblischen Kontext haben wir die Parallele: Am ersten Schöpfungstag entsteht das Licht – und die Scheidung von Licht und Finsternis.

Wollen wir den Bezug herstellen zwischen Egoismus und Ichbezogenheit einerseits und dem persönlichen Horoskop eines Menschen andererseits, so ergeben sich auch hier Hinweise. Da der Aszendent Löwe seine Vergangenheit im Zeichen Krebs hat, geht es in seiner Entwicklung eindeutig um Überwindung von egoistischen und aussondernden Tendenzen. Die Entfaltung des Aszendenten Löwe wird ihm dabei helfen, weil das Löweprinzip das Geben stärkt und das Nehmen schwächt. Im Gegensatz dazu geht es beim Aszendenten Jungfrau mehr darum, die Ichbezogenheit zu erkennen und in eine Gesamtschau zu verwandeln. Nur so wird es möglich werden, das losgelöste Ich wieder in das Ganze zu integrieren – die Entwicklung des Jungfrauprinzips wird dabei von großer Bedeutung sein, weil es eine »Brücke« zum Du und zur wahren Beziehung (Zeichen Waage) bildet. Im ersten Fall (Egoismus!) geht die Entwicklung darüber, das Geben und das sich Verschwenden zu lernen, im letzten Fall (Ichbezogenheit!) geht die Entwicklung darüber, sich stärker zurückzunehmen, um die Freiheit und Freiwilligkeit anderer Menschen weniger einzuschränken. Wie diese jungfrautypische Fähigkeit entwickelt wird, zeigt der Entfaltungsplan des Aszendenten Jungfrau.

Die Entfaltung des Aszendenten Waage

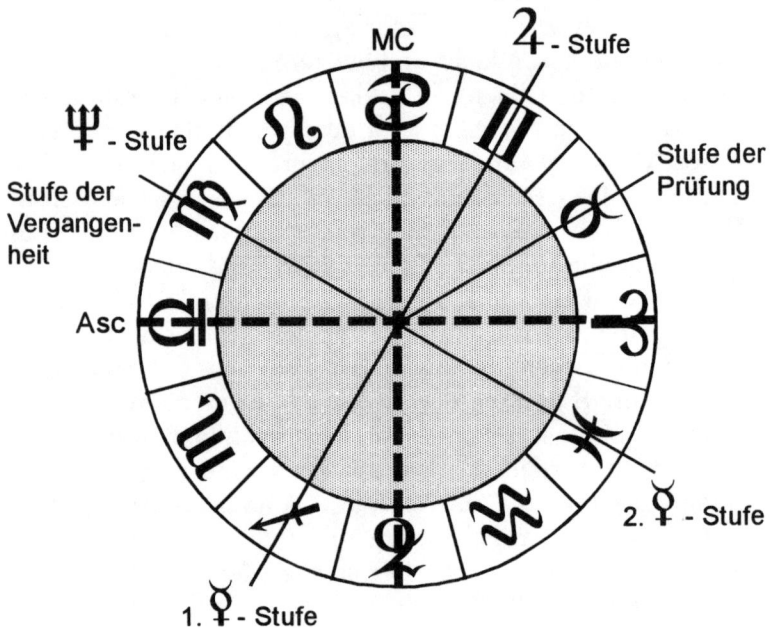

Die Entfaltung des Aszendenten Waage

Vergangenheit des Aszendenten Waage

Wie immer wir uns Vergangenheit vorstellen – ob wir in unsere Kindheit zurückgehen oder von früheren Inkarnationen sprechen –, eines ist stets gewiß: Unser Geist und unsere Seele sind nicht unberührt geblieben von den Erfahrungen und Erlebnissen dieser Vergangenheit. In uns sind Verwicklungen entstanden, es haben sich Gewohnheiten herausgebildet und feste Handlungsmuster eingeprägt. Wir haben gelernt, zu bewerten, zu beurteilen und nach gut und böse zu unterscheiden. Wir haben Kräfte entwickelt, um das Gute vom Bösen, das Angenehme vom Unangenehmen, das Geliebte vom Ungeliebten zu trennen. Dabei haben wir unseren ganzheitlichen, paradiesisch-unschuldigen Zustand verloren. Mit der Ganzheit haben wir aber auch unser Heil verloren: Wir sind einseitig, krank und schwach geworden.

Etwa zwei Stunden bevor am östlichen Horizont das Tierkreiszeichen des Aszendenten aufsteigt, sehen wir im Osten das dem Aszendenten vorausgehende Tierkreiszeichen emporsteigen. Betrachten wir diese Gegebenheit symbolisch und deuten diesen zeitlichen Ablauf, so dürfen wir annehmen, daß die Vergangenheit eines Horoskopeigners von dem Prinzip beherrscht wird, das dem Aszendenten im Tierkreis vorausgeht.

Zeigt in unserem Horoskop der Aszendent auf das Tierkreiszeichen Waage, ist damit gleichzeitig das Jungfrauprinzip als unsere Vergangenheit ausgewiesen. Unbewußt haften wir an diesem Prinzip fest: Alle unsere Handlungsweisen, Gewohnheiten und Reaktionen sind einseitig von ihm geprägt. Das Jungfrauprinzip ist in uns überbetont, wodurch die gesamte Achse Jungfrau – Fische ins Ungleichgewicht geraten ist: Was vom Prinzip Jungfrau »zuviel« ist, fehlt uns am Prinzip Fische. Die Entfaltung des Aszendenten Waage wird, wie wir noch sehen werden, den Ausgleich herbeiführen, so daß eines Tages in unserem Horoskop die Achse Jungfrau – Fische in Harmonie kommt. Die einseitige Jungfraubetonung ist dann aufgehoben, das (noch) fehlende Prinzip Fische wird in die Sicht-

barkeit gebracht. Geschieht dies, dann hat sich unbewußtes Sein in Bewußtsein verwandelt, wir sind – dem Wesen nach verändert – ganzheitlicher geworden.

Doch bevor wir den Aszendenten Waage entfalten und diesen Entwicklungsweg gehen können, ist es notwendig, unsere Anhaftung im Prinzip Jungfrau zu erkennen. Stellen wir uns deshalb folgende zwei Fragen:
Wie sehen unsere Bewertungen und Handlungsmuster aus?
Wo liegen ihre Betonungen und warum sind sie dem Jungfrauprinzip zuzuordnen?
Um darüber Aufklärung zu erhalten, sollten wir zuerst das Jungfrauprinzip verstehen. Traditionell gilt Jungfrau als Prinzip der Anpassung und Einordnung. Als veränderliches Erdzeichen befähigt uns Jungfrau, in der Außenwelt Grenzen zu ziehen gegenüber allem, was uns »böse« erscheint, was uns ins Chaos stürzen und unser Leben durcheinanderbringen könnte. Alles soll seine Ordnung haben, alles seinen Platz, alles seine Zugehörigkeit, nur so scheint der zwischenmenschliche Frieden gesichert. Kein Zeichen im Tierkreis benötigt so klare und unzweideutige Definitionen, Abgrenzungen und Kompetenzen im Bereich der wechselseitigen Beziehungen wie Jungfrau. Alles wird eingeteilt, aufgeteilt und zugeteilt, um schon im Vorfeld alle Unklarheiten zu beseitigen und mögliche Probleme und Auseinandersetzungen aus dem Weg zu räumen. Diese Befähigung hat der Jungfrau auch den Ruf einer reinigenden und bereinigenden Kraft eingebracht. Mit ihrer genauen Beobachtungsgabe ist es ihr möglich, Fehler und Unvollkommenheiten, Flecken und Verunreinigungen, Vertuschungen und Übertünchungen jeglicher Art sofort zu sehen – und darauf hinweisend oder abweisend zu reagieren. Dabei zählt stets nur das Sichtbare, mit Hintergründigem, mit Verborgenem, mit Unsichtbarem beschäftigt sich Jungfrau erst gar nicht, es wäre ja ohnehin nur spekulativ, würde ins Grenzenlose führen oder ins Uferlose ausarten. Was zählt sind beweisbare Tatsachen, alles Unbeweisbare hat keinen besonderen Stellenwert und findet auch keine große Beachtung.

Liegt unsere Vergangenheit – was beim Aszendenten Waage der Fall ist – im Zeichen Jungfrau, ist auch unser Leben erst einmal nach der sichtbaren Welt, den konkreten Bedingungen und Umständen ausgerichtet. Weder Träume noch Ideale zählen, denn der Alltag muß erst stimmen, das Leben in geregelten Bahnen verlaufen und das materiell Notwendige herangeschafft sein, ehe anderen Überlegungen Raum gegeben wird. Wohl träumen wir gelegentlich – angeregt von unserem Aszendenten Waage – von »einer paradiesischen Insel«, vom geliebten Partner, vom idealen Beruf, aber die Jungfraukraft in uns macht alles zunichte. Genügend Geld muß erst verdient werden, ein Eigenheim und eine gesicherte Zukunft sollten erst geschaffen sein, ehe wir uns auf das Glatteis unserer Träume wagen. So ergreifen wir häufig einen Beruf oder wählen einen Arbeitsplatz, der zwar gut abgesichert ist und das zum Leben notwendige Geld erwirtschaftet, aber nicht gerade unserer Idealvorstellung entspricht. Gerne flüchten wir uns dabei in das Argument, daß schließlich in dieser Welt nichts und niemand ideal ist. Ähnliche Abstriche von unseren Idealen machen wir auch in der Partnerschaft. Wir begegnen Menschen – oft ebenfalls »jungfraubetont« –, denen wir uns zuneigen und die unsere Zuneigung in gleicher Art erwidern. Es entsteht eine Partnerschaft, eine feste Bindung, später sogar eine Ehe, die lange halten kann, aber die »große Liebe« ist es nicht und sie wird es auch nie werden. Die gleiche Gesinnung, die gleichen Hobbys, die gleichen Vorlieben, vielleicht auch der gleiche Beruf oder der Arbeitsplatz in derselben Firma binden aneinander, schaffen Bequemlichkeiten und gegenseitige Abhängigkeiten und vermindern obendrein gegenseitige Reibung. Die Leidenschaft, jene Liebe und Leid erzeugende Kraft von Aphrodite/Venus, grenzen wir vorsichtshalber in allen Lebensbereichen so gut es geht aus, um zu einem sorgen- und problemfreien Alltag zu kommen. Wen wundert es da, wenn daraufhin auch unser Leben ein »alltägliches« wird. Ohne große Höhe und Tiefen leben wir lange Zeit dahin, fügen uns ein in die selbstdefinierten Notwendigkeiten und Verpflichtungen, die unsere Lebenumstände scheinbar erzwingen. Doch wir selbst legen uns diese Zwangsjacke an: Wir erzeugen und definieren die Notwendigkeiten aus Angst vor Schwierigkeiten, vor möglichen Verlusten oder Katastrophen, die wir in die Zukunft hineinprojizieren. Alles, was wir (noch) nicht kennen, nicht klar sehen, bestimmen und zuordnen können, ist für uns wie »Wasser ohne Balken«. Im Ungewissen, im Unklaren, im Trüben glauben wir uns zu verirren wie Hänsel und Gretel im Wald. So bevorzugen wir das »feste Land«, den sicheren Boden unter den Füssen und alles, was uns vermeintlichen Halt gibt. Unsere Seele und unser Schicksal aber haben sich anders entschieden, sie wollen den Weg zum Zeichen Waage gehen, der ein bedingungsloser Weg zur Liebe ist und uns von allen auferlegten Zwängen befreien will. Wie uns die Entfaltung des Aszendenten Waage noch zeigen wird, ist es ein Weg in die Tiefe, der ohne Anspannung, ohne Ansporn und ohne die Bereitschaft, sich verwunden zu lassen, nicht gegangen werden kann. Der Lohn allerdings wird dafür ein großer sein: Anstelle der kleinen und bescheidenen Ersatzfreuden des Alltags, auf die wir unser Leben lange Zeit reduziert haben, warten auf uns seelischer Frieden und geistige Fülle, Freiheit und Ungezwungenheit, wahre Freude und echtes Glück. Wir tauchen auf aus unserer Bedeutungslosigkeit als Erwachte und haben eines fernen Tages selbst die Kraft, andere von ihrem Dornröschenschlaf zu befreien.

Zusammenfassung der Vergangenheit im Zeichen Jungfrau
- Materialismus anstatt Idealismus
- irdische Ersatzfreuden anstelle seelischen Glücks
- Anpassung an und Einordnung in bestehende Umstände
- Akzeptanz bestehender Bedingungen
- Sicherung von Gegenwart und Zukunft haben Vorrang
- die Zukunft betreffend entstehen leicht Sorgen und Bedenken
- macht sich »keine Illusionen«, sieht »realistisch«, hat wenig Visionen und Träume
- bevorzugt das Praktische, das Erprobte, das Getestete
- alles muß abschätzbar, klar definierbar und beweisbar sein
- Angst vor Chaos, vor unklaren Beziehungen, vor Untergang, vor Ausschluß aus der Gesellschaft
- wenig Vertrauen zu den eigenen Ahnungen
- Angst vor äußeren Widerständen, Schwierigkeiten und Problemen

- detailliert beobachtend, analysierend und betrachtend
- sieht den Teil, die Einzelheit, die jeweilige Situation genau
- sieht das Ganze, die Zusammenhänge, das Verbindende zu wenig
- bescheiden, nichts im Übermaß, lieber (zurück-) haltend als (voran-) treibend
- zwingt unbewußt Liebe und Leidenschaft aus dem Leben heraus
- das Leben als Alltag, das Alltägliche als kontinuierliche Norm
- vorsichtig, bedächtig, berechnend, kalkulierend, nach materiellen Vorteilen abwägend
- wenn verändernd, dann stets langsam, gleichmäßig, schrittweise, nie sprunghaft und unberechenbar
- versucht alles zu glätten, einzuebnen und einzusortieren
- projiziert die eigene Zwanghaftigkeit in Menschen und Lebensumstände hinein
- glaubt fest an seine »Notwendigkeiten und Verpflichtungen«
- kommt am besten aus mit Menschen von »gleicher Art«
- mag nicht die (krassen) Gegensätze, das Bunte, das Grelle, die unüberschaubare Vielfalt

Der Aszendent Waage

Ist es uns gelungen, die »Jungfrau in uns« zu erkennen, und sind wir bereit, unseren Aszendenten aus freien Stücken heraus zu entfalten, gibt uns der Tierkreis exakte Anleitung, wie der Aszendent Waage stufenweise entfaltet werden kann. Wir werden im Laufe der Zeit spüren, daß es mit der reinen Willensäußerung im Sinne eines *»Ich will meinen Aszendenten Waage leben!«* nicht getan ist. Wir können versuchen, uns dem Waageprinzip (Liebe, Idealismus, Schönheit, Harmonie, Ausgewogenheit, Vervollkommnung) mehr anzuvertrauen, doch eine Auflösung unseres unbewußt überbetonten Jungfrauprinzips geschieht nicht. Wir haben bereits davon gesprochen, daß in unserem Horoskop die Achse Jungfrau – Fische im

Ungleichgewicht ist und in Harmonie kommen will. Wie dies geschieht, zeigen uns der Verlauf des Tierkreises ebenso wie die aus dem Mythos des Orion gewonnenen Stufen der Entfaltung. Steigen wir sie empor, wird uns mehr und mehr innere Harmonie und Ausgewogenheit zuteil. Das Prinzip Jungfrau beherrschen wir dann ebenso wie das Prinzip Fische: Jetzt können wir unseren Notwendigkeiten und Verpflichtungen im Leben gerecht werden, ohne gegen die Kräfte des Schicksals zu arbeiten. Der Liebe gestatten wir wieder, unser Leben zu erfüllen, so daß der irdisch-materielle Überlebenskampf und -krampf allmählich sich verwandelt in ein hoffnungsfrohes, von unserer Vision getragenes Dasein. Jetzt hat unsere tiefe Sehnsucht nach Liebe und Selbstverwirklichung, die wir einst gemeinsam mit unseren Träumen als unrealistisch abgetan und verworfen haben, wieder ihren ursprünglichen Platz eingenommen. Unsere Einseitigkeit zieht sich zurück, wir werden frei und können überall ungehemmt und unvoreingenommen unsere Kräfte und Fähigkeiten einbringen.

Doch gehen wir in unserer Wandlung und Veränderung Schritt für Schritt vor. Zuerst übertragen wir das archetypische Horoskop auf unser persönliches Horoskop. Dabei ergibt sich – von unserem Aszendenten angefangen – ein vierstufiger Entfaltungsplan: Erste und zweite Hermes/Merkur-Stufe, Zeus/Jupiter-Stufe und Poseidon/Neptun-Stufe. Jede einzelne Stufe gibt dabei Hinweise zur Wandlung. Hier können wir uns im Laufe der Zeit verändern, um dadurch die Entfaltung des Aszendenten und damit gleichzeitig die Entwicklung unserer Persönlichkeit zu fördern.

Die erste Hermes/Merkur-Stufe der Wandlung – Änderung unserer Entscheidungen

Da wir unsere Vergangenheit kennen, können wir in die erste Phase der Wandlung eintreten: Wir verändern unsere zukünftigen Entscheidungen im Sinne unserer geistig-seelischen Entwicklung, wie sie in unserem Horoskop niedergelegt ist. Das archetypische Horoskop (siehe Abb. S. 48) beschreibt die Entscheidungsfindung durch den ersten Quadranten, die dazugehörigen Tierkreiszeichen sind Widder (freier Wille), Stier (geplante Absicht) und Zwillinge (Wahl der zur Verfügung stehenden Möglichkeiten). Das veränderliche Tierkreiszeichen ist dabei Zwillinge, dem der Götterbote Hermes/Merkur zugeordnet ist. Hermes/Merkur bietet in seiner Funktion als Götterbote uns Menschen Möglichkeiten und Gelegenheiten, um neue, bewußtseinserweiternde Erfahrungen zu machen. Die Auswahl aus den zur Verfügung stehenden Möglichkeiten sowie die Entscheidung, eine gebotene Gelegenheit zu ergreifen, steht uns dabei frei. Dies heißt, daß wir die Art und Weise unserer Auswahl und damit alle anstehenden Entscheidungen jederzeit verändern können.

Immer wieder stellt uns das Leben vor Entscheidungen. Da wir anfangs weder unsere Berufung noch unseren Lebensweg klar und deutlich erkennen, begleiten uns Zweifel und Unsicherheit auf unserem Weg. Welche Entscheidung ist die richtige, welche die falsche? Gibt es überhaupt eine richtige Entscheidung? Da wir keine Antwort wissen, geben wir die Entscheidung oft ab an unser Unbewußtes: Unsere alten Bewertungen und Vorurteile geben den Ausschlag für unsere Entscheidung. Wir verharren im alten Muster, ein neues ist noch nicht entwickelt. Hier soll der Entfaltungsplan des Aszendenten Hilfestellung geben.

Für den Aszendenten Waage befindet sich die erste Hermes/Merkur-Stufe der Wandlung im Zeichen Schütze (siehe Abb. S. 242). Ist unser Aszendent im Zeichen Waage, sollten wir uns für jene Möglichkeiten und Gelegenheiten entscheiden, die dem Prinzip Schütze am meisten entsprechen. Tun wir dies, wird die Entfaltung unseres Aszendenten gefördert. Tun wir dies nicht, ist anzunehmen, daß unsere alten Muster und Gewohnheiten gesiegt haben: Die Vergangenheit hat uns wieder einmal eingeholt, wir sind ihr unbewußt erlegen. Was heißt es nun, eine Entscheidung zu treffen, die dem Prinzip Schütze entspricht? Auch hier sollten wir erst das Prinzip Schütze verstehen, ehe wir diese Frage beantworten können. Schütze gilt als Zeichen hoher Zielbewußtheit. Als veränderliches Feuerzeichen ist es ein geistiges Zeichen, dem die traditionelle Astrologie Religion und Philosophie ebenso zuordnet wie Weisheit und Lehre. Wie ein Lehrer bereits vor dem Unterricht wissen muß, wohin er steuert und worauf er hinaus will, so muß auch der Bogenschütze wissen, auf welches ferne Ziel er die Kraft seines Willens und seine Konzentration lenkt. Kennt er sein Ziel nicht genau, irrt der Pfeil ab, verliert sich im Dunkel des Unbekannten, verfehlt sein Ziel und trifft womöglich sogar ein falsches. In der astrologischen Lehre ist der Pfeil des Schützen nach oben gerichtet, er strebt nach Höherem, nach Geistigem, nach der Rückverbindung zum Ganzen. Nicht Weltliches ist sein Ziel, sondern Überweltliches, nicht Irdisches sondern Himmlisches, nicht Materielles sondern Ideelles. Daher gibt Schütze auch die Kraft der Vision. Nicht ein konkretes, absehbares und schnell erreichbares Ziel visiert der Bogenschütze an, sondern er strebt nach der Ausrichtung all seiner Kräfte auf ein einziges Ziel. Schütze stärkt und fördert in uns die Sehnsucht nach Erfüllung, den Wunsch nach Liebe und Weisheit sowie den freien Willen, damit uns niemand und nichts von unserer Lebenslinie abzubringen vermag. Da wir selbst nicht nur der abgeschossene Pfeil, sondern auch der bis zum Zerreißen gespannte Bogen sind, verhilft uns Schütze zur Bereitschaft, den Spannungen des Lebens zu begegnen, ja sie geradezu herauszufordern, weil sie unsere Konzentration bündeln und unsere gesammelte Energie »auf den Punkt« bringen.

Weist unser Aszendent auf das Zeichen Waage, sollten wir uns daher vor jeder wichtigen Entscheidung im Leben fragen:

Entspricht unsere Wahl dem Prinzip Schütze?
Ist die Wahl im höheren Sinne und auf unser ganzes Leben bezogen sinnvoll? Haben wir Denken und Fühlen über unser Herz vereint?
Haben wir bereits eine Vision aufgebaut? Zielt unsere Entscheidung auf diese Vision? Gehen wir aufs Ganze?
Sind alle unsere Kräfte nach vorne ausgerichtet, sind sie auf den Punkt gebracht, sind sie konzentriert?
Streben wir ein höheres, geistiges Ziel an? Kommen wir damit unserer Berufung näher?
Haben wir, wie ein guter Bogenschütze, festen Boden unter

den Füßen? Haben wir Halt in uns selbst gefunden? Sind wir bereit, Schmerz oder Verwundung zu ertragen?
Ist es sicher, daß wir mit unserer Entscheidung nicht Problemen und Schwierigkeiten, Ärger und Streit ausweichen wollen?
Ist es sicher, daß nicht der Druck der Vergangenheit uns zur Entscheidung zwingt?
Ist es sicher, daß wir nicht aus materiellen Überlegungen oder scheinbaren Notwendigkeiten heraus entscheiden?
Ist es sicher, daß wir uns in der Entscheidung frei gemacht haben von Verpflichtungen und Zwängen?
Ist es sicher, daß unsere Wahl nicht dem Alltäglichen, dem Normalen, dem Üblichen entspricht?
Läßt unsere Entscheidung auch das Ungewisse, das nicht Absehbare, das Undefinierte zu?
Läßt unsere Entscheidung auch Raum für das Göttliche?
Haben wir die Zustimmung der »Götter«? Befinden wir uns im Einklang mit ihnen?

Sind wir diesen Fragen ernsthaft nachgegangen und können sie – bezüglich der getroffenen Auswahl – im wesentlichen mit ja beantworten, treffen wir sicherlich die richtige Entscheidung. Unschwer werden wir dabei den Widerstreit der Argumente in uns spüren. Die »Jungfrauseele« in uns (unsere Vergangenheit!) war nie bereit, »aufs Ganze« zu gehen. Eine übergreifende, nach Erfüllung suchende Vision lag ihr ferne, denn sie war ihr zu unklar, zu undefiniert, zu unwirklich. Der nächste, konkrete Schritt lag ihr viel näher, denn er erschien berechenbar, war abschätzbar und konnte gut kalkuliert werden. Wären nicht die Tücken des Schicksals gewesen, die Jungfraukraft in uns wäre übermächtig geworden, hätte uns festgefahren und zu gut funktionierenden Einheiten unserer Gesellschaftsordnung gemacht. Weder würden wir über die Stränge schlagen, noch die herrschende Ordnung stören noch eine bestehende Verordnung übertreten. Sanft, auf dem Ruhekissen eines ruhigen Gewissens, würden wir gemächlich und friedlich dahinleben, alle Höhen und Tiefen des Lebens ausklammernd. Doch die »Waageseele« in unserer Brust läßt uns nicht zur Ruhe kommen. Aller Friede ist Scheinfriede, alle

Heiligkeit ist Scheinheiligkeit, alle Ruhe ist nur die Ruhe vor dem Sturm, flüstert sie uns unablässig ein. Deshalb kommt es immer wieder zu schicksalshaften Begegnungen, Ereignissen oder auch Krankheiten, die uns tiefgreifend erschüttern und in unseren Grundfesten und -werten zum Wanken bringen wollen. Sie fordern neue und immer wieder neue Entscheidungen, zwingen uns, eingefahrene Wege zu verlassen, und legen uns nahe, unserem Leben einen höheren Sinn, einen geistigen Inhalt, einen überirdischen Anteil zu geben, damit wir uns eines Tages dem Segen der Götter würdig erweisen. Die weitere Entfaltung des Aszendenten Waage zeigt dazu das »wie«.

Anmerkung
Untersuchen wir im Entscheidungsfindungsprozeß die Wahl der Möglichkeiten nach dem Prinzip Schütze, kann es sein, daß wir nicht unbedingt zu einer eindeutigen Entscheidung vordringen. Vielleicht schwanken wir zwischen mehreren Möglichkeiten, die unserer Auffassung nach alle – mehr oder weniger – dem Prinzip Schütze entsprechen. Hier sollten wir wissen, daß es für die Entfaltung unseres Aszendenten Waage unerheblich ist, für welche der »Schützemöglichkeiten« wir uns entscheiden. Von Bedeutung ist lediglich, daß unsere Wahl das Prinzip Schütze überhaupt beinhaltet. Daher genügt es auch, wenn wir aus dem oben angeführten Katalog nur einige Fragen mit einem klaren »ja« beantworten können.
Wie im Mythos von Orion so schön beschrieben, ist in der ersten Entfaltungsphase des Aszendenten nur wichtig, nicht in das alte Muster zurückzufallen. Auch Orion, nachdem er sein Augenlicht zurückerhalten hatte, war nahe daran, aus Rache in seine alte Gewohnheit – seine Vergangenheit – zurückzufallen. Doch er hat sich von seiner Vergangenheit befreit, und das macht ihn zum großen Vorbild. Das Wesentliche in dieser ersten Hermes/Merkur-Stufe der Entfaltung ist es, alle jene Entscheidungsmöglichkeiten auszuschalten, die uns zurückziehen würden in den Sog der Jungfrauvergangenheit. Erreichen wir dies, haben wir bereits gewonnen. Nur wenn das Alte uns einholt und umklammert, bleiben wir auf unserem Weg stehen; alles

andere gehört bereits zum Vorwärtsschreiten, zur Entwicklung der Persönlichkeit, zur Entfaltung des Aszendenten.

Die zweite Hermes/Merkur-Stufe der Wandlung – Änderung unseres Ausdrucks

Haben wir die richtige Wahl getroffen und uns entschieden, treten wir in eine neue Phase ein: Wir schreiten zur Tat. Das archetypische Horoskop (siehe Abb. S. 48) beschreibt unser Handeln durch den zweiten Quadranten, die dazugehörigen Tierkreiszeichen sind Krebs (Identifikation), Löwe (Ausdruckskraft) und Jungfrau (Ausdrucksmittel). Das veränderliche Tierkreiszeichen ist Jungfrau, der herrschende Planet ist Hermes/Merkur, der Götterbote. Dies bedeutet, daß wir uns auch in der Wahl der Ausdrucksmittel jederzeit verändern können.

So wie wir in der ersten Hermes/Merkur-Stufe unsere Entscheidungen verwandeln können, bietet uns analog dazu die zweite Stufe die Möglichkeit, unsere Ausdrucksmittel zu verändern. In der zweiten Stufe der Entfaltung des Aszendenten wird unser Innerstes nach außen hin sichtbar. War unsere Entscheidungsfindung für andere Menschen weitgehend unsichtbar, so sind unsere Vorgehensweisen und Taten als sichtbarer Ausdruck unserer Entscheidungen normalerweise für jedermann wahrnehmbar. Wir alle drücken uns aus im Reden, im Tun, in unseren Bewegungen und in der Art und Weise, wie wir mit den uns zur Verfügung stehenden Mitteln umgehen. Dies zusammen sind unsere Ausdrucksmittel, mit denen wir der Welt begegnen. Unsere Mitmenschen nehmen sie wahr, erkennen uns daran und nennen den Gesamteindruck unsere »Eigenart«. Dabei entsteht – in Analogie zur ersten Stufe – auch in der zweiten Stufe ein Zwischenreich: Das Ich auf der einen Seite, das Du auf der anderen Seite und die Ausdrucksmittel zwischen den beiden. Aus dieser Position heraus ist es weiter nicht verwunderlich, wenn die Wahrnehmung des Ich sich nicht unbedingt mit der Wahrnehmung des Du deckt. Ein jeder sieht die Dinge von seiner Seite, erst alle Sichtweisen zusammen ergeben das Ganze.

Die zweite Hermes/Merkur-Stufe der Wandlung

Für den Aszendenten Waage weist die zweite Hermes/Merkur-Stufe der Wandlung auf das Zeichen Fische (siehe Abb. S. 242). Ist unser Aszendent im Zeichen Waage, sollten unsere Art und Weise des Ausdrucks sowie unsere verwendeten Ausdrucksmittel sich im Laufe der Zeit dem Prinzip Fische annähern. An dieser Stelle ist es wichtig, sich daran zu erinnern, daß unsere Vergangenheit im Zeichen Jungfrau liegt. Unbewußt verwenden wir als sichtbaren Ausdruck deshalb vorzugsweise das Prinzip Jungfrau. Durch die Entfaltung des Aszendenten wird damit ein Ausgleich herbeigeführt: Wir lernen, das Prinzip Fische in die Sichtbarkeit zu bringen.

Wie sieht nun das Prinzip Fische – in die Sichtbarkeit gebracht – aus? Auch hier ist es unumgänglich, dieses Prinzip erst einmal zu verstehen. Das Zeichen Fische verbindet im Tierkreis Anfang mit Ende. Als veränderliches Wasserzeichen ist ihm das Meer zugeordnet, als Planet der Meeresgott Poseidon/Neptun. Das Meer symbolisiert in seinem ewigen Auf und Ab der Wogen, in seinem steten Hin und Her von Ebbe und Flut das menschliche Schicksal, dem wir so gerne zu entfliehen versuchen. Doch auf dem Erkennnisweg erregen uns gerade die neptunischen Schicksalskräfte, damit wir nicht stehen bleiben, sondern durch alle Gegensätze und Polaritäten hindurch heil zurückkehren ins Paradies – versehen mit allumfassendem, göttlichem Bewußtsein. Nur so ist zu verstehen, daß bei den alten Griechen Poseidon den Beinamen ›der Erderschütterer‹ trägt. Im Mythos verfolgt er – so erzählt uns Homer – auf einer zehn Jahre dauernden Irrfahrt gnadenlos und unerbittlich den klugen Odysseus, ehe er ihm die Heimkehr nach Ithaka zu Penelope gestattet. Die reinigende Kraft der Fische löst uns von allem, was (noch) nicht vollendet ist. Es wird pulverisiert, zu Staub gemacht, um in der nächsten Runde des Tierkreises – neu zusammengesetzt – der Vervollkommnung zugeführt zu werden. Was übrig bleibt ist das Vollkommene und Vollendete. Hier sind wir unserem Heil näher gekommen, haben einen Grad von Meisterschaft erreicht und sind berechtigt, andere Menschen auf ihrem Weg zum Seelenheil zu begleiten und zu führen.

Weist unser Aszendent auf das Zeichen Waage, sollten wir lernen, unsere Ausdrucksmittel so zu wählen, daß an uns dieses Fischeprinzip sichtbar wird. Soll aber für andere Menschen an uns ein gewisser Grad an Meisterschaft sichtbar werden, müssen wir selbst Meisterschaft anstreben, den Weg dazu gehen und die Meisterschaft erlangen. Dabei liefert uns das Schicksal selbst den Maßstab. Denn Meister sind wir erst, wenn unser Inneres mit dem Äußeren übereinstimmt. Spüren wir, wie einst Odysseus, die Stürme des Lebens und die Wogen des Schicksals gegen uns branden, dürfen wir sicher sein, daß Poseidon/Neptun, die Gottheit von Wasser und Erde, uns immer noch zürnt und mahnt. Noch ist unser Weg nicht am Ende, wir sind nicht vollendet, nicht endgültig fertig. Hier heißt es, niemals aufzugeben und nicht zu verzagen. Ein Stück Vergangenheit, ein altes Muster, eine liebgewordene Gewohnheit, ein scheinbarer Zwang, eine erstarrte Bindung, eine ängstliche Haftung befindet sich in uns, bedarf der Auflösung, muß sterben. Entsprach unsere Entscheidung in der ersten Entfaltungsstufe wirklich unserer Vision, werden wir in dieser zweiten Entfaltungsstufe alles durchstehen und alles zu Ende bringen, um ans (vorläufige) Ziel kommen. Wir haben eine weitere Entwicklungsstufe erklommen und einen Grad an Meisterschaft erreicht. Unschwer werden wir feststellen, daß andere Menschen unsere Nähe suchen, um von uns Beistand und Führung zu erbitten. Allmählich verstehen wir jene uralte Weisheit, die uns sagt, daß der Schüler den Meister, der Jünger den Erleuchteten suchen und erkennen muß. Wer zu uns kommt, hat uns erkannt, nur das zählt und ist zugleich Maßstab. Selbsternannte Meister gibt es unzählige auf dieser Erde, sie leben und wirken aus ihrer Illusion heraus – und können doch nichts erwirken. Mit der Entfaltung des Aszendenten Waage lernen wir, alle Bewertungen und Urteile über unsere eigene Person abzugeben an das Du, an den Partner, an die Außenwelt. Sie alleine entscheiden über uns und unsere Fähigkeiten. Wir beenden unsere Projektionen, wir hören auf mit Erklärungsversuchen, wir geben uns keiner Selbsttäuschung mehr hin und suchen keinen Schuldigen mehr. So stoppen wir der Kreislauf von Schuld und Entschuldigung, weil wir in Bezug auf unser Sein und unser Wirken keinerlei Entschuldigung akzeptieren. Was immer geschehen ist, ist geschehen. Es gehört zu unserem Schicksal, zeigt, wo wir stehen, und deckt

Die zweite Hermes/Merkur-Stufe der Wandlung

unsere Mängel auf – nichts weiter. Mit dieser Einstellung überwinden wir alle unsere früheren Schuldzuweisungen, die so lange unsere Entwicklung gebremst haben. Die einseitige, auf eigenen Vorteil bedachte Jungfrauseele in uns (unsere Vergangenheit!) projizierte die Schuld nach außen, suchte einen Schuldigen und fand ihn. Seine Schuld lieferte uns die Erklärung für das Geschehene, so daß wir aufhörten, unseren eigenen Anteil am Geschehen zu untersuchen und zu hinterfragen. Wir verhielten uns wie ein Lehrer in der Schule, der die schlechten Noten alleine dem Unvermögen seiner Schüler anlastete. Die Folge war die Stagnation des Selbsterkenntnisprozesses. Der Aszendent Waage bringt ihn mit Hilfe des Schicksals und der in ihm wachsenden Fischeseele wieder in Bewegung. Unsere Ahnung, daß alles Geschehen um uns herum mit uns und unserem Weg in Beziehung steht, wird gestärkt, wir lernen langsam, die Äußerlichkeiten zu durchschauen und die dahinter sich befindenden Wirkkräfte zu verstehen. So schaffen wir es, unserem Schicksal den persönlichen Sinn abzuringen, ihm mehr Vertrauen entgegen zu bringen und – am Ende – ihm die Führung über unser Leben ganz zu überlassen.

An dieser Stelle sollte ein weit verbreiteter Irrtum (›Euryale‹, Mutter des Orion = ›weit verbreiteter Irrtum‹) aufgedeckt werden. Weil wir das Sichtbare (den Körper!) zur Ursache erklären und vergessen haben, daß stets die unsichtbar wirkende Kraft (der Geist!) der Ursprung der Tat ist, haben sich Fehler in der traditionellen Astrologie eingeschlichen. Dem Aszendenten Waage wird das Prinzip Waage als (an ihm sichtbare) Eigenschaft zugeschrieben. Folge ist, daß z.B. in astrologischen Beratungen dem Aszendenten Waage angeraten wird, mehr auf Ausgewogenheit und Ausgleich zu achten, sich vermehrt den Belangen des Partners zu widmen und sich im zwischenmenschlichen Bereich um Harmonie und Schönheit zu kümmern, um so sein Aszendentenpotential bzw. seine Anlage zu »entfalten«. So entsteht die Anregung zu einer »blinden« Waagekraft (Im Mythos: Blindheit des Orion!), die weder Richtung noch Ziel hat. Greifen wir diese Anregung auf, vergewaltigen wir in Wirklichkeit die Welt mit unserer

Waagekraft, weil wir dieser Kraft Sinn und Zweck rauben. Sinn und Zweck der Waageenergie ist es, die von außen einströmende, impulsive Widderkraft zu empfangen und darauf in angemessener und ausgleichender Weise zu reagieren. Gelingt es uns, alle Beziehungen so auszugleichen, daß für beide Seiten Harmonie entsteht, dann ist unsere Waageenergie fruchtbar und von den Göttern gesegnet. Als Aszendent Waage lernen wir, »Botschafter des Friedens« zu werden – wo immer wir uns befinden und mit wem immer wir zusammen sein mögen. Dabei werden wir feststellen, daß sich äußerer Friede nur dann dauerhaft einstellt, wenn wir mit uns selbst in Harmonie sind.

Hier sehen wir vielleicht am deutlichsten den Unterschied zwischen einem Horoskopeigner mit der Sonne in Waage und einem mit dem Aszendenten Waage. Mit der Waagesonne haben wir eine ausgewogene, harmonisierende Energie in allen Lebenslagen zur Verfügung, die wir manchmal mehr und manchmal weniger zur Geltung bringen, während der Aszendent Waage einen speziellen Entwicklungsweg geht, an dessen Ende er gelernt hat, wie innerer Friede dauerhaft hergestellt werden kann und – als Resultat davon – Gleichklang mit dem persönlichen Schicksal erreicht wird. Die Frage für die Sonne in Waage könnte lauten: »*Wie kann ich von meiner Waageenergie und damit von meinem eigentlichen Wesen im Leben mehr einbringen?*«; die Frage für den Aszendenten Waage lautet eher: »*Wie treffe ich die geeignete Wahl unter den zur Verfügung stehenden (Ausdrucks-) Mitteln, damit ich mich mehr in Harmonie mit meinem Schicksal befinde?*« Nur bei der letzten Fragestellung gewinnt das Prinzip Fische an Bedeutung, weil es unsere Ahnungen von dem, was auf uns zukommt, stärkt. So gestärkt können wir uns auf die Wogen des Schicksals einstellen, mit ihnen gehen, ja uns am Ende sogar von ihnen tragen lassen. Aufgabe des Aszendenten Waage ist es nämlich nicht, Schicksal von sich abzulenken oder zu vermeiden, sondern Schicksal zu transzendieren und mit dem eigenen Willen zu verknüpfen – das Zeichen Fische gibt uns die Kraft dazu. Dabei dürfen wir annehmen, daß mit der Entfaltung des Aszendenten der Raum geschaffen wird, in dem unser eigenes Wesen (= Sonne im Horoskop) mehr und mehr zu strahlen vermag.

Die Skorpionstufe der Entfaltung – Prüfung der Wandlung

In den beiden Hermes/Merkur-Stufen haben wir unsere Entscheidung und unsere Ausdrucksweise geändert. Doch können wir sicher sein, daß sich in uns wirklich ein Wandel vollzogen hat? Oder unterliegen wir ein weiteres mal der großen Illusion, jener Täuschungskraft, die uns immer wieder einen Zerrspiegel vorhält, in dem wir uns selbst nicht zu erkennen vermögen?
Um dies zu beantworten, bedarf es einer prüfenden Instanz, die jenseits unserer Subjektivität liegt. Stets kommt die Prüfung von außen auf uns zu, gelegentlich liebevoll und nachsichtig, oft jedoch widerborstig und dornenreich. Wie der Stachel des Skorpion, der im Mythos den Orion tötet, sticht sie uns, verletzt uns und dringt ein in unsere Tiefen, um zu sehen, ob unsere »alte Form« noch lebt oder schon gestorben ist. Denn nur wenn die alte Form tot ist, können wir sicher sein, daß unsere Änderungen von Dauer sind.

Für den Aszendenten Waage weist die Stufe der Prüfung auf das Tierkreiszeichen Stier (siehe Abb. S. 242).
Stier gilt als Zeichen der Verwurzelung. Als fixes Erdzeichen sind ihm Besitz und Eigentum ebenso zugeordnet wie Grund und Boden. Seine Kraft liegt in der Ausdauer und Beharrlichkeit, diesen »Boden« zu bearbeiten, damit es zu einer reichen Ernte kommt. So wird der bestehende Besitz verankert, verfestigt und vermehrt. Da sich Bemühungen auch für die Zukunft lohnen sollen, verwendet das Stierprinzip seine abgrenzenden Erdkräfte, um Zäune zu ziehen und entstandenen Besitz abzusichern. Wie kein anderes Zeichen im Tierkreis vermag es der Stier, einen »Wohlstand«, ein kleines Paradies, einen eigenen Bereich zu schaffen, zu dem er nur wenigen den Zutritt erlaubt. Auf geistiger, seelischer und körperlicher Ebene baut er undurchdringliche Mauern, damit Fremde und ungebetene Gäste nicht eindringen und sich dieses Wohlstands bemächtigen. Was immer der Stier als »seinen Besitz« definiert, ob Mensch oder Ding, eines ist gewiß: Greift

jemand diesen Besitz an, sieht der Stier »rot«. Was er sich »im Schweiße seines Angesichts« geschaffen hat, daran hält er fest. Wem er davon gibt, will er selbst entscheiden, hier duldet er weder fremden Einfluß noch gutgemeinten Rat. Daß ihm dennoch Aphrodite, die Göttin des Friedens zugeordnet ist, liegt daran, daß auf der anderen Seite auch der Stier keinen Einfluß auf andere ausüben will. Indem er sich auf seinen gefestigten Standpunkt zurückzieht, überläßt er anderen ihre eigenen Standpunkte, er streitet nicht, noch will er überzeugen oder überzeugt werden. Solange seine eigenen Grenzen nicht angetastet werden, solange keine Übergriffe auf ihn stattfinden, solange ihm nichts weggenommen wird, strahlt der Stier ruhige Gelassenheit, Friedlichkeit und Harmonie aus.

Befindet sich unser Aszendent im Zeichen Waage, ist es für uns wichtig zu wissen, daß in allen Partnerschaften, Freundschaften und engeren Beziehungen stets diese beharrende, besitzergreifende und unverrückbare Stierkraft auf uns zukommt, um uns zu reizen und unsere Wandlung zu prüfen. So scheinen uns gerade Menschen, deren Liebe und Nähe wir suchen, wenig abzugeben. Ob auf geistiger, seelischer oder materieller Ebene, sie behalten viel, ja fast alles für sich, ohne uns so ohne weiteres an ihrem »Guthaben« zu beteiligen. Sie verstehen, undurchdringliche Mauern gegen uns zu errichten, weisen uns ab und behandeln uns oft wie Fremde. Immer wieder haben wir das Empfinden, daß sie von uns zwar nehmen, aber wenig zurückgeben. Obendrein erscheinen sie uns gleichermaßen unbeeinflußbar wie unbeeindruckbar. Stur verharren sie in ihren Mustern und Gewohnheiten, hartnäckig vertreten sie ihre Ansichten und Meinungen, eindeutig wissen sie, was sie wollen und was sie nicht wollen. Ansätze der Kommunikation scheitern kläglich, wirkliche Einigung mit ihnen können wir nicht erzielen, ein Gefühl des gegenseitigen Verständnisses stellt sich nicht ein. Es scheint nur eine Wahl zu geben: Entweder wir akzeptieren sie und passen uns ihnen an oder wir akzeptieren sie nicht und lösen uns von ihnen. Doch der tiefere Hintergrund dieser »Qual der Wahl« liegt nicht in unseren Partnern, sondern in uns selbst. Die unverrückbare Stierkraft, auf die wir treffen und die uns wie eine unüberwindliche Mauer erscheint, dient unserer eigenen Prüfung. In

Die Skorpionstufe der Entfaltung – Prüfung der Wandlung

der Entfaltung unseres Aszendenten Waage, lernen wir, das »entweder-oder« in ein »sowohl-als auch« zu verwandeln. Hierfür ist die Stierkraft der geeignete Prüfstein. Von allen Zeichen im Tierkreis fordert sie im Gegenüber am heftigsten das »entweder-oder« heraus, ja für das Stierprinzip scheint es überhaupt nur ein »entweder-oder« zu geben. Dies wird verständlich, wenn wir uns einmal den Besitzanspruch – und der gehört zum Stier – näher betrachten. Hier erkennen wir deutlich, daß alles, was dem einen gehört, natürlich nicht gleichzeitig einem anderen gehören kann. Auf der körperlich-materiellen Ebene klären Besitzverhältnisse stets, wem was gehört – und hier gibt es nur ein klares ja oder ein klares nein, aber nichts dazwischen. Aus dieser Selbstverständlichkeit heraus denkt und handelt das Prinzip Stier. Am Prinzip Waage liegt es, diese Bewußtseinsspaltung – hervorgerufen durch ein Trennungsdenken, das nach Zugehörigkeiten aufteilt – wieder aufzuheben. Jetzt erst wird das verbindende »sowohl-als auch« möglich. Von der geistigen Ebene über die Seelenebene bis hin zur materiellen Ebene, so lehrt und das Zeichen Waage, kann das »Mein« und das »Dein« über das »Unser« zusammenkommen. Gelingt es uns, trotz der widerstrebenden Stierkräfte in unseren Partnern, diese Gemeinsamkeit zu erzeugen, können wir sicher sein, unseren Aszendenten und mit ihm das Waageprinzip dauerhaft entfaltet zu haben – die Skorpionstufe der Prüfung ist bestanden. Erst sehr viel später werden wir entdecken, daß es die Erdkräfte in uns selbst waren, unsere eigenen Besitzansprüche, unsere eigenen Verfestigungen, die auf dem »Mein« beharrten und nicht sterben wollten. Dann wissen wir aber auch, daß der Tod dieser Ansprüche zu einer Welle neuer Möglichkeiten führt, die vor allem unsere Begegnungen und unser Zusammenleben mit anderen Menschen freier und lockerer, ungezwungener und liebevoller machen.

Die Zeus/Jupiter-Stufe der Wandlung – Änderung unserer Werte

Nach zwei Stufen der Wandlung und einer Stufe der Prüfung sind wir ein wenig klüger als zuvor. Die Skorpion-Stufe der Prüfung zeigte uns insbesondere, wo wir »gut« zu sein glaubten, aber am Ende doch nicht »gut genug« waren. Nun heißt es, innehalten und verweilen. Die Jupiter-Stufe der Wandlung will unsere Werte verändern. Das archetypische Horoskop (siehe Abb. S. 48) beschreibt unsere Erfahrung, die Entstehung unserer Werte und unsere Urteilsfindung durch den dritten Quadranten. Die dazugehörigen Tierkreiszeichen sind Waage (Reaktion des Du), Skorpion (Reibung und Einigung mit dem Du) und Schütze (Bewertung der Beziehung; Sinnfindung). Das veränderliche Tierkreiszeichen ist dabei Schütze, der herrschende Planet Zeus/Jupiter. Dies bedeutet, daß wir jederzeit unsere Werte verändern, unsere Bewertungen wandeln und unseren Sinn neu ausrichten können.

Vieles, ja vermutlich sogar das meiste, wofür wir uns entscheiden und was wir tun, halten wir anfangs für gut. Doch dann folgt das bittere Ende: Die Welt, der Partner, der Freund, sie urteilen anders, finden es weniger gut, vielleicht sogar unmöglich oder schlimm. Doch solange wir uns verwickeln und immer mehr in Täuschungen verstricken, kümmert uns die Meinung anderer wenig. Wir sind mit ihnen zusammen, weil wir uns einsam fühlen, weil wir uns einen Vorteil davon versprechen oder weil wir Anerkennung, Aufmerksamkeit und Zuneigung haben möchten.

Mit den Erfahrungen und Erlebnissen wächst gewöhnlich unsere Selbsterkenntnis. Nicht selten erleben wir dabei ein Phänomen: Die Bewertung von Dingen, Menschen und Ereignissen, die wir einst gut oder böse genannt haben, relativiert sich. Das Böse erkennen wir rückblickend als Anstoß, der uns von längst Überholtem gelöst und frischen Wind in unser Leben gebracht hat. Aber auch das Gute geht oft diesen Weg der Wandlung. Was einst gut und sinnvoll erschien, heute hat es nicht mehr denselben Stellenwert. Mit unserer Entwicklung wandeln sich unsere Werte, diese Erfahrung hat jeder von uns schon gemacht.

Die Zeus/Jupiter-Stufe der Wandlung

Die Jupiter-Stufe der Entfaltung des Aszendenten zeigt uns, wo und wie sich unsere Werte und Bewertungen wandeln sollen, damit wir nicht in alte Vorurteile und Bewertungsmuster zurückfallen. Wir finden in unserem Horoskop den Hinweis auf ein Tierkreiszeichen, dessen Sinn sich uns erst im Laufe der Entwicklung enthüllt, dessen Wert wir erst im Laufe der Zeit schätzen lernen. Mit unserem geistigen Wachstum dehnt sich auch dieses Prinzip in uns aus. Entschieden wir uns früher nur dafür, wenn es Vorteile zu bringen schien, so wachsen wir gerade in diesem Prinzip über uns selbst hinaus: Es öffnet uns das Tor zum Überpersönlichen, harmonisiert unseren Geist und befriedet unsere Seele.

Für den Aszendenten Waage befindet sich diese Zeus/Jupiter-Stufe der Wandlung im Zeichen Zwillinge (siehe Abb. S. 242). Das veränderliche Luftzeichen Zwillinge gilt als Zeichen des Interesses und der Neugier, der Unvoreingenommenheit und Wertfreiheit, der Geschicklichkeit und Beweglichkeit. Da ihm der Götterbote Hermes/Merkur zugeordnet ist, sieht die Astrologie im Prinzip Zwillinge auch die Fähigkeit, Kontakt herzustellen und Kommunikation zu betreiben. In dieser Eigenschaft gehört zu ihm das Wort, vor allem das gesprochene Wort, aber auch die göttliche Heilsbotschaft. Alle Götterboten – in der christlichen Terminologie sind es die Engel – stellen die Verbindung her zwischen der Welt der Götter und den Menschen. Ihre Informationen sind es, die uns als Einfälle, als plötzliche Eingebung oder als gebotene Gelegenheit erreichen, um von uns aufgenommen und in die Tat umgesetzt zu werden. In das Zwischenreich zwischen Geist und Materie, zwischen Himmel und Erde, zwischen Vater und Mutter sind wir Menschen als Söhne göttlicher Abstammung hineingeboren, um allumfassendes Bewußtsein zu entwickeln. Im Wechsel von Ruhe und Bewegung, von Stillstand und Fortschreiten, von Vergessen und Wiedererkennen, von Trennen und Verbinden erkennen wir unser Selbst, unseren Sinn und unsere Berufung. Unsere Wandlungen in Körper, Seele und Geist zeugen von unseren Erkenntnissen und sind gleichermaßen Antwort auf den Ruf der Götter, der uns im Zeichen Zwillinge ereilt.

Weist unser Aszendent auf das Zeichen Waage, lernen wir im Laufe der Zeit gerade dieses Zwillingeprinzip mehr und mehr schätzen und lieben. Wurde früher unser Interesse angeregt von den äußerlichen, sich ständig verändernden Dingen und Werten dieser vergänglichen Welt, beginnen wir nun allmählich, nach den Wundern des Lebens, den verborgenen Geheimnissen, nach der Bedeutung von Wort und Sprache zu suchen. Langsam verliert sich unsere Abhängigkeit von dem, was gerade allgemein Mode ist, was im Moment für richtig erachtet wird oder was gegenwärtig angesehen ist. Unser Interesse an materieller Anhäufung schwindet ebenso wie unsere Fixierung auf Besitz, auf Ansprüche, auf Absicherungen, auf Beweisbarkeit. Nutzten wir früher eine gebotene Gelegenheit nur, wenn wir sie als für den jeweiligen Augenblick passend empfunden haben und sicher waren, dabei kein allzu hohes Risiko einzugehen, so öffnen wir uns immer mehr dem ganzen Leben. Unsere Bereitschaft wächst, uns auch auf Unternehmungen und Aktionen einzulassen, deren Ausgang weder kalkulierbar noch abschätzbar ist. Und wir spüren, wie sehr wir uns doch vielen Dingen verschlossen hatten. Lange glaubten wir, nicht genügend Einfälle zu haben, aber in Wirklichkeit sperrten wir sie aus, taten sie als »unmöglich« ab oder legten sie als »verrückte Idee« im Tagebuch nieder. Nur wenn uns ein Einfall oder eine Gelegenheit Vorteile versprach, ergriffen wir sie beim Schopfe, ansonsten war unser Interesse zu gering, unsere Neugier zu schwach, um uns zu motivieren. Als Folge entstand ein Kontaktmangel, der Austausch von Informationen versiegte, die Kommunikation mit der Welt brach ab. Weil wir uns selbst von der göttlichen Inspiration abgeschnitten haben, sind wir rational und funktional geworden. Statt zwischen den Zeilen zu lesen und nach den verborgenen Geheimnissen zu forschen, nahmen wir alle Worte, Sätze und Informationen, die wir empfingen, nur noch wörtlich. Getreu nach den Buchstaben handelten wir, schufen uns so eine »makellose Ordnung« und bemerkten nicht, daß wir Geist und Seele in ihrer Grenzenlosigkeit beschränkten und am Ende sogar fast eliminierten. Doch Geist und Seele meldeten sich – pervertiert – als Krankheit wieder, um uns wach zu rütteln. »*Steh auf, nimm dein Bett und geh!*«, diese zentrale

Heilsbotschaft des uns allen bekannten Götterboten Jesus von Nazareth wird für unsere Entwicklung immer bedeutender. Wollen wir den Aszendenten Waage von ganzem Herzen und mit ganzer Kraft entfalten, werden wir nie versäumen, unser bequemes »Bett« und unsere komfortable Unterlage immer wieder zu verlassen. Vergessen wir es dennoch, werden uns möglicherweise Schicksal, Schwäche oder Krankheit dazu bewegen. Was es heißt, unsere Unterlage selbst zu tragen, werden wir dann, wenn es so weit ist, sicherlich wissen.

Die Poseidon/Neptun-Stufe der Wandlung – Änderung unseres Wesens

Nach den ersten drei Wandlungs- und Entfaltungsstufen will sich der Tierkreis schließen, um auf einer höheren Ebene der Entwicklung von Neuem zu beginnen. Das archetypische Horoskop (siehe Abb. S. 48) schließt mit dem vierten, dem überpersönlichen Quadranten ab, die dazugehörigen Tierkreiszeichen sind Steinbock (Verwesentlichung, Abgrenzung), Wassermann (Erkenntnis der Ganzheit, Integration) und Fische (Auflösung, Einbindung, Synthese). Fische ist im vierten Quadranten das veränderliche Zeichen, herrschender Planet ist Poseidon/Neptun. Dies bedeutet, daß wir uns in der Auflösung, im Abschließen und im Beenden verändern können.

Beenden aber heißt vollenden, vollendet sein aber heißt Meister sein. Die letzte Stufe der Entfaltung unseres Aszendenten spricht zu uns von Meisterschaft: Hat sich alles gewandelt – von der Entscheidung über die Ausdrucksweise bis hin zu unseren Werten – und bestehen wir alle Prüfungen, zu jeder Zeit und an jedem Ort, ist unser ganzes Wesen verändert. Wir beherrschen das Prinzip unseres Aszendenten von Anfang bis Ende und sind darin Meister.

Um über diese Stufe der Entwicklung etwas zu erfahren, liegt es nahe, sich an Menschen zu wenden, die vor uns den Weg schon gegangen und Meister geworden sind. An ihrer Art, in ihrem Wesen und an ihren Taten erkennen wir, wo unser Weg hinführt. Sie geben uns die geeignete Vision, die unserer Entwicklung Richtung und Stabilität verleiht. Viele Meister könnten wir hier anführen, doch nur einer zeigt uns in allen zwölf Tierkreiszeichen, was Meisterschaft bedeutet. Es ist Herakles, der sagenumwobene Held der alten Griechen, der uns in seinen zwölf Aufgaben für jedes Tierkreiszeichen den Weg zur Meisterschaft hinterlassen hat. Er löst alle Aufgaben. Der Mythos von ihm gibt uns die Lösungen an die Hand. So können wir an den jeweiligen Heraklesaufgaben ersehen, was es in der letzten Stufe der Wandlung für uns zu entwickeln und was es aufzugeben gilt.

Der Aszendent Waage hat die Poseidon/Neptun-Stufe der Entfaltung im Zeichen Jungfrau (siehe Abb. S. 242). In der dem Zeichen Jungfrau zugeordneten Heraklesaufgabe geht es um

Das Ergreifen des Gürtels der Hippolyte
Die sechste Aufgabe des Herakles besteht darin, den Gürtel der Amazonenkönigin Hippolyte, Tochter des Kriegsgottes Ares, zu holen. Den Gürtel hat Hippolyte von Aphrodite, der Göttin der Liebe, erhalten. Auch wird gelegentlich behauptet, dieser Gürtel stamme von ihrem Vater Ares selbst.
Die Amazonen werden im allgemeinen als Töchter des Kriegsgottes Ares (im Tierkreis dem Widder zugeordnet) und der Liebesgöttin Aphrodite (im Tierkreis zugeordnet zu Stier und Waage) betrachtet. Hippolyte erfährt von der Absicht des Herakles. Sie berät mit den anderen zwei Amazonenköniginnen, was zu tun sei. Sie kommen zu der Einsicht, den Gürtel dem Herakles freiwillig zu überlassen. Als die Ankunft des Helden im Reich der Amazonen gemeldet wird, geht Hippolyte Herakles entgegen, um ihm den Gürtel zu übergeben.
Herakles jedoch ahnt nichts davon. Er kämpft sofort mit der Amazonenkönigin, entreißt ihr mit Gewalt den Gürtel – und tötet sie dabei. Neben der Sterbenden wird ihm sein schreckliches Versagen bewußt.
Herakles macht sich voller Reue auf den Heimweg. Nahe einem felsigen Meeresstrand sieht er plötzlich ein riesiges Meeresungeheuer und vernimmt die Hilferufe von

Hesione, Tochter des Laomedon, die eben diesem Ungeheuer auf Anraten des Orakels geopfert werden soll. Ohne zu zögern stürzt sich Herakles ins Meer. Als er das Ungeheuer erreicht, ist Hesione bereits verschlungen. Herakles dringt durch den weit geöffneten Schlund in den Bauch des Ungeheuers ein. Dort findet er Hesione; er nimmt sie mit seiner linken Hand und hält sie fest, während er mit dem Schwert in der rechten sich den Weg nach außen freikämpft. So rettet er – zum Ausgleich für sein Versagen – das Leben von Hesione. Der Tod von Hippolyte wird durch die Rettung Hesiones ausgeglichen und wieder gut gemacht.

Zusammenfassung der Ergebnisse aus der Deutung des Mythos

zu entwickeln wären
- eine Vision
- der Glaube, daß uns die Welt entgegenkommt
- angemessene Reaktion auf alles
- Bereitschaft, dem Ganzen zu dienen
- echte Wiedergutmachung, Reue und Umkehr
- die Fähigkeit, in allen Beziehungen das Gute und Entgegenkommende zu sehen
- Verständnis für alles Fremde und Andersartige
- Bescheidenheit und Zurückhaltung
- vor allem erst zur Ruhe kommen
- freiwilliges Geben, Entgegenkommen
- gemeinsame Beschlüsse, Einholung der Zustimmung aller
- alles Angefangene »abschließen«
- alle Beziehungen in Ordnung bringen

aufzugeben wären
- der »Augenschein« und das »Augenmaß«
- Projektion der eigenen feindlichen Gesinnung in das, was uns entgegenkommt
- Kampf, Abwehr und Verweigerung
- Ungeduld, alles Drängen, alles Vorschnelle, alles Hastige und Eilige
- alle Versuche, das Heil im außen zu verwirklichen
- rationale Erklärungen, Schuldzuweisungen, Vorwürfe
- Einzeldenken, Denken in Kategorien von »gut« oder »böse«
- alle Halbheiten und Halbherzigkeiten
- das Töten auf allen Ebenen

Diese Zusammenfassung erhebt keinen Anspruch auf Vollständigkeit. Zu empfehlen wäre eine persönliche Auseinandersetzung mit dem Heraklesmythos, hier im speziellen mit der

sechsten Heraklesaufgabe, die dem Zeichen Jungfrau zugeordnet ist.

Herakles ist das Ideal eines Menschen, der sich aus dem Dunkel des Unbewußten heraus in das Licht der Bewußtheit hinein entwickelt. Wie alle Ideale soll er uns nur als richtungsweisendes Leitbild, als Vision dienen. Für uns ist es nicht wichtig, ein Held wie er zu sein, aber um so wichtiger ist es für uns, den von Herakles vorgezeichneten Weg zu beschreiten. Der Weg ist das Ziel, sagt uns die östliche Weisheit. Dies teilt uns mit, daß für uns Menschen weder im Erreichen noch im Verweilen die wahre Erfüllung liegt, sondern nur im Gehen. Viele von uns lassen sich abhalten, weil sie – vom fernen Ziel paralysiert – resignieren und glauben, ein so hohes Ziel nie erreichen zu können. Machen wir die ersten Schritte, um zu erfahren, daß im Gehen die Freude uns begleitet, in der Bewegung die Schönheit uns begegnet und nur im Wandel sich die Liebe uns offenbart.

Die Entfaltung des Aszendenten Skorpion

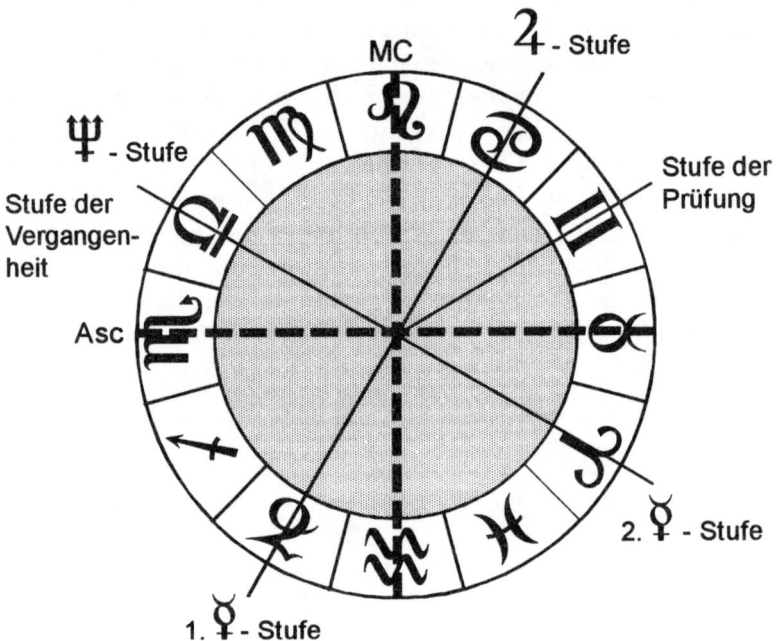

Die Entfaltung des Aszendenten Skorpion

Vergangenheit des Aszendenten Skorpion

Wie immer wir uns Vergangenheit vorstellen – ob wir in unsere Kindheit zurückgehen oder von früheren Inkarnationen sprechen –, eines ist stets gewiß: Unser Geist und unsere Seele sind nicht unberührt geblieben von den Erfahrungen und Erlebnissen dieser Vergangenheit. In uns sind Verwicklungen entstanden, es haben sich Gewohnheiten herausgebildet und feste Handlungsmuster eingeprägt. Wir haben gelernt, zu bewerten, zu beurteilen und nach gut und böse zu unterscheiden. Wir haben Kräfte entwickelt, um das Gute vom Bösen, das Angenehme vom Unangenehmen, das Geliebte vom Ungeliebten zu trennen. Dabei haben wir unseren ganzheitlichen, paradiesisch-unschuldigen Zustand verloren. Mit der Ganzheit haben wir aber auch unser Heil verloren: Wir sind einseitig, krank und schwach geworden.

Etwa zwei Stunden bevor am östlichen Horizont das Tierkreiszeichen des Aszendenten aufsteigt, sehen wir im Osten das dem Aszendenten vorausgehende Tierkreiszeichen emporsteigen. Betrachten wir diese Gegebenheit symbolisch und deuten diesen zeitlichen Ablauf, so dürfen wir annehmen, daß die Vergangenheit eines Horoskopeigners von dem Prinzip beherrscht wird, das dem Aszendenten im Tierkreis vorausgeht.

Zeigt in unserem Horoskop der Aszendent auf das Tierkreiszeichen Skorpion, ist damit gleichzeitig das Waageprinzip als unsere Vergangenheit ausgewiesen. Unbewußt haften wir an diesem Prinzip fest: Alle unsere Handlungsweisen, Gewohnheiten und Reaktionen sind einseitig von ihm geprägt. Das Waageprinzip ist in uns überbetont, wodurch die gesamte Achse Waage – Widder ins Ungleichgewicht geraten ist: Was vom Prinzip Waage »zuviel« ist, fehlt uns am Prinzip Widder. Die Entfaltung des Aszendenten Skorpion wird, wie wir noch sehen werden, den Ausgleich herbeiführen, so daß eines Tages in unserem Horoskop die Achse Waage – Widder in Harmonie kommt. Die einseitige Waagebetonung ist dann aufgehoben, das (noch) fehlende Prinzip Widder wird in die Sicht-

barkeit gebracht. Geschieht dies, dann hat sich unbewußtes Sein in Bewußtsein verwandelt, wir sind – dem Wesen nach verändert – ganzheitlicher geworden.

Doch bevor wir den Aszendenten Skorpion entfalten und diesen Entwicklungsweg gehen können, ist es notwendig, unsere Anhaftung im Prinzip Waage zu erkennen. Stellen wir uns deshalb folgende zwei Fragen:
Wie sehen unsere Bewertungen und Handlungsmuster aus?
Wo liegen ihre Betonungen und warum sind sie dem Waageprinzip zuzuordnen?
Um darüber Aufklärung zu erhalten, sollten wir zuerst das Waageprinzip verstehen. Traditionell gilt Waage als Zeichen des Ausgleichs. Seine reagierenden Kräfte dienen der Wiederherstellung von Harmonie und Frieden. Vor allem in zwischenmenschlichen Bereichen ist das Waageprinzip bemüht, immer wieder alles »ins Lot« zu bringen. Gegensätze und Extreme versucht es dadurch aufzuheben, daß es in allen Lebenslagen auf Gleichgewicht, auf Ausgewogenheit und Objektivität achtet. Da Aphrodite/Venus, die Göttin der Liebe, dem Zeichen Waage zugeordnet ist, gewinnen Partnerschaft und Beziehung in diesem Zeichen eine besondere Bedeutung. Gerade in der liebenden Verbindung zweier Menschen eröffnet sich ein weites Feld von Möglichkeiten, die Waageenergie zum Ausgleich der Gegensätze einzusetzen. Das Waageprinzip stärkt in uns das Gespür für Lieblosigkeit, Ungerechtigkeit, für wachsende Ablehnung und aufkeimende Disharmonie, damit wir rechtzeitig erkennen können, wenn etwas in Kampf und Auseinandersetzung auszuarten droht. Dazu verleiht es uns das diplomatische Feingefühl, frühzeitig zu reagieren und der Entwicklung – ehe es zu spät ist – entgegen zu wirken. Da wir jedoch in einer Welt der polaren, sich ständig reibenden Gegensätze leben, hat die Waageenergie in uns auch ihre Schattenseiten: Je mehr wir auf Ruhe und Frieden im Außen bedacht sind, umso unruhiger werden wir im Innern. Der Unruhe einer Uhr gleich, schwanken wir vor allen Entscheidungen und Handlungen oft lange Zeit hin und her, ohne zu einer eindeutigen Stellungnahme oder zu einem klaren Entschluß zu kommen. Überhaupt scheint es, als wäre das Ideal,

die »goldene Mitte«, in der wir Ruhe und Frieden vermuten, niemals zu finden, noch weniger zu halten. Liegt unsere Vergangenheit – was bei Aszendent Skorpion der Fall ist – im Zeichen Waage, ist in uns jene ausgleichende Waagekraft überbetont. Je mehr wir nach Ruhe und Frieden trachten, umso stürmischer und wogender entwickeln sich die Dinge. Lange Zeit im Leben versuchen wir, in Partnerschaften und Beziehungen zu besänftigen, zuerst uns selbst, dann den anderen. Unser Lebensweg gleicht einer Gratwanderung – nur nicht zur einen oder anderen Seite hinabstürzen heißt unsere Devise. Der Welt zeigen wir unsere »schöne Seite«, wir geben uns verständnisvoll, liebend, aufopfernd, wir verhalten uns zustimmend, einsichtig, nachsichtig, wir sind friedlich, unaufdringlich, zwanglos. Obendrein drängen wir auf allen Ebenen unsere Schattenseiten zurück, um ja nirgends zum Stein des Anstoßes zu werden. Und dennoch zeigt uns die Welt immer wieder die »häßliche Seite«. Wir selbst stoßen auf Widerstände, auf Aggression, auf Ablehnung; unsere Partner verurteilen unser Verhalten, geben uns Schuld für vieles und machen uns für ihre Probleme verantwortlich. Höchstens kurzfristig kommt es zur ersehnten Harmonie, zum trauten Glück zu zweit, zur erstrebten Gemeinsamkeit, dann bewölkt sich aufs Neue der Himmel, ein weiteres Gewitter zieht auf und der nächste Blitz schlägt ein. So sehr wir uns auch anstrengen, so sehr wir uns bemühen, den Beziehungsproblemen rechtzeitig aus dem Weg zu gehen und den zwischenmenschlichen Schwierigkeiten die Spitze zu nehmen, wir scheinen sie regelmäßig – wie magisch – anzuziehen. Fast könnten wir glauben, daß sich dahinter eine Gesetzmäßigkeit verbirgt.

Mit dieser Vermutung haben wir gar nicht so unrecht. Unser Kosmos ist auf einem großen Gesetz aufgebaut, dem Gesetz der Harmonie, das in der indischen Tradition auch das Karmagesetz genannt wird. Was immer entsteht, stets sorgen die kosmischen Kräfte dafür, daß alles zurückgeführt wird in den Ursprung. Der Ursprung des Menschen ist sein paradiesisch-ganzheitlicher Zustand – Körper, Seele und Geist sind eine Einheit und daher eins mit allem was ist. Diesen Zustand haben wir verloren, am deutlichsten von allen Aszendenten vermögen wir als Aszendent Skorpion dies zu verspüren.

Überall in unserer Umwelt, schon in den kleinsten Ansätzen, entdecken wir Uneinigkeit, Streit, Disharmonie, Ablehnung, Trennung, Haß. Wir sehen, wir spüren, wir ahnen die Unvollkommenheiten und Fehler unserer Partner wie kein anderer. Würden wir auch den Rückschluß auf uns zulassen, könnten wir leicht erkennen, daß wir selbst mit all diesen im Außen wahrgenommenen Unvollkommenheiten und Fehlern nicht einverstanden sind. Diese Erkenntnis offenbart uns, daß wir in uns selbst mit vielem noch uneins sind und auf Kriegsfuß stehen. Die Entfaltung unseres Aszendenten Skorpion wird uns noch mehr offenbaren: Alles Unschöne und Häßliche, alles Unvollkommene und Fehlerhafte im Partner korrespondiert mit einer Verdrängung in uns. Was immer wir in der Welt ablehnen und beseitigen wollen, haben wir lange vorher – vielleicht schon in früheren Leben – in uns abgelehnt und verdrängt. Doch Verdrängung ist keine Beseitigung, im Gegenteil. Alles von uns Abgetrennte hebt der Kosmos für uns auf, damit wir es eines Tages zum eigenen Heil wiederfinden können. Tun wir dies, löst sich unser »Karma« auf. Wenn wir diesen Zusammenhang begreifen, wird es uns gelingen, dem Häßlichen, dem Verteufelten, dem Unterdrückten und Gequälten in uns wieder Raum und Leben zu gewähren. Dem Licht und der wärmenden Strahlung der Sonne ausgesetzt, verliert der »Skorpion in uns« seinen giftigen Stachel, ihm wachsen allmählich Flügel, und er kann sich in den Weißen Adler verwandeln – die gewaltige Transformation ist vollzogen, das Sterben hat ein Ende, wir sind wie neugeboren.

Zusammenfassung der Vergangenheit im Zeichen Waage
- Abhängigkeit von Partnerschaft und Beziehung
- Streben nach Harmonie und Ausgleich, nach Schönheit und Vollkommenheit
- wendet sich nur der »guten Seite« zu
- Suche nach dem Ideal, nach Frieden, nach einer Welt ohne Haß, Aggression und Streit
- das »Zünglein an der Waage«
- Vereinigung der Gegensätze, Überwindung von Spaltung und Trennung

- kein fester Standpunkt, Unsicherheit, Unruhe, viele Bedenken
- unparteilich, objektiv, diplomatisch
- scheinbar verständnisvoll, hingebungsvoll und opferbereit
- abwägend, bedenkend, überlegend, reagierend
- Streit und Fehler vermeidend, will nichts falsch machen
- verdrängt leicht, verbirgt viel, zeigt nur die »schöne Seite«
- will die eigenen Schattenseiten nicht anschauen

Der Aszendent Skorpion

Ist es uns gelungen, die »Waage in uns« zu erkennen, und sind wir bereit, unseren Aszendenten aus freien Stücken heraus zu entfalten, gibt uns der Tierkreis exakte Anleitung, wie der Aszendent Skorpion stufenweise entfaltet werden kann. Wir werden im Laufe der Zeit spüren, daß es mit der reinen Willensäußerung im Sinne eines *»Ich will meinen Aszendenten Skorpion leben!«* nicht getan ist. Wir können versuchen, das Skorpionprinzip (zwischenmenschliche Reibung und Einigung, Transformation, Verwandlung) zu leben, doch eine Auflösung unseres unbewußt überbetonten Waageprinzips geschieht nicht. Wir haben bereits davon gesprochen, daß in unserem Horoskop die Achse Waage – Widder im Ungleichgewicht ist und in Harmonie kommen will. Wie dies geschieht, zeigen uns der Verlauf des Tierkreises ebenso wie die aus dem Mythos des Orion gewonnenen Stufen der Entfaltung. Steigen wir sie empor, wird uns mehr und mehr innere Harmonie und Ausgewogenheit zuteil. Das Prinzip Waage beherrschen wir dann genauso wie das Prinzip Widder: Jetzt können wir in unseren Partnerschaften und Beziehungen in Harmonie bleiben und dennoch alle Karten offen auf den Tisch legen. Unsere spontanen Impulse, unseren Eigenwillen, unsere Absichten brauchen wir nicht mehr zu verstecken in der Angst vor Streit und Trennung. Wir können sie einbringen und durchsetzen, ohne Umwege zu gehen und ohne mit Täuschung oder Verdrängung zu arbeiten. Unsere Einseitigkeit zieht sich zurück, die faulen Kompromisse werden durch echte Einigung ersetzt, unsere wahren Kräfte können wir überall ungehemmt und unvoreingenommen einbringen.

Doch gehen wir in unserer Wandlung und Veränderung Schritt für Schritt vor. Zuerst übertragen wir das archetypische Horoskop auf unser persönliches Horoskop. Dabei ergibt sich – von unserem Aszendenten angefangen – ein vierstufiger Entfaltungsplan: Erste und zweite Hermes/Merkur-Stufe, Zeus/Jupiter-Stufe und Poseidon/Neptun-Stufe. Jede einzelne Stufe gibt dabei Hinweise zur Wandlung. Hier können wir uns im Laufe der Zeit verändern, um dadurch die Entfaltung des Aszendenten und damit gleichzeitig die Entwicklung unserer Persönlichkeit zu fördern.

Die erste Hermes/Merkur-Stufe der Wandlung – Änderung unserer Entscheidungen

Da wir unsere Vergangenheit kennen, können wir in die erste Phase der Wandlung eintreten: Wir verändern unsere zukünftigen Entscheidungen im Sinne unserer geistig-seelischen Entwicklung, wie sie in unserem Horoskop niedergelegt ist. Das archetypische Horoskop (siehe Abb. S. 48) beschreibt die Entscheidungsfindung durch den ersten Quadranten, die dazugehörigen Tierkreiszeichen sind Widder (freier Wille), Stier (geplante Absicht) und Zwillinge (Wahl der zur Verfügung stehenden Möglichkeiten). Das veränderliche Tierkreiszeichen ist dabei Zwillinge, dem der Götterbote Hermes/Merkur zugeordnet ist. Hermes/Merkur bietet in seiner Funktion als Götterbote uns Menschen Möglichkeiten und Gelegenheiten, um neue, bewußtseinserweiternde Erfahrungen zu machen. Die Auswahl aus den zur Verfügung stehenden Möglichkeiten sowie die Entscheidung, eine gebotene Gelegenheit zu ergreifen, steht uns dabei frei. Dies heißt, daß wir die Art und Weise unserer Auswahl und damit alle anstehenden Entscheidungen jederzeit verändern können.

Immer wieder stellt uns das Leben vor Entscheidungen. Da wir anfangs weder unsere Berufung noch unseren Lebensweg klar und deutlich erkennen, begleiten uns Zweifel und Unsicherheit auf unserem Weg. Welche Entscheidung ist die richtige, welche die falsche? Gibt es überhaupt eine richtige Entscheidung? Da wir keine Antwort wissen, geben wir die Entscheidung oft ab an unser Unbewußtes: Unsere alten Bewertungen und Vorurteile geben den Ausschlag für unsere Entscheidung. Wir verharren im alten Muster, ein neues ist noch nicht entwickelt. Hier soll der Entfaltungsplan des Aszendenten Hilfestellung geben.

Für den Aszendenten Skorpion befindet sich die erste Hermes/Merkur-Stufe der Wandlung im Zeichen Steinbock (siehe Abb. S. 270). Ist unser Aszendent im Zeichen Skorpion, sollten wir uns für jene Möglichkeiten und Gelegenheiten entscheiden, die dem Prinzip Steinbock am meisten entsprechen. Tun wir dies, wird die Entfaltung unseres Aszendenten gefördert. Tun wir dies nicht, ist anzunehmen, daß unsere alten Muster und Gewohnheiten gesiegt haben: Die Vergangenheit hat uns wieder einmal eingeholt, wir sind ihr unbewußt erlegen. Was heißt es nun, eine Entscheidung zu treffen, die dem Prinzip Steinbock entspricht? Auch hier sollten wir erst das Prinzip Steinbock verstehen, ehe wir diese Frage beantworten können. Steinbock ist im Tierkreis das erste überpersönliche Zeichen. Als Prinzip der Abgrenzung zum Wesentlichen hin verleiht es uns die Kraft, unsere kleinen, ichbezogenen Wünsche und Bedürfnisse zurückzunehmen, um Verantwortung für andere Menschen zu übernehmen. Steinbock symbolisiert den »Bergführer«, der den Weg zum Gipfel gegangen ist, sein Metier beherrscht und bereit ist, andere auf diesem Weg zu führen. Er ist der Berufene, der – dem Ruf der Welt folgend – herabsteigt vom Gipfel, um seine Erfahrung anderen zu bringen. Dieser Abstieg ist vorwiegend ein geistig-seelischer. Die Größe des Steinbocks liegt in der Fähigkeit, von sich zu geben, ohne zu zwingen, zu führen, ohne sich über den anderen zu erheben, zu erziehen, ohne das Verständnis für den anderen zu verlieren. Nur so wird er zum Vorbild, an dem sich freiwillig andere orientieren. Überall dort, wo Menschen ihre Machtposition benutzen, um Druck auf andere auszuüben, verleiht das Zeichen Steinbock die *Kraft* zum Widerstand. Der diesem

Die erste Hermes/Merkur-Stufe der Wandlung

Zeichen zugeordnete Planet Saturn gilt als »Hüter der Schwelle«. Es ist die Schwelle zum Überpersönlichen, die er hütet. Er setzt die Grenzen, über die hinaus wir nicht schreiten dürfen, da wir sonst den freien Willen anderer zu sehr einschränken. Steinbock lehrt uns, daß der freie Wille eines Menschen heilig ist. Ihn gilt es in jedem Falle unangetastet zu lassen.

Weist unser Aszendent auf das Zeichen Skorpion, sollten wir uns daher vor jeder wichtigen Entscheidung im Leben fragen:

> Entspricht unsere Wahl dem Prinzip Steinbock?
> Sind wir bereit, Verantwortung zu übernehmen? Drückt sich dies in unserer Wahl auch aus?
> Führt unser Weg hinein ins Überpersönliche?
> Ist es uns wirklich gelungen, bei der Entscheidungsfindung persönliche Wünsche und Bedürfnisse zurückzustellen oder gar zu opfern?
> Gehen wir unseren eigenen Weg? Ist er unbeeinflußt von Bedenken, die unsere Beziehungen und Partnerschaften betreffen?
> Haben wir unsere Entscheidungsmotive auch in ihrer Tiefe angeschaut? Sind wir unseren Verdrängungen nachgegangen? Haben wir uns mit unseren Schattenseiten und Ängsten auseinandergesetzt?
> Sind wir bereit, Disharmonie, Streit, Schmerz, ja sogar Trennung hinzunehmen, falls es dazu kommen wird?
> Sind wir bereit, Einsamkeit auf uns zu nehmen?
> Sind wir bereit, eine längere Durststrecke durchzuhalten?
> Sind wir bereit, auch bei Hindernissen und Schwiergkeiten weiterzumachen?
> Sind wir bereit, für unsere Aufgabe (fast) alles aufzugeben?
> Ist es unsere Berufung, wofür wir uns entscheiden? Streben wir nach Führung? Nach Verantwortungsübernahme?

Sind wir diesen Fragen ernsthaft nachgegangen und können sie – bezüglich der getroffenen Auswahl – im wesentlichen mit ja beantworten, treffen wir sicherlich die richtige Entscheidung. Unschwer werden wir dabei den Widerstreit der Argumente in uns spüren. Die »Waageseele« in uns (unsere Vergangenheit) möchte unsere Entscheidungen mit allen Betroffenen erst abklären, um nicht auf unvorhergesehene Schwierigkeiten und Widerstände zu stoßen. Nur die Zustimmung aller, so glauben wir, ist Gewähr dafür, daß im Vorfeld bereits alle möglichen Beeinträchtigungen ausgeschlossen werden. Kampf und Auseinandersetzung gelten als hemmend, daher sucht die Waagekraft in uns nach Möglichkeiten, sie generell aus dem Weg zu räumen. Entscheiden wir uns jedoch für das Prinzip Steinbock – und damit für Verantwortungsübernahme –, gehen wir immer in eine ungewisse, unberechenbare, ja gelegentlich sogar gefährliche Zukunft. Zwar kennen wir vielleicht uns und unsere Fähigkeiten, doch die Menschen, für die wir Verantwortung übernehmen, sind uns weitgehend unbekannt und werden dies auch lange Zeit bleiben. Als »Bergführer« mögen wir den Weg kennen und unser Metier beherrschen, doch derjenige, den wir führen wollen, ist unvollkommen und bleibt unberechenbar. Dies zu akzeptieren und für die Fehler und das mögliche Versagen anderer einzustehen und persönliche Verantwortung zu übernehmen, bedeutet überpersönlich zu sein. Lassen wir uns darauf ein, hat die »Skorpionseele« in uns gesiegt. Die weitere Entfaltung unseres Aszendenten Skorpion wird zeigen, daß die überpersönlich getroffene Entscheidung zu einer Form von Durchsetzungsenergie führen wird, die nicht den Kampf mit dem Partner heraufbeschwört, sondern wie von selbst dessen Zustimmung findet.

Anmerkung
Untersuchen wir im Entscheidungsfindungsprozeß die Wahl der Möglichkeiten nach dem Prinzip Steinbock, kann es sein, daß wir nicht unbedingt zu einer eindeutigen Entscheidung vordringen. Vielleicht schwanken wir zwischen mehreren Möglichkeiten, die unserer Auffassung nach alle – mehr oder weniger – dem Prinzip Steinbock entsprechen. Hier sollten wir wissen, daß es für die Entfaltung unseres Aszendenten Skorpion unerheblich ist, für welche der »Steinbockmöglichkeiten« wir uns entscheiden. Von Bedeutung ist lediglich, daß unsere Wahl das Prinzip Steinbock

überhaupt beinhaltet. Daher genügt es auch, wenn wir aus dem oben angeführten Katalog nur einige Fragen mit einem klaren »ja« beantworten können.

Wie im Mythos von Orion so schön beschrieben, ist in der ersten Entfaltungsphase des Aszendenten nur wichtig, nicht in das alte Muster zurückzufallen. Auch Orion, nachdem er sein Augenlicht zurückerhalten hatte, war nahe daran, aus Rache in seine alte Gewohnheit – seine Vergangenheit – zurückzufallen. Doch er hat sich von seiner Vergangenheit befreit, und das macht ihn zum großen Vorbild. Das Wesentliche in dieser ersten Hermes/Merkur-Stufe der Entfaltung ist es, alle jene Entscheidungsmöglichkeiten auszuschalten, die uns zurückziehen würden in den Sog der Waagevergangenheit. Erreichen wir dies, haben wir bereits gewonnen. Nur wenn das Alte uns einholt und umklammert, bleiben wir auf unserem Weg stehen; alles andere gehört bereits zum Vorwärtsschreiten, zur Entwicklung der Persönlichkeit, zur Entfaltung des Aszendenten.

Die zweite Hermes/Merkur-Stufe der Wandlung – Änderung unseres Ausdrucks

Haben wir die richtige Wahl getroffen und uns entschieden, treten wir in eine neue Phase ein: Wir schreiten zur Tat. Das archetypische Horoskop (siehe Abb. S. 48) beschreibt unser Handeln durch den zweiten Quadranten, die dazugehörigen Tierkreiszeichen sind Krebs (Identifikation), Löwe (Ausdruckskraft) und Jungfrau (Ausdrucksmittel). Das veränderliche Tierkreiszeichen ist Jungfrau, der herrschende Planet ist Hermes/Merkur, der Götterbote. Dies bedeutet, daß wir uns auch in der Wahl der Ausdrucksmittel jederzeit verändern können.

So wie wir in der ersten Hermes/Merkur-Stufe unsere Entscheidungen verwandeln können, bietet uns analog dazu die zweite Stufe die Möglichkeit, unsere Ausdrucksmittel zu verändern. In der zweiten Stufe der Entfaltung des Aszendenten wird unser Innerstes nach außen hin sichtbar. War unsere Entscheidungsfindung für andere Menschen weitgehend unsichtbar, so sind unsere Vorgehensweisen und Taten als sichtbarer Ausdruck unserer Entscheidungen normalerweise für jedermann wahrnehmbar. Wir alle drücken uns aus im Reden, im Tun, in unseren Bewegungen und in der Art und Weise, wie wir mit den uns zur Verfügung stehenden Mitteln umgehen. Dies zusammen sind unsere Ausdrucksmittel, mit denen wir der Welt begegnen. Unsere Mitmenschen nehmen sie wahr, erkennen uns daran und nennen den Gesamteindruck unsere »Eigenart«. Dabei entsteht – in Analogie zur ersten Stufe – auch in der zweiten Stufe ein Zwischenreich: Das Ich auf der einen Seite, das Du auf der anderen Seite und die Ausdrucksmittel zwischen beiden. Aus dieser Position heraus ist es weiter nicht verwunderlich, wenn die Wahrnehmung des Ich sich nicht unbedingt mit der Wahrnehmung des Du deckt. Ein jeder sieht die Dinge von seiner Seite, erst alle Sichtweisen zusammen ergeben das Ganze.

Für den Aszendenten Skorpion weist die zweite Hermes/Merkur-Stufe der Wandlung auf das Zeichen Widder (siehe Abb. S. 270). Ist unser Aszendent im Zeichen Skorpion, sollten unsere Art und Weise des Ausdrucks sowie unsere verwendeten Ausdrucksmittel sich im Laufe der Zeit dem Prinzip Widder annähern. An dieser Stelle ist es wichtig, sich daran zu erinnern, daß unsere Vergangenheit im Zeichen Waage liegt. Unbewußt verwenden wir als sichtbaren Ausdruck deshalb vorzugsweise das Prinzip Waage. Durch die Entfaltung des Aszendenten wird damit ein Ausgleich herbeigeführt: Wir lernen, das Prinzip Widder in die Sichtbarkeit zu bringen.

Wie sieht nun das Prinzip Widder – in die Sichtbarkeit gebracht – aus? Auch hier ist es unumgänglich, dieses Prinzip erst einmal zu verstehen. Das Widderprinzip steht für den ersten Impuls, für Neubeginn und Durchsetzungskraft. Als kardinales Feuerzeichen symbolisiert es den sich spontan entfaltenden Eigenwillen, der zum Anstoß wird und stets das Ziel hat, etwas ins Rollen zu bringen. Als Planetenenergie ist ihm der Kriegsgott Ares/Mars zugeteilt, der für sein betont kämpferisches Draufgängertum bekannt ist. Weniger bekannt ist, daß die Wildheit und Unbesonnenheit des Ares/Mars dennoch eine tiefere Bedeutung hat: Sein Streben und Mühen gilt nämlich seiner Geliebten, Aphrodite/Venus, der Göttin der Schönheit und Vollkommenheit. Dieses Streben nach Vollkommenheit macht ihn göttlich und verleiht ihm einen Platz unter den zwölf olympischen Gottheiten. Von allen Zeichen des Tierkreises ist das Widderprinzip – aus Sicht der Menschen – den Göttern am nächsten. Unmittelbar von oben erhalten wir durch die Widderkraft die willensbildenden Ideen, die wir spontan umsetzen und verwirklichen sollen. So werden wir Impulsgeber, bringen den ersten Stein ins rollen und setzen alles in Bewegung. Langes Überlegen ist dieser Kraft ebensowenig zuträglich wie jedes Zögern und Zaudern. Unmittelbarkeit, Spontaneität, Direktheit bringt uns Widder, damit wir alle Mauern und Widerstände durchbrechen können. Jetzt oder nie heißt die Devise, abwarten und aufschieben schwächt diese Energie, zu langes Warten tötet sie – der Impuls ist vorbei, die Idee verflogen, die Chance verpaßt. Ein Scheitern im Umsetzen unserer spontanen Ideen und Impulse ist dagegen eher problem- und gefahrlos: Denn aus jedem Scheitern lernen wir, die Chance kehrt zu uns zurück, und mit dem nächsten Anlauf kann sich der erhoffte Erfolg schon einstellen.

Weist unser Aszendent auf das Zeichen Skorpion, sollten wir lernen, unsere Ausdrucksmittel so zu wählen, daß an uns dieses Widderprinzip sichtbar wird. Unserer göttlichen Intuition folgend, werden wir nichts, aber auch wirklich nichts mehr zurückhalten oder aufschieben. Offen und ehrlich, direkt und ohne Umschweife, spontan und ohne Bedenken, werden wir sagen, was uns auf der Zunge liegt. Und wir werden tun, was wir gesagt haben. Wir erkennen, daß Abwarten und Aufschieben, langes Nachdenken und intensives Grübeln zu nichts führen, ausgenommen zu mehr Bedenken und weniger Durchschlagskraft. Haben wir früher die Wogen geglättet, den Unmut besänftigt und unseren Ärger heruntergespielt, erlauben wir uns heute, so zu sein, wie wir sind – mit all unseren Fehlern und all unseren Unvollkommenheiten. Nichts in dieser Welt ist vollkommen, kein Mensch ist ideal, wir haben es verstanden, freunden uns an mit unseren eigenen Fehlern und entwickeln daraus das Verständnis für die Fehler anderer. Wir lernen wieder über uns selbst zu lachen, stecken dabei unsere Freunde und Partner an und wecken Freude und Fröhlichkeit überall dort, wo wir uns gerade befinden. Weil wir uns weniger um das kümmern, was andere über uns denken, schwinden mit der Zeit unsere Hemmungen. Unsere Bereitschaft, neue Wege zu suchen, neue Erfahrungen auszuprobieren und uns neue Tätigkeitsbereiche zu erobern, wächst, während im gleichen Maße unsere Versagens- und Verlustängste abnehmen. Eine neue, nie gekannte Freiheit stellt sich ein: Wir fühlen uns durchsetzungsstärker, aber auch selbständiger denn je. Unsere subtilen, gegenseitigen Abhängigkeiten in Partnerschaften, die wir maßgeblich mit aufgebaut und genährt haben, lösen sich langsam auf. So verlieren allmählich die schlechten Erfahrungen und schlimmen Erlebnisse vergangener Beziehungen ihren untergründig-heimlichen Zugriff auf uns – der Freiraum für aufkeimende Liebe ist geschaffen.

An dieser Stelle sollte ein weit verbreiteter Irrtum (›Euryale‹, Mutter des Orion = ›weit verbreiteter Irrtum‹) aufgedeckt werden. Weil wir das Sichtbare (der Körper!) zur Ursache erklären und vergessen haben, daß stets die unsichtbar wirkende Kraft (der Geist!) der Ursprung der Tat ist, haben sich Fehler in der traditionellen Astrologie eingeschlichen. Dem Aszendenten Skorpion wird das Prinzip Skorpion als (an ihm sichtbare) Eigenschaft zugeschrieben. Folge ist, daß z.B. in astrologischen Beratungen jemandem mit Aszendenten Skorpion angeraten wird, von seinen Fixierungen im partnerschaftlichen Bereich loszulassen und in seinen Beziehungen mehr Einigungsbereitschaft zu entwickeln, um so sein Aszendentenpotential bzw. seine Anlage zu »entfalten«. So entsteht die Anregung zu einer »blinden« Skorpionkraft (Im Mythos: Blindheit des Orion!), die weder Richtung noch Ziel hat. Greifen wir diese Anregung auf, vergewaltigen wir in Wirklichkeit die Welt mit unserer Skorpionkraft, weil wir dieser Kraft Sinn und Zweck rauben. Sinn und Zweck der Skorpionenergie ist es nicht, Einigung um jeden Preis und in allen Lebenslagen zu erzielen. Dies führt bestenfalls zu den berühmten faulen Kompromissen, mit denen in Wirklichkeit keiner der Beteiligten auf Dauer zufrieden sein kann. Vielmehr liegt der Sinn darin, sich bewußt zu machen, daß in allen gegensätzlichen Fragen und Standpunkten stets auch eine echte Einigung zu erreichen ist. Um sie zu finden, ist es allerdings notwendig, daß jeder Beteiligte – auch der mit Aszendent Skorpion – alle Karten auf den Tisch legt und nichts verbirgt und zurückhält. Liegt alles offen auf dem Tisch, ist es nicht mehr schwer, das wirklich Gemeinsame zu entdecken. Richten wir uns danach, stellt sich das Einverstandensein aller Beteiligten ein – nach Kompromissen brauchen wir nicht länger zu suchen. Als Aszendent Skorpion lernen wir, uns in den Weißen Adler zu verwandeln, um von höherer, übergeordneter Warte aus das Gemeinsame zu sehen und in unsere Beziehungen einzubringen. Reibung, Streit und Kampf sind dabei nur Hilfsmittel, die uns zeigen, daß wir das Gemeinsame noch nicht gefunden haben – meist aus dem Grund, weil in aller Regel unser persönliches, echtes Einverständnis noch nicht vorliegt.

Hier sehen wir vielleicht am deutlichsten den Unterschied zwischen einem Horoskopeigner mit der Sonne in Skorpion und einem mit dem Aszendenten Skorpion. Mit der Sonne in Skorpion haben wir eine Wandlungskraft zur Verfügung, die es uns ermöglicht, Ansprüche aufzugeben und von Fixierungen loszulassen. Dadurch sind wir in allen Lebenslagen spontan einigungsfähig. Diese Skorpionenergie bringen wir manchmal mehr und manchmal weniger zum Einsatz. Der Aszendent Skorpion hingegen geht einen speziellen Entwicklungsweg, an dessen Ende er gelernt hat, sich immer wieder zu wandeln und zu erneuern. Die Frage für die Sonne in Skorpion könnte lauten: »*Wie kann ich von meiner Skorpionenergie und damit von meinem eigentlichen Wesen im Leben mehr einbringen?*«; die Frage für den Aszendenten Skorpion lautet eher: »*Wie treffe ich die geeignete Wahl unter den zur Verfügung stehenden (Ausdrucks-) Mitteln und was kann ich freiwillig opfern, damit echte Einigung und Gemeinsamkeit möglich wird?*« Nur bei der letzten Fragestellung gewinnt das Prinzip Widder an Bedeutung, weil es einerseits über die spontane Intuition die Hilfe der Götter herbeiruft und andererseits alle Beteiligten zu Offenheit und Ehrlichkeit anregt. Im Kampf und offenen Schlagabtausch nützen uns weder Täuschungsmanöver noch können wir unsere Heimlichkeiten verstecken. Die Widderkraft zerrt alles Verborgene ans Licht, damit es erkannt und durchschaut werden kann. Dabei dürfen wir annehmen, daß mit der Entfaltung unseres Aszendenten Skorpion der Raum geschaffen wird, in dem unser eigenes Wesen (= Sonne im Horoskop) mehr und mehr zu strahlen vermag.

Die Skorpionstufe der Entfaltung – Prüfung der Wandlung

In den beiden Hermes/Merkur-Stufen haben wir unsere Entscheidung und unsere Ausdrucksweise geändert. Doch können wir sicher sein, daß sich in uns wirklich ein Wandel vollzogen hat? Oder unterliegen wir ein weiteres mal der großen Illusion, jener Täuschungskraft, die uns immer wieder einen Zerrspiegel vorhält, in dem wir uns selbst nicht zu erkennen vermögen?

Um dies zu beantworten, bedarf es einer prüfenden Instanz, die jenseits unserer Subjektivität liegt. Stets kommt die Prüfung von außen auf uns zu, gelegentlich liebevoll und nachsichtig, oft jedoch widerborstig und dornenreich. Wie der Stachel des Skorpion, der im Mythos den Orion tötet, sticht sie uns, verletzt uns und dringt ein in unsere Tiefen, um zu sehen, ob unsere »alte Form« noch lebt – oder schon gestorben ist. Denn nur wenn die alte Form tot ist, können wir sicher sein, daß unsere Änderungen von Dauer sind.

Für den Aszendenten Skorpion weist die Stufe der Prüfung auf das Tierkreiszeichen Zwillinge (siehe Abb. S. 270).

Zwillinge gilt als Zeichen des Interesses, des »Dazwischenseins«. Weder der einen, noch der anderen Seite besonders zugetan, verweilt und entfaltet sich diese Kraft nur zwischen den Fronten, im Niemandsland. Weil das Zwillingeprinzip nicht bewertet, urteilt es nicht und verurteilt niemanden. Jede Parteilichkeit ist ihm fremd, jeder Standpunkt erscheint ihm zu festgefahren, jede Eindeutigkeit zu unbeweglich. Die Welt ist voller Möglichkeiten, warum soll der Mensch sich auf wenige beschränken oder gar auf eine einzige festlegen. Im Tierkreis gilt Zwillinge als das beweglichste Zeichen. Der die-

Die Skorpionstufe der Entfaltung – Prüfung der Wandlung

sem Zeichen zugeteilte Götterbote Hermes/Merkur erweist sich als »Herr der Wege« auch der verzwicktesten Situation gewachsen. Stets findet er den Ausweg und mit ihm die Lösung aller Probleme. Seine Lockerheit, mit der er scheinbar schwierigste Probleme auf Beschränkungen im Denken zurückführt, seine Fähigkeit, sich der Probleme zu entledigen, indem er sie lediglich von einer anderen Seite betrachtet, seine Flexibilität im Argumentieren, die ihn nahezu unangreifbar macht, hat schon Verblüffendes an sich. Auch um die passende Ausrede ist er nie verlegen, schließlich sind ihm und dem Zwillingeprinzip die gesprochenen (und geflügelten!) Worte zugeordnet. Dabei versteht er es meisterlich, seine eigenen Taten so zurechtzurücken und so zu beschönigen, daß alle Beteiligten und Betroffenen am Ende von edlen, ja edelsten Handlungsmotiven überzeugt sind.

Aus der Position des ewigen Wanderers heraus, der immer zwischen den Fronten, aber nie ganz auf einer Seite steht, bleibt Hermes/Merkus stets unvoreingenommen. Weil er sich nie stark mit etwas identifiziert, relativieren sich für ihn alle irdischen Sorgen und Kümmernisse. Als Gott der Händler und Diebe weist er uns höchstens daraufhin, daß Täter und Opfer nichts anderes sind als die zwei Seiten, die sich unter allen Umständen gegenseitig bedingen. Doch wirklich sich einmischen und Partei ergreifen, das tut er nicht – das kann man weder von ihm noch von der Zwillingeenergie verlangen. Diese Energie ist strikt der Neutralität verpflichtet, sie darf sich in zwischenmenschliche Auseinandersetzungen und Entscheidungen weder verwickeln noch hineinziehen lassen.

Befindet sich unser Aszendent im Zeichen Skorpion, ist es für uns wichtig zu wissen, daß in allen Partnerschaften, Freundschaften und engeren Beziehungen stets dieses lockere und leichte, der Parteilosigkeit verpflichtete Zwillingsprinzip auf uns zukommt, um uns zu reizen und unsere Wandlung und Entwicklung zu prüfen. Gerade Menschen, die wir lieben und deren Nähe wir suchen, scheinen nie ganz auf unserer Seite zu stehen und zu uns zu halten. Brauchen wir ihre Hilfe oder bitten wir sie um Unterstützung, erklären sie sich oft für nicht zuständig. Wohl geben sie uns vielleicht einen Tip, woher wir Hilfe bekommen könnten, oder vermitteln uns, was wir tun oder was wir besser sein lassen könnten, doch zu konkretem Eingreifen sind sie weniger zu bewegen. Nicht selten fühlen wir uns unverstanden und alleine gelassen mit unseren Schwierigkeiten, wir finden keinen festen Halt in unseren Partnern und können mit ihren Ansichten und Ratschlägen wenig anfangen. Zwar lassen sie über alles mit sich reden, doch ein tiefes Einlassen zugunsten einer innigeren Zweisamkeit lehnen sie ab. Wie Schmetterlinge sind sie: Nie ganz angekommen, nie lange auf einem Platz, nie ganz zu uns gehörig. Je mehr wir uns bemühen, sie festzuhalten, sie zu umgarnen und zu besitzen, desto mehr spüren wir bereits, wie sie sich – mit den schönsten Argumenten und besten Ausreden versteht sich – entziehen. Gelingt es uns eines Tages, in allen Lebenslagen Einigkeit mit unseren Partnern zu erzielen, ohne den »Schmetterling in ihnen« zu töten und ohne ihnen – egal ob offen oder versteckt – unseren Willen aufzuzwingen, dürfen wir sicher sein, unseren Aszendenten und mit ihm die Skorpionenergie dauerhaft entfaltet zu haben. Erst sehr viel später erfahren wir dann, daß es oftmals unsere vorgefertigte, eingefahrene und verhärtete Vorstellung von der »idealen Partnerschaft« war, die uns an echter Einigkeit gehindert und deshalb unsere Beziehungen schwierig gemacht hat. Erst mit der Bereitschaft, sie vollständig ohne wenn und aber zu opfern, haben wir die Skorpionprüfung bestanden – der Weiße Adler in uns hat fliegen gelernt.

Die Zeus/Jupiter-Stufe der Wandlung – Änderung unserer Werte

Nach zwei Stufen der Wandlung und einer Stufe der Prüfung sind wir ein wenig klüger als zuvor. Die Skorpion-Stufe der Prüfung zeigte uns insbesondere, wo wir »gut« zu sein glaubten, aber am Ende doch nicht »gut genug« waren. Nun heißt es, innehalten und verweilen. Die Jupiter-Stufe der Wandlung will unsere Werte verändern. Das archetypische Horoskop (siehe Abb. S. 48) beschreibt unsere Erfahrung, die Entstehung unserer Werte und unsere Urteilsfindung durch den dritten Quadranten. Die dazugehörigen Tierkreiszeichen sind Waage

(Reaktion des Du), Skorpion (Reibung und Einigung mit dem Du) und Schütze (Bewertung der Beziehung; Sinnfindung). Das veränderliche Tierkreiszeichen ist dabei Schütze, der herrschende Planet Zeus/Jupiter. Dies bedeutet, daß wir jederzeit unsere Werte verändern, unsere Bewertungen wandeln und unseren Sinn neu ausrichten können.

Vieles, ja vermutlich sogar das meiste, wofür wir uns entscheiden und was wir tun, halten wir anfangs für gut. Doch dann folgt das bittere Ende: Die Welt, der Partner, der Freund, sie urteilen anders, finden es weniger gut, vielleicht sogar unmöglich oder böse. Doch solange wir uns verwickeln und immer mehr in Täuschungen verstricken, kümmert uns die Meinung anderer wenig. Wir sind mit ihnen zusammen, weil wir uns einsam fühlen, weil wir uns einen Vorteil davon versprechen oder weil wir Anerkennung, Aufmerksamkeit und Zuneigung haben möchten.

Mit den Erfahrungen und Erlebnissen wächst gewöhnlich unsere Selbsterkenntnis. Nicht selten erleben wir dabei ein Phänomen: Die Bewertung von Dingen, Menschen und Ereignissen, die wir einst gut oder böse genannt haben, relativiert sich. Das Böse erkennen wir rückblickend als Anstoß, der uns von längst Überholtem gelöst und frischen Wind in unser Leben gebracht hat. Aber auch das Gute geht oft diesen Weg der Wandlung. Was einst gut und sinnvoll erschien, heute hat es nicht mehr denselben Stellenwert. Mit unserer Entwicklung wandeln sich unsere Werte, diese Erfahrung hat jeder von uns schon gemacht.

Die Jupiter-Stufe der Entfaltung des Aszendenten zeigt uns, wo und wie sich unsere Werte und Bewertungen wandeln sollen, damit wir nicht in alte Vorurteile und Bewertungsmuster zurückfallen. Wir finden in unserem Horoskop den Hinweis auf ein Tierkreiszeichen, dessen Sinn sich uns erst im Laufe der Entwicklung enthüllt und dessen Wert wir erst im Laufe der Zeit schätzen lernen. Mit unserem geistigen Wachstum dehnt sich auch dieses Prinzip in uns aus. Entschieden wir uns früher nur dafür, wenn es Vorteile zu bringen schien, so wachsen wir gerade in diesem Prinzip über uns selbst hinaus: Es öffnet uns das Tor zum Überpersönlichen, harmonisiert unseren Geist und befriedet unsere Seele.

Für den Aszendenten Skorpion befindet sich diese Zeus/Jupiter-Stufe der Wandlung im Zeichen Krebs (siehe Abb. S. 270). Krebs ist das Zeichen des Wachsens und Reifens. Um am Ende die volle Reife, die Höchste Qualität, das ganze Potential zu verwirklichen braucht es Zeit und ständiges Hegen und Pflegen. Als Vorbild gilt hier die vollkommene Mutter, die ihr Kind mit Hingabe hütet, es nährt und liebevoll erzieht, um es in jeder Hinsicht »auf eigene Füße« zu stellen. Ist das Kind ganz erwachsen, entläßt sie es in die Welt.

Das Kind selbst steht symbolisch auch für unsere Schwächen und Unvollkommenheiten, aber auch für unsere Talente und Begabungen, denen wir noch nicht genügend Zeit und Beachtung geschenkt haben. Es gehört zu den wunderbaren Fügungen, daß Talent und Begabung immer dort liegen, wo wir uns schwach fühlen. Sie schlummern in unserer Tiefe den Schlaf des Dornröschens, begegnen uns gelegentlich in unseren Träumen und warten auf den mutigen Prinzen, der die Mühe nicht scheut, zu ihnen vorzudringen, um sie zum Leben zu erwecken.

Weist unser Aszendent auf das Zeichen Skorpion, lernen wir im Laufe der Zeit gerade dieses Krebsprinzip schätzen und lieben. Widmeten wir uns früher unseren Schwächen nur dann, wenn die Umstände in Beruf und Partnerschaft dazu zwangen oder uns ein künftiger Vorteil zu winken schien, so beginnen wir im Laufe der Entwicklung einen tieferen Sinn in persönlichen Reifungsprozessen zu sehen. Was immer wir in diesem Leben getan haben, betrachten wir es rückblickend und selbstkritisch, müssen wir zugeben, daß wir in aller Regel lediglich unsere Stärken gelebt und ausgebaut haben. Wurden von uns Dinge und Tätigkeiten verlangt, in denen wir uns schwach und unvollkommen fühlten, haben wir uns stets als unbegabt und dazu unfähig deklariert. Damit war dieses Problem für uns, zumindest für einige Zeit, erledigt. Ganz langsam dämmert uns, daß wir uns damit insgeheim eine nahezu umfassende Ausrede zugelegt haben: Alles, was unsere kleinen und großen Unzulänglichkeiten für andere sichtbar gemacht hätte, wurde so vermieden und verdrängt. Wir glaubten, um ein Leben in Harmonie verbringen zu können, müssen wir den Glorienschein unserer Stärken der Welt präsentieren.

Aber unsere Schwächen verschwanden nicht. Wir selbst kannten sie nach wie vor, und den Menschen, zu denen wir engere Beziehungen aufnahmen, blieben sie auf Dauer ebenfalls nicht verborgen. Weil wir unsere Schwächen aber nicht wirklich anerkannten und ihnen nicht ausreichend Gelegenheit gaben, zu wachsen und zu reifen, waren sie es, die immer wieder die Ursache und den Hintergrund für Ärger, Auseinandersetzung und Trennung bildeten. Dazu kommt, daß wir nie zu unserer eigentlichen Begabung fanden. Unser wahres Talent – diese Einsicht kommt spät – liegt im Verborgenen, im Verdrängten, im Unterdrückten. Sind wir bereit, aus dieser Einsicht heraus zu handeln, werden wir uns gegen Reifungsprozesse, mögen sie auch noch so lange dauern, nicht mehr sträuben. Wir aktivieren die brachliegende, mütterlich-hingebungsvolle Krebskraft in uns, damit unser »inneres Kind« kraftvoll, erwachsen und selbständig wird. Jetzt verstehen wir auch die tiefere Bedeutung der Weisheit, die uns mitteilt, daß die wahre Mutter das eigene Kind stets unter dem Herzen trägt.

Die Poseidon/Neptun-Stufe der Wandlung – Änderung unseres Wesens

Nach den ersten drei Wandlungs- und Entfaltungsstufen will sich der Tierkreis schließen, um auf einer höheren Ebene der Entwicklung von Neuem zu beginnen. Das archetypische Horoskop (siehe Abb. S. 48) schließt mit dem vierten, dem überpersönlichen Quadranten ab, die dazugehörigen Tierkreiszeichen sind Steinbock (Verwesentlichung, Abgrenzung), Wassermann (Erkenntnis der Ganzheit, Integration) und Fische (Auflösung, Einbindung, Synthese). Fische ist im vierten Quadranten das veränderliche Zeichen, herrschender Planet ist Poseidon/Neptun. Dies bedeutet, daß wir uns in der Auflösung, im Abschließen und im Beenden verändern können.

Beenden aber heißt vollenden, vollendet sein aber heißt Meister sein. Die letzte Stufe der Entfaltung unseres Aszendenten spricht zu uns von Meisterschaft: Hat sich alles gewandelt – von der Entscheidung über die Ausdrucksweise bis hin zu unseren Werten – und bestehen wir alle Prüfungen, zu jeder Zeit und an jedem Ort, ist unser ganzes Wesen verändert. Wir beherrschen das Prinzip unseres Aszendenten von Anfang bis Ende und sind darin Meister.

Um über diese Stufe der Entwicklung etwas zu erfahren, liegt es nahe, sich an Menschen zu wenden, die vor uns den Weg schon gegangen und Meister geworden sind. An ihrer Art, in ihrem Wesen und an ihren Taten erkennen wir, wo unser Weg hinführt. Sie geben uns die geeignete Vision, die unserer Entwicklung Richtung und Stabilität verleiht. Viele Meister könnten wir hier anführen, doch nur einer zeigt uns in allen zwölf Tierkreiszeichen, was Meisterschaft bedeutet. Es ist Herakles, der sagenumwobene Held der alten Griechen, der uns in seinen zwölf Aufgaben für jedes Tierkreiszeichen den Weg zur Meisterschaft hinterlassen hat. Er löst alle Aufgaben. Der Mythos von ihm gibt uns die Lösungen an die Hand. So können wir an den jeweiligen Heraklesaufgaben ersehen, was es in der letzten Stufe der Wandlung für uns zu entwickeln und was es aufzugeben gilt.

Der Aszendent Skorpion hat die Poseidon/Neptun-Stufe der Entfaltung im Zeichen Waage (siehe Abb. S. 270). In der dem Zeichen Waage zugeordneten Heraklesaufgabe geht es um

Das Einfangen des Erymanthischen Ebers
In der siebten Aufgabe hat Herakles den Erymanthischen Eber/Keiler lebend zu fangen und zu zähmen. Der Erymanthos ist ein Gebirgsstock im Norden des Peloponnes. Auf der Suche nach dem Eber steigt Herakles immer höher den Berg hinauf. Dabei begegnet er einem alten Freund, dem Kentauren Pholos. Er hält in seiner Suche inne und spricht mit ihm. Dabei vergißt Herakles eine Weile sein Ziel. Pholos läd ihn ein, ein Weinfaß anzustechen. Dieses Faß jedoch gehört Pholos nicht allein, sondern einer ganzen Gruppe von Kentauren. Sie haben den Wein vor langer Zeit von Dionysos, dem Gott des Weines und der Ekstase, geschenkt bekommen, um ihn zu trinken, wenn der große Held Herakles vorbeikommt. Herakles und Pholos stechen jedoch das Faß allein an, holen noch den Kentauren Chiron, den

Die Poseidon/Neptun-Stufe der Wandlung

Kampflehrer vieler Helden, dazu und vergnügen sich zu dritt.

Der Duft des Weins und der Lärm, den sie machen, ruft jedoch die anderen Kentauren herbei, die sofort wutentbrannt ein Handgemenge anfangen. Dabei tötet Herakles, der sich zur Wehr setzt, mit einem vergifteten Pfeil aus Versehen die beiden Kentauren Pholos und Chiron, mit denen er zuvor den Wein getrunken hat. Während die anderen Kentauren mit lautem Jammer trauern, entkommt Herakles und macht sich weiter auf die Suche nach dem Erymanthischen Eber.

Er folgt den Spuren des Tieres bis an die Schneegrenze. Trotz bitterer Kälte setzt er seine Suche fort, bekommt den Eber aber nicht zu sehen. Jetzt erst bedenkt Herakles die Situation und kommt auf eine List: Er legt eine tiefe Grube als Falle an, tarnt sie gut und wartet im dunklen Schatten der Nacht auf das Tier. In der Morgendämmerung treibt der Hunger den Eber aus seinem Lager – und er tappt prompt in die Falle.

Nach angemessener Zeit holt Herakles den Eber aus der Falle. Er ringt mit dem wilden Tier, meistert ihn und zwingt ihm seinen Willen auf. So treibt Herakles den gezähmten Eber vor sich her den Berg hinunter. Er hält ihn an den Hinterbeinen hoch, so daß der Eber nur auf seinen zwei Vorderbeinen gehen kann.

Beim Anblick des vergnügten Herakles, der den ganzen Weg lacht und singt, freuen sich alle: Es ist ein ungewöhnliches Gespann.

Zusammenfassung der Ergebnisse aus der Deutung des Mythos

zu entwickeln wären
- Handeln, beruhend auf Vernunft und Klugheit
- Erkenntnis, daß der »wahre Reichtum« im Verborgenen, Verdrängten und Unterdrückten liegt
- Suche nach dem »Schatz in uns«, den wir schon vergessen hatten
- Konfrontation mit dem Unbewußten
- Voraussetzungen schaffen, damit die Welt einem entgegenkommen kann
- Überlegenheit durch Überlegung, die aphroditisch-vollkommene Lösung
- Studium der Gesetzmäßigkeiten
- Fähigkeit, zu deuten, um an die tiefere Bedeutung zu kommen
- Offenheit für das (noch) Unsichtbare, Jenseitige, Überirdische
- bewußtes und kontrolliertes Handeln
- Gedächtnis
- Erkenntnis, daß jede Verletzung und Kränkung auf eine verwundbare Stelle in uns hinweist
- die »schlechten Erfahrungen« der Vergangenheit nochmals anschauen und daraus lernen

aufzugeben wären
- Scheinfriede und -freude
- Unter den Teppich kehren, Verdunkelungen, Verzerrungen
- das »vergeben und vergessen«
- Bequemlichkeit, Trägheit, Lustlosigkeit
- Rückfälle
- der Glaube, es gäbe einen blinden Zufall

Diese Zusammenfassung erhebt keinen Anspruch auf Vollständigkeit. Zu empfehlen wäre eine persönliche Auseinandersetzung mit dem Heraklesmythos, hier im speziellen mit der

siebten Heraklesaufgabe, die dem Zeichen Waage zugeordnet ist.

Herakles ist das Ideal eines Menschen, der sich aus dem Dunkel des Unbewußten heraus in das Licht der Bewußtheit hinein entwickelt. Wie alle Ideale soll er uns nur als richtungsweisendes Leitbild, als Vision dienen. Für uns ist es nicht wichtig, ein Held wie er zu sein, aber um so wichtiger ist es für uns, den von Herakles vorgezeichneten Weg zu beschreiten. Der Weg ist das Ziel, sagt uns die östliche Weisheit. Dies teilt uns mit, daß für uns Menschen weder im Erreichen noch im Verweilen die wahre Erfüllung liegt, sondern nur im Gehen. Viele von uns lassen sich abhalten, weil sie – vom fernen Ziel paralysiert – resignieren und glauben, ein so hohes Ziel nie erreichen zu können. Machen wir die ersten Schritte, um zu erfahren, daß im Gehen die Freude uns begleitet, in der Bewegung die Schönheit uns begegnet und nur im Wandel sich die Liebe uns offenbart.

296 — Die Entfaltung des Aszendenten Schütze

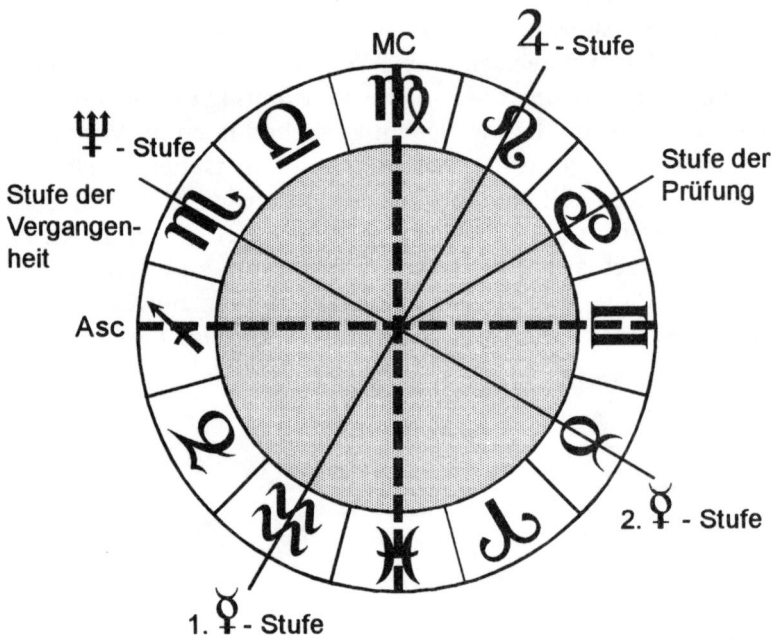

Die Entfaltung des Aszendenten Schütze

Vergangenheit des Aszendenten Schütze

Wie immer wir uns Vergangenheit vorstellen – ob wir in unsere Kindheit zurückgehen oder von früheren Inkarnationen sprechen –, eines ist stets gewiß: Unser Geist und unsere Seele sind nicht unberührt geblieben von den Erfahrungen und Erlebnissen dieser Vergangenheit. In uns sind Verwicklungen entstanden, es haben sich Gewohnheiten herausgebildet und feste Handlungsmuster eingeprägt. Wir haben gelernt, zu bewerten, zu beurteilen und nach gut und böse zu unterscheiden. Wir haben Kräfte entwickelt, um das Gute vom Bösen, das Angenehme vom Unangenehmen, das Geliebte vom Ungeliebten zu trennen. Dabei haben wir unseren ganzheitlichen, paradiesisch-unschuldigen Zustand verloren. Mit der Ganzheit haben wir aber auch unser Heil verloren: Wir sind einseitig, krank und schwach geworden.

Etwa zwei Stunden bevor am östlichen Horizont das Tierkreiszeichen des Aszendenten aufsteigt, sehen wir im Osten das dem Aszendenten vorausgehende Tierkreiszeichen emporsteigen. Betrachten wir diese Gegebenheit symbolisch und deuten diesen zeitlichen Ablauf, so dürfen wir annehmen, daß die Vergangenheit eines Horoskopeigners von dem Prinzip beherrscht wird, das dem Aszendenten im Tierkreis vorausgeht.

Zeigt in unserem Horoskop der Aszendent auf das Tierkreiszeichen Schütze, ist damit gleichzeitig das Skorpionprinzip als unsere Vergangenheit ausgewiesen. Unbewußt haften wir an diesem Prinzip fest: Alle unsere Handlungsweisen, Gewohnheiten und Reaktionen sind einseitig von ihm geprägt. Das Skorpionprinzip ist in uns überbetont, wodurch die gesamte Achse Skorpion – Stier ins Ungleichgewicht geraten ist: Was vom Prinzip Skorpion »zuviel« ist, fehlt uns am Prinzip Stier. Die Entfaltung des Aszendenten Schütze wird, wie wir noch sehen werden, den Ausgleich herbeiführen, so daß eines Tages in unserem Horoskop die Achse Skorpion – Stier in Harmonie kommt. Die einseitige Skorpionbetonung ist dann aufgehoben, das (noch) fehlende Prinzip Stier wird in die Sichtbarkeit

gebracht. Geschieht dies, dann hat sich unbewußtes Sein in Bewußtsein verwandelt, wir sind – dem Wesen nach verändert – ganzheitlicher geworden.

Doch bevor wir den Aszendenten Schütze entfalten und diesen Entwicklungsweg gehen können, ist es notwendig, unsere Anhaftung im Prinzip Skorpion zu erkennen. Stellen wir uns deshalb folgende zwei Fragen:
Wie sehen unsere Bewertungen und Handlungsmuster aus?
Wo liegen ihre Betonungen und warum sind sie dem Skorpionprinzip zuzuordnen?
Um darüber Aufklärung zu erhalten, sollten wir zuerst das Skorpionprinzip verstehen. Das fixe Wasserzeichen Skorpion gilt als Prinzip der zwischenmenschlichen Einigung. Die Kräfte der Menschen werden gesammelt und vereint, um gegenseitige Widerstände aufzulösen, Grenzen zu überwinden und Gemeinsamkeit und Gemeinschaft zu entwickeln. Auf das einzelne Individuum wirkt die Kraft des Skorpion verwandelnd und transformierend. Die Ich-Grenzen geraten unter Druck, werden aufgebrochen und aufgelöst, damit ein umfassenderes Bewußtsein entstehen kann. Was unser Ego als Angriff auf seine Existenz empfindet, dient dem größeren Ganzen: Nur wenn wir Menschen zusammenkommen, uns einigen und unsere Kräfte vereinen, kann angehäuftes Karma im größeren Umfange aufgearbeitet werden. Der Mythos erzählt uns, daß die Stierkraft zuerst zu Abgrenzung, dann zu Lieblosigkeit und am Ende zu Habgier, Haß und Zerstörung führt, wenn wir nicht bereit sind, sie rechtzeitig zu opfern. Die Skorpionenergie sorgt dafür, daß alles Erstarrte wieder in Fluß kommt, sich alle Anhäufungen von Materie und Besitz wieder auflösen oder zu anderen überwechseln. Sie bringt uns Menschen dazu, von unseren Anhaftungen loszulassen, damit Raum entsteht für neue Entwicklungen. Seit alters her gilt es als Doppelzeichen: Skorpion und Weißer Adler. Die »alte Materie« (Skorpion) stirbt, wenn wir wieder den Blick heben (Weißer Adler) und am Horizont unseres Bewußtseins die Morgenröte eines neuen, menschlicheren Lebens erschauen.

Liegt unsere Vergangenheit – was bei Aszendent Schütze der Fall ist – im Zeichen Skorpion, dürfen wir vermuten, daß der große Transformationsprozeß vom Skorpion in den Weißen Adler noch nicht vollendet ist. Im Gegenteil, wir reagieren noch stark auf alle »Erderschütterungen«, weil wir die Fähigkeit noch nicht entwickelt haben, den tieferen Sinn zu extrahieren. So macht uns gerade bei dieser Konstellation Maya, die Kraft der Täuschung und Illusion, zu schaffen. In unserer Erdgebundenheit machen wir alle Schwierigkeiten und Probleme an der äußeren Welt fest. Naheliegende Umstände oder Personen unserer engeren Umwelt liefern uns Erklärungen und scheinbare Ursachen für alle Uneinigkeiten, an denen wir so leiden. Weil wir glauben, in allen Lebenslagen zur Einigung bereit zu sein, weil wir wieder und immer wieder von unseren Ansprüchen und Fixierungen loslassen, sind wir überzeugt, ja wir müssen davon überzeugt sein, daß alle Trennungsbestrebungen, aller Widerstand, alle Ablehnungen und aller Haß von außen kommen. Wir bemühen uns, wir lassen los, wir geben auf, wir opfern (fast) alles, so scheint es uns, doch die Welt erkennt es nicht an. Was wir auch tun und lassen, die anderen gehen nicht darauf ein, sie bleiben in ihrem Egoismus und sind wenig bereit, einzulenken oder nachzugeben. Im Laufe der Zeit fühlen wir uns ausgenützt. Es entsteht in uns die Illusion: Die einzigen in dieser Welt, die ihr Ego wirklich opfern, sind wir selbst. Deshalb beschließen wir auch immer wieder, dieser Selbstaufopferung ein Ende zu bereiten. Auch wir möchten »zu unserem Recht« kommen und nicht der Diener der anderen sein. Nicht selten befreien wir uns mit Gewaltakten von den vermeintlichen Unterdrückern und Sklavenhaltern, manchmal (er-)finden wir auch subtilere, listigere und weniger offene Varianten der Befreiung. Dann flüchten wir in Ausreden, Halbwahrheiten oder gar Krankheiten, nur um ein Stück vom eigenen Ego zu leben. Es geht uns »schlecht«, damit andere uns Aufmerksamkeit schenken, wir fühlen uns »elend und schwach«, damit andere uns bedienen, wir sind »überlastet und dem Zusammenbruch nahe«, damit andere keine Forderungen mehr an uns stellen. Jetzt verwenden wir Maya, die dem Skorpion zugeordnete Kraft der Täuschung, zu unseren Gunsten. Wir machen uns etwas vor, bis wir daran glauben – und nun überzeugen wir mit gutem Gewissen die anderen von dem, was wir uns selbst vorgemacht haben. Dramatische Formen nimmt dieser »Kreislauf der Täuschungen« vor allem in Partnerschaften an. Weil wir besonders geliebt werden wollen, sind wir bereit, mit Haut und Haaren zu lieben, um auf dem Umweg über den Partner möglichst viel »Liebe« zurückzubekommen. Die Erwartung, aber auch die Täuschung liegt dabei darin, daß wir annehmen, es würde – gemäß dem kosmischen Gesetz von Aphrodite/Venus – ebensoviel Liebesenergie zu uns zurückfließen, wie wir bereit sind, hineinzugeben. Dabei vergessen wir, daß diese Gesetzmäßigkeit nur für die echte Liebe gilt, diese Liebe aber nicht von uns erzwungen werden kann. Im Gegenteil, versuchen wir, Liebe in eine Beziehung »hineinzuzwingen«, entzieht uns Aphrodite/Venus ihre Energie. So kommt es, daß gerade Menschen, die im Übermaß freundlich, friedlich, nett, liebevoll und/oder zuvorkommend sind, im Gegenüber ablehnende Gefühle und abwehrendes Verhalten auslösen. Eine höhere Instanz in uns Menschen spürt den Schein, erkennt ihn als Täuschung und wendet sich ab. Wir haben summa summarum dafür den Begriff der Scheinheiligkeit geprägt, und jeder von uns weiß, wie ihn gerade diese Eigenschaft bei anderen Menschen abstößt. Unser Geist ist verbunden mit dem Himmel, er weiß um das Heil und kennt das Paradies. Ihn können wir niemals dauerhaft betrügen, deshalb führt eines Tages jede Täuschung notwendigerweise zur angemessenen Enttäuschung. So sehr wir uns auch bemühen, liebende, aufopferungsvolle und entgegenkommende menschliche Wesen zu sein, Aphrodite, die Göttin der Beziehungen, durchschaut den Schein und schickt uns genau das, was wir zur Selbsterkenntnis brauchen – und zweifellos ist jede richtig verstandene Enttäuschung ein weiterer Schritt auf unserem Erkenntnisweg. Wir dürfen ruhig darauf vertrauen, daß uns die Welt und unsere Partner genau so viel Liebe und Zuneigung entgegenbringen, wie wir ihnen echte Liebe und aufrichtige Zuneigung geben. Haben wir das Gefühl, mehr zu investieren als der Partner, dann ist dieses »mehr« nicht echt. Vielmehr entspringt es unserem eigenen Egoismus: Wir geben mehr, weil wir auch mehr zurückerhalten wollen. Dies zu durchschauen, heißt sich in den Weißen Adler des Zeus/Jupiter zu verwandeln, der im Tierkreis dem Zeichen Schütze zugeordnet ist. Der Entfaltungsplan unseres

Aszendenten Schütze wird zeigen, wie wir uns dahin entwickeln.

Zusammenfassung der Vergangenheit im Zeichen Skorpion
- Sehnsucht, Wille und Bereitschaft zur Einigung
- Suche nach Gemeinsamkeit und Gemeinschaft in der Beziehung
- Opferbereitschaft verbunden mit Erwartungshaltung
- Weg durch die Hölle, Untergang, Trennung, Verlust
- Doppeldeutigkeit, Halbwahrheit, Schein, Ausreden
- von der Täuschung zur Enttäuschung
- Mangel an Beständigkeit und Festigkeit, Heimatlosigkeit
- gibt, um zu bekommen; versucht Widerstände aufzulösen
- täuscht sich selbst, dann andere; Mangel an Aufrichtigkeit
- projiziert gerne alles Schlimme (Lieblosigkeit, Unaufrichtigkeit, schlechte Gesinnung, Durchtriebenheit, Bösartigkeit) in andere Menschen hinein
- oft auf der Flucht, läßt sich leicht mit- bzw. hinreißen
- läßt sich von Zielen und Vorhaben oft abbringen oder ablenken
- reagiert stark auf Veränderungen oder Erschütterungen, die von außen kommen
- oft lange Zeit an den »Felsen der Materie« gebunden
- mangelnde Konzentration der Kräfte, wenig Bereitschaft zur Stellungnahme

Der Aszendent Schütze

Ist es uns gelungen, den »Skorpion in uns« zu erkennen, und sind wir bereit, unseren Aszendenten aus freien Stücken heraus zu entfalten, gibt uns der Tierkreis exakte Anleitung, wie der Aszendent Schütze stufenweise entfaltet werden kann. Wir werden im Laufe der Zeit spüren, daß es mit der reinen Willensäußerung im Sinne eines »*Ich will meinen Aszendenten Schütze leben!*« nicht getan ist. Wir können versuchen, das Schützeprinzip (Zielstrebigkeit, Konzentration auf das Eine,

Sinnhaftigkeit, Tiefe, Rückverbindung) mehr zu leben, doch eine Auflösung unseres unbewußt überbetonten Skorpionprinzips geschieht nicht. Wir haben bereits davon gesprochen, daß in unserem Horoskop die Achse Skorpion – Stier im Ungleichgewicht ist und in Harmonie kommen will. Wie dies geschieht, zeigen uns der Verlauf des Tierkreises ebenso wie die aus dem Mythos des Orion gewonnenen Stufen der Entfaltung. Steigen wir sie empor, wird uns mehr und mehr innere Harmonie und Ausgewogenheit zuteil. Das Prinzip Skorpion beherrschen wir dann genauso wie das Prinzip Stier: Jetzt können wir uns mit anderen einigen, ohne dabei ständig unser wahres Wesen zu leugnen und unsere Überzeugungen zu opfern. Der Kreislauf von Täuschung und Enttäuschung ist dann beendet, unsere Einseitigkeit zieht sich zurück, und wir können überall offen, ehrlich und ungehemmt unsere Kräfte und Fähigkeiten zeigen und einbringen.

Doch gehen wir in unserer Wandlung und Veränderung Schritt für Schritt vor. Zuerst übertragen wir das archetypische Horoskop auf unser persönliches Horoskop. Dabei ergibt sich – vom unserem Aszendenten angefangen – ein vierstufiger Entfaltungsplan: Erste und zweite Hermes/Merkur-Stufe, Zeus/Jupiter-Stufe und Poseidon/Neptun-Stufe. Jede einzelne Stufe gibt dabei Hinweise zur Wandlung. Hier können wir uns im Laufe der Zeit verändern, um dadurch die Entfaltung des Aszendenten und damit gleichzeitig die Entwicklung unserer Persönlichkeit zu fördern.

Die erste Hermes/Merkur-Stufe der Wandlung – Änderung unserer Entscheidungen

Da wir unsere Vergangenheit kennen, können wir in die erste Phase der Wandlung eintreten: Wir verändern unsere zukünftigen Entscheidungen im Sinne unserer geistig-seelischen Entwicklung, wie sie in unserem Horoskop niedergelegt ist. Das archetypische Horoskop (siehe Abb. S. 48) beschreibt die Entscheidungsfindung durch den ersten Quadranten, die dazugehörigen Tierkreiszeichen sind Widder (freier Wille), Stier (geplante Absicht) und Zwillinge (Wahl der zur Verfügung stehenden Möglichkeiten). Das veränderliche Tierkreiszeichen ist dabei Zwillinge, dem der Götterbote Hermes/Merkur zugeordnet ist. Hermes/Merkur bietet in seiner Funktion als Götterbote uns Menschen Möglichkeiten und Gelegenheiten, um neue, bewußtseinserweiternde Erfahrungen zu machen. Die Auswahl aus den zur Verfügung stehenden Möglichkeiten sowie die Entscheidung, eine gebotene Gelegenheit zu ergreifen, steht uns dabei frei. Dies heißt, daß wir die Art und Weise unserer Auswahl und damit alle anstehenden Entscheidungen jederzeit verändern können.

Immer wieder stellt uns das Leben vor Entscheidungen. Da wir anfangs weder unsere Berufung noch unseren Lebensweg klar und deutlich erkennen, begleiten uns Zweifel und Unsicherheit auf unserem Weg. Welche Entscheidung ist die richtige, welche die falsche? Gibt es überhaupt eine richtige Entscheidung? Da wir keine Antwort wissen, geben wir die Entscheidung oft ab an unser Unbewußtes: Unsere alten Bewertungen und Vorurteile geben den Ausschlag für unsere Entscheidung. Wir verharren im alten Muster, ein neues ist noch nicht entwickelt. Hier soll der Entfaltungsplan des Aszendenten Hilfestellung geben.

Für den Aszendenten Schütze befindet sich die erste Hermes/Merkur-Stufe der Wandlung im Zeichen Wassermann (siehe Abb. S. 296). Ist unser Aszendent im Zeichen Schütze, sollten wir uns für jene Möglichkeiten und Gelegenheiten entscheiden, die dem Prinzip Wassermann am meisten entsprechen. Tun wir dies, wird die Entfaltung unseres Aszendenten gefördert. Tun wir dies nicht, ist anzunehmen, daß unsere alten Muster und Gewohnheiten gesiegt haben: Die Vergangenheit hat uns wieder einmal eingeholt, wir sind ihr unbewußt erlegen. Was heißt es nun, eine Entscheidung zu treffen, die dem Prinzip Wassermann entspricht? Auch hier sollten wir erst das Prinzip Wassermann verstehen, ehe wir diese Frage beantworten können. Das fixe Luftzeichen Wassermann gilt als Zeichen der geistigen Verbundenheit. Es verleiht uns eine allumfassende Sichtweise, damit wir verstehen können, warum und wie alles zusammenhängt. Erst wenn wir Einblick

Die erste Hermes/Merkur-Stufe der Wandlung

nehmen in die zwischenmenschlichen Verknüpfungen – die überall entstehenden Beziehungen und Gemeinschaften – erkennen wir, daß hinter unserem menschlichen Leben ein göttlicher Plan webt und wirkt. Gelingt es uns, ihn mehr und mehr zu durchschauen, offenbart sich uns auch »Aphrodite Urania«, die himmlische Liebe und die Schönheit der geistigen Welt. Ob wir einen anderen Menschen treffen oder versäumen, ihn gewinnen oder verlieren, ihn annehmen oder ablehnen, alles hat einen tieferen Sinn und vollzieht sich nach einer höheren Ordnung, in die wir im Grunde nicht einzugreifen brauchen. Die Kraft des Wassermannprinzips schüttet die »Wasser der Weisheit« über uns aus, damit wir – gereinigt im Denken – lernen, in allen Erfahrungen, in allen Menschen und in allen Dingen das Gute zu sehen. Dabei lehrt uns Wassermann weniger das sogenannte »positive Denken«, im Gegenteil, es entlarvt es eher als »Weißmalerei«, als Übertünchung des Schwarzen, die eher zu Verdrängung als zur Heilung führt. Das Gute sehen lernen heißt im Schwarzen bereits den Samen des Weißen zu sehen, d.h. jenen weißen Punkt zu finden, den wir alle aus der östlichen Tradition vom Yin/Yang-Zeichen her kennen. Nur wer das vermeintlich Böse durchschaut und transzendiert, erkennt in ihm »*den Teil von jener Kraft, die stets das Böse will und stets das Gute schafft*« (siehe Mephisto in Goethes Faust). Jede Form von Verteufelung steigert das Böse, das Negative, das Schwarze nur noch mehr – damit ist nichts gewonnen. Haß, Abneigung, Ablehnung, Verurteilung sind lediglich Blockaden in unserem Denken. Wir sehen nur eine Seite des Ganzen und hindern uns selbst daran, die andere Seite anzuschauen – und anzuerkennen. Erst die alle Blockaden überwindende Kraft des Zeichens Wassermann befähigt uns, in jenseitige Denkbereiche vorzustoßen: Das Unmögliche, das Undenkbare, das Unglaubliche, das Unwirkliche wird mit einbezogen, weil wir unsere Barrieren im Denken durchbrechen und uns dem Unfaßbaren öffnen. Jetzt werden wir gewahr, daß alles Böse nur aus einem Erkenntnismangel heraus entsteht. Gelingt es uns, dem Unbekannten auf diese Art und Weise zu begegnen, schaffen wir in unserem Bewußtsein einen Raum, in dem alle anderen Menschen mit ihrer Eigenart und in ihrer Einzigartigkeit frei bestehen können und dürfen.

Wir erkennen sie, ohne sie zu bewerten, wir nehmen sie wahr, ohne sie abzulehen, wir gehen mit ihnen um, ohne sie zu verurteilen. Aus dieser Sichtweise heraus ist zu verstehen, warum Wassermann als Zeichen der »geistig verbundenen Gruppe« gilt. Denn nur im Beziehungsgeflecht einer Gruppe von entwickelten Individuen, die sich freiwillig zusammentun und von einer gemeinsamen geistigen Idee getragen werden, kann mit der Zeit der tiefere Sinn der wechselseitigen Bindungen erkannt werden. Die Energie des Wassermanns befähigt uns dann, in der Gruppe »unseren Platz« zu finden und unsere wahren, dem Ganzen dienenden Fähigkeiten zu entwickeln. Nur auf diesem Weg können wir eines ferneren Tages unseren wahren Wert finden, ihn einbringen und damit der Welt von echtem Nutzen sein. Dann fühlen wir uns nicht mehr getrieben und werden auch von niemanden und von nichts mehr vertrieben: Wir haben unsere seelisch-geistige Heimat gefunden.

Weist unser Aszendent auf das Zeichen Schütze, sollten wir uns daher vor jeder wichtigen Entscheidung im Leben fragen:

Entspricht unsere Wahl und damit unsere Entscheidung dem Prinzip Wassermann?
Haben wir uns für die Gruppe und für geistige Verbundenheit entschieden?
Zeigen sich in unserer Entscheidung die Prinzipien Freiheit, Gleichheit, Brüderlichkeit?
Entsteht Freundschaft, entsteht Verbindung mit Gleichgesinnten?
Ist unsere Wahl im Ganzen betrachtet menschlich? Werden menschliche Grundprinzipien weder verletzt noch mißachtet?
Macht die Entscheidung deutlich, wozu wir stehen und wozu wir gehören? Sind alle eventuellen Zweideutigkeiten und Ungereimtheiten beseitigt?
Umfaßt unsere Entscheidung alle Bereiche, berücksichtigt sie alle Belange, bezieht sie alles und jeden mit ein?
Liegen weder falsche Opfer noch Täuschungsmanöver noch andere Scheinheiligkeiten zugrunde? Ist nichts »unter den Teppich gekehrt«? Ist nichts beschönigt oder beschwichtigt?

Die erste Hermes/Merkur-Stufe der Wandlung

Sind alle Teile in uns mit der Entscheidung einverstanden?
Verschaffen wir uns keinerlei (versteckte) Vorteile?
Verbinden wir damit keinerlei Erwartungen an andere?
Beläßt unsere Entscheidung andere in ihrer Entscheidungsfreiheit?

Sind wir diesen Fragen ernsthaft nachgegangen und können sie – bezüglich der getroffenen Auswahl – im wesentlichen mit ja beantworten, treffen wir sicherlich die richtige Entscheidung. Unschwer werden wir dabei den Widerstreit der Argumente in uns spüren. Die »Skorpionseele« in uns (unsere Vergangenheit!) ist mißtrauisch und möchte vor der Entscheidung erst abklären, ob alle Beteiligten auch wirklich »guter Gesinnung« sind. Zu viele schlimme Erfahrungen mit Menschen sind in dieser Seele gespeichert, so daß es gefährlich erscheint, anderen Menschen unvoreingenommen und vertrauensvoll zu begegenen. Stets rechnet der Skorpion in uns damit, daß sich urplötzlich Freund in Feind, Liebe in Haß, Zuneigung in Abneigung verwandelt; er liegt auf der Lauer und deutet bereits die kleinsten Anzeichen einer »dunklen Wolke« als heraufziehendes Unwetter. So kommt es, daß bereits kleine »Erderschütterungen« in uns als Resonanz ein Erdbeben erzeugen, das uns schnell von jeglicher klaren Lebenslinie abbringt. Alles, was wir uns vorgenommen und fest versprochen hatten, wird mit einem Schlag über den Haufen geworfen, wir geraten »völlig aus dem Häuschen« und neigen dazu, alles hinzuwerfen. Ob Partnerschaft oder Beruf, wir verlassen das scheinbar sinkende Schiff – ohne zu bemerken, daß der Untergang nur in uns selbst stattfindet. Entscheiden wir uns in Zukunft jedoch für das Prinzip Wassermann – und damit für Freundschaft und Gruppe –, gewinnen wir mehr und mehr Vertrauen in alle zwischenmenschlichen Beziehungen. Wir erfahren die tragende Kraft wahrer Freundschaft und erkennen, daß nur geistige Verbundenheit imstande ist, zwischenmenschliche Beziehungen und Gemeinschaften dauerhaft zusammenzufügen. Die Angst, ausgenützt oder unterdrückt zu werden, läßt nach, unser Lebensweg wird klar und eindeutig, Visionen entstehen und unser Vertrauen zu Gott und der Welt wächst. Allmählich kommen wir aus dem Sumpf von Befürchtungen, schlimmster Vermutungen und dunkler Ahnungen heraus, wir sehen Licht und können befreit aufatmen – die »Schützeseele« in uns hat den Kampf mit der »Skorpionseele« aufgenommen und wird ohne Zweifel eines Tages den Sieg davontragen.

Anmerkung
Untersuchen wir im Entscheidungsfindungsprozeß die Wahl der Möglichkeiten nach dem Prinzip Wassermann, kann es sein, daß wir nicht unbedingt zu einer eindeutigen Entscheidung vordringen. Vielleicht schwanken wir zwischen mehreren Möglichkeiten, die unserer Auffassung nach alle – mehr oder weniger – dem Prinzip Wassermann entsprechen. Hier sollten wir wissen, daß es für die Entfaltung unseres Schütze-Aszendenten unerheblich ist, für welche der »Wassermannmöglichkeiten« wir uns entscheiden. Von Bedeutung ist lediglich, daß unsere Wahl das Prinzip Wassermann überhaupt beinhaltet. Daher genügt es auch, wenn wir aus dem oben angeführten Katalog nur einige Fragen mit einem klaren »ja« beantworten können.
Wie im Mythos von Orion so schön beschrieben, ist in der ersten Entfaltungsphase des Aszendenten nur wichtig, nicht in das alte Muster zurückzufallen. Auch Orion, nachdem er sein Augenlicht zurückerhalten hatte, war ja nahe daran, aus Rache in seine alte Gewohnheit – seine Vergangenheit – zurückzufallen. Doch er hat sich von seiner Vergangenheit befreit, das macht ihn zum großen Vorbild.
Das Wesentliche in dieser ersten Hermes/Merkur-Stufe der Entfaltung ist es, alle jene Entscheidungsmöglichkeiten auszuschalten, die uns zurückziehen würden in den Sog der Skorpionvergangenheit. Erreichen wir dies, haben wir bereits gewonnen. Nur wenn das Alte uns einholt und umklammert, bleiben wir auf unserem Weg stehen; alles andere gehört bereits zum Vorwärtsschreiten, zur Entwicklung der Persönlichkeit, zur Entfaltung des Aszendenten.

Die zweite Hermes/Merkur-Stufe der Wandlung – Änderung unseres Ausdrucks

Haben wir die richtige Wahl getroffen und uns entschieden, treten wir in eine neue Phase ein: Wir schreiten zur Tat. Das archetypische Horoskop (siehe Abb. S. 48) beschreibt unser Handeln durch den zweiten Quadranten, die dazugehörigen Tierkreiszeichen sind Krebs (Identifikation), Löwe (Ausdruckskraft) und Jungfrau (Ausdrucksmittel). Das veränderliche Tierkreiszeichen ist Jungfrau, der herrschende Planet ist Hermes/Merkur, der Götterbote. Dies bedeutet, daß wir uns auch in der Wahl der Ausdrucksmittel jederzeit verändern können.

So wie wir in der ersten Hermes/Merkur-Stufe unsere Entscheidungen verwandeln können, bietet uns analog dazu die zweite Stufe die Möglichkeit, unsere Ausdrucksmittel zu verändern. In der zweiten Stufe der Entfaltung des Aszendenten wird unser Innerstes nach außen hin sichtbar. War unsere Entscheidungsfindung für andere Menschen weitgehend unsichtbar, so sind unsere Vorgehensweisen und Taten als sichtbarer Ausdruck unserer Entscheidungen normalerweise für jedermann wahrnehmbar. Wir alle drücken uns aus im Reden, im Tun, in unseren Bewegungen und in der Art und Weise, wie wir mit den uns zur Verfügung stehenden Mitteln umgehen. Dies zusammen sind unsere Ausdrucksmittel, mit denen wir der Welt begegnen. Unsere Mitmenschen nehmen sie wahr, erkennen uns daran und nennen den Gesamteindruck unsere »Eigenart«. Dabei entsteht – in Analogie zur ersten Stufe – auch in der zweiten Stufe ein Zwischenreich: Das Ich auf der einen Seite, das Du auf der anderen Seite und die Ausdrucksmittel zwischen den beiden. Aus dieser Position heraus ist es weiter nicht verwunderlich, wenn die Wahrnehmung des Ich sich nicht unbedingt mit der Wahrnehmung des Du deckt. Ein jeder sieht die Dinge von seiner Seite, erst alle Sichtweisen zusammen ergeben das Ganze.

Für den Aszendenten Schütze weist die zweite Hermes/Merkur-Stufe der Wandlung auf das Zeichen Stier (siehe

Abb. S. 296). Ist unser Aszendent im Zeichen Schütze, sollten unsere Art und Weise des Ausdrucks sowie unsere verwendeten Ausdrucksmittel sich im Laufe der Zeit dem Prinzip Stier annähern. An dieser Stelle ist es wichtig, sich daran zu erinnern, daß unsere Vergangenheit im Zeichen Skorpion liegt. Unbewußt verwenden wir als sichtbaren Ausdruck deshalb vorzugsweise das Prinzip Skorpion. Durch die Entfaltung des Aszendenten wird damit ein Ausgleich herbeigeführt: Wir lernen, das Prinzip Stier in die Sichtbarkeit zu bringen.

Wie sieht nun das Prinzip Stier – in die Sichtbarkeit gebracht – aus? Auch hier ist es unumgänglich, dieses Prinzip erst einmal zu verstehen. Das fixe Erdzeichen Stier steht für Festigkeit durch Verwurzelung. Es gibt uns jene Beständigkeit und Ausdauer, die wir brauchen, um unsere Absichten und Vorhaben zu manifestieren. Da Aphrodite/Venus, die Göttin der Vollkommenheit, auch dem Zeichen Stier zugeordnet wird, dürfen wir annehmen, daß es hierbei um die vollkommene und vollständige Manifestation dessen geht, was uns einst als Idee zum Handeln motivierte. Nicht halbe, sondern ganze Arbeit soll geleistet werden, denn nur dann stimmen Wollen und Handeln überein und nichts bleibt als Rest unerledigt übrig. Alles Schöne, Vollkommene und gänzlich Abgeschlossene birgt in sich die Kraft, dauerhaft und für lange Zeit zu bestehen. So haben Menschen mit Aszendenten Schütze – ob in Partnerschaft oder Beruf – immer wieder die Erfahrung machen müssen, daß nichts lange hält. Kaum haben wir unsere »Liebe« für etwas entdeckt, stürzen wir uns darauf, um es für ewig an uns zu binden. Aber der Kosmos entschied anders, es wurde »flüssig«, zerrann uns unter den Fingern, und übrig blieben nur – oftmals schlimme – Erinnerungen. Nie haben wir die dahinterliegende Gesetzmäßigkeit und deren Sinn ganz verstanden. So stürzten wir uns aufs nächste Ziel, machten weiter Jagd auf das irdische Glück und bekamen es dennoch nicht zu fassen. Wir trösteten uns damit, daß eben das Glück wie die Liebe launisch seien. Das Schicksal schien uns stets zwischen himmelhoch-jauchzend und zu Tode betrübt hin und her zu reißen. Entsprechend war unser Gefühls- und Seelenleben: Wir fanden dort weder Kontinuität noch Stabilität noch inneren Frieden vor. Erst allmählich verstehen wir, daß es nicht die Launen des Schicksals sind, die uns den festen Boden und den sicheren Stand unter den Füßen wegziehen, sondern wir selbst. Viel haben wir gegeben und viel geopfert, aber niemals alles. Aus diesem Grund haben wir auch niemals »ganze Arbeit« geleistet. Womit wir uns auch verbanden, mit wem wir uns auch zusammentaten, nie erhielten sie unsere ganze Konzentration, unsere ungeteilte Aufmerksamkeit und unsere volle Beachtung. Um nicht überfordert zu werden, sind wir bereits angemessenen Forderungen aus dem Weg gegangen. Um nicht überlastet zu werden, haben wir etwas geringere Belastung auf uns genommen. Um nicht überanstrengt zu werden, haben wir bereits im voraus unsere Anstrengungen reduziert. Ergebnis war, daß wir nie an die Grenzen unserer Kraft und Hingabefähigkeit gekommen sind. Unser Geben und unsere Gaben waren stets nur halb, unsere Partner und Freunde jedoch haben stets die andere Hälfte vermißt. Die Entfaltung unseres Aszendenten Schütze bringt die Kraft des Stieres in die Sichtbarkeit. Der Stier lehrt uns Ausdauer im Geben und befähigt uns, in allen Lagen durchzuhalten und damit allen Anforderungen gewachsen zu sein. Er ist es, der das »Joch« auf sich nimmt, den »Acker« bepflügt und den »Karren aus dem Dreck« zieht. Weder scheut er sich vor unangenehmen Arbeiten, noch läßt er angefangene Arbeiten liegen, noch wartet er auf Hilfe anderer. Gelingt es uns, in der Wahl unserer Ausdrucksmittel diese Stierkraft für jedermann sichtbar zu machen, werden wir das »aphroditische Wunder« erleben. Weil wir uns ganz und gar auf uns und unsere eigenen Kräfte besonnen haben, keinerlei Unterstützung von außen erwarten und auch niemanden darum bitten, wird uns plötzlich von allen Seiten Hilfe zuteil. Weder direkt noch indirekt haben wir unsere Partner und Freunde beeinflußt, noch sie veranlaßt, noch auf sie in irgend einer Weise Druck ausgeübt. So sind die Voraussetzungen entstanden für freiwilliges Geben – und jeder Mensch dieser Erde gibt gerne und aus vollem Herzen und mit aller Kraft, wenn die Möglichkeit besteht, freiwillig zu geben. Langsam dämmert uns, daß alle Menschen an einem einzigen Geist teilhaben. Über diesen Geist sind wir alle miteinander verbunden. In diesen Geist gehen auch unsere stillen Erwartungen und heimlichen

Ansprüche an andere Menschen ein. Obwohl stumm und unausgesprochen, stehen sie als verborgene Forderungen im Raum, beeinflussen den freien Willen und beeinträchtigen die Freiwilligkeit. Doch gerade der freie Wille des Menschen ist Zeichen unserer Göttlichkeit, und deshalb allen Göttern heilig – mit der Entfaltung des Aszendenten Schütze lernen wir, uns den Göttern hierin anzuschließen und auf allen Ebenen, in Körper, Seele und Geist, den freien Willen anderer Menschen unangetastet und unbeeinflußt zu lassen.

An dieser Stelle sollte ein weit verbreiteter Irrtum (›Euryale‹, Mutter des Orion = ›weit verbreiteter Irrtum‹) aufgedeckt werden. Weil wir das Sichtbare (den Körper!) zur Ursache erklären und vergessen haben, daß stets die unsichtbar wirkende Kraft (der Geist!) der Ursprung der Tat ist, haben sich Fehler in der traditionellen Astrologie eingeschlichen. Dem Aszendenten Schütze wird das Prinzip Schütze als (an ihm sichtbare) Eigenschaft zugeschrieben. Folge ist, daß z.B. in astrologischen Beratungen dem Horoskopeigner mit Aszendent Schütze angeraten wird, sein Leben nach einem höheren, übergeordneten Ziel auszurichten, sich zu diesem Zweck mehr mit Hintergründen auseinanderzusetzen und in allem den tieferen Sinn zu suchen, um so sein Aszendentenpotential bzw. seine Anlage zu »entfalten«. So entsteht die Anregung zu einer »blinden« Schützekraft (Im Mythos: Blindheit des Orion!), die weder Richtung noch Ziel hat. Greifen wir diese Anregung auf, vergewaltigen wir in Wirklichkeit die Welt mit unserer Schützekraft, weil wir dieser Kraft Sinn und Zweck rauben. Sinn und Zweck der Schützeenergie ist es, den Menschen aus dem Sog der Illusionen und dem Sumpf der Täuschungen zu befreien, damit er die Suche nach Wahrheit und Wirklichkeit antreten kann. Die Weisheitslehren und Religionen dieser Welt helfen uns dabei, sind sie doch von Menschen niedergeschrieben, die diesen Weg bereits gegangen sind. Gelingt es uns, den Blick vom ersten, äußeren Anschein weg zu richten, die Augen zu heben und die Geschehnisse und Begegnungen in dieser Welt gleichsam von höherer Warte – mit den Augen des Adlers – zu betrachten, erschließen sich uns alle Geheimnisse menschlichen Daseins. Gleichzeitig erschauen wir visionär unseren Lebensweg und entwickeln den Willen, ihm zu folgen. Mit Aszendent Schütze lernen wir, die einzelnen Erfahrungen und Erlebnisse wie Puzzlesteine zusammenzufügen zu einem größeren Bild. So verstehen wir immer mehr von unserem eigentlichen Wesen, vom Sinn unseres Lebens und von der Richtung unseres Weges. Gelingt es uns über die Entfaltung unseres Aszendenten Beharrlichkeit und Ausdauer zu entwickeln, können wir unsere Ziele immer weiter und höher stecken, bis wir eines Tages nur noch ein alles umfassendes Ziel haben – die Vision unserer Berufung ist gefunden.

Hier sehen wir vielleicht am deutlichsten den Unterschied zwischen einem Horoskopeigner mit der Sonne im Zeichen Schütze und einem mit Aszendenten Schütze. Mit der Schützesonne haben wir in allen Lebenslagen eine direkte, zielstrebige Kraft zur Verfügung, die es uns ermöglicht, auch weitgesteckte Ziele ohne große Umwege zu erreichen, während der Aszendent Schütze einen speziellen Entwicklungsweg geht, an dessen Ende er gelernt hat, nicht nur Ziele anzuvisieren, sondern sie auch zu erreichen. Die Frage für die Schützesonne könnte lauten: »*Wie kann ich von meiner Schützeenergie und damit von meinem eigentlichen Wesen im Leben so viel wie möglich einbringen?*«; die Frage für den Aszendenten Schütze lautet eher: »*Wie treffe ich die geeignete Wahl unter den zur Verfügung stehenden (Ausdrucks-) Mitteln, damit ich Zielbewußtheit entwickle, und mich nicht immer wieder Kleinigkeiten aus der Bahn werfen und vom eigentlichen Ziel abbringen?*« Nur bei der letzten Fragestellung gewinnt das Prinzip Stier an Bedeutung, weil es uns die Kraft verleiht, eingeschlagene Wege unbeirrt zu gehen. Stier gibt uns sowohl das nötige Durchhaltevermögen als auch die Fähigkeit, fremde und ungeeignete Einflüsse abzuwehren und auf Distanz zu halten. Nur so steuern wir wie der abgeschossene Pfeil des Schützen – unabgelenkt und geradlinig – auf unser Ziel zu. Dabei dürfen wir annehmen, daß mit der Entfaltung des Aszendenten Schütze der Raum geschaffen wird, in dem unser eigenes Wesen (= Sonne im Horoskop) mehr und mehr zu strahlen vermag.

Die Skorpionstufe der Entfaltung – Prüfung der Wandlung

In den beiden Hermes/Merkur-Stufen haben wir unsere Entscheidung und unsere Ausdrucksweise geändert. Doch können wir sicher sein, daß sich in uns wirklich ein Wandel vollzogen hat? Oder unterliegen wir ein weiteres mal der großen Illusion, jener Täuschungskraft, die uns immer wieder einen Zerrspiegel vorhält, in dem wir uns selbst nicht zu erkennen vermögen?

Um dies zu beantworten, bedarf es einer prüfenden Instanz, die jenseits unserer Subjektivität liegt. Stets kommt die Prüfung von außen auf uns zu, gelegentlich liebevoll und nachsichtig, oft jedoch widerborstig und dornenreich. Wie der Stachel des Skorpion, der im Mythos den Orion tötet, sticht sie uns, verletzt uns und dringt ein in unsere Tiefen, um zu sehen, ob unsere »alte Form« noch lebt oder schon gestorben ist. Denn nur wenn die alte Form tot ist, können wir sicher sein, daß unsere Änderungen von Dauer sind.

Für den Aszendenten Schütze weist die Stufe der Prüfung auf das Tierkreiszeichen Krebs (siehe Abb. S. 296). Krebs ist das Zeichen der »inneren Heimat«, der seelischen Zugehörigkeit, das Zeichen von Mutter und Kind, das Prinzip von Geburt und ewiger Wiederkehr. Wie der dem kardinalen Wasserzeichen Krebs zugeordnete Mond, durchleben auch wir – zumindest solange wir noch in Seele und Geist Kinder sind – immer wieder dieselben Phasen. Mit der Geburt des neuen Mondes beginnt es, die schmale Sichel am westlichen Horizont kurz nach Sonnenuntergang ist das kosmische Symbol. Nun wächst er von Tag zu Tag, wird größer und voller, bis er die ganze Reife bei Vollmond erreicht, um dann sich mit schwindendem Licht der Rückkehr, dem Tod, der Finsternis auszuliefern. Wie kein anderer Himmelskörper zeichnet er das Auf und Ab des Lebens und den Kreislauf des Wassers in den nächtlichen Himmel. Tag für Tag erinnert er uns an den Wechsel und Wandel und bleibt doch Monat für Monat gleich. Und genau wie der Mond verhält sich auch die Welt unserer Gefühle: Im kurzen Zeitraum betrachtet sind sie unstet, fließend, kaum definierbar und sind doch – über längere Zeiträume beobachtet – konstant, unverwechselbar, benennbar. Krebs verleiht uns die Fähigkeit, uns selbst zu fühlen und dadurch Resonanz herzustellen zur Außenwelt. Seine Energie macht es möglich, uns ganz mit einer Sache oder einem Menschen zu identifizieren. Gelingt uns diese vollständige Identifikation nicht, wissen wir, daß wir unsere seelische Heimat (noch) nicht gefunden haben.

Befindet sich unser Aszendent im Zeichen Schütze, ist es für uns wichtig zu wissen, daß in all unseren Partnerschaften, Freundschaften und Beziehungen stets die nähesuchende und doch oft so ferne Krebsenergie auf uns zukommt, um uns zu reizen und zu prüfen. Gerade Menschen, die wir lieben und deren Nähe wir suchen, erscheinen und ganz besonders sensibel und empfindlich. Dem launischen Mond gleich sind sie uns manchmal ganz nahe, sind uns zugetan und schmiegen sich uns an, um sich urplötzlich wieder von uns abzuwenden, sich ganz zurückzuziehen und uns scheinbar überall aus dem Weg zu gehen. Mal kommen sie uns vor wie eine Mutter, sie umsorgen uns, beschützen uns und nehmen uns Arbeiten ab, mal kommen sie uns vor wie kleine Kinder, sie sind schnell gekränkt und beleidigt, reagieren verstockt und unwillig, geben sich lustlos und abweisend. Was wir auch versuchen, nie können wir es ihnen dauerhaft recht machen, nie erscheinen sie uns ganz zufrieden, nie machen sie einen restlos glücklichen Eindruck. Oft erwachen in uns Zweifel, ob unser Partner uns auch wirklich liebt, und wir finden keinen Weg heraus aus diesem Teufelskreis des ewigen Hin und Her, des andauernden Auf und Ab der Gefühle. Erst spät begreifen wir, daß es an unserer hohen Identifikation mit den Gefühlen des Partners liegt, die uns diese Wechselbäder verschafft. Weil wir uns hineinziehen lassen, werden wir selbst launisch – und damit abhängig von den Gefühlen anderer. Weil wir den festen Halt vom Partner erwarten, machen wir ihm seine Launen zum Vorwurf, anstatt den Halt in uns selbst zu finden, um damit umgekehrt unserem Partner den Halt zu bieten, den er für seinen eigenen Weg bräuchte. Wir verhalten uns gelegentlich wie ein Ertrinkender, der vom Nichtschwimmer aus dem Wasser gezogen werden möchte. Daß dies nicht gut gehen kann, haben wir sicherlich schon zur Genüge erfahren. Die Entfaltung des Aszendenten Schütze bringt uns die Stärke, die wir brauchen, um Kraft für zwei zu haben. Jetzt ist es uns ein Leichtes, aus allen Schwierigkeiten herauszukommen, weil wir lernen, in Beziehungen die Schwächen und Fehler anderer zu akzeptieren. Statt unsere Partner auf ihr Unvermögen hinzuweisen, werden wir – unsere eigene Schwäche erkennend und behebend – einfach wortlos zupacken, ohne Gegenleistungen zu erwarten oder gar zu verlangen. Gelingt uns dies, haben wir die Skorpionprüfung bestanden, die vom Zeichen Krebs ausging.

Die Zeus/Jupiter-Stufe der Wandlung – Änderung unserer Werte

Nach zwei Stufen der Wandlung und einer Stufe der Prüfung sind wir ein wenig klüger als zuvor. Die Skorpion-Stufe der Prüfung zeigte uns insbesondere, wo wir »gut« zu sein glaubten, aber am Ende doch nicht »gut genug« waren. Nun heißt es innehalten und verweilen. Die Jupiter-Stufe der Wandlung will unsere Werte verändern. Das archetypische Horoskop (siehe Abb. S. 48) beschreibt unsere Erfahrung, die Entstehung unserer Werte und unsere Urteilsfindung durch den dritten Quadranten. Die dazugehörigen Tierkreiszeichen sind Waage (Reaktion des Du), Skorpion (Reibung und Einigung mit dem Du) und Schütze (Bewertung der Beziehung; Sinnfindung). Das veränderliche Tierkreiszeichen ist dabei Schütze, der herrschende Planet Zeus/Jupiter. Dies bedeutet, daß wir jederzeit unsere Werte verändern, unsere Bewertungen wandeln und unseren Sinn neu ausrichten können.

Vieles, ja vermutlich sogar das meiste, wofür wir uns entscheiden und was wir tun, halten wir anfangs für gut. Doch dann folgt das bittere Ende: Die Welt, der Partner, der Freund, sie urteilen anders, finden es weniger gut, vielleicht sogar unmöglich oder schlimm. Doch solange wir uns verwickeln und immer mehr in Täuschungen verstricken, kümmert uns die Meinung anderer wenig. Wir sind mit ihnen zusammen, weil wir uns einsam fühlen, weil wir uns einen Vorteil davon versprechen oder weil wir Anerkennung, Aufmerksamkeit und Zuneigung haben möchten.

Mit den Erfahrungen und Erlebnissen wächst gewöhnlich unsere Selbsterkenntnis. Nicht selten erleben wir dabei ein Phänomen: Die Bewertung von Dingen, Menschen und Ereignissen, die wir einst gut oder böse genannt haben, relativiert sich. Das Böse erkennen wir rückblickend als Anstoß, der uns von längst Überholtem gelöst und frischen Wind in unser Leben gebracht hat. Aber auch das Gute geht oft diesen Weg der Wandlung. Was einst gut und sinnvoll erschien, heute hat es nicht mehr denselben Stellenwert. Mit unserer Entwicklung wandeln sich unsere Werte, diese Erfahrung hat jeder von uns schon gemacht.

Die Jupiter-Stufe der Entfaltung des Aszendenten zeigt uns, wo und wie sich unsere Werte und Bewertungen wandeln sollen, damit wir nicht in alte Vorurteile und Bewertungsmuster zurückfallen. Wir finden in unserem Horoskop den Hinweis auf ein Tierkreiszeichen, dessen Sinn sich uns erst im Laufe der Entwicklung enthüllt und dessen Wert wir erst im Laufe der Zeit schätzen lernen. Mit unserem geistigen Wachstum dehnt sich auch dieses Prinzip in uns aus. Entschieden wir uns früher nur dafür, wenn es Vorteile zu bringen schien, so wachsen wir gerade in diesem Prinzip über uns selbst hinaus: Es öffnet uns das Tor zum Überpersönlichen, harmonisiert unseren Geist und befriedet unsere Seele.

Für den Aszendenten Schütze befindet sich diese Zeus/Jupiter-Stufe der Wandlung im Zeichen Löwe (siehe Abb. S. 296). Löwe ist das Zeichen der Befreiung unserer innewohnenden Schöpferkräfte. In allen Traditionen ist ihm als Planet die Sonne zugeordnet. Ihr Licht, ihre Strahlung, ihre Wärme, ihre Kraftentfaltung, ihr unbegrenztes Geben sind daher auch zu Eigenschaften des Löweprinzips geworden. Auch ihre Position in der Mitte unseres Sonnensystems hat auf das Zeichen Löwe abgefärbt, denn wir wissen, daß wir nur aus unserer Mitte heraus – mit allem Mut und mit vollem Herzen – unsere ganze Kraft entfalten können. Löwe symbolisiert unseren Willen zur Größe. Sie können wir nur im Geben erreichen, niemals im Nehmen. Hier dürfen wir verschwenderisch sein und werden dabei ebenso Großartiges wie Einmaliges feststellen: Im Verschwenden unserer Kräfte, in der Verausgabung aller Energien, haben wir die Fülle des ganzen Universums zur Verfügung. Wenn wir uns selbst nicht beschränken, wenn wir aus freiem Willen heraus handeln und mit Liebe und Zuneigung bei der Sache sind, ist unsere Energie so unbegrenzt wie das Licht und die Strahlung der Sonne, ja wir selbst beginnen zu strahlen und werden zu Lichtbringern und Wärmespendern.

Weist unser Aszendent auf das Zeichen Schütze, lernen wir im Laufe der Zeit gerade dieses Löweprinzip schätzen und lieben. Früher sind wir nur bedingt Risiken eingegangen, meist wenn uns nichts anderes übrig blieb. Unser ganzes kreatives Potential, unsere verschwenderische Kraft kam höchstens dann zum Einsatz, wenn ein künftiger Vorteil dadurch zu erwarten war. Ansonsten hielten wir eher Ausschau nach Partnern oder Freunden, die wir animierten, sich an unseren Vorhaben und Aktionen zu beteiligen. Erst allmählich erwachte in uns die schöpferische, väterliche Löwekraft und der Mut, sie bedingungslos in sämtliche Aktivitäten einfließen zu lassen. Wie die Morgenröte den nahen Sonnenaufgang kündet, so geht uns allmählich ein Licht auf: Wir erkennen, daß es für uns in allen Lebenslagen das Wichtigste ist, alles zu geben – wenn es sein soll bis zur totalen Erschöpfung. Und noch eines erkennen wir: Liegt uns etwas wirklich am Herzen, sind wir in unserer Mitte – Körper, Seele und Geist befinden sich im Einklang. Jetzt scheint unsere gebende Kraft unermüdlich und unerschöpflich zu sein wie die Kraft der Sonne. Deshalb beginnen wir, mehr und mehr danach zu suchen, was uns in diesem Leben wirklich am Herzen liegt. Finden wir es und machen wir es zu unserer »Herzensangelegenheit«, ziehen sich Freudlosigkeit, Lustlosigkeit und Frust zurück – wir sind nie mehr erschöpft, noch je am Ende unserer Kräfte. Dabei lehren uns das Zeichen Löwe und die mit ihm verbundene Sonne, wie wichtig es für unsere Entwicklung ist, alles Versteckte und Verhüllte, alle Schatten und dunklen Seiten ans Licht zu holen, um die ganze Wahrheit zu schauen. Nur wenn wir diesen Weg zum Licht wählen, verlieren sich unsere Ängste – die ersehnte Furchtlosigkeit kehrt ein.

Die Poseidon/Neptun-Stufe der Wandlung – Änderung unseres Wesens

Nach den ersten drei Wandlungs- und Entfaltungsstufen will sich der Tierkreis schließen, um auf einer höheren Ebene der Entwicklung von Neuem zu beginnen. Das archetypische Horoskop (siehe Abb. S. 48) schließt mit dem vierten, dem überpersönlichen Quadranten ab, die dazugehörigen Tierkreiszeichen sind Steinbock (Verwesentlichung, Abgrenzung), Wassermann (Erkenntnis der Ganzheit, Integration) und Fische (Auflösung, Einbindung, Synthese). Fische ist im vierten Quadranten das veränderliche Zeichen, herrschender Planet ist Poseidon/Neptun. Dies bedeutet, daß wir uns in der Auflösung, im Abschließen und im Beenden verändern können.

Beenden aber heißt vollenden, vollendet sein aber heißt Meister sein. Die letzte Stufe der Entfaltung unseres Aszendenten spricht zu uns von Meisterschaft: Hat sich alles gewandelt – von der Entscheidung über die Ausdrucksweise bis hin zu unseren Werten – und bestehen wir alle Prüfungen, zu jeder Zeit und an jedem Ort, ist unser ganzes Wesen verändert. Wir beherrschen das Prinzip unseres Aszendenten von Anfang bis Ende und sind darin Meister.

Um über diese Stufe der Entwicklung etwas zu erfahren, liegt es nahe, sich an Menschen zu wenden, die vor uns den Weg schon gegangen und Meister geworden sind. An ihrer Art, in ihrem Wesen und an ihren Taten erkennen wir, wo unser Weg hinführt. Sie geben uns die geeignete Vision, die unserer Entwicklung Richtung und Stabilität verleiht. Viele Meister könnten wir hier anführen, doch nur einer zeigt uns in allen zwölf Tierkreiszeichen, was Meisterschaft bedeutet. Es ist Herakles, der sagenumwobene Held der alten Griechen, der uns in seinen zwölf Aufgaben für jedes Tierkreiszeichen den Weg zur Meisterschaft hinterlassen hat. Er löst alle Aufgaben. Der Mythos von ihm gibt uns die Lösungen an die Hand. So können wir an den jeweiligen Heraklesaufgaben ersehen, was es in der letzten Stufe der Wandlung für uns zu entwickeln und was es aufzugeben gilt.

Der Aszendent Schütze hat die Poseidon/Neptun-Stufe der Entfaltung im Zeichen Skorpion (siehe Abb. S. 296). In der dem Zeichen Skorpion zugeordneten Heraklesaufgabe geht es um

Die Tötung der neunköpfigen Hydra
In den Sümpfen von Lerna lebt die Hydra, eine Wasserschlange. Sie ist ein Ungeheuer mit neun Köpfen, von denen einer unsterblich ist, die anderen aber die Eigenschaft haben, doppelt nachzuwachsen, wenn jemand sie abschlägt. Die Hydra verbreitet furchtbaren Gestank, verpestet die ganze Umgebung damit und zieht viele Menschen mit sich in die Tiefe der unergründlichen Sümpfe. Sie ist außerdem so giftig, daß ihr Atem oder allein der Geruch ihrer Spuren Leben zerstören kann.
Die Hydra haust in einer unterirdischen, unzugänglichen und gut versteckten Höhle mitten im Moor, in die es keine Möglichkeit gibt einzudringen. Herakles streift um das Moor, doch die Hydra zeigt sich nicht. So schießt er in Pech getauchte, brennende Pfeile in die Höhle der Hydra. Das Ungeheuer kommt wütend hervor und versucht schlangengleich die Füße des Herakles zu umfassen. Er springt aber geschickt zur Seite und trennt ihr mit einem einzigen Hieb eines der Häupter ab; sofort wachsen zwei neue nach.
Immer wieder greift Herakles die Hydra an, aber sie wird nicht schwächer. Jetzt erinnert sich Herakles an einen guten Rat, den er einst erhielt: Nicht Mut, sondern Demut werden ihn zum Sieger machen. Er kniet sich nieder und hebt die Hydra hoch heraus aus dem Sumpf. Im gleichen Augenblick schießt ein riesiger Krebs, von Hera geschickt, aus dem Wasser hervor und verbeißt sich mit seinen Scheren in der Ferse des Helden. Er erträgt jedoch den Schmerz und läßt die Hydra nicht aus den Händen. Langsam beginnt die Kraft des Ungeheuers zu schwinden, da es keine Verbindung mehr zum Wasser hat. Sonne und Wind trocknen die Hydra aus. Als die Hydra tot ist, erkennt Herakles das unsterbliche, mystische Haupt – er trennt es vom Rumpf ab und vergräbt es unter einem Felsen.

Zusammenfassung der Ergebnisse aus der Deutung des Mythos

zu entwickeln wären
- die Kraft des Schweigens
- Vordringen in die persönlichen Tiefen
- Hervorholen der eigenen Ängste und den Mut, ihre (oft gut getarnten) Auswirkungen in Beziehungen anzuschauen
- Bereitschaft, den eigenen Egoismus zu konfrontieren
- Bereitschaft, sich den gewonnenen Erkenntnissen zu »beugen«
- Demut
- Leidensfähigkeit
- Liebesfähigkeit, Liebe zur Wahrheit
- Suche nach dem tieferen Wesen in uns und Konzentration auf das Wesentliche
- Glaube an und Offenheit für Hilfe »von oben«

aufzugeben wären
- Projektion von Schuld in Fehler und Schwächen anderer Menschen
- bei Negativerfahrungen (Krankheit, Verletzung, Schwäche, Unglück): Projektion der Ursache in die Außenwelt
- aller Schein, alle Täuschungen, alle Verstellungen, alle Masken
- Eifersucht in allen Bereichen
- Wille, andere zu beeinflussen, sie zu bewegen, Druck auf sie auszuüben
- Leugnung unseres eigentlichen Wesens
- aller Schutz, alle Hüllen, alle Sicherheiten, alle Verkrustungen
- Problemlösungen im außen
- Unbesonnenheit und Übermut

Diese Zusammenfassung erhebt keinen Anspruch auf Vollständigkeit. Zu empfehlen wäre eine persönliche Auseinandersetzung mit dem Heraklesmythos, hier im speziellen mit der

achten Heraklesaufgabe, die dem Zeichen Skorpion zugeordnet ist.

Herakles ist das Ideal eines Menschen, der sich aus dem Dunkel des Unbewußten heraus in das Licht der Bewußtheit hinein entwickelt. Wie alle Ideale soll er uns nur als richtungsweisendes Leitbild, als Vision dienen. Für uns ist es nicht wichtig, ein Held wie er zu sein, aber um so wichtiger ist es für uns, den von Herakles vorgezeichneten Weg zu beschreiten. Der Weg ist das Ziel, sagt uns die östliche Weisheit. Dies teilt uns mit, daß für uns Menschen weder im Erreichen noch im Verweilen die wahre Erfüllung liegt, sondern nur im Gehen. Viele von uns lassen sich abhalten, weil sie – vom fernen Ziel paralysiert – resignieren und glauben, ein so hohes Ziel nie erreichen zu können. Machen wir die ersten Schritte, um zu erfahren, daß im Gehen die Freude uns begleitet, in der Bewegung die Schönheit uns begegnet und nur im Wandel sich die Liebe uns offenbart.

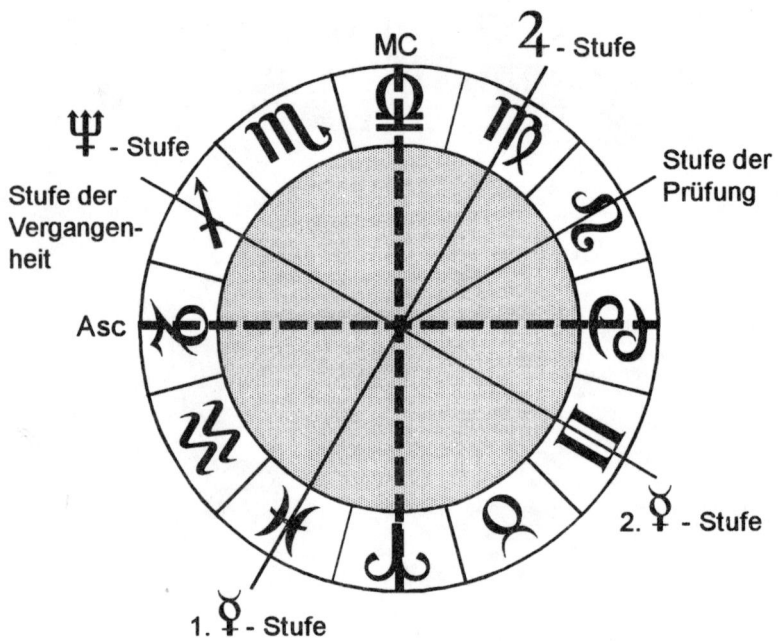

Die Entfaltung des Aszendenten Steinbock

Vergangenheit des Aszendenten Steinbock

Wie immer wir uns Vergangenheit vorstellen – ob wir in unsere Kindheit zurückgehen oder von früheren Inkarnationen sprechen –, eines ist stets gewiß: Unser Geist und unsere Seele sind nicht unberührt geblieben von den Erfahrungen und Erlebnissen dieser Vergangenheit. In uns sind Verwicklungen entstanden, es haben sich Gewohnheiten herausgebildet und feste Handlungsmuster eingeprägt. Wir haben gelernt, zu bewerten, zu beurteilen und nach gut und böse zu unterscheiden. Wir haben Kräfte entwickelt, um das Gute vom Bösen, das Angenehme vom Unangenehmen, das Geliebte vom Ungeliebten zu trennen. Dabei haben wir unseren ganzheitlichen, paradiesisch-unschuldigen Zustand verloren. Mit der Ganzheit haben wir aber auch unser Heil verloren: Wir sind einseitig, krank und schwach geworden.

Etwa zwei Stunden bevor am östlichen Horizont das Tierkreiszeichen des Aszendenten aufsteigt, sehen wir im Osten das dem Aszendenten vorausgehende Tierkreiszeichen emporsteigen. Betrachten wir diese Gegebenheit symbolisch und deuten diesen zeitlichen Ablauf, so dürfen wir annehmen, daß die Vergangenheit eines Horoskopeigners von dem Prinzip beherrscht wird, das dem Aszendenten im Tierkreis vorausgeht.

Zeigt in unserem Horoskop der Aszendent auf das Tierkreiszeichen Steinbock, ist damit gleichzeitig das Schützeprinzip als unsere Vergangenheit ausgewiesen. Unbewußt haften wir an diesem Prinzip fest: Alle unsere Handlungsweisen, Gewohnheiten und Reaktionen sind einseitig von ihm geprägt. Das Schützeprinzip ist in uns überbetont, wodurch die gesamte Achse Schütze – Zwillinge ins Ungleichgewicht geraten ist: Was vom Prinzip Schütze »zuviel« ist, fehlt uns am Prinzip Zwillinge. Die Entfaltung des Aszendenten Steinbock wird, wie wir noch sehen werden, den Ausgleich herbeiführen, so daß eines Tages in unserem Horoskop die Achse Schütze – Zwillinge in Harmonie kommt. Die einseitige Schützebetonung ist dann aufgehoben, das (noch) fehlende Prinzip Zwillinge wird in die Sichtbarkeit gebracht. Geschieht dies, dann hat sich unbewußtes Sein in Bewußtsein verwandelt, wir sind – dem Wesen nach verändert – ganzheitlicher geworden.

Doch bevor wir den Aszendenten Steinbock entfalten und diesen Entwicklungsweg gehen können, ist es notwendig, unsere Anhaftung im Prinzip Schütze zu erkennen. Stellen wir uns deshalb folgende zwei Fragen:

Wie sehen unsere Bewertungen und Handlungsmuster aus?

Wo liegen ihre Betonungen und warum sind sie dem Schützeprinzip zuzuordnen?

Um darüber Aufklärung zu erhalten, sollten wir zuerst das Schützeprinzip verstehen. Die traditionelle Astrologie nennt uns Schütze als Zeichen der Religion, der Weisheit und der Philosophie. Da Weisheit stets nach dem Sinn des menschlichen Daseins frägt, ist es auch das Zeichen der Sinnfindung. Der nach oben gerichtete Pfeil des Schützen deutet an, daß es um hohe Ziele geht. Zielbewußtheit, Geradlinigkeit und Streben nach Höherem gelten daher als dem Schützen zugeordnet. Ist der Pfeil abgeschossen, behält er bis zum Ziel seine Richtung bei. Diese Eigenschaft hat dem Schützeprinzip den Ruf eingebracht, sich von nichts und von niemandem ablenken zu lassen. Als Zeichen der Konzentration auf ein Ziel hin ist es stets am Erfolg orientiert und auf das Ergebnis hin ausgerichtet. Der Wille, das Optimale zu erreichen, ist vorherrschend. Um ein Ziel zu erreichen, ist es auch bereit, mit allem einen Pakt zu schließen, vorausgesetzt es dient dem Zweck und sichert den Erfolg. Dem Zeichen Schütze als Planet zugeordnet ist Zeus/Jupiter, der Göttervater und Oberste im griechischen Olymp. Seine Strenge und Unduldsamkeit gegenüber Übermut, Fehlerhaftigkeit und Unvollkommenheit ist uns im Mythos ebenso belegt wie seine Großzügigkeit gegenüber Helden und seine Bewunderung von Mut, Tapferkeit und Klugheit.

Liegt unsere Vergangenheit – was beim Aszendenten Steinbock der Fall ist – im Zeichen Schütze, ist in uns dieses Prinzip überbetont. Wir sind übermäßig stark darauf ausgerichtet, unsere Ziele zu erreichen. Hat sich unser Wille erst einmal auf ein Ziel hin fixiert, sind wir von niemanden und durch nichts mehr davon abzubringen. Wer oder was sich uns auch in den Weg stellt, wir lassen uns weder bremsen noch aufhalten. Weil wir nur das ferne Ziel im Auge haben, verlieren wir leicht den Blick für das Naheliegende, ja oft auch den Bezug zum Nahestehenden. Im Glauben, einem höheren Geist oder einem Ideal oder einem bestimmten Ruf verpflichtet zu sein, neigen wir dazu, den einzelnen Menschen nicht mehr zu sehen. Wir »überfahren« ihn, unterdrücken ihn und mißachten seine Wünsche und Bedürfnisse. Weil wir unser Ziel für »gut« heißen, nehmen wir mit der gleichen Selbstverständlichkeit an, daß auch alles, was diesem Ziel dient, »gut« ist. Unbewußt wird nun alles, was sich in den Weg stellt, was Widersprüche aufzeigt oder gar Widerstände entgegenbringt, als »weniger gut«, im Extremfall sogar als »böse« hingestellt. Daraus leiten wir dann die Berechtigung ab, es auszusondern, es zu beseitigen und – bildlich gesprochen – auf den Müll zu werfen, damit der eingeschlagene Weg wieder frei wird. Oft ist es nur ein innerer Prozeß: Wir hören uns zwar fremde Meinungen und Ratschläge an, aber annehmen wollen wir sie nicht. Sie dringen nicht wirklich zu uns vor, so sehr wir uns auch den Anschein geben. Wie der Pfeil des Schützen bleiben wir unserer eingeschlagenen Richtung treu. Viel Kraft und Energie müssen unsere Partner aufwenden, um uns von unseren Vorhaben abzulenken oder gar abzubringen. Hier verstehen wir wenig Spaß, scheint doch am Erreichen unseres Ziels auch unser ganzer Erfolg zu hängen. Und ein Leben ohne Erfolg ist für uns wie die berühmte Suppe ohne Salz. Wir jagen nach den Höhepunkten des Lebens, getrieben von unserer Angst vor Langeweile oder Bedeutungslosigkeit, die uns immer wieder motiviert, damit unser Leben Würze und Intensität erhält. Geht dieser Trieb in die Projektion, werden wir zum Glücksritter. Unser Streben, ja unser Ehrgeiz richtet sich auf weltliche Ziele. Wir wollen der Größte, der Tollste und der Beste sein – egal auf welchem Gebiet – und die ganze Welt soll es wissen und sich um uns reißen. Ob Weltmeister, Regierungschef oder Vorsitzender, sie alle profitieren von einer Schützekraft, die ihrer geistigen Höhe beraubt und dem weltlichen Erfolg untertan gemacht wurde. Doch je mehr Trubel um uns herum ist, je hektischer unser Leben verläuft, je gefragter wir sind, umso mehr stellt sich innere Leere ein. Allmählich dämmert uns, daß ohne höheren Geist und ohne tieferen Sinn unser eigenes Leben unweigerlich verflacht, unabhängig davon, wie sehr uns die Welt umjubelt. Wir mögen als »bedeutender Mensch« gelten, weil wir im Bewußtsein anderer Menschen einen wichtigen Platz einnehmen, doch auf dem Wege der Selbsterkenntnis können wir uns auf Dauer nichts vormachen. Ob wir bedeutend sind, ob wir ein erfülltes Leben führen, ob wir unserem Ruf folgen, dies können letztenendes nur wir selbst entscheiden. Hier stehen wir vor unserem »größeren Ich«, dem höheren Selbst, ihm alleine sind wir verantwortlich, ihm alleine sind wir Rechenschaft schuldig. Seine Zustimmung brauchen wir zu dem, was wir tun und was wir lassen, während uns alle weltliche Zustimmung letztenendes wenig nützt. Unserem Schöpfer sind wir verantwortlich, er hat uns in die Welt gerufen, er hat uns eine »Berufung« mitgegeben. Unsere Antwort kann nur sein, unsere Berufung zu suchen, sie zu finden und sie zu erfüllen – die Entfaltung des Aszendenten Steinbock ist der Weg dorthin.

Zusammenfassung der Vergangenheit im Zeichen Schütze
- Zielbewußtheit, Drang nach Erfolg, Suche nach dem Optimum
- Orientierung am Ergebnis und am Erfolg, dadurch Verlust an Menschlichkeit und Verständnis möglich
- Unduldsamkeit und Strenge gegen Fehler, Schwächen und Übermut anderer
- starke Bewertungen im Sinne von »gut« und »böse«, von »schwarz« und »weiß«
- liebt Eindeutigkeit und Entschlossenheit, haßt Zweideutigkeit und Unentschlossenheit
- will Wunder vollbringen und dafür bewundert werden
- strebt danach, der Größte, der Beste, der Höchste zu sein
- will niemanden über sich haben, möchte nicht untergeordnet sein
- läßt sich weder abbringen noch ablenken
- verletzt oft, ohne es zu wollen; kränkt ohne Absicht; unterdrückt, ohne es zu wissen
- Angst vor Langeweile und Stillstand

- braucht Intensität und Spannung in allem
- hört nicht wirklich auf andere, nimmt wenig von ihnen an
- nimmt nur an, wenn es dem eigenen Ziel dient bzw. den eigenen Erfolg fördert

Der Aszendent Steinbock

Ist es uns gelungen, den »Schützen in uns« zu erkennen, und sind wir bereit, unseren Aszendenten aus freien Stücken heraus zu entfalten, gibt uns der Tierkreis exakte Anleitung, wie der Aszendent Steinbock stufenweise entfaltet werden kann. Wir werden im Laufe der Zeit spüren, daß es mit der reinen Willensäußerung im Sinne eines »*Ich will meinen Aszendenten Steinbock leben!*« nicht getan ist. Wir können versuchen, mehr vom Steinbockprinzip (Verantwortung, klare Abgrenzung, überpersönliches Wirken, ect.) in unser Leben zu bringen, doch eine Auflösung unseres unbewußt überbetonten Schützeprinzips geschieht nicht. Wir haben bereits davon gesprochen, daß in unserem Horoskop die Achse Schütze – Zwillinge im Ungleichgewicht ist und in Harmonie kommen will. Wie dies geschieht, zeigen uns der Verlauf des Tierkreises ebenso wie die aus dem Mythos des Orion gewonnenen Stufen der Entfaltung. Steigen wir sie empor, wird uns mehr und mehr innere Harmonie und Ausgewogenheit zuteil. Das Prinzip Schütze beherrschen wir dann genauso wie das Prinzip Zwillinge: Jetzt können wir unsere Ziele verfolgen, und sind dennoch fähig, jederzeit unsere eingeschlagene Richtung zu korrigieren oder sogar völlig zu ändern. Unsere starken Bewertungen schwächen sich ab, gegenüber der Außenwelt entsteht mehr Unvoreingenommenheit, gegenüber Widerständen größere Lockerheit und Flexibilität. Unsere Einseitigkeit nimmt ab, wir werden frei von unserer übertriebenen Intensität und können überall ungehemmt unser gesamtes Wesen zulassen.

Doch gehen wir in unserer Wandlung und Veränderung Schritt für Schritt vor. Zuerst übertragen wir das archetypische Horoskop auf unser persönliches Horoskop. Dabei ergibt sich

– von unserem Aszendenten angefangen – ein vierstufiger Entfaltungsplan: Erste und zweite Hermes/Merkur-Stufe, Zeus/Jupiter-Stufe und Poseidon/Neptun-Stufe. Jede einzelne Stufe gibt dabei Hinweise zur Wandlung. Hier können wir uns im Laufe der Zeit verändern, um dadurch die Entfaltung des Aszendenten und damit gleichzeitig die Entwicklung unserer Persönlichkeit zu fördern.

Die erste Hermes/Merkur-Stufe der Wandlung – Änderung unserer Entscheidungen

Da wir unsere Vergangenheit kennen, können wir in die erste Phase der Wandlung eintreten: Wir verändern unsere zukünftigen Entscheidungen im Sinne unserer geistig-seelischen Entwicklung, wie sie in unserem Horoskop niedergelegt ist. Das archetypische Horoskop (siehe Abb. S. 48) beschreibt die Entscheidungsfindung durch den ersten Quadranten, die dazugehörigen Tierkreiszeichen sind Widder (freier Wille), Stier (geplante Absicht) und Zwillinge (Wahl der zur Verfügung stehenden Möglichkeiten). Das veränderliche Tierkreiszeichen ist dabei Zwillinge, dem der Götterbote Hermes/Merkur zugeordnet ist. Hermes/Merkur bietet in seiner Funktion als Götterbote uns Menschen Möglichkeiten und Gelegenheiten, um neue, bewußtseinserweiternde Erfahrungen zu machen. Die Auswahl aus den zur Verfügung stehenden Möglichkeiten sowie die Entscheidung, eine gebotene Gelegenheit zu ergreifen, steht uns dabei frei. Dies heißt, daß wir die Art und Weise unserer Auswahl und damit alle anstehenden Entscheidungen jederzeit verändern können.

Immer wieder stellt uns das Leben vor Entscheidungen. Da wir anfangs weder unsere Berufung noch unseren Lebensweg klar und deutlich erkennen, begleiten uns Zweifel und Unsicherheit auf unserem Weg. Welche Entscheidung ist die richtige, welche die falsche? Gibt es überhaupt eine richtige Entscheidung? Da wir keine Antwort wissen, geben wir die Entscheidung oft ab an unser Unbewußtes: Unsere alten Bewertungen und Vorurteile geben den Ausschlag für unsere Entscheidung. Wir verharren im alten Muster, ein neues ist noch nicht entwickelt. Hier soll der Entfaltungsplan des Aszendenten Hilfestellung geben.

Für den Aszendenten Steinbock befindet sich die erste Hermes/Merkur-Stufe der Wandlung im Zeichen Fische (siehe Abb. S. 324). Ist unser Aszendent im Zeichen Steinbock, sollten wir uns für jene Möglichkeiten und Gelegenheiten entscheiden, die dem Prinzip Fische am meisten entsprechen. Tun wir dies, wird die Entfaltung unseres Aszendenten gefördert. Tun wir dies nicht, ist anzunehmen, daß unsere alten Muster und Gewohnheiten gesiegt haben: Die Vergangenheit (Prinzip Schütze!) hat uns wieder einmal eingeholt, wir sind ihr unbewußt erlegen.

Was heißt es nun, eine Entscheidung zu treffen, die dem Prinzip Fische entspricht? Auch hier sollten wir erst das Prinzip Fische verstehen, ehe wir diese Frage beantworten können. Das Zeichen Fische rückverbindet im Tierkreis das Ende mit dem Anfang. Als veränderliches Wasserzeichen ist ihm das Meer zugeordnet, als Planet der Meeresgott Poseidon/Neptun. Das Meer symbolisiert in seinem ewigen Auf und Ab der Wogen, in seinem steten Hin und Her von Ebbe und Flut das menschliche Schicksal, dem wir so gerne zu entfliehen versuchen. Doch auf unserem Erkenntnisweg wollen uns gerade die neptunischen Kräfte anregen, damit wir nicht stehen bleiben, sondern durch alle Gegensätze und Polaritäten hindurch heil zurückkehren ins Paradies – versehen mit allumfassendem, göttlichem Bewußtsein. Nur so ist zu verstehen, daß bei den alten Griechen Poseidon den Beinamen »Erderschütterer« trägt. Im Mythos verfolgt er – so erzählt uns Homer – auf einer zehn Jahre dauernden Irrfahrt gnadenlos und unerbittlich den klugen Odysseus, ehe er ihm die Heimkehr nach Ithaka zu Penelope gestattet. Die reinigende Kraft der Fische will uns von allem lösen, was (noch) nicht vollendet ist. Es wird pulverisiert, zu Staub zerrieben, um in der nächsten Runde des Tierkreises – neu zusammengesetzt – der Vervollkommnung zugeführt zu werden. Was übrig bleibt ist das Vollkommene und Vollendete. Hier sind wir unserem Heil näher gekommen, haben einen Grad von Meisterschaft erreicht und sind berechtigt, andere Menschen auf ihrem Weg zum Seelenheil zu

Die erste Hermes/Merkur-Stufe der Wandlung

begleiten und zu führen. Damit jedoch unser Geleit und unsere Führung auch wirklich akzeptiert werden, müssen sie auf die Basis von Nächstenliebe gestellt werden. Nur sie garantiert uns, daß wir tatsächlich überpersönlich handeln und wirken, ohne dabei neues Karma aufzubauen. Verstehen wir diesen Zusammenhang, dann verstehen wir auch, warum Meisterschaft und Nächstenliebe unauflöslich miteinander verbunden sind. Nur die Liebe kann alle Tore freiwillig öffnen, um so zum Denken und Fühlen anderer Menschen Zutritt zu erhalten. In einem anderen Zusammenhang wurde schon erwähnt, daß umgekehrt die Meisterschaft gleichzeitig die höchste Form der Nächstenliebe ist. Da alle Kräfte des Schicksals an der Auflösung unseres Karmas arbeiten, unterstützen sie stets auch unsere Vollendung und unseren Weg zur Meisterschaft.

Weist unser Aszendent auf das Zeichen Steinbock, sollten wir uns daher vor jeder wichtigen Entscheidung im Leben fragen:

Entspricht unsere Wahl und damit unsere Entscheidung dem Prinzip Fische?
Entscheiden wir uns für einen Weg zur Meisterschaft?
Ist die Basis unserer Entscheidung wirklich die Liebe zum Nächsten?
Hören wir auf unser Schicksal? Haben wir es objektiv gedeutet? Haben wir seine Bedeutung richtig verstanden?
Sind wir uns aller Dinge und Zeichen bewußt?
Befinden wir uns mit unserer Entscheidung in der rechten Zeitqualität?
Handeln wir gemäß unserer Intuition?
Sind wir frei von Erfolgszwang? Ist das Ergebnis egal?
Ist unsere Wahl von einer Vision getragen? Führt sie in überpersönliches Wirken?
Führt der Weg, für den wir uns entscheiden, zu unserem eigenen Heil?
Lösen wir uns mit der Entscheidung wirklich von unserer Vergangenheit? Besteht die Chance, ein »neuer Mensch« zu werden?
Geben wir alles auf, was nicht restlos zu uns und zu unserer Berufung gehört?

Sind wir diesen Fragen ernsthaft nachgegangen und können sie – bezüglich der getroffenen Auswahl – im wesentlichen mit ja beatworten, treffen wir sicherlich die richtige Entscheidung. Unschwer spüren wir in uns dabei den Widerstreit der Argumente. Die »Schützeseele« in uns (unsere Vergangenheit!) war nie bereit, das »Heft aus der Hand zu geben«. Sie bestimmte das Ziel und die Taktik des Vorgehens. Widerstände im Außen waren nicht Zeichen des Schicksals, die es auszuloten galt, sondern mußten auf dem schnellsten Weg beseitigt werden. Da wir nicht im Gleichklang mit unserem Schicksal waren, stand Kampf immer im Vordergrund unseres Lebens – das, was zählte, war der Erfolg, der sich im Ergebnis niederschlagen mußte. Die »Steinbockseele« in unserer Brust will aus dieser Orientierung am (materiellen) Erfolg und am (sichtbaren) Ergebnis herausführen. Sie macht uns deutlich, daß jede Ausrichtung auf ein konkretes Ziel hin Zwänge in uns und in anderen Menschen schafft. Und gerade der aus den Zwängen resultierende Druck erzeugt Unfreiwilligkeit, Unduldsamkeit und Unterdrückung, so daß für wahre Nächstenliebe weder Raum noch Zeit bleiben. Die weitere Entfaltung des Aszendenten Steinbock wird zeigen, wie über Ausgrenzung von Druck und Zwang echte Willensfreiheit für alle entstehen kann. Gelingt dies, sind die Voraussetzungen für überpersönliches Wirken geschaffen.

Anmerkung
Untersuchen wir im Entscheidungsfindungsprozeß die Wahl der Möglichkeiten nach dem Prinzip Fische, kann es sein, daß wir nicht unbedingt zu einer eindeutigen Entscheidung vordringen. Vielleicht schwanken wir zwischen mehreren Möglichkeiten, die unserer Auffassung nach alle – mehr oder weniger – dem Prinzip Fische entsprechen. Hier sollten wir wissen, daß es für die Entfaltung unseres Steinbock-Aszendenten unerheblich ist, für welche der »Fischemöglichkeiten« wir uns entscheiden. Von Bedeutung ist lediglich, daß unsere Wahl das Prinzip Fische überhaupt beinhaltet. Daher genügt es auch, wenn wir aus dem oben angeführten Katalog nur einige Fragen mit einem klaren »ja« beantworten können.

Wie im Mythos von Orion so schön beschrieben, ist in der ersten Entfaltungsphase des Aszendenten nur wichtig, nicht in das alte Muster zurückzufallen. Auch Orion, nachdem er sein Augenlicht zurückerhalten hatte, war ja nahe daran, aus Rache in seine alte Gewohnheit – seine Vergangenheit – zurückzufallen. Doch er hat sich von seiner Vergangenheit befreit, das macht ihn zum großen Vorbild. Das Wesentliche in dieser ersten Hermes/Merkur-Stufe der Entfaltung ist es, alle jene Entscheidungsmöglichkeiten auszuschalten, die uns zurückziehen würden in den Sog der Schützevergangenheit. Erreichen wir dies, haben wir bereits gewonnen. Nur wenn das Alte uns einholt und umklammert, bleiben wir auf unserem Weg stehen; alles andere gehört bereits zum Vorwärtsschreiten, zur Entwicklung der Persönlichkeit, zur Entfaltung des Aszendenten.

Die zweite Hermes/Merkur-Stufe der Wandlung – Änderung unseres Ausdrucks

Haben wir die richtige Wahl getroffen und uns entschieden, treten wir in eine neue Phase ein: Wir schreiten zur Tat. Das archetypische Horoskop (siehe Abb. S. 48) beschreibt unser Handeln durch den zweiten Quadranten, die dazugehörigen Tierkreiszeichen sind Krebs (Identifikation), Löwe (Ausdruckskraft) und Jungfrau (Ausdrucksmittel). Das veränderliche Tierkreiszeichen ist Jungfrau, der herrschende Planet ist Hermes/Merkur, der Götterbote. Dies bedeutet, daß wir uns auch in der Wahl der Ausdrucksmittel jederzeit verändern können.

So wie wir in der ersten Hermes/Merkur-Stufe unsere Entscheidungen verwandeln können, bietet uns analog dazu die zweite Stufe die Möglichkeit, unsere Ausdrucksmittel zu verändern. In der zweiten Stufe der Entfaltung des Aszendenten wird unser Innerstes nach außen hin sichtbar. War unsere Entscheidungsfindung für andere Menschen weitgehend unsichtbar, so sind unsere Vorgehensweisen und Taten als sichtbarer Ausdruck unserer Entscheidungen normalerweise für jedermann wahrnehmbar. Wir alle drücken uns aus im

Reden, im Tun, in unseren Bewegungen und in der Art und Weise, wie wir mit den uns zur Verfügung stehenden Mitteln umgehen. Dies zusammen sind unsere Ausdrucksmittel, mit denen wir der Welt begegnen. Unsere Mitmenschen nehmen sie wahr, erkennen uns daran und nennen den Gesamteindruck unsere »Eigenart«. Dabei entsteht – in Analogie zur ersten Stufe – auch in der zweiten Stufe ein Zwischenreich: Das Ich auf der einen Seite, das Du auf der anderen Seite und die Ausdrucksmittel zwischen den beiden. Aus dieser Position heraus ist es weiter nicht verwunderlich, wenn die Wahrnehmung des Ich sich nicht unbedingt mit der Wahrnehmung des Du deckt. Ein jeder sieht die Dinge von seiner Seite, erst alle Sichtweisen zusammen ergeben das Ganze.

Für den Aszendenten Steinbock weist die zweite Hermes/Merkur-Stufe der Wandlung auf das Zeichen Zwillinge (siehe Abb. S. 324). Ist unser Aszendent im Zeichen Steinbock, sollten unsere Art und Weise des Ausdrucks sowie unsere verwendeten Ausdrucksmittel sich im Laufe der Zeit dem Prinzip Zwillinge annähern. An dieser Stelle ist es wichtig, sich daran zu erinnern, daß unsere Vergangenheit im Zeichen Schütze liegt. Unbewußt verwenden wir als sichtbaren Ausdruck deshalb vorzugsweise das Prinzip Schütze. Durch die Entfaltung des Aszendenten wird damit ein Ausgleich herbeigeführt: Wir lernen, das Prinzip Zwillinge in die Sichtbarkeit zu bringen.

Wie sieht nun das Prinzip Zwillinge – in die Sichtbarkeit gebracht – aus? Auch hier ist es unumgänglich, dieses Prinzip erst einmal zu verstehen. Die traditionelle Astrologie nennt uns Zwillinge als Zeichen des Interesses, der Unvoreingenommenheit und der Beweglichkeit. Wegen des zwischenmenschlichen Austausches und der Kommunkation ist ihm das gesprochene Wort zugeordnet. In Analogie zum Niemandsland (lateinisch: ›interesse‹ = ›dazischen sein‹) verbindet Zwillinge stets zwei Seiten miteinander. Sind wir weder für die eine, noch für die andere Seite, dann stehen wir »dazwischen«, sind Bindeglied und halten so den Kontakt aufrecht. Entscheiden wir uns, verlassen wir dieses Zwischenreich – und damit auch das Zwillingeprinzip. Haben wir uns bereits für eine Seite entschieden, was meist der Fall ist, sucht uns die

Zwillingekraft wieder aus diesem festen Gefüge zu befreien. Sie weckt unser Interesse für die andere Seite, macht uns neugierig und fordert uns auf, über unseren Schatten zu springen. Gleichzeitig weckt sie den Zweifel am Alten, unsere Abgrenzungskräfte geraten ins Wanken, und wir öffnen uns für Neues. Der in Zwillinge herrschende Götterbote Hermes/Merkur bietet uns dann die Gelegenheiten, die andere Seite kennen zu lernen. Ist der Kontakt geknüpft, liegt es an uns, ob wir ihn weiter pflegen oder wieder einschlafen lassen. Als zwangloser und wertfreier Begleiter überläßt er es unserem eigenen freien Willen, was wir mit solchen Kontakten und Erfahrungen anfangen. Nehmen wir sie an, werden sie sich als unser Heilsweg erweisen, denn Hermes/Merkur gilt auch als »Seelenführer«. Lehnen wir sie ab, bleiben wir weiterhin im Labyrinth unserer selbstgeschaffenen Irrwege. Dann allerdings halten die Ziele, die wir erreichen, am Ende nie das, was wir uns vorher davon versprochen haben – wir sind dazu verurteilt, immer wieder neuen, vielversprechenderen Zielen nachzujagen, ohne je echte Erfüllung zu finden.

Weist unser Aszendent auf das Zeichen Steinbock, sollten wir lernen, unsere Ausdrucksmittel so zu wählen, daß dieses Zwillingeprinzip an uns für jedermann sichtbar wird. Befreit von Vorurteilen und Bewertungen will uns die Kraft des Zeichens Zwillinge in Kontakt und in Kommunikation mit jedermann bringen, damit wir in allen Begegnungen und allen Lagen zum Vermittler und Götterboten werden können. Hierbei wird unsere Unvoreingenommenheit ebenso gefordert wie unsere Unermüdlichkeit, weil sie den Nährboden für gelebte Nächstenliebe darstellen. Vor allem ist es wichtig, nicht schon im Vorfeld zu bewerten, was für diesen oder jenen Menschen wichtig ist. An uns ist es, die uns im Moment einfallenden Informationen weiterzugeben an andere, egal ob Freund oder Feind, ob mit Erfolg oder ohne. Da wir in Wahrheit weder wissen, was die richtige Botschaft ist, noch wissen, wann wir sie kommunizieren sollen, sollten wir uns lieber Hermes/Merkur anvertrauen. Denn er ist auch unser eigener Seelenführer, der für die richtigen Begegnungen und Kontaktmöglichkeiten sorgt. Hören wir auf ihn, wird er uns auch zur rechten Zeit die geeigneten Worte einfallen lassen. Nicht Vorbereitung und

Vorplanung gehören zu seinen Stärken, sondern Flexibilität, Beweglichkeit und Geschicklichkeit. Von allen Göttern ist er es, der uns immer wieder ins Hier und Jetzt bringt, um uns von unseren lange geplanten Vorhaben, von unseren fest gefaßten Absichten, von unseren ausgefeilten Konzepten und optimierten Techniken abzubringen. Nicht was gestern war, auch nicht was morgen sein wird, zählt für ihn, sondern nur was im Moment anliegt. Gelingt es uns, diese Fähigkeiten auszudrükken und durch uns sichtbar werden zu lassen, sind wir in unserer Entwicklung ein großes Stück weiter: Weil wir aufgeben haben, Wunder zu vollbringen, sind wir jetzt frei, um Wunder zu erleben.

An dieser Stelle sollte ein weit verbreiteter Irrtum (›Euryale‹, Mutter des Orion = ›weit verbreiteter Irrtum‹) aufgedeckt werden. Weil wir das Sichtbare (den Körper!) zur Ursache erklären und vergessen haben, daß stets die unsichtbar wirkende Kraft (der Geist!) der Ursprung der Tat ist, haben sich Fehler in der traditionellen Astrologie eingeschlichen. Dem Aszendenten Steinbock wird das Prinzip Steinbock als (an ihm sichtbare) Eigenschaft zugeschrieben. Folge ist, daß z.B. in astrologischen Beratungen dem Horoskopeigner mit Aszendent Steinbock angeraten wird, sich zu verwesentlichen, mehr Verantwortung zu übernehmen und stärker überpersönlich zu wirken, um so sein Aszendentenpotential bzw. seine Anlage zu »entfalten«. So entsteht die Anregung zu einer »blinden« Steinbockkraft (Im Mythos: Blindheit des Orion!), die weder Richtung noch Ziel hat. Greifen wir diese Anregung auf, vergewaltigen wir in Wirklichkeit die Welt mit unserer Steinbockkraft, weil wir dieser Kraft Sinn und Zweck rauben. Sinn und Zweck der Steinbockenergie ist es, die innewohnende, vom Schöpfer mitgegebene Berufung zu erfüllen. Nur wenn wir sie suchen, finden und in die Tat umsetzen, können wir sicher sein, alle Zwänge und Unfreiwilligkeiten ausgeräumt zu haben. Jetzt erst ist unsere Steinbockenergie wahrhaft überpersönlich, daher fruchtbar und von den Göttern gesegnet.

Hier sehen wir vielleicht am deutlichsten den Unterschied zwischen einem Horoskopeigner mit der Sonne in Steinbock und einem mit Aszendenten Steinbock. Mit der Sonne in Steinbock haben wir eine überpersönlich einsetzbare Kraft in allen Lebenslagen zur Verfügung, die wir manchmal mehr und manchmal weniger zur Geltung bringen, während der Aszendent Steinbock einen speziellen Entwicklungsweg geht, an dessen Ende er gelernt hat, überpersönlich zu wirken. Die Frage für die Sonne in Steinbock könnte eher lauten: »*Wie kann ich von meiner Steinbockenergie und damit von meinem eigentlichen Wesen im Leben mehr einbringen?*«; die Frage für den Aszendenten Steinbock lautet eher: »*Wie treffe ich die geeignete Wahl unter den zur Verfügung stehenden (Ausdrucks-) Mitteln, damit meine Worte – befreit von persönlichen (Vor-) Urteilen – ankommen und heilende Information bringen?*« Nur bei der letzten Fragestellung gewinnt das Prinzip Zwillinge an Bedeutung, weil es – jede einseitige Meinung und persönliche Bewertung ausgrenzend – so zwanglos, unvoreingenommen und wertneutral ist, daß es im Gegenüber weder Widerstand weckt noch auf Ablehnung stößt. Weil andere sich in ihrer Eigenart, in ihren Qualitäten, aber vor allem in ihren Unvollkommenheiten und Schwächen angenommen fühlen, öffnen sie sich, die In-form-ation kann »in die Form« eindringen und heilend wirken. Dabei dürfen wir annehmen, daß mit der Entfaltung des Steinbock-Aszendenten der Raum geschaffen wird, in dem unser eigenes Wesen (= Sonne im Horoskop) mehr und mehr zu strahlen vermag.

Die Skorpionstufe der Entfaltung – Prüfung der Wandlung

In den beiden Hermes/Merkur-Stufen haben wir unsere Entscheidung und unsere Ausdrucksweise geändert. Doch können wir sicher sein, daß sich in uns wirklich ein Wandel vollzogen hat? Oder unterliegen wir ein weiteres mal der großen Illusion, jener Täuschungskraft, die uns immer wieder einen Zerrspiegel vorhält, in dem wir uns selbst nicht zu erkennen vermögen?

Um dies zu beantworten, bedarf es einer prüfenden Instanz, die jenseits unserer Subjektivität liegt. Stets kommt die Prüfung von außen auf uns zu, gelegentlich liebevoll und nachsichtig, oft jedoch widerborstig und dornenreich. Wie der Stachel des Skorpion, der im Mythos den Orion tötet, sticht sie uns, verletzt uns und dringt ein in unsere Tiefen, um zu sehen, ob unsere »alte Form« noch lebt oder schon gestorben ist. Denn nur wenn die alte Form tot ist, können wir sicher sein, daß unsere Änderungen von Dauer sind.

Für den Aszendenten Steinbock weist die Stufe der Prüfung auf das Tierkreiszeichen Löwe (siehe Abb. S. 324). Das fixe Feuerzeichen Löwe ist das Zeichen der Befreiung unserer innewohnenden Schöpferkräfte. In allen Traditionen ist ihm als Planet die Sonne zugeordnet. Ihr Licht, ihre Strahlung, ihre Wärme, ihre Kraftentfaltung, ihr unbegrenztes Geben sind daher auch zu Eigenschaften des Löweprinzips geworden. Auch ihre Position in der Mitte unseres Sonnensystems hat auf das Zeichen Löwe abgefärbt, denn wir wissen, daß wir nur aus unserer Mitte heraus unsere volle Kraft mutig und beherzt entfalten können. Löwe symbolisiert unseren Willen zur Größe. Sie können wir nur im Geben erreichen, niemals im Nehmen. Im Geben dürfen wir verschwenderisch sein und werden dabei etwas Großartiges und Einzigartiges feststellen: Im Verschwenden unserer Kräfte, in der Verausgabung aller Energien, haben wir die Fülle des ganzen Universums zur Verfügung. Wenn wir uns selbst nicht beschränken, wenn wir aus freiem Willen heraus handeln und mit Liebe und Zuneigung bei der Sache sind, ist unsere Energie so unbegrenzt wie das Licht und die Strahlung der Sonne, ja wir selbst beginnen zu strahlen und werden zu Lichtbringern und Wärmespendern. Wohl bedarf es der Bereitschaft zum Risiko, denn unbegrenztes Geben bedarf des Glaubens, daß wir alle von Natur aus von göttlicher Abstammung sind. Und von göttlicher Natur sein heißt, sich im Innern an eine Quelle der Kraft anschließen zu können, die nie versiegt. Nur so werden wir zu jener strahlenden Persönlichkeit, die der Welt Licht und Wärme bringt, ohne Gegenleistungen zu fordern, noch sie zu erwarten.

Befindet sich unser Aszendent im Zeichen Steinbock, ist es für uns wichtig zu wissen, daß in allen Partnerschaften,

Die Skorpionstufe der Entfaltung – Prüfung der Wandlung

Freundschaften und Beziehungen stets die strahlende, oft auch verschwenderische Kraft des Löwen auf uns zukommt, um uns zu reizen und zu prüfen. Gerade Menschen, die wir lieben und deren Nähe wir suchen, erscheinen uns daher oft besonders großzügig, ja verschwenderisch zu sein. Dabei haben sie einen ausgeprägten Eigenwillen. Niemals sind sie wirklich bereit, sich zu beschränken oder sich von uns einengen zu lassen. Wie selbstverständlich handeln sie aus sich heraus, geben vieles, ja manchmal alles her und sind nicht bereit, sich unseren Wünschen und Bedürfnissen zu fügen. Nicht selten versuchen wir, ihnen beizubringen, zu unterscheiden, für wen oder was sie sich einsetzen, doch vergebens, sie bleiben – aus unserer Sicht – eigensinnig und selbstbestimmend. Weder schließen sie sich unseren Bewertungen an, noch tun sie das, was wir für »gut« heißen, noch lassen sie das, was wir als »schlecht« empfinden. Unsere eigenen Werte sind oft lange Zeit im Leben nicht die Werte unserer Partner – diese Erfahrung hat sicherlich jeder mit Aszendent Steinbock schon gemacht. So erleben wir in unserem Beziehungsgefüge einen schier unauflöslichen Widerspruch. Unsere Partner sind uns zugetan, sie scheinen uns auch von Herzen zu lieben, aber ihre Ideen, ihr Denken und ihr Handeln sind grundverschieden. Wir sind zusammen und haben doch fast nichts gemeinsam. Versuchen wir aber mehr Gemeinsamkeit dadurch zu erzwingen, indem wir sie von der Richtigkeit unserer Anschauungen und Einsichten überzeugen wollen, entziehen sie sich oder – noch schlimmer – laufen uns gar davon. Spät, oft zu spät kommt dann die Erkenntnis, daß die besagte Schwierigkeit nicht bei unseren Partnern lag. Wir selbst weigerten uns, von unseren Partnern die angebotenen Gaben anzunehmen, wir selbst übernahmen von ihnen weder Anschauung noch Einsicht, wir selbst erkannten ihre Ideen nicht an. Dies war der Grund dafür, daß sich eines Tages die gebenden und wärmenden Löwekräfte unserer Partner von uns abwandten, um anderen Menschen Strahlung, Licht und Wärme zu bringen. Die Skorpionstufe der Prüfung lehrt uns, daß überpersönliches Wirken daran zu messen ist, inwieweit im Partner die Löweenergie gefördert wird und erhalten bleibt. Strahlt unser Gegenüber und öffnet er uns freudig sein Herz, haben wir wahrhaft überpersönlich gehandelt, strahlt er nicht, war unser Geist noch nicht gereinigt von unseren persönlichen Bewertungen und unsere Seele noch nicht frei vom Wunsch nach Befriedigung persönlicher Bedürfnisse. Diesen Zusammenhang können wir auch anders formulieren: Unser überpersönliches Wirken erkennen wir daran, wenn im Gegenüber – egal ob Partner, Freund oder Bekannter – eine von Herzen kommende, strahlende und liebevolle Kraft geweckt wird. Gelingt uns dies, haben wir einen Beitrag zur Selbstverwirklichung anderer geleistet. Genau dieser Beitrag – und nur dieser Beitrag – ist überpersönlich. Jetzt ist die Prüfung bestanden, wir dürfen annehmen, in der Entfaltung unseres Aszendenten Steinbock einen großen Schritt weiter zu sein.

Die Zeus/Jupiter-Stufe der Wandlung – Änderung unserer Werte

Nach zwei Stufen der Wandlung und einer Stufe der Prüfung sind wir ein wenig klüger als zuvor. Die Skorpion-Stufe der Prüfung zeigte uns insbesondere, wo wir »gut« zu sein glaubten, aber am Ende doch nicht »gut genug« waren. Nun heißt es, innehalten und verweilen. Die Jupiter-Stufe der Wandlung will unsere Werte verändern. Das archetypische Horoskop (siehe Abb. S. 48) beschreibt unsere Erfahrung, die Entstehung unserer Werte und unsere Urteilsfindung durch den dritten Quadranten. Die dazugehörigen Tierkreiszeichen sind Waage (Reaktion des Du), Skorpion (Reibung und Einigung mit dem Du) und Schütze (Bewertung der Beziehung; Sinnfindung). Das veränderliche Tierkreiszeichen ist dabei Schütze, der herrschende Planet Zeus/Jupiter. Dies bedeutet, daß wir jederzeit unsere Werte verändern, unsere Bewertungen wandeln und unseren Sinn neu ausrichten können.

Vieles, ja vermutlich sogar das meiste, wofür wir uns entscheiden und was wir tun, halten wir anfangs für gut. Doch dann folgt das bittere Ende: Die Welt, der Partner, der Freund, sie urteilen anders, finden es weniger gut, vielleicht sogar unmöglich oder böse. Doch solange wir uns verwickeln und immer mehr in Täuschungen verstricken, kümmert uns die

Meinung anderer wenig. Wir sind mit ihnen zusammen, weil wir uns einsam fühlen, weil wir uns einen Vorteil davon versprechen oder weil wir Anerkennung, Aufmerksamkeit und Zuneigung haben möchten.

Mit den Erfahrungen und Erlebnissen wächst gewöhnlich unsere Selbsterkenntnis. Nicht selten erleben wir dabei ein Phänomen: Die Bewertung von Dingen, Menschen und Ereignissen, die wir einst gut oder böse genannt haben, relativiert sich. Das Böse erkennen wir rückblickend als Anstoß, der uns von längst Überholtem gelöst und frischen Wind in unser Leben gebracht hat. Aber auch das Gute geht oft diesen Weg der Wandlung. Was einst gut und sinnvoll erschien, heute hat es nicht mehr denselben Stellenwert. Mit unserer Entwicklung wandeln sich unsere Werte, diese Erfahrung hat jeder von uns schon gemacht.

Die Jupiter-Stufe der Entfaltung des Aszendenten zeigt uns, wo und wie sich unsere Werte und Bewertungen wandeln sollen, damit wir nicht in alte Vorurteile und Bewertungsmuster zurückfallen. Wir finden in unserem Horoskop den Hinweis auf ein Tierkreiszeichen, dessen Sinn sich uns erst im Laufe der Entwicklung enthüllt und dessen Wert wir erst im Laufe der Zeit schätzen lernen. Mit unserem geistigen Wachstum dehnt sich auch dieses Prinzip in uns aus. Entschieden wir uns früher nur dafür, wenn es Vorteile zu bringen schien, so wachsen wir gerade in diesem Prinzip über uns selbst hinaus: Es öffnet uns das Tor zum Überpersönlichen, harmonisiert unseren Geist und befriedet unsere Seele.

Für den Aszendenten Steinbock befindet sich diese Zeus/Jupiter-Stufe der Wandlung im Zeichen Jungfrau (siehe Abb. S. 324). Traditionell gilt Jungfrau als Zeichen der Bescheidenheit. Der Satz »*Nichts im Übermaß!*«, geschrieben in der Vorhalle des Tempels zu Delphi, scheint ihr wie auf den Leib geschnitten. Ihre Fähigkeit liegt in einer besonderen Art der Unterscheidung: Sie trennt das Geeignete vom Ungeeigneten. Jungfrau ist die Kraft, die das Ich (Löwe) in passender Weise mit dem Du (Waage) verbindet und dabei alles Trennende und Unverbindliche aussondert. Wir Menschen haben alle unsere Eigenarten, niemand weiß dies besser als die Jungfrau. Begegnen sich Menschen, kommen sie sich näher und entsteht der erste Kontakt, so entsteht auch der berühmte »erste Eindruck« – er ist entscheidend für Annahme oder Ablehnung. Hier, an der Naht- und Verbindungsstelle zwischen zwei Menschen, entscheidet sich, ob die Naht hält und die Voraussetzung für eine engere Beziehung geschaffen wird oder ob die Naht reißt und in Folge Entfremdung entsteht. Als veränderliches Erdzeichen weiß Jungfrau, daß es an der äußeren Form liegt. An ihr bricht und reflektiert sich das Licht, das der Betrachter empfängt. Und sie weiß ein weiteres: Es liegt stets in unserer eigenen Macht, welches Licht wir reflektieren und welches Bild wir im anderen erzeugen. Das Zeichen Jungfrau verleiht uns die Fähigkeit, das zu finden, was gleichermaßen zu uns paßt und im anderen den richtigen Eindruck von uns hinterläßt. So lehrt es uns in letzter Konsequenz, uns so darzustellen, wie wir wirklich sind – ohne unsere Stärken zu übertreiben und ohne unsere Schwächen zu verbergen –, damit jeder Mensch unsere ganze Eigenart erkennen kann. Tun wir dies, sind wir wahrhaft bescheiden, weil alles Unwahre an uns ausgeschieden ist. Betrachten wir das Zeichen Jungfrau als das dem Zeichen Löwe nachfolgende, sollte unser Augenmerk vor allem auf unsere Stärken gerichtet sein. Sie haben die Tendenz, sich aufzublähen wie die Mähne des Löwen kurz vor dem Kampf. Hier weist uns Jungfrau an, vom »hohen Roß« zu steigen, damit in Begegnungen weder Ängste noch Unterlegenheitsgefühle im Gegenüber aufgebaut werden.

Weist unser Aszendent auf das Zeichen Steinbock, lernen wir im Laufe der Zeit gerade diese Jungfraukraft schätzen und lieben. Früher haben wir auf Ängste oder Gefühle, auf Verletzungen oder Kränkungen, auf Empfindungen oder Empfindlichkeiten anderer Menschen nur dann Rücksicht genommen, wenn uns irgendwelche materiellen oder emotionalen Nachteile dadurch entstehen konnten. Summa summarum nannten wir sie ohnehin – meist etwas abfällig – die »Schwächen« der anderen. Für sie fühlten wir weder Verantwortung noch Zuständigkeit, im Gegenteil, wir waren felsenfest davon überzeugt, die anderen müßten alleine damit fertig werden. So paßten die Schwächen unserer Partner nie in unsere Konzepte, wir bekämpften sie, in der Hoffnung, sie zu beseitigen. Nie kam uns der Gedanke, uns an der Vervollkommnung und Überwindung dieser Schwächen zu beteiligen, noch sahen wir darin je unsere Aufgabe. Erst allmählich, mit der Entfaltung unseres Aszendenten Steinbock, bemerken wir, daß es zu unserer Kernaufgabe gehört, anderen in ihrer Entwicklung behilflich zu sein und ihnen unsere Kräfte zur Verfügung zu stellen. Indem wir die jungfräulichen Fähigkeiten in uns vermehren, steigen wir vom Gipfel unserer Größe und Stärke (Schützevergangenheit!) herab und können so die Voraussetzungen für überpersönliches Wirken schaffen. Im Tierkreis ist der Gipfel am Ende des Zeichens Schütze erreicht, mit dem Zeichen Steinbock beginnt der »Abstieg«. »*Nichts im Übermaß*«, das lehrt uns das Jungfrauprinzip. Hören wir darauf, wissen wir auch, daß es an der Zeit ist, unsere »Höhenflüge« einzustellen, um wieder als Mensch zu den Menschen zu kommen. Hier in dieser Welt wird nicht der Übermensch gebraucht, er erzeugt in anderen nur übermäßige Hochachtung und Wertschätzung – und im Schatten davon Untertanentum und Abhängigkeit. Damit ist in Wahrheit nichts gewonnen, keiner versteht dies besser als der Aszendent Steinbock. Er kennt den Blick vom Gipfel, daher weiß er tief in seiner Seele, daß zu starkes Licht nicht nur blendet, sondern obendrein einen besonders großen und dunklen Schatten wirft. Deshalb lernt er gerade das so unauffällige, weniger strahlende Prinzip der bescheidenen Jungfrau mit der Zeit immer höher zu schätzen. Nur die hintergründige Jungfraukraft befähigt ihn, in Begegnung und Beziehung nach den passenden und angemessenen Ausdrucksmittel zu suchen. Sind wir in unserem Wirken tatsächlich – im Sinne der Jungfrau – »angemessen«, entsteht in der Begegnung nicht jener dunkle Schatten, der im Nachhinein nicht nur unsere Bemühungen verdirbt, sondern sich auch noch als persönlicher Schattenanteil im Außen manifestiert, um sich eines Tages gegen uns zu wenden. Spät erkennen wir, daß an all unseren früheren Taten, so gut sie auch gemeint und so großartig sie auch präsentiert waren, sich stets Schattenanteile und damit persönliches Karma daran knüpften. Erst mit der Entfaltung des Aszendenten Steinbock entwickeln wir die Fähigkeit, uns davon zu lösen – das Ergebnis ist überpersönliches Wirken, befreit vom Glorienschein, den wir früher in die Welt hinaussandten, damit er als leuchtender Widerschein unsere Illusion von Größe nährte.

Die Poseidon/Neptun-Stufe der Wandlung – Änderung unseres Wesens

Nach den ersten drei Wandlungs- und Entfaltungsstufen will sich der Tierkreis schließen, um auf einer höheren Ebene der Entwicklung von Neuem zu beginnen. Das archetypische Horoskop (siehe Abb. S. 48) schließt mit dem vierten, dem überpersönlichen Quadranten ab, die dazugehörigen Tierkreiszeichen sind Steinbock (Verwesentlichung, Abgrenzung), Wassermann (Erkenntnis der Ganzheit, Integration) und Fische (Auflösung, Einbindung, Synthese). Fische ist im vierten Quadranten das veränderliche Zeichen, herrschender Planet ist Poseidon/Neptun. Dies bedeutet, daß wir uns in der Auflösung, im Abschließen und im Beenden verändern können.

Beenden aber heißt vollenden, vollendet sein aber heißt Meister sein. Die letzte Stufe der Entfaltung unseres Aszendenten spricht zu uns von Meisterschaft: Hat sich alles gewandelt – von der Entscheidung über die Ausdrucksweise bis hin zu unseren Werten – und bestehen wir alle Prüfungen, zu jeder Zeit und an jedem Ort, ist unser ganzes Wesen verändert. Wir beherrschen das Prinzip unseres Aszendenten von Anfang bis Ende und sind darin Meister.

Um über diese Stufe der Entwicklung etwas zu erfahren, liegt es nahe, sich an Menschen zu wenden, die vor uns den Weg schon gegangen und Meister geworden sind. An ihrer Art, in ihrem Wesen und an ihren Taten erkennen wir, wo unser Weg hinführt. Sie geben uns die geeignete Vision, die unserer Entwicklung Richtung und Stabilität verleiht. Viele Meister könnten wir hier anführen, doch nur einer zeigt uns in allen zwölf Tierkreiszeichen, was Meisterschaft bedeutet. Es ist Herakles, der sagenumwobene Held der alten Griechen, der uns in seinen zwölf Aufgaben für jedes Tierkreiszeichen den Weg zur Meisterschaft hinterlassen hat. Er löst alle Aufgaben.

Die Poseidon/Neptun-Stufe der Wandlung 347

Der Mythos von ihm gibt uns die Lösungen an die Hand. So können wir an den jeweiligen Heraklesaufgaben ersehen, was es in der letzten Stufe der Wandlung für uns zu entwickeln und was es aufzugeben gilt.

Der Aszendent Steinbock hat die Poseidon/Neptun-Stufe der Entfaltung im Zeichen Schütze (siehe Abb. S. 324). In der dem Zeichen Schütze zugeordneten Heraklesaufgabe geht es um

Die Befreiung von den Stymphalischen Vögeln
Im Sumpfsee von Stymphalos wohnen zahllose mörderische Vögel mit bronzenen Schnäbeln, Flügeln und Klauen. Sie sind dem Kriegsgott Ares geweiht und spalten, so sagt man, im Vorbeiflug den »Männern die Köpfe«. Manche sagen auch, daß die spitzen, geraden Schnäbel Metallplatten durchstoßen können. So fliegen sie gegen die Brust von Reisenden, um sie zu durchbohren.

Als Herakles am Sumpfsee ankommt, erscheint ihm dieser Sumpf weder fest genug, um hineinzuschreiten, noch flüssig genug, um mit einem Boot hineinzurudern. So versucht er zuerst, mit seinen Pfeilen die Vögel zu erlegen. Aber vergebens, denn bald hat er seinen Köcher leergeschossen; es waren einfach zu viele. Da gibt ihm Athene, die Göttin der Klugheit und erste Tochter des Zeus, zwei bronzene Scheiben – eine Art Zimbeln –, die der göttliche Schmied Hephaistos kunstvoll hergestellt hat. Damit erzeugt Herakles Töne von derartig durchdringender Heftigkeit und Lautstärke, daß alle Vögel aufgescheucht und in die Flucht getrieben werden. Der gesamte Vogelschwarm fliegt davon und kehrt nie mehr zurück.

Zusammenfassung der Ergebnisse aus der Deutung des Mythos

zu entwickeln wären
- hören und auf-hören
- Rückzug in die Stille
- Wiedergeburt im Geist
- Zulassen höherer Eingebungen
- Zulassen des Einfließens von Geist in unser Wirken
- wahre Klugheit, echte Vernunft, Weisheit
- Suche nach dem, was uns »ruft«
- Glaube an das Wunder
- Antwort auf die Fragen: »Wer bin ich?« und »Wozu bin ich?«
- in allem das Göttliche miteinbeziehen
- Umgang mit dem Wort
- Bewußtheit vom Ton, der »die Musik macht«
- Angemessenheit in der Sprache
- Zurückhaltung in Wort und Ton
- Verantwortungsübernahme für alles, was durch das Wort ausgelöst wird
- Absichtslosigkeit; klare Orientierung ohne eindeutiges Ziel
- Fähigkeit, ganz auf andere einzugehen

aufzugeben wären
- das »kleine Ich«
- alle eigenwilligen Entscheidungen; alles, was unseren Kopf »spaltet« oder unser Herz »tötet«
- alle persönlichen Vorlieben, alle persönlichen Abneigungen
- den Anschein eigener, selbstschaffener Größe
- alles, was zu Mißverständnissen führt
- Zwiespältigkeit im Denken, hervorgerufen durch Gleichwertigkeit
- Reden, wie »der Schnabel gewachsen ist«
- Fixierungen auf Vorhaben und Absichten; feste Planungen

Zusammenfassung der Ergebnisse aus der Deutung des Mythos 349

- alles Unwesentliche
- alles, was in uns und/oder anderen weder Schwingung noch Resonanz erzeugt

Diese Zusammenfassung erhebt keinen Anspruch auf Vollständigkeit. Zu empfehlen wäre eine persönliche Auseinandersetzung mit dem Heraklesmythos, hier im speziellen mit der neunten Heraklesaufgabe, die dem Zeichen Schütze zugeordnet ist.

Herakles ist das Ideal eines Menschen, der sich aus dem Dunkel des Unbewußten heraus in das Licht der Bewußtheit hinein entwickelt. Wie alle Ideale soll er uns nur als richtungsweisendes Leitbild, als Vision dienen. Für uns ist es nicht wichtig, ein Held wie er zu sein, aber um so wichtiger ist es für uns, den von Herakles vorgezeichneten Weg zu beschreiten. Der Weg ist das Ziel, sagt uns die östliche Weisheit. Dies teilt uns mit, daß für uns Menschen weder im Erreichen noch im Verweilen die wahre Erfüllung liegt, sondern nur im Gehen. Viele von uns lassen sich abhalten, weil sie – vom fernen Ziel paralysiert – resignieren und glauben, ein so hohes Ziel nie erreichen zu können. Machen wir die ersten Schritte, um zu erfahren, daß im Gehen die Freude uns begleitet, in der Bewegung die Schönheit uns begegnet und nur im Wandel sich die Liebe uns offenbart.

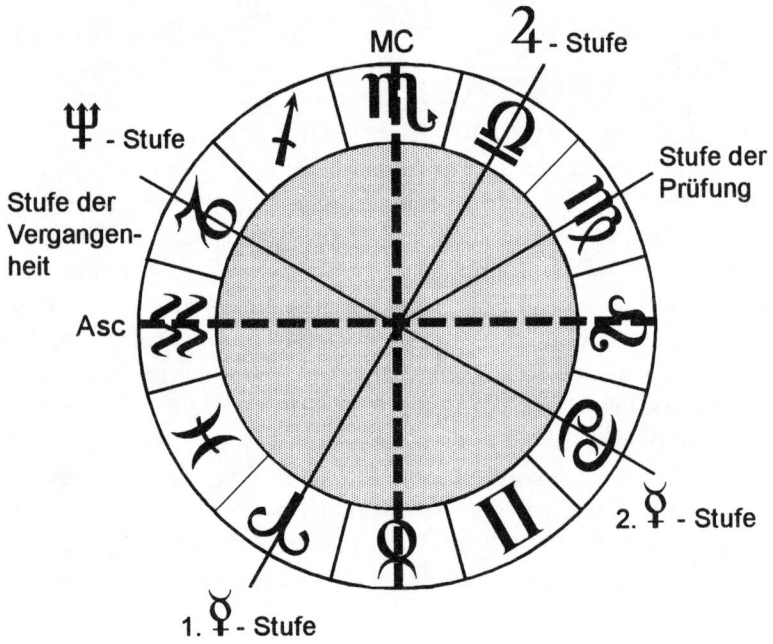

Die Entfaltung des Aszendenten Wassermann

Vergangenheit des Aszendenten Wassermann

Wie immer wir uns Vergangenheit vorstellen – ob wir in unsere Kindheit zurückgehen oder von früheren Inkarnationen sprechen –, eines ist stets gewiß: Unser Geist und unsere Seele sind nicht unberührt geblieben von den Erfahrungen und Erlebnissen dieser Vergangenheit. In uns sind Verwicklungen entstanden, es haben sich Gewohnheiten herausgebildet und feste Handlungsmuster eingeprägt. Wir haben gelernt, zu bewerten, zu beurteilen und nach gut und böse zu unterscheiden. Wir haben Kräfte entwickelt, um das Gute vom Bösen, das Angenehme vom Unangenehmen, das Geliebte vom Ungeliebten zu trennen. Dabei haben wir unseren ganzheitlichen, paradiesisch-unschuldigen Zustand verloren. Mit der Ganzheit haben wir aber auch unser Heil verloren: Wir sind einseitig, krank und schwach geworden.

Etwa zwei Stunden bevor am östlichen Horizont das Tierkreiszeichen des Aszendenten aufsteigt, sehen wir im Osten das dem Aszendenten vorausgehende Tierkreiszeichen emporsteigen. Betrachten wir diese Gegebenheit symbolisch und deuten diesen zeitlichen Ablauf, so dürfen wir annehmen, daß die Vergangenheit eines Horoskopeigners von dem Prinzip beherrscht wird, das dem Aszendenten im Tierkreis vorausgeht.

Zeigt in unserem Horoskop der Aszendent auf das Tierkreiszeichen Wassermann, ist damit gleichzeitig das Steinbockprinzip als unsere Vergangenheit ausgewiesen. Unbewußt haften wir an diesem Prinzip fest: Alle unsere Handlungsweisen, Gewohnheiten und Reaktionen sind einseitig von ihm geprägt. Das Steinbockprinzip ist in uns überbetont, wodurch die gesamte Achse Steinbock – Krebs ins Ungleichgewicht geraten ist: Was vom Prinzip Steinbock »zuviel« ist, fehlt uns am Prinzip Krebs. Die Entfaltung des Aszendenten Wassermann wird, wie wir noch sehen werden, den Ausgleich herbeiführen, so daß eines Tages in unserem Horoskop die Achse Steinbock – Krebs in Harmonie kommt. Die einseitige Steinbockbetonung ist dann aufgehoben, das (noch) fehlende Prinzip Krebs wird in die Sichtbarkeit gebracht. Geschieht dies, dann hat sich unbewußtes Sein in Bewußtsein verwandelt, wir sind – dem Wesen nach verändert – ganzheitlicher geworden.

Doch bevor wir den Aszendenten Wassermann entfalten und diesen Entwicklungsweg gehen können, ist es notwendig, unsere Anhaftung im Prinzip Steinbock zu erkennen. Stellen wir uns deshalb folgende zwei Fragen:

Wie sehen unsere Bewertungen und Handlungsmuster aus?

Wo liegen ihre Betonungen und warum sind sie dem Steinbockprinzip zuzuordnen?

Um darüber Aufklärung zu erhalten, sollten wir zuerst das Steinbockprinzip verstehen. In der traditionellen Astrologie gilt Steinbock als das Zeichen des Gipfels. Keinen harten und schwierigen Weg scheuend, sucht es den Weg nach oben. Aus diesem Blickwinkel betrachtet ist zu verstehen, warum es auch als Zeichen der Härte, der Unbeeinflußbarkeit und Unbeeindruckbarkeit gilt. Weder Schmerz noch Leid, weder Krankheit noch vorübergehende Schwäche können den Steinbock von seinen Vorstellungen und von seinem Weg abbringen. Daß es dennoch ein friedliches Zeichen ist, liegt daran, daß das Steinbockprinzip niemandem zu nahe tritt. Es liebt die Einsamkeit, weil es sich alleine am stärksten fühlt. Andere Menschen erweisen sich für den Steinbock meist als Behinderung – stets suchen sie Hilfe von ihm, weil sie seine Tatkraft brauchen, oder wollen sich anlehnen, weil sie alleine nicht zurecht kommen. Die Bereitschaft, überpersönlich zu wirken und für andere Verantwortung zu übernehmen, ebenso wie die Fähigkeit, den übernommenen Verpflichtungen ganz und gar gerecht zu werden, haben der Steinbockkraft großes Ansehen eingebracht, vor allem für bestimmte Aufgaben, die zwar erledigt werden müssen, aber sich keiner besonderen Vorliebe erfreuen. Von allen Zeichen im Tierkreis schafft es am besten das Steinbockprinzip, alle persönlichen Wünsche und Bedürfnisse, Vorlieben und Annehmlichkeiten zurückzustellen, um das Ungeliebte, das »Muß«, das Erforderliche oder gerade Notwendige zu erledigen. Dahinter steckt auch ein subtiler Machtanspruch, der nur selten bewußt ist. Wer das beherrscht und macht, wovor andere aus Angst oder Abneigung, aber auch aus Schwäche oder Unvermögen zurückscheuen, wird unersetzlich und schafft so Abhängigkeiten. Gesellt sich dazu noch der Wille – was bei überbetonter Steinbockenergie leicht der Fall ist – anderen Menschen den Zugang zu den eigenen Machtbereichen zu versperren, entsteht obendrein Zwang und Unterdrückung. So kommt es, daß die vermeintliche »persönliche Freiheit« auf Kosten der Unfreiheit anderer geht: Dem »Macher« gehört die Welt, er kommt nach oben, erringt Ansehen und Macht, während in seinem Schatten andere entmachtet und zur Ohnmacht verurteilt werden. Der eigentliche Hintergrund dieser sich ausbreitenden Unmenschlichkeit jedoch ist die große Angst des steinbockbetonten Menschen, selbst Zwängen ausgesetzt zu sein. Denn ehe die Umstände zwingen und das »Muß« zum Müssen wird, behält der Steinbock lieber selbst das »Heft in der Hand«. Diese Eigenschaft hat ihm den Ruf eingebracht, ehrgeiziger zu sein als andere und eine größere Bereitschaft zu haben, auf die Genüße und Freuden des Lebens zu verzichten. Vorrang im Leben hat der (berufliche) Aufstieg, denn – auf dem »Gipfel des Berges« stehend – möchte er über allem sein und, wenn möglich, bleiben. Als Planetenherrscher ist dem Steinbock Kronos/Saturn zugeteilt, dem bereits der griechische Schöpfungsmythos hohe Trennungs- und Absonderungskräfte sowie eigenwilliges Machertum nachsagt. Die Absicht des Kronos/Saturn ist zwar legitim, da er durch seine Aktionen versucht, sich von Zwang und Druck zu befreien, dennoch entstehen, dem Mythos nach, auch nach dem Befreiungsakt erneut Unterdrückung und Zwang – eine dauerhafte Befreiung scheint sich offensichlich nicht einzustellen.

Liegt unsere Vergangenheit – was beim Aszendenten Wassermann der Fall ist – im Zeichen Steinbock, ist in uns dieses Prinzip überbetont. Unsere Seele hat die Erfahrung gespeichert, das wir stets »etwas machen« können, ja sogar müssen, wenn wir in Situationen kommen, die uns bedrücken oder in denen wir Zwängen ausgesetzt sind. So schaffen wir, im Kleinen wie im Großen, unsere Macht- und Befugnisbereiche, zu denen wir anderen den Zutritt nicht gewähren. Ob im Beruf oder in der Partnerschaft, wir wollen niemals abhängig sein. So streben wir nach Führung, um in allen Lebenslagen der

Alleinbestimmende zu bleiben. Gelingt uns dies nicht, gehen wir lieber in die Position des Außenseiters, des »Eremiten«, um wenigstens auf diese Art unsere Freiheit und unseren Frieden zu sichern. Da wir gelernt haben, notfalls alleine zu sein und mit allem alleine zurechtzukommen, sind in uns die trennenden Kräfte weit stärker als die verbindenden. Ob im beruflichen Werdegang oder in Partnerschaften, falls etwas gegen unsere Vorstellung läuft, trennen wir uns lieber, als nach einem gemeinsamen Ausweg zu suchen. Dabei erkennen wir nicht, daß diese Trennungsfähigkeit fatale Folgen hat. Uns verschafft sie, vor allem in zwischenmenschlichen Beziehungen, eine bestimmte Macht über unsere Partner, die zwangsläufig zur seelischen Abhängigkeit führt. Lebt unser Partner in der ständigen Angst, daß wir uns von ihm trennen, kommt es am Ende sogar zur totalen Unterdrückung seines Wesens: Er traut sich nicht mehr der Mensch sein, der er wirklich ist. Wohl wehren wir uns gegen Vorwürfe der Unterdrückung mit dem Argument, daß es ja Schuld des anderen sei, wenn er sich abhängig macht und unterdrücken läßt, doch das Dilemma bleibt bestehen. Für unsere eigene Entwicklung wäre es besser, zu verstehen, wie Zwang und Bedrückung entstehen, anstatt wegzuschauen und Schuld in die Schwäche des anderen hinein zu projizieren. Eines Tages würden wir dann bemerken, daß die Ursachen in uns liegen, und wir stets der Auslöser sind. Wir selbst gestatten anderen Menschen keinen Zugriff auf uns, wir selbst denken in der Kategorie »entweder ich oder du«, wir selbst haben die Bindung zur Welt und zu anderen Menschen verloren. Wir haben zwar Eigenständigkeit im Denken, im Fühlen und im Handeln erreicht, wir sind fähig, unsere Vorstellungen durchzusetzen, und wir beherrschen manches besser als andere, aber um welchen Preis? In unserem Denken ist kein Platz mehr für das »du«, die geistige Verbindung zu anderen Menschen ist abgerissen und mit ihr die verbindende Kraft der Liebe – wir haben Freundschaften eingebüßt, Gemeinsamkeiten verloren. Weil wir die Menschheit nicht mehr als Ganzes sehen, in dem wir eine kleine, bescheidene Zelle sind, haben wir unsere Demut und damit unseren Platz im Gefüge verloren. Wir irren durch die Welt im Glauben, unsere Freiheit läge in unserer Ungebundenheit und in unserer Kraft, sich von allem zu trennen, was bindet. Doch in Wahrheit ist es eher eine Bindungsunfähgkeit, die uns innerlich einsam, unzufrieden und unglücklich macht. Was uns wirklich fehlt, ist der Glaube an einen liebenden Gott, an ein allumfassend-väterliches Schöpferprinzip und das sichere Wissen, von Anbeginn an in dieser Schöpfung einen bestimmten Platz zu haben. Nur dies kann uns wieder zurückbringen in die Welt und mit den Menschen versöhnen. Wir haben es bitter nötig, zulange haben wir nur auf uns vertraut, zu sehr haben wir uns nur auf uns selbst verlassen, zu groß ist die Distanz zu anderen Menschen geworden. Wir sind der verlorene Sohn, für den es an der Zeit ist, »nach Hause« zurückzukehren – und wie wir vom biblischen Gleichnis wissen, wird die Freude groß sein.

Zusammenfassung der Vergangenheit im Zeichen Steinbock
- »Machertum«, Streben nach Führung, Verantwortung und weltlicher Macht, Ehrgeiz
- geht immer eigene Wege; gute Abgrenzungsfähigkeit; wenig innere Nachgiebigkeit
- Konzentration auf das Wesentliche, Ablehnung des Unwesentlichen
- feste, eindeutige Vorstellungen – schwer davon abzubringen
- will Unabhängigkeit, entzieht sich Druck und Bedrängnis
- steht lieber über anderen als neben ihnen, bestimmt gerne
- liebt keine Enge, Angst vor Nähe, Bindungsängste
- bleibt lieber Außenseiter, entzieht sich gerne der Kritik
- neigt jedoch dazu, andere zu kritisieren; glaubt oft, alles besser zu wissen; wenig verständnisvoll
- erledigt Unangenehmes, ehe es unangenehm wird
- vorausschauend, rechtzeitig abwehrend
- kann besser trennen als verbinden, besser »nein« als »ja« sagen
- Einzelgänger; lieber einsam als abhängig
- will von anderen möglichst in Ruhe gelassen werden
- fordert gerne Klarheit und Klärung, will sich selbst jedoch nicht rechtfertigen müssen

- bevorzugt klar definierte Grenzen und Bereiche
- verläßt sich ungern auf andere, kontrolliert daher ständig
- gibt das »Heft« ungern aus der Hand
- will in wichtigen Entscheidungen unabhängig bleiben; trifft daher gerne »einsame Entscheidungen« im Verborgenen
- große Angst, Zwängen zu unterliegen

Der Aszendent Wassermann

Ist es uns gelungen, den »Steinbock in uns« zu erkennen, und sind wir bereit, unseren Aszendenten aus freien Stücken heraus zu entfalten, gibt uns der Tierkreis exakte Anleitung, wie der Aszendent Wassermann stufenweise entfaltet werden kann. Wir werden im Laufe der Zeit spüren, daß es mit der reinen Willensäußerung im Sinne eines »*Ich will meinen Aszendenten Wassermann leben!*« nicht getan ist. Wir können versuchen, mehr vom Wassermannprinzip (geistige Verbundenheit, Freundschaft, Menschlichkeit, Gruppenintegration) in unser Leben zu bringen, doch eine Auflösung unseres unbewußt überbetonten Steinbockprinzips geschieht nicht. Wir haben bereits davon gesprochen, daß in unserem Horoskop die Achse Steinbock – Krebs im Ungleichgewicht ist und in Harmonie kommen will. Wie dies geschieht, zeigen uns der Verlauf des Tierkreises ebenso wie die aus dem Mythos des Orion gewonnenen Stufen der Entfaltung. Steigen wir sie empor, wird uns mehr und mehr innere Harmonie und Ausgewogenheit zuteil. Das Prinzip Steinbock beherrschen wir dann genauso wie das Prinzip Krebs: Jetzt können wir unseren eigenen Weg gehen, ohne die Resonanz und die Bindung zu anderen Menschen zu verlieren. Unsere Einseitigkeit nimmt ab, wir werden frei und können überall ungehemmt und unvoreingenommen unsere Kräfte und Fähigkeiten einbringen.

Doch gehen wir in unserer Wandlung und Veränderung Schritt für Schritt vor. Zuerst übertragen wir das archetypische

Horoskop auf unser persönliches Horoskop. Dabei ergibt sich – von unserem Aszendenten angefangen – ein vierstufiger Entfaltungsplan: Erste und zweite Hermes/Merkur-Stufe, Zeus/Jupiter-Stufe und Poseidon/Neptun-Stufe. Jede einzelne Stufe gibt dabei Hinweise zur Wandlung. Hier können wir uns im Laufe der Zeit verändern, um dadurch die Entfaltung des Aszendenten und damit gleichzeitig die Entwicklung unserer Persönlichkeit zu fördern.

Die erste Hermes/Merkur-Stufe der Wandlung – Änderung unserer Entscheidungen

Da wir unsere Vergangenheit kennen, können wir in die erste Phase der Wandlung eintreten: Wir verändern unsere zukünftigen Entscheidungen im Sinne unserer geistig-seelischen Entwicklung, wie sie in unserem Horoskop niedergelegt ist. Das archetypische Horoskop (siehe Abb. S. 48) beschreibt die Entscheidungsfindung durch den ersten Quadranten, die dazugehörigen Tierkreiszeichen sind Widder (freier Wille), Stier (geplante Absicht) und Zwillinge (Wahl der zur Verfügung stehenden Möglichkeiten). Das veränderliche Tierkreiszeichen ist dabei Zwillinge, dem der Götterbote Hermes/Merkur zugeordnet ist. Hermes/Merkur bietet in seiner Funktion als Götterbote uns Menschen Möglichkeiten und Gelegenheiten, um neue, bewußtseinserweiternde Erfahrungen zu machen. Die Auswahl aus den zur Verfügung stehenden Möglichkeiten sowie die Entscheidung, eine gebotene Gelegenheit zu ergreifen, steht uns dabei frei. Dies heißt, daß wir die Art und Weise unserer Auswahl und damit alle anstehenden Entscheidungen jederzeit verändern können.

Immer wieder stellt uns das Leben vor Entscheidungen. Da wir anfangs weder unsere Berufung noch unseren Lebensweg klar und deutlich erkennen, begleiten uns Zweifel und Unsicherheit auf unserem Weg. Welche Entscheidung ist die richtige, welche die falsche? Gibt es überhaupt eine richtige Entscheidung? Da wir keine Antwort wissen, geben wir die Entscheidung oft ab an unser Unbewußtes: Unsere alten Bewertungen und Vorurteile geben den Ausschlag für unsere

Die erste Hermes/Merkur-Stufe der Wandlung

Entscheidung. Wir verharren im alten Muster, ein neues ist noch nicht entwickelt. Hier soll der Entfaltungsplan des Aszendenten Hilfestellung geben.

Für den Aszendenten Wassermann befindet sich die erste Hermes/Merkur-Stufe der Wandlung im Zeichen Widder (siehe Abb. S. 350). Ist unser Aszendent im Zeichen Wassermann, sollten wir uns für jene Möglichkeiten und Gelegenheiten entscheiden, die dem Prinzip Widder am meisten entsprechen. Tun wir dies, wird die Entfaltung unseres Aszendenten gefördert. Tun wir dies nicht, ist anzunehmen, daß unsere alten Muster und Gewohnheiten gesiegt haben: Die Vergangenheit (Prinzip Steinbock!) hat uns wieder einmal eingeholt, wir sind ihr unbewußt erlegen.

Was heißt es nun, eine Entscheidung zu treffen, die dem Prinzip Widder entspricht? Auch hier sollten wir erst das Tierkreiszeichen Widder verstehen, ehe wir diese Frage beantworten können. Das Widderprinzip steht für den ersten Impuls, für Neubeginn und spontane Ichdurchsetzung. Als kardinales Feuerzeichen symbolisiert es den sich aus der plötzlichen Intuition heraus entfaltenden Eigenwillen, der zum Anstoß wird und stets das Ziel hat, etwas ins Rollen zu bringen. Als Planetenenergie ist ihm der Kriegsgott Ares/Mars zugeteilt, der für sein betont kämpferisches Draufgängertum bekannt ist. Weniger bekannt ist, daß die Wildheit und Unbesonnenheit des Ares/Mars dennoch eine tiefere Bedeutung hat: Sein ebenso unüberlegtes wie unermüdliches Kämpfen und Mühen gilt nämlich seiner Geliebten, Aphrodite/Venus, der Göttin der Schönheit und Vollkommenheit. Dieses Ringen um Schönheit und Streben nach Vollkommenheit macht ihn göttlich und verleiht ihm einen Platz unter den zwölf olympischen Gottheiten. Von allen Zeichen des Tierkreises ist der Widder – aus Sicht der Menschen – den Göttern am nächsten. Unmittelbar von oben erhalten wir durch die Widderkraft die willensbildenden Ideen, die wir spontan umsetzen sollen. So werden wir Impulsgeber, bringen den ersten Stein ins rollen und setzen alles in Bewegung. Langes Überlegen ist dieser Kraft ebensowenig zuträglich wie jedes Zögern und Zaudern. Unmittelbarkeit, Spontaneität, Direktheit bringt uns der Widder, damit wir alle Mauern und Widerstände durchbrechen können. Jetzt oder nie heißt die Devise, abwarten und aufschieben schwächt diese Energie, zu langes Warten und zu viel Überlegung tötet sie – der Impuls ist verraucht, die Idee verflogen, die Chance verpaßt. Ein Scheitern im Umsetzen unserer spontanen Ideen ist dagegen kein Problem. Aus jedem Scheitern lernen wir, die Chance kehrt zu uns zurück, und mit dem nächsten Anlauf kann sich der erhoffte Erfolg schon einstellen.

Weist unser Aszendent auf das Zeichen Wassermann, sollten wir uns daher vor jeder Entscheidung im Leben fragen:

Entspricht unsere Wahl und damit unsere Entscheidung dem Prinzip Widder?
Verbinden wir uns mit Neuem? Durchbrechen wir »alte Mauern«?
Ist die Entscheidung spontan gefallen? Kommt sie aus unserer spontanen Intuition? Waren keine langen Überlegungen notwendig?
Entspringt die Entscheidung unserer ersten, spontanen Idee?
Führt unsere Entscheidung zu einem Neubeginn? Werden dabei alte Vorstellungen über Bord geworfen? Bringt sie uns vom alten Weg ab?
Begeben wir uns in Bereiche, die wir weniger beherrschen?
Ist ein Scheitern möglich? Sind wir damit einverstanden?
Könnten eigene Fehler oder Schwächen offensichtlich werden? Lassen wir dies auch zu?
Stehen wir zu dem, was wir lieben? Streben wir nach Entwicklung?
Gehen wir ein Risiko ein? Haben wir uns für den offenen (Nah-) Kampf entschieden?
Geben wir unsere »vermeintlichen Rücksichten« auf?
Geben wir ein Stück Kontrolle und Berechenbarkeit auf?
Geben wir alte Verantwortungen ab, verzichten wir auf Macht und Ansprüche?

Sind wir diesen Fragen ernsthaft nachgegangen und können sie – bezüglich der getroffenen Auswahl – im wesentlichen mit ja beantworten, treffen wir sicherlich die richtige Entscheidung. Unschwer spüren wir dabei einen inneren Widerstreit. Die »Steinbockseele« in uns (unsere Vergangenheit!) war nie bereit, Kontrolle abzugeben oder gar Machtverlust in Kauf zu nehmen. Jede Spontaneität war ihr ebenso fremd wie unüberlegte Entschlüsse, waren sie doch sicherer Garant dafür, daß etwas schief gehen muß, ja möglicherweise sogar alles scheitert. Wir waren gewohnt, das zu tun, was wir beherrschen, anderes kam nicht in Frage. So haben wir bereits in unseren Vorstellungen alles ausgegrenzt, was uns unsicher, unkalkulierbar oder fragwürdig erschien, um so bereits im Vorfeld alle erdenklichen Hindernisse aus dem Weg zu räumen. In wichtigen Lebensfragen schlossen wir zu viel Gemeinsamkeit mit anderen Menschen aus, waren doch die meisten Menschen unberechenbar und damit gleichzeitig ein potentielles Risiko für unseren Weg. So hielt uns unsere Steinbockseele stets in kühler, überlegener Distanz zum Mitmenschen, obwohl sich unsere »Wassermannseele« nach geistiger Verbindung und Freundschaft sehnte. Doch die Erfüllung dieser Sehnsucht bedarf der weiteren Entfaltung unseres Aszendenten, die nachfolgenden Stufen zeigen das »wie«.

Anmerkung
Untersuchen wir im Entscheidungsfindungsprozeß die Wahl der Möglichkeiten nach dem Prinzip Widder, kann es sein, daß wir nicht unbedingt zu einer eindeutigen Entscheidung vordringen. Vielleicht schwanken wir zwischen mehreren Möglichkeiten, die unserer Auffassung nach alle – mehr oder weniger – dem Prinzip Widder entsprechen. Hier sollten wir wissen, daß es für die Entfaltung unseres Aszendenten Wassermann unerheblich ist, für welche der »Widdermöglichkeiten« wir uns entscheiden. Von Bedeutung ist lediglich, daß unsere Wahl das Prinzip Widder überhaupt beinhaltet. Daher genügt es auch, wenn wir aus dem oben angeführten Katalog nur einige Fragen mit einem klaren »ja« beantworten können.
Wie im Mythos von Orion so schön beschrieben, ist in der ersten Entfaltungsphase des Aszendenten nur wichtig, nicht in das alte Muster zurückzufallen. Auch Orion, nachdem er sein Augenlicht zurückerhalten hatte, war ja nahe daran,

aus Rache in seine alte Gewohnheit – seine Vergangenheit – zurückzufallen. Doch er hat sich von seiner Vergangenheit befreit, das macht ihn zum großen Vorbild. Das Wesentliche in dieser ersten Hermes/Merkur-Stufe der Entfaltung ist es, alle jene Entscheidungsmöglichkeiten auszuschalten, die uns zurückziehen würden in den Sog der Steinbockvergangenheit. Erreichen wir dies, haben wir bereits gewonnen. Nur wenn das Alte uns einholt und umklammert, bleiben wir auf unserem Weg stehen; alles andere gehört bereits zum Vorwärtsschreiten, zur Entwicklung der Persönlichkeit, zur Entfaltung des Aszendenten.

Die zweite Hermes/Merkur-Stufe der Wandlung – Änderung unseres Ausdrucks

Haben wir die richtige Wahl getroffen und uns entschieden, treten wir in eine neue Phase ein: Wir schreiten zur Tat. Das archetypische Horoskop beschreibt unser Handeln durch den zweiten Quadranten, die dazugehörigen Tierkreiszeichen sind Krebs (Identifikation), Löwe (Ausdruckskraft) und Jungfrau (Ausdrucksmittel). Das veränderliche Tierkreiszeichen ist Jungfrau, der herrschende Planet ist Hermes/Merkur, der Götterbote. Dies bedeutet, daß wir uns auch in der Wahl der Ausdrucksmittel jederzeit verändern können.

So wie wir in der ersten Hermes/Merkur-Stufe unsere Entscheidungen verwandeln können, bietet uns analog dazu die zweite Stufe die Möglichkeit, unsere Ausdrucksmittel zu verändern. In der zweiten Stufe der Entfaltung des Aszendenten wird unser Innerstes nach außen hin sichtbar. War unsere Entscheidungsfindung für andere Menschen weitgehend unsichtbar, so sind unsere Vorgehensweisen und Taten als sichtbarer Ausdruck unserer Entscheidungen normalerweise für jedermann wahrnehmbar. Wir alle drücken uns aus im Reden, im Tun, in unseren Bewegungen und in der Art und Weise, wie wir mit den uns zur Verfügung stehenden Mitteln umgehen. Dies zusammen sind unsere Ausdrucksmittel, mit denen wir der Welt begegnen. Unsere Mitmenschen nehmen sie wahr, erkennen uns daran und nennen den Gesamteindruck unsere »Eigenart«. Dabei entsteht – in Analogie zur ersten Stufe – auch in der zweiten Stufe ein Zwischenreich: Das Ich auf der einen Seite, das Du auf der anderen Seite und die Ausdrucksmittel zwischen den beiden. Aus dieser Position heraus ist es weiter nicht verwunderlich, wenn die Wahrnehmung des Ich sich nicht unbedingt mit der Wahrnehmung des Du deckt. Ein jeder sieht die Dinge von seiner Seite, erst alle Sichtweisen zusammen ergeben das Ganze.

Für den Aszendenten Wassermann weist die zweite Hermes/Merkur-Stufe der Wandlung auf das Zeichen Krebs (siehe Abb. S. 350). Ist unser Aszendent im Zeichen Wassermann, sollten unsere Art und Weise des Ausdruck sowie unsere verwendeten Ausdrucksmittel sich im Laufe der Zeit dem Prinzip Krebs annähern. An dieser Stelle ist es wichtig, sich daran zu erinnern, daß unsere Vergangenheit im Zeichen Steinbock liegt. Unbewußt verwenden wir als sichtbaren Ausdruck deshalb vorzugsweise das Prinzip Steinbock. Durch die Entfaltung des Aszendenten wird damit ein Ausgleich herbeigeführt: Wir lernen, das Prinzip Krebs in die Sichtbarkeit zu bringen.

Wie sieht nun das Prinzip Krebs – in die Sichtbarkeit gebracht – aus? Auch hier ist es unumgänglich, dieses Prinzip erst einmal zu verstehen. Das kardinale Wasserzeichen Krebs ist das Zeichen des Wachsens und Reifens. Um am Ende die volle Reife, die höchste Qualität, das ganze Potential zu verwirklichen, braucht es Zeit und ständiges Hegen und Pflegen. Als Vorbild gilt hier die vollkommene Mutter, die ihr Kind mit Hingabe hütet, es nährt und liebevoll erzieht, um es in jeder Hinsicht »auf eigene Füße« zu stellen. Ist das Kind ganz erwachsen, entläßt sie es in die Welt. Das Kind selbst steht symbolisch auch für unsere Schwächen und Unvollkommenheiten, aber auch für unsere Talente und Begabungen, denen wir noch nicht genügend Zeit und Beachtung geschenkt haben. Es gehört zu den wunderbaren Fügungen, daß Talent und Begabung immer dort liegen, wo wir uns schwach fühlen. Sie schlummern in unserer Tiefe den Schlaf des Dornröschens, begegnen uns gelegentlich in unseren Träumen und warten auf den mutigen Prinzen, der die Mühe nicht scheut, zu ihnen vorzudringen, um sie zum Leben zu erwecken.

Weist unser Aszendent auf das Zeichen Wassermann, sollten wir versuchen, die Wahl unserer Ausdrucksmittel mehr und mehr dem Prinzip Krebs anzupassen. Mütterliche Fähigkeiten wie Hingabe, Zuwendung und liebevolle Pflege wollen zum Ausdruck kommen und für andere erkennbar und erfahrbar werden. Dabei werden wir schnell feststellen, daß gerade diese mütterlichen Kräfte nicht zu erzwingen sind. Im Gegenteil, je mehr wir uns dazu zwingen, umso mehr überträgt sich der Zwang auf die anderen. Die Lösung dieser Schwierigkeit bringt uns das Zeichen Krebs. Nur indem wir in unseren Begegnungen mehr und mehr auf innere Resonanz und seelische Verbundenheit achten, so lehrt uns Krebs, wird zu unseren Partnern jene Nähe möglich, die sonst nur eine Mutter zu ihrem Kind empfindet. Als Zeichen der »seelischen Heimat« zeigt uns Krebs, daß es auch Menschen gibt, denen wir nahe stehen und bei denen wir uns zuhause fühlen, auch wenn wir weder mit ihnen verwandt noch längere Zeit mit ihnen bekannt sind. Trotzdem empfinden wir eine gemeinsame Schwingung, die sich durch äußere Umstände und weltliche Interessen nicht erklären läßt. Sind wir eines Tages bereit, unsere Begegnungen und Beziehungen durch diese Seelenqualitäten beeinflussen zu lassen, begeben wir uns zwar in die Abhängigkeit einer unberechenbaren Gefühlswelt, gewinnen dafür aber eines Tages Zugang zu unseren wahren Begabungen und vorhandenen Talenten. Sie wachsen und reifen zu lassen, bis sie eines Tages von der Welt erkannt und gefragt werden, heißt die zweite Stufe der Wandlung zu erklimmen. Und noch eines ist wichtig: Nur die Menschen, die mit uns in gegenseitiger Resonanz stehen, wissen unser Talent zu schätzen – und nur ihnen kann eines Tages unser Talent von Nutzen sein. Die nächste und dritte Stufe, die Skorpionstufe der Prüfung, wird zeigen, ob unsere Reifungsprozesse abgeschlossen sind oder nicht.

An dieser Stelle sollte ein weit verbreiteter Irrtum (›Euryale‹, Mutter des Orion = ›weit verbreiteter Irrtum‹) aufgedeckt werden. Weil wir das Sichtbare (den Körper!) zur Ursache erklären und vergessen haben, daß stets die unsichtbar wirkende Kraft (der Geist!) der Ursprung der Tat ist, haben sich

Die zweite Hermes/Merkur-Stufe der Wandlung

Fehler in der traditionellen Astrologie eingeschlichen. Dem Aszendenten Wassermann wird das Prinzip Wassermann als (an ihm sichtbare) Eigenschaft zugeschrieben. Folge ist, daß z.B. in astrologischen Beratungen jemandem mit Aszendenten Wassermann angeraten wird, sich einer Gruppe Gleichgesinnter anzuschließen. Ihm wird empfohlen, in Freundschaften und Beziehungen mehr auf geistige Verbundenheit zu achten und dort, wann immer ihm möglich, als Vermittler und Botschafter von Menschlichkeit aufzutreten, um so sein Aszendentenpotential bzw. seine Anlage zu »entfalten«. So entsteht die Anregung zu einer »blinden« Wassermannkraft (Im Mythos: Blindheit des Orion!), die weder Richtung noch Ziel hat. Greifen wir diese Anregung auf, vergewaltigen wir in Wirklichkeit die Welt mit unserer (zwanghaften) Wassermannkraft, weil wir dieser Kraft Sinn und Zweck rauben. Da wir mit unseren Ideen von Menschlichkeit und Brüderlichkeit andere Menschen überschütten und sie ihnen missionarisch aufzwingen, ohne selbst echtes Beispiel zu sein, finden wir wenig Zustimmung. Statt geistige Verbundenheit und Gemeinsamkeit zu fördern, erzeugen wir Ablehnung und Widerstand. Als Aszendent Wassermann lernen wir, unsere eigene Zwanghaftigkeit und Strenge und ihre Wirkungen auf andere zu durchschauen, um sie dann – aus höherer Einsicht heraus – dem Ganzen zu opfern. Gleichzeitig entwickeln wir die Bereitschaft, für uns selbst Reifungsprozesse zu akzeptieren und uns im Umgang mit anderen Menschen mehr Zeit zu lassen, um so größere Sensibilität und bessere Resonanzfähigkeit zu entwickeln. Statt Bekannte und Kollegen mit Worten zu überschütten, gießen wir dann – zur rechten Zeit und am rechten Ort – die Weisheit aus, die der andere dann bereit ist, von uns anzunehmen. Jetzt werden Fremde uns zu Freunden – ein neuer »Wassermann« ist geboren, der versteht, die »Wasser der Weisheit« über die Menschheit auszugießen.

Hier sehen wir vielleicht am deutlichsten den Unterschied zwischen einem Horoskopeigner mit der Sonne in Wassermann und einem mit Aszendenten Wassermann. Mit der Sonne in Wassermann haben wir in allen Lebenslagen eine Wahrnehmungs- und Vermittlungsfähigkeit zur Verfügung, die es uns ermöglicht, zukünftige Entwicklungen abzusehen und größere Zusammenhänge zu schauen. Zusätzlich schafft Wassermann den Wunsch, unsere Einsichten an andere Menschen weiterzugeben. An uns liegt es nun, diesen Wunsch Wirklichkeit werden zu lassen, was uns manchmal mehr, manchmal weniger gelingt. Dagegen geht ein Aszendent Wassermann einen speziellen Entwicklungsweg, an dessen Ende er gelernt hat, seine Wahrnehmung in Bezug auf größere Zusammenhänge zu schärfen und seine daraus gewonnenen Erkenntnisse so zu formulieren, daß sie vermittelbar werden. Die Frage für die Sonne in Wassermann könnte lauten: »*Wie kann ich von meiner Wassermannenergie und damit von meinem eigentlichen Wesen im Leben mehr einbringen?*«; die Frage für den Aszendenten Wassermann lautet eher: »*Wie treffe ich die geeignete Wahl unter den zur Verfügung stehenden (Ausdrucks-) Mitteln, damit meine Erkenntnisse andere zum Nachdenken anregen?*« Nur bei der letzten Fragestellung gewinnt das Prinzip Krebs an Bedeutung, weil es uns das »Gefühl« für den anderen gibt. Haben wir dieses Mitgefühl entwickelt, stehen wir in Resonanz zum Du. Jetzt ist gewährleistet, daß wir das Richtige vermitteln, nichts vergessen und trotzdem alles Überflüssige beiseite lassen. Dabei dürfen wir annehmen, daß mit der Entfaltung des Aszendenten Wassermann der Raum geschaffen wird, in dem unser eigenes Wesen (= Sonne im Horoskop) mehr und mehr zu strahlen vermag.

Die Skorpionstufe der Entfaltung – Prüfung der Wandlung

In den beiden Hermes/Merkur-Stufen haben wir unsere Entscheidung und unsere Ausdrucksweise geändert. Doch können wir sicher sein, daß sich in uns wirklich ein Wandel vollzogen hat? Oder unterliegen wir ein weiteres mal der großen Illusion, jener Täuschungskraft, die uns immer wieder einen Zerrspiegel vorhält, in dem wir uns selbst nicht zu erkennen vermögen?

Um dies zu beantworten, bedarf es einer prüfenden Instanz, die jenseits unserer Subjektivität liegt. Stets kommt die Prüfung von außen auf uns zu, gelegentlich liebevoll und nachsichtig, oft jedoch widerborstig und dornenreich. Wie der Stachel des Skorpion, der im Mythos den Orion tötet, sticht sie uns, verletzt uns und dringt ein in unsere Tiefen, um zu sehen, ob unsere »alte Form« noch lebt oder schon gestorben ist. Denn nur wenn die alte Form tot ist, können wir sicher sein, daß unsere Änderungen von Dauer sind.

Für den Aszendenten Wassermann weist die Stufe der Prüfung auf das Tierkreiszeichen Jungfrau (siehe Abb. S. 350). Traditionell gilt das veränderliche Erdzeichen Jungfrau als Zeichen der Bescheidenheit. Der Satz *»Nichts im Übermaß!«*, geschrieben in der Vorhalle des Tempels zu Delphi, scheint diesem Prinzip wie auf den Leib geschnitten. Dabei liegt die Fähigkeit in einer besonderen Art der Unterscheidung: Das Geeignete vom Ungeeigneten zu trennen. Jungfrau ist die Kraft, die das Ich (Löwe) in passender Weise mit dem Du (Waage) verbindet, aber auch in der rechten Weise voneinander trennt. Wie einst Aschenputtel im Märchen hält sie Auslese und sortiert – fein säuberlich – das Schlechte, das Unbrauchbare, das Unpassende aus.

Wir Menschen haben alle unsere Eigenarten, niemand weiß dies besser als die Jungfrau. Begegnen sich Menschen, kommen sie sich näher und entsteht der erste Kontakt, so entsteht auch der berühmte »erste Eindruck« – er ist entscheidend für Annahme oder Ablehnung. Hier, an der Nahtstelle zwischen zwei Menschen, entscheidet sich, ob die Naht hält und die Voraussetzung für eine engere Beziehung geschaffen wird oder ob die Naht reißt und in Folge Entfremdung entsteht. Jungfrau weiß, daß vieles an der äußeren Form liegt. Der Körper, die uns umgebende Hülle, nämlich empfängt, spaltet und reflektiert das Licht, das der Betrachter empfängt. Und sie weiß ein weiteres: Es liegt stets in unserer eigenen Macht, welches Licht wir reflektieren und welches Bild wir im anderen erzeugen. Das Zeichen Jungfrau verleiht uns die Fähigkeit, das zu finden, was gleichermaßen zu uns paßt und im anderen den richtigen Eindruck von uns hinterläßt. Es lehrt uns in letzter Konsequenz, uns so darzustellen, wie wir wirklich sind – ohne unsere Stärken zu übertreiben und ohne unsere Schwächen zu verbergen –, damit jeder Mensch unsere ganze

Eigenart erkennen kann. Tun wir dies, sind wir wahrhaft bescheiden, weil alles Unwahre und Unechte an uns ausgeschieden ist.

Befindet sich unser Aszendent im Zeichen Wassermann, ist es für uns wichtig zu wissen, daß in allen Partnerschaften, Freundschaften und Beziehungen stets das kritische Jungfrauprinzip auf uns zukommt, um uns zu reizen und zu prüfen. Gerade Menschen, die wir lieben und deren Nähe wir suchen, erscheinen uns daher oft besonders kleinlich und besonders kritisch. Ihrer genauen Beobachtung entgeht nichts: Jeden auch noch so kleinen Fehler oder Makel sehen sie – und stellen uns zur Rede oder appellieren an unser Gewissen. Haben wir Besserung gelobt und Versprechungen abgegeben, ist es wiederum die »Jungfrau«, die uns an passender Stelle darauf hinweist, daß es nur leere Worte waren. Für sie zählt nur die Tat, das Sichtbargewordene, alles andere läßt sie nicht gelten. Lange Zeit neigen wir dazu, die Stimme der Jungfrau in uns abzublocken. Wir wollen uns kein »schlechtes Gewissen« machen lassen, sagen wir dann. Außerdem wüßten wir ohnehin besser, was für uns gut und richtig sei. Vor allem die Steinbockseele in uns (unsere Vergangenheit!) will sich von niemandem dreinreden lassen, noch will sie Vorschriften akzeptieren. Es kann sogar so weit kommen, daß wir uns von Partnern und Freunden trennen, weil wir ihre Kritik – wir nennen sie oft spöttisch Nörgelei – nicht mehr hören wollen. Wir empfinden es als unzulässige Einmischung. Daß es für uns auch Hilfe sein könnte, auf diese Idee kommen wir nicht. Erst allmählich begreifen wir, daß dieses Jungfrauprinzip immer nur helfen will. Besser als alle anderen Tierkreiszeichen kennt Jungfrau die »angemessene Form«, den »guten Ton«, das »rechte Wort« und den »geeigneten Ausdruck«, die zu uns passen. Und weil sie zu uns passen, auch das weiß die Jungfrau, hinterlassen sie im Partner genau den »richtigen Eindruck«. So wird an der richtigen Stelle Mißverständnissen entgegengewirkt, die Beziehung bleibt rein und ungetrübt, das zwischenmenschliche Verhältnis gerät nicht aus den Fugen. Eines Tages lernen wir, auf die Stimme der Jungfrau zu hören, ja wir bringen der Jungfrau sogar Dankbarkeit entgegen, weil wir erkennen, daß ihr Rat unserer Entwicklung dient. Sind wir soweit, uns von der Jungfrau vor der Tat den Rat einzuholen anstatt uns hinterher ihre Kritik einzuhandeln, haben wir die Skorpionstufe der Prüfung bestanden.

Die Zeus/Jupiter-Stufe der Wandlung – Änderung unserer Werte

Nach zwei Stufen der Wandlung und einer Stufe der Prüfung sind wir ein wenig klüger als zuvor. Die Skorpion-Stufe der Prüfung zeigte uns insbesondere, wo wir »gut« zu sein glaubten, aber am Ende doch nicht »gut genug« waren. Nun heißt es, innehalten und verweilen. Die Jupiter-Stufe der Wandlung will unsere Werte verändern. Das archetypische Horoskop (siehe Abb. S. 48) beschreibt unsere Erfahrung, die Entstehung unserer Werte und unsere Urteilsfindung durch den dritten Quadranten. Die dazugehörigen Tierkreiszeichen sind Waage (Reaktion des Du), Skorpion (Reibung und Einigung mit dem Du) und Schütze (Bewertung der Beziehung; Sinnfindung). Das veränderliche Tierkreiszeichen ist dabei Schütze, der herrschende Planet Zeus/Jupiter. Dies bedeutet, daß wir jederzeit unsere Werte verändern, unsere Bewertungen wandeln und unseren Sinn neu ausrichten können.

Vieles, ja vermutlich sogar das meiste, wofür wir uns entscheiden und was wir tun, halten wir anfangs für gut. Doch dann folgt das bittere Ende: Die Welt, der Partner, der Freund, sie urteilen anders, finden es weniger gut, vielleicht sogar unmöglich oder schlimm. Doch solange wir uns verwickeln und immer mehr in Täuschungen verstricken, kümmert uns die Meinung anderer wenig. Wir sind mit ihnen zusammen, weil wir uns einsam fühlen, weil wir uns einen Vorteil davon versprechen oder weil wir Anerkennung, Aufmerksamkeit und Zuneigung haben möchten.

Mit den Erfahrungen und Erlebnissen wächst gewöhnlich unsere Selbsterkenntnis. Nicht selten erleben wir dabei ein Phänomen: Die Bewertung von Dingen, Menschen und Ereignissen, die wir einst gut oder böse genannt haben, relativiert sich. Das Böse erkennen wir rückblickend als Anstoß, der uns von längst Überholtem gelöst und frischen Wind in unser

Leben gebracht hat. Aber auch das Gute geht oft diesen Weg der Wandlung. Was einst gut und sinnvoll erschien, heute hat es nicht mehr denselben Stellenwert. Mit unserer Entwicklung wandeln sich unsere Werte, diese Erfahrung hat jeder von uns schon gemacht.

Die Jupiter-Stufe der Entfaltung des Aszendenten zeigt uns, wo und wie sich unsere Werte und Bewertungen wandeln sollen, damit wir nicht in alte Vorurteile und Bewertungsmuster zurückfallen. Wir finden in unserem Horoskop den Hinweis auf ein Tierkreiszeichen, dessen Sinn sich uns erst im Laufe der Entwicklung enthüllt und dessen Wert wir erst im Laufe der Zeit schätzen lernen. Mit unserem geistigen Wachstum dehnt sich auch dieses Prinzip in uns aus. Entschieden wir uns früher nur dafür, wenn es Vorteile zu bringen schien, so wachsen wir gerade in diesem Prinzip über uns selbst hinaus: Es öffnet uns das Tor zum Überpersönlichen, harmonisiert unseren Geist und befriedet unsere Seele.

Für den Aszendenten Wassermann befindet sich diese Zeus/Jupiter-Stufe der Wandlung im Zeichen Waage (siehe Abb. S. 350). Das kardinale Luftzeichen Waage gilt als Prinzip der Harmonie und des Ausgleichs. Als Planet ist ihm Aphrodite/Venus zugeordnet, die Göttin der Liebe. Liebe kennen wir als die Kraft der Gegensatzvereinigung. Sie bindet Menschen aneinander, um ganz bestimmte Erkenntnisprozesse einzuleiten. Je mehr wir den anderen lieben, umso klarer erscheint er uns als vollkommener Gegensatz: Er sieht die Welt anders, er denkt anders, er fühlt anders, er handelt und reagiert anders wie wir. Doch gerade deswegen lieben wir ihn. So ist gesichert, daß wir im Spiegel des anderen erkennen, was uns selbst zur Vollkommenheit fehlt. Lehnen wir die Andersartigkeit unseres Partners ab und bekämpfen sie, haben wir von der Schönheit und Anmut der Waagekraft nichts verstanden. Und weil wir dieses Verständnis nicht haben, lieben wir unseren Partner nicht wirklich. Eine echte Beziehung eingehen heißt, sich vom anderen – seinem Wesen, seiner Art und seiner Kraft – »ziehen« lassen. Als Zeichen der Reaktion fordert Waage uns auf, vom Partner zu lernen, nicht ihn zu belehren. Das Helle, das Lichte, das Strahlende an ihm, das uns so gefällt, ist gleichzeitig das Dunkle, das Verborgene, das Fehlende an uns. Wollen wir in unsere Mitte kommen, müssen wir die Harmonie herstellen zwischen all unseren Wesensanteilen. Die entwikkelten Teile bedürfen der fehlenden Teile zur Ergänzung, unsere »glänzenden« Fähigkeiten brauchen die Schattenanteile zum Ausgleich. Nur so kommt es zum inneren Frieden, der sich dann stets im äußeren Frieden widerspiegelt.

Weist unser Aszendent auf das Zeichen Wassermann, lernen wir im Laufe der Zeit gerade dieses Waageprinzip mehr und mehr schätzen. In der Welt unserer Vorstellungen war früher für Liebe und Harmonie, für Schönheit und Ausgewogenheit, für Ruhe und Frieden nur dann Platz, wenn wir uns davon einen handfesten Vorteil versprachen. Zwar wollten wir schon geliebt werden, wollten unseren Frieden, wollten es »schön« haben im Leben, doch wir vergaßen allzu oft, unseren Beitrag dazu zu leisten. Wir erklärten unsere Partner und Freunde dafür zuständig, denn schließlich hatten wir selbst ja Wichtigeres und Wesentlicheres zu tun. Doch ungleich verteilte Lasten, das erfuhren wir später, bringen Ungleichgewicht und Disharmonie. Was wir unseren Partnern zumuteten und aufbürdeten, war zuviel, sie wurden unzufrieden und begannen ihrerseits, unsere Ruhe und unseren Frieden zu stören. Natürlich erschienen sie uns dann mißmutig und lieblos, ja gelegentlich auch streitsüchtig und aggressiv, ohne daß wir unseren eigenen Anteil darin sehen konnten. Wir glaubten fest daran, friedlich zu sein, niemals Streit vom Zaum zu brechen und niemandem ein Leid zuzufügen. Erst ganz langsam dämmert es uns, daß dieser Glaube ein Irrtum sein könnte. Alle Störungen – alles Unausgegorene, Unvollkommene und Disharmonische – haben wir lediglich in unsere Partner hineinprojiziert. Wir schoben es ihnen in die Schuhe, gaben ihnen für alles Schuld und wunderten uns, wenn sie sich dies nicht gefallen lassen wollten. Sie wehrten sich dagegen, der Alleinschuldige zu sein. Diesen Kampf deuteten wir als ihre Aggression und als ihren Mangel an Friedfertigkeit. Doch mit unserer Entwicklung erhalten wir besseren Zugang zum Waageprinzip. Wir erkennen, daß das »Ich« und das »Du« wie die beiden Waagschalen sind, die über den Waagebalken unauflöslich miteinander verbunden sind. Was immer auf der einen Seite geschieht, es betrifft auch die andere Seite. Und noch eines lehrt uns das Zeichen Waage: Eine Seite alleine kann nie ohne die andere Seite im Gleichgewicht sein. Friede ist erst, wenn alle in Harmonie sind, dies gilt für die Partnerschaft zweier Menschen im Kleinen ebenso wie für die ganze Menschheit. Indem wir uns mit diesem kosmischen Gesetz der Harmonie befassen, uns damit anfreunden und es zur Grundlage unserer Beziehungen machen, fördern wir die Entfaltung unseres Aszendenten Wassermann und erklimmen die Jupiter-Stufe der Wandlung. Spät aber nicht zu spät erkennen wir, daß unser »innerer Friede von einst« nur ein Scheinfriede war, denn er basierte auf der Abtrennung vom Du und auf der Illusion, als Einzelner unabhängig von anderen Mitmenschen existieren und handeln zu können.

Die Poseidon/Neptun-Stufe der Wandlung – Änderung unseres Wesens

Nach den ersten drei Wandlungs- und Entfaltungsstufen will sich der Tierkreis schließen, um auf einer höheren Ebene der Entwicklung von Neuem zu beginnen. Das archetypische Horoskop (siehe Abb. S. 48) schließt mit dem vierten, dem überpersönlichen Quadranten ab, die dazugehörigen Tierkreiszeichen sind Steinbock (Verwesentlichung, Abgrenzung), Wassermann (Erkenntnis der Ganzheit, Integration) und Fische (Auflösung, Einbindung, Synthese). Fische ist im vierten Quadranten das veränderliche Zeichen, herrschender Planet ist Poseidon/Neptun. Dies bedeutet, daß wir uns in der Auflösung, im Abschließen und im Beenden verändern können.

Beenden aber heißt vollenden, vollendet sein aber heißt Meister sein. Die letzte Stufe der Entfaltung unseres Aszendenten spricht zu uns von Meisterschaft: Hat sich alles gewandelt – von der Entscheidung über die Ausdrucksweise bis hin zu unseren Werten – und bestehen wir alle Prüfungen, zu jeder Zeit und an jedem Ort, ist unser ganzes Wesen verändert. Wir beherrschen das Prinzip unseres Aszendenten von Anfang bis Ende und sind darin Meister.

Die Poseidon/Neptun-Stufe der Wandlung 373

Um über diese Stufe der Entwicklung etwas zu erfahren, liegt es nahe, sich an Menschen zu wenden, die vor uns den Weg schon gegangen und Meister geworden sind. An ihrer Art, in ihrem Wesen und an ihren Taten erkennen wir, wo unser Weg hinführt. Sie geben uns die geeignete Vision, die unserer Entwicklung Richtung und Stabilität verleiht. Viele Meister könnten wir hier anführen, doch nur einer zeigt uns in allen zwölf Tierkreiszeichen, was Meisterschaft bedeutet. Es ist Herakles, der sagenumwobene Held der alten Griechen, der uns in seinen zwölf Aufgaben für jedes Tierkreiszeichen den Weg zur Meisterschaft hinterlassen hat. Er löst alle Aufgaben. Der Mythos von ihm gibt uns die Lösungen an die Hand. So können wir an den jeweiligen Heraklesaufgaben ersehen, was es in der letzten Stufe der Wandlung für uns zu entwickeln und was es aufzugeben gilt.

Der Aszendent Wassermann hat die Poseidon/Neptun-Stufe der Entfaltung im Zeichen Steinbock (siehe Abb. S. 350). In der dem Zeichen Steinbock zugeordneten Heraklesaufgabe geht es um

Die Gefangennahme des Kerberos
Nachdem sich Herakles vor Beginn der zehnten Aufgabe in die Eleusischen Mysterien einweihen ließ, um sich vom Blut seiner Feinde aus den vorangegangenen Arbeiten zu reinigen, macht er sich auf den Weg in den finsteren Hades.
Als Herakles am unterirdischen Fluß Styx ankommt, ist der Fährmann Charon überaus erstaunt. Ohne zu fragen und ohne Bezahlung setzt er Herakles auf die andere Flußseite über, was ihm später durch Hades eine einjährige Gefangenschaft in Fesseln als Strafe einbringt.
Auf der anderen Flußseite angekommen, befindet sich Herakles im Königreich des Hades (Beiname Pluton), in dem sich nur die Schatten der Menschen aufhalten, gut bewacht vom dreiköpfigen Höllenhund Kerberos. Dieser besteht an Schwanz und Leib aus beißenden Schlangen und hat die Eigenschaft, Ankommende freundlich mit wedelndem Schwanz zu begrüßen. Zeigen sie aber die Absicht, den

Hades wieder zu verlassen, wird er zum wilden Tier – er zerreißt und verschlingt sie.

Herakles selbst beginnt mit seinem Schwert sofort auf die ihm begegnenden »Schatten« einzuschlagen, doch Athene und Hermes, seine Begleiter in der Unterwelt, klären ihn darüber auf, daß es sich nicht um menschliche Wesen, sondern um blutleere Schattengestalten handle.

Bei Hades, dem Gott des Schattenreiches, angekommen, verlangt Herakles die Herausgabe des Kerberos. Hades gestattet dies ohne Widerstand zu leisten, doch unter der Bedingung, daß Herakles, nur mit seinem Löwenfell als Schutz bekleidet, den Kerberos ohne Waffen bezwingt. Herakles schreitet ohne Zögern zur Tat: Er packt den Kerberos mit einem Würgegriff am Hals, dort wo seine drei Köpfe entspringen, und würgt ihn solange, bis er sich ergibt. Vor dem Biß mit dem Schlangenschwanz des Höllenhundes schützt den Helden sein Löwenfell.

Herakles legt den Kerberos an die Kette, führt ihn hinauf ans Licht und übergibt ihn König Eurystheus.

Zusammenfassung der Ergebnisse aus der Deutung des Mythos

zu entwickeln wären
- Bereitschaft zum Abstieg in den Hades
- Licht in die Finsternis bringen
- Wille zur Wahrheit und zur Aufrichtigkeit
- sich mit dem »Bösen« anfreunden
- Mitgefühl mit den Schwierigkeiten und Problemen anderer
- ein überpersönlicher Weg
- Verantwortungsgefühl für andere Menschen
- Bereitschaft, einen Beitrag für das Ganze zu leisten

aufzugeben wären
- Begrenzungen im Denken, Beschränkungen in den Vorstellungen
- jede Form von Vorteilsdenken
- Ausgrenzung und Unterdrückung
- alle Verteufelungen
- jegliche Aussonderung von »Kälte«; alle Bestrebungen, etwas zu vermeiden
- der Glaube, Glück bestünde in der Vermeidung von Unglück bzw. Wärme entstünde durch den Ausschluß von Kälte
- Streben nach Zuwendung
- falsche Freundlichkeit und Liebenswürdigkeit
- Mitleid und Heuchelei
- Glaube an die eigene Allmacht
- Vorstellung von einem privaten Leben
- die Illusion eines »unabhängigen Ichs«

Diese Zusammenfassung erhebt keinen Anspruch auf Vollständigkeit. Zu empfehlen wäre eine persönliche Auseinandersetzung mit dem Heraklesmythos, hier im speziellen mit der zehnten Heraklesaufgabe, die dem Zeichen Steinbock zugeordnet ist.

Herakles ist das Ideal eines Menschen, der sich aus dem Dunkel des Unbewußten heraus in das Licht der Bewußtheit hinein entwickelt. Wie alle Ideale soll er uns nur als richtungsweisendes Leitbild, als Vision dienen. Für uns ist es nicht wichtig, ein Held wie er zu sein, aber um so wichtiger ist es für uns, den von Herakles vorgezeichneten Weg zu beschreiten. Der Weg ist das Ziel, sagt uns die östliche Weisheit. Dies teilt uns mit, daß für uns Menschen weder im Erreichen noch im Verweilen die wahre Erfüllung liegt, sondern nur im Gehen. Viele von uns lassen sich abhalten, weil sie – vom fernen Ziel paralysiert – resignieren und glauben, ein so hohes Ziel nie erreichen zu können. Machen wir die ersten Schritte, um zu erfahren, daß im Gehen die Freude uns begleitet, in der Bewegung die Schönheit uns begegnet und nur im Wandel sich die Liebe uns offenbart.

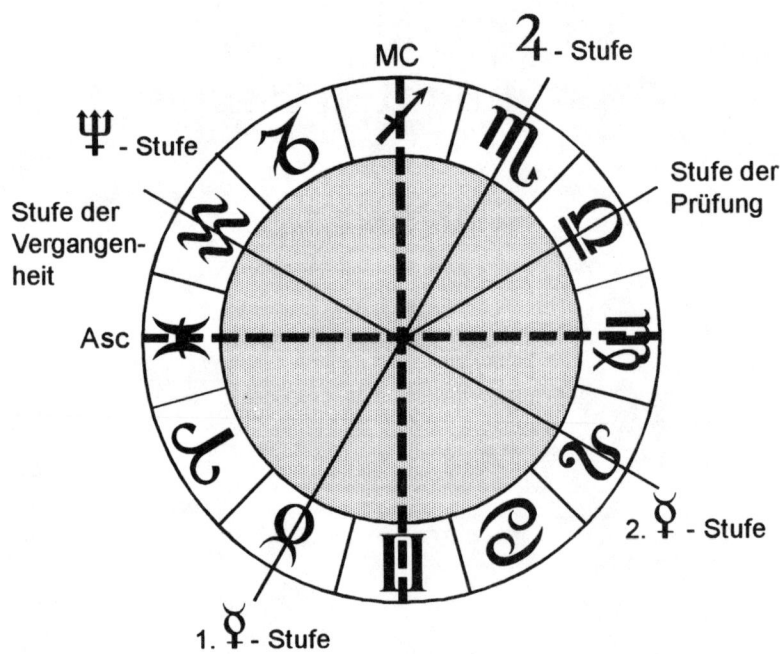

Die Entfaltung des Aszendenten Fische

Vergangenheit des Aszendenten Fische

Wie immer wir uns Vergangenheit vorstellen – ob wir in unsere Kindheit zurückgehen oder von früheren Inkarnationen sprechen –, eines ist stets gewiß: Unser Geist und unsere Seele sind nicht unberührt geblieben von den Erfahrungen und Erlebnissen dieser Vergangenheit. In uns sind Verwicklungen entstanden, es haben sich Gewohnheiten herausgebildet und feste Handlungsmuster eingeprägt. Wir haben gelernt, zu bewerten, zu beurteilen und nach gut und böse zu unterscheiden. Wir haben Kräfte entwickelt, um das Gute vom Bösen, das Angenehme vom Unangenehmen, das Geliebte vom Ungeliebten zu trennen. Dabei haben wir unseren ganzheitlichen, paradiesisch-unschuldigen Zustand verloren. Mit der Ganzheit haben wir aber auch unser Heil verloren: Wir sind einseitig, krank und schwach geworden.

Etwa zwei Stunden bevor am östlichen Horizont das Tierkreiszeichen des Aszendenten aufsteigt, sehen wir im Osten das dem Aszendenten vorausgehende Tierkreiszeichen emporsteigen. Betrachten wir diese Gegebenheit symbolisch und deuten diesen zeitlichen Ablauf, so dürfen wir annehmen, daß die Vergangenheit eines Horoskopeigners von dem Prinzip beherrscht wird, das dem Aszendenten im Tierkreis vorausgeht.

Zeigt in unserem Horoskop der Aszendent auf das Tierkreiszeichen Fische, ist damit gleichzeitig das Wassermannprinzip als unsere Vergangenheit ausgewiesen. Unbewußt haften wir an diesem Prinzip fest: Alle unsere Handlungsweisen, Gewohnheiten und Reaktionen sind einseitig von ihm geprägt. Das Wassermannprinzip in uns ist überbetont, wodurch die gesamte Achse Wassermann – Löwe ins Ungleichgewicht geraten ist: Was vom Prinzip Wassermann »zuviel« ist, fehlt uns am Prinzip Löwe. Die Entfaltung des Aszendenten Fische wird, wie wir noch sehen werden, den Ausgleich herbeiführen, so daß eines Tages in unserem Horoskop die Achse Wassermann – Löwe in Harmonie kommt. Die einseitige Wassermannbetonung ist dann aufgehoben, das (noch) fehlende

Prinzip Löwe wird in die Sichtbarkeit gebracht. Geschieht dies, dann hat sich unbewußtes Sein in Bewußtsein verwandelt, wir sind – dem Wesen nach verändert – ganzheitlicher geworden. Doch bevor wir den Aszendenten Fische entfalten und diesen Entwicklungsweg gehen können, ist es notwendig, unsere Anhaftung im Prinzip Wassermann zu erkennen. Stellen wir uns deshalb folgende zwei Fragen:
Wie sehen unsere Bewertungen und Handlungsmuster aus?
Wo liegen ihre Betonungen und warum sind sie dem Wassermannprinzip zuzuordnen?
Um darüber Aufklärung zu erhalten, sollten wir zuerst das Wassermannprinzip verstehen. Die traditionelle Astrologie nennt uns das fixe Luftzeichen Wassermann als Zeichen der geistigen Verbundenheit. Freunde werden dabei ebenso dazugerechnet wie Menschen, mit denen wir eine Gruppe bilden, um gemeinsam eine Idee zu verwirklichen. Auch revolutionäre Gruppen werden wegen ihrer Erneuerungskräfte diesem Prinzip zugeteilt, auch wenn der allumfassende wassermännische Anspruch auf Menschlichkeit und Brüderlichkeit nicht immer dabei gegeben ist. Ein Freiheitsbedürfnis in hohem Maß wird ihm ebenso zugesprochen wie ein Drang, die Welt zu verbessern und andere zu missionieren. Seinem sprunghaften Geist ist keine Idee zu verrückt, um nicht wenigstens durchdacht und »im Sandkasten« durchgespielt zu werden. Im Tierkreis gilt deshalb der Wassermann als Erfinder schlechthin, weil nur auf solche Art und Weise Neues gefunden werden kann. Er sucht gerne die Anregung von Freunden und aus der Gruppe, reagiert jedoch dort empfindlich auf Machtansprüche, Zwänge und egoistische Tendenzen. In der »Seele des Wassermanns« sind alle Menschen gleich. Weil das Wassermannprinzip in die Zukunft schaut und die Gegenwart nur als vorübergehend betrachtet, kann es erkennen, daß am Ende des Weges alle Menschen den gleichen Stand der Entwicklung erreichen werden. Diese Erkenntnis will der Wassermann dann in sein Leben integrieren. So entsteht nicht selten eine Form von »zwanghafter Gleichbehandlung«. Losgelöst vom eigenen Fühlen, von persönlichen Vorlieben und Abneigungen, ja oft unter Aufgabe eigener Bedürfnisse bemüht er sich,

jedem Menschen in gleicher Art und Weise entgegen zu kommen. Ob reich oder arm, ob alt oder jung, ob König oder Untertan, ob Freund oder Feind – jedem begegnet er mit der gleichen Maske von Freundlichkeit und Aufgeschlossenheit. Die eigene Verstellung nicht erkennend, projiziert er so das »gut« oder »böse« in die Reaktion des Gegenüber. Wer nicht in gleicher Weise sich als Menschenfreund erweist, wird zum Unmensch abgestempelt. So kommt es, daß gerade im Schatten der zutiefst menschlichen Wassermannenergie – unbewußt und absichtslos natürlich – die Unmenschlichkeit sprießt und gedeiht. Die Astrologie nennt uns Wassermann häufig als »revolutionäres Prinzip«: Hier können wir diesen Zusammenhang wunderbar studieren. Aus der Geschichte wissen wir, daß gerade Revolutionäre immer und überall für eine bessere und menschlichere Welt gekämpft haben. Aber wir wissen auch, wie oft sie bereit waren, die unmenschlichsten Methoden, die wir uns vorstellen können, dafür anzuwenden. Geiselnahme und Bombenwurf, Mord und Totschlag, Raub und Plünderung, alles schien ihnen recht. Ist erst einmal der »Unmensch auf der anderen Seite« ausgemacht, gerät das einseitig betonte, unausgewogene Wassermannprinzip in Gefahr, aus einer gefühlskalten Distanz heraus selbst unmenschlich, manchmal sogar gnadenlos zu werden. Anteilnahme für die eine, die »gute« Seite heuchelnd, ist es bereit, die andere Seite zu bekämpfen, ja wenn es sein muß sogar restlos zu zerstören.

Liegt unsere Vergangenheit – was beim Aszendenten Fische der Fall ist – im Zeichen Wassermann, ist auch in uns das Wassermannprinzip einseitig überbetont. Vor allem unserem Denken fehlt als Ergänzung im Handeln oft die gebende, liebende und alles mit einschließende Kraft des Löwen. Wohl denken wir gerne in größeren Dimensionen, erkennen das Schädliche am egoistischen Verhalten der Menschen, sprechen häufig über Menschlichkeit und versuchen andere von den eigenen, zukunftsorientierten Ideen einer »besseren Welt« zu überzeugen, aber die Gegenwart sieht meist anders aus. Wir reden vom Ende aller Kriege und vom Frieden in der Welt – und sind oft selbst außerstande, mit Partnern, Freunden, Kollegen und Bekannten in dauerhaftem Frieden zu leben. Wir reden von Menschlichkeit und konzentrieren doch immer wieder unsere Energie darauf, irgend einem anderen Menschen das Leben schwer zu machen. Wir reden von Zerstörung der Umwelt und tragen doch selbst einen gehörigen Teil dazu bei. Wir reden von Gleichberechtigung und wollen – wenn es darauf ankommt – doch »privilegierter sein« als andere. Wir reden von Brüderlichkeit und Gleichbehandlung und entziehen doch unsere Zuneigung und Zuwendung, wenn wir wirklich nur »gleichbehandelt« werden. Wir reden vom freien Willen des Menschen, der gefördert werden soll, und zwingen doch anderen unsere Vorstellungen und Überzeugungen auf. Hier gilt es zweierlei zu durchschauen: Erstens, wir haben uns sozusagen innerlich aufgespalten in ein »höheres Ich«, eine umfassend denkende, verständnisvolle und menschlich orientierte Person, und ein »niederes Ich«, das den weniger menschlichen, aber alltäglichen Teil als Rolle übernimmt. Und zweitens, wir identifizieren uns im Wesentlichen mit unserem »höheren Ich«, handeln aber weitgehend aus unserem kleineren Ich heraus. So kommt es zu der gelegentlich himmelschreienden Diskrepanz. Im Geiste überzeugt davon, (fast) ein wahrer Mensch zu sein, zeigt unser Körper, daß er noch weit hinterher hinkt. Unser Handeln, unser Tun und unsere Reaktionen offenbaren unseren Egoismus, auch wenn wir – vom Geiste her gesteuert – die edelsten Motive und menschenfreundlichsten Argumente unterlegen. Bei keiner anderen Konstellation treffen wir so häufig auf diese Art von Eigenblindheit, hervorgerufen von einer inneren Trennung zwischen Geist und Körper. Ohne uns bewußt zu sein, nützen wir die allumfassende geistige Wassermannkraft zu unserem persönlichen Vorteil. Um all unser Tun vor uns und vor anderen zu rechtfertigen, um ihm Schönheit und Ausgewogenheit zu verleihen, um als Basis unseres Handelns Liebe und Verständnis zu offenbaren, beleuchten wir alles von der »guten«, der menschlichen Seite. Was immer wir tun, wir finden ein glaubwürdiges Argument dafür, daß es »gut« war. Ob wir jemandem helfen oder gegen ihn vorgehen, wir haben unsere »guten Gründe«. Wir bringen es sogar fertig, Streit, Auseinandersetzung und Trennung so hinzustellen, als sei es für alle Beteiligten das Beste. Obwohl selbst manchmal blind vor Haß, überzeugen wir uns davon, dem anderen gegenüber großzügig und verständnisvoll gewesen zu sein. Und noch ein weiteres: Die Astrologie ordnet dem Wassermann den Planeten Uranus (griechisch: der »Sternenhimmel«) zu. Der Himmel aber – so läßt uns der biblische Mythos vom zweiten Schöpfungstag wissen – ist die Grenze zwischen Diesseits und Jenseits, zwischen sichtbarer und unsichtbarer Welt. Deshalb ist Wassermann auch eine hüllenbildende Kraft, die wir benützen können, um etwas einzuhüllen und vor anderen zu verstecken. Sie zum eigenen Vorteil zu nützen, beherrscht von allen Konstellationen der Aszendent Fische am besten. Wir haben (fast) perfekt gelernt, uns allen Fragen der Schuld und der daraus resultierenden Verantwortung zu entziehen. Dies hängt ursächlich auch damit zusammen, daß wir über den guten Zugang zum Wassermannprinzip stets »gut« sein wollen und daher immer – wie einst Adam im Paradies – »vollkommen« handeln möchten. Folgen sind eine große Angst, Fehler zu machen, und ein starkes Bestreben, niemals der Schuldige zu sein. Geschieht doch eines Tages das »Unvorhergesehene« und trifft uns ein Anteil an Schuld, beginnt die Wassermannkraft in uns auf Hochtouren zu laufen. Alles, was auf unser eigenes Versagen und auf unser fehlerhaftes Verhalten hindeuten könnte, wird eingehüllt, versteckt und »glänzend« verpackt, damit es niemand sieht. Dafür werden andere Dinge und beeindruckende Argumente ausgepackt und gut sichtbar dargelegt, bis es der ganzen Welt klar wird: Die Schuld liegt überall, nur nicht bei uns. Damit wir bei diesem Vorgehen kein schlechtes Gewissen bekommen, haben wir uns angewöhnt, zuerst uns von unserer Schuldlosigkeit zu überzeugen, ehe wir in die Welt hinausgehen, um andere davon zu überzeugen. Wie Missionare glauben wir gerne daran, selbst heil und heilig zu sein, um unseren Glauben und unser Denken dann anderen Menschen überzustülpen – doch daß wir heil sind, ist nur Illusion.

Hier heißt es, den überhöhten Geist durch die Welt der Gefühle wieder mit dem Körper zu verbinden, damit wir ins Hier und Jetzt kommen und wirklich heil werden – die Entfaltung des Aszendenten Fische zeigt uns den Weg dorthin und könnte – so gesehen – gleichzeitig als archetypischer Heilsweg gelten, der uns von allen Illusionen befreit.

Zusammenfassung der Vergangenheit im Zeichen Wassermann
- Trennung von Geist und Körper
- beweglicher Geist, stark zukunftsorientiert; vergißt darüber leicht die Gegenwart
- Menschlichkeit findet nur im Denken statt
- Eigenblindheit; Illusion des eigenen Heils bzw. der eigenen Fehlerlosigkeit bzw. der eigenen Schuldlosigkeit
- Angst vor Schuld und Versagen
- hüllenbildende Kraft
- beleuchtet alles von der »guten« Seite
- findet für alles eine Rechtfertigung
- hat es stets »gut gemeint«
- überzeugt und missioniert gerne andere; will die Welt verbessern
- möchte der Vermittler von Weisheit sein; wißbegierig
- braucht Freunde, sucht Gleichgesinnte, organisiert gerne für alle
- gibt sich gerne revolutionär
- kämpft für Menschlichkeit, neigt aber dazu, selbst unmenschlich zu werden
- liebt seine Freiheit, schränkt dabei andere leicht ein
- gibt sich vielseitig, lebt aber oft einseitig
- strebt nach Weisheit, handelt jedoch rational und nach Kalkül
- konzentriert sich sehr nach außen, weniger nach innen
- viele äußere Kontakte und Bindungen verhindern inneres Wachstum
- verwechselt oft Organisationsfähigkeit mit Kreativität, Fülle mit Erfüllung, Dynamik mit Intensität, gedanklichen Austausch mit Zuneigung, Verständnis mit Liebe

Der Aszendent Fische

Ist es uns gelungen, den »Wassermann in uns« zu erkennen, und sind wir bereit, unseren Aszendenten aus freien Stücken heraus zu entfalten, gibt uns der Tierkreis exakte Anleitung, wie der Aszendent Fische stufenweise entfaltet werden kann. Wir werden im Laufe der Zeit spüren, daß es mit der reinen

Willensäußerung im Sinne eines »*Ich will meinen Aszendenten Fische leben!*« nicht getan ist. Wir können versuchen, das Fischeprinzip (Mitgefühl, Hingabefähigkeit, Phantasie, Akzeptanz des Schicksals) mehr in unser Leben zu bringen, doch eine Auflösung unseres unbewußt überbetonten Wassermannprinzips geschieht nicht. Wir haben bereits davon gesprochen, daß in unserem Horoskop die Achse Wassermann – Löwe im Ungleichgewicht ist und in Harmonie kommen will. Wie dies geschieht, zeigen uns der Verlauf des Tierkreises ebenso wie die aus dem Mythos des Orion gewonnenen Stufen der Entfaltung. Steigen wir sie empor, wird uns mehr und mehr innere Harmonie und Ausgewogenheit zuteil. Das Prinzip Wassermann beherrschen wir dann genauso wie das Prinzip Löwe: Die Trennung zwischen Geist und Körper wird aufgehoben, wir können Menschlichkeit nicht nur verstehen und darüber reden, sondern auch integrieren und selbst leben. Die kühle, geistige Distanz des Wassermanns zieht sich zurück, unser Rollenspiel vom »guten Freund« hört auf und macht einer echten Herzlichkeit und zwischenmenschlichen Verbundenheit Platz. Unsere Einseitigkeit ist ausgeglichen, wir sind frei und können überall ungehemmt und unvoreingenommen unsere Kräfte und Fähigkeiten einbringen.

Doch gehen wir in unserer Wandlung und Veränderung Schritt für Schritt vor. Zuerst übertragen wir das archetypische Horoskop auf unser persönliches Horoskop. Dabei ergibt sich – vom unserem Aszendenten angefangen – ein vierstufiger Entfaltungsplan: Erste und zweite Hermes/Merkur-Stufe, Zeus/Jupiter-Stufe und Poseidon/Neptun-Stufe. Jede einzelne Stufe gibt dabei Hinweise zur Wandlung. Hier können wir uns im Laufe der Zeit verändern, um dadurch die Entfaltung des Aszendenten und damit gleichzeitig die Entwicklung unserer Persönlichkeit zu fördern.

Die erste Hermes/Merkur-Stufe der Wandlung – Änderung unserer Entscheidungen

Da wir unsere Vergangenheit kennen, können wir in die erste Phase der Wandlung eintreten: Wir verändern unsere zukünftigen Entscheidungen im Sinne unserer geistig-seelischen Entwicklung, wie sie in unserem Horoskop niedergelegt ist. Das archetypische Horoskop (siehe Abb. S. 48) beschreibt die Entscheidungsfindung durch den ersten Quadranten, die dazugehörigen Tierkreiszeichen sind Widder (freier Wille), Stier (geplante Absicht) und Zwillinge (Wahl der zur Verfügung stehenden Möglichkeiten). Das veränderliche Tierkreiszeichen ist dabei Zwillinge, dem der Götterbote Hermes/Merkur zugeordnet ist. Hermes/Merkur bietet in seiner Funktion als Götterbote uns Menschen Möglichkeiten und Gelegenheiten, um neue, bewußtseinserweiternde Erfahrungen zu machen. Die Auswahl aus den zur Verfügung stehenden Möglichkeiten sowie die Entscheidung, eine gebotene Gelegenheit zu ergreifen, steht uns dabei frei. Dies heißt, daß wir die Art und Weise unserer Auswahl und damit jede anstehende Entscheidung auch verändern können.

Immer wieder stellt uns das Leben vor Entscheidungen. Da wir anfangs weder unsere Berufung noch unseren Lebensweg klar und deutlich erkennen, begleiten uns Zweifel und Unsicherheit auf unserem Weg. Welche Entscheidung ist die richtige, welche die falsche? Gibt es überhaupt eine richtige Entscheidung? Da wir keine Antwort wissen, geben wir die Entscheidung oft ab an unser Unbewußtes: Unsere alten Bewertungen und Vorurteile geben den Ausschlag für unsere Entscheidung. Wir verharren im alten Muster, ein neues ist noch nicht entwickelt. Hier soll der Entfaltungsplan des Aszendenten Hilfestellung geben.

Für den Aszendenten Fische befindet sich die erste Hermes/ Merkur-Stufe der Wandlung im Zeichen Stier (siehe Abb. S. 378). Ist unser Aszendent im Zeichen Fische, sollten wir uns für jene Möglichkeiten und Gelegenheiten entscheiden, die dem Prinzip Stier am meisten entsprechen. Tun wir dies, wird die Entfaltung unseres Aszendenten gefördert. Tun wir dies nicht, ist anzunehmen, daß unsere alten Muster und Gewohnheiten gesiegt haben: Die Vergangenheit hat uns wieder einmal eingeholt, wir sind ihr unbewußt erlegen.

Was heißt es nun, eine Entscheidung zu treffen, die dem Prinzip Stier entspricht? Auch hier sollten wir erst das Prinzip Stier verstehen, ehe wir diese Frage beantworten können. Die traditionelle Astrologie nennt uns Stier als das Zeichen der Verwurzelung, der Festigkeit und der Stabilität. Beständigkeit und Dauerhaftigkeit zählen ebenso zu seinen typischen Merkmalen wie Hartnäckigkeit und Beharrlichkeit. Die Fähigkeit, klare und eindeutige Grenzen zu ziehen, hat ihm auch den Ruf von Klarheit und Eindeutigkeit eingebracht. Außerdem ermöglicht ihm diese Fähigkeit, auch Grenzen einzuhalten und die Grenzen anderer zu respektieren. Aphrodite/Venus, die Göttin der Vollkommenheit, ist dem Zeichen Stier zugeordnet. Wir dürfen daher annehmen, daß uns Stier die Kraft verleiht, unsere Vorhaben und Absichten vollkommen und vollständig zu realisieren. Tun wir dies, dann stimmt unser Wollen mit dem Handeln überein, und es bleibt kein unerledigter Rest – jetzt erst haben wir »ganze Arbeit« geleistet, innerer Frieden kann sich einstellen. Aus irdischer Sicht können wir die Stierenergie auch als fundamentale Kraft sehen. Sie befähigt uns, einen eigenen Standpunkt zu bilden und – von ihm als feste Basis ausgehend – unsere Vorhaben in die Tat umzusetzen. Dabei vermindert das Stierprinzip den Einfluß von außen, damit wir ungestört unsere Pläne durchführen können. So ist es zu verstehen, wenn die Astrologie uns sagt, daß Grund und Boden, der eigene Besitz, das Guthaben sichtbarer Ausdruck von Stierkraft sind.

Weist unser Aszendent auf das Zeichen Fische, sollten wir uns daher vor jeder wichtigen Entscheidung im Leben fragen:

Entspricht unsere Wahl und damit unsere Entscheidung dem Prinzip Stier?
Betrifft die Entscheidung weder andere noch greift sie in das Leben anderer ein?
Sind die Grenzen klar definiert? Finden keine Übergriffe statt?

Hat alles Hand und Fuß? Steht die Entscheidung auf einer breiten und sicheren Basis?
Ist es ganz allein unsere eigene Entscheidung? Haben wir fremde Einflüsse draußen gehalten?
Sind wir von der Richtigkeit der Wahl felsenfest überzeugt?
Ist unsere Wahl vollkommen? Ist sie schön? Gefällt sie uns?
Sind wir sicher, auch dauerhaft zu unserer Entscheidung zu stehen?
Sind wir bereit, eventuell damit verbundene Schwierigkeiten zu ertragen?
Stimmt das Fundament – materiell wie finanziell?
Erzeugt die Entscheidung keinerlei Gegnerschaft, keinen Unfrieden, keinen Neid, keine Mißgunst?
Ist sie eindeutig, für jedermann offen und klar verständlich?

Sind wir diesen Fragen ernsthaft nachgegangen und können sie – bezüglich der getroffenen Auswahl – im wesentlichen mit ja beantworten, treffen wir sicherlich die richtige Entscheidung. Unschwer spüren wir dabei einen inneren Widerstreit zwischen der »alten Wassermannseele« in uns (unsere Vergangenheit!) und der noch »jungen Fischeseele« in uns. Die Wassermannseele möchte alles und jeden mit einbeziehen. Ihr fällt es schwer, sich – im Denken wie im Handeln – auf eigenes Terrain zurückzuziehen, um dort längere Zeit zu verweilen. Zu sehr schaut sie nach außen, bezieht Wesen, Eigenart und Reaktion anderer in das eigene Kalkül mit ein, um ja nichts falsch zu machen. In allem will sie dem Schicksal einen Schritt voraus sein, um einerseits ungünstige Einflüsse »in den Griff« zu bekommen und andererseits günstige Gelegenheiten zu nutzen. So hat unsere Wassermannseele unser Denken von der Gegenwart abgezogen und in die Zukunft, in den nächsten Tag, den nächsten Monat oder gar das nächste Jahr verlagert. Echte Freude verwandelte sich so in viele Vorfreuden, echte Beziehung in viele Begegnungen, echtes Glück in einzelne glückliche Stunden oder Minuten. Die Fischeseele nährt in uns die Ahnung von einer allumfassenden und immerwährenden Seeligkeit, die sich nicht aus Bruchstücken zusammensetzt, sondern unser Leben umfaßt – die weitere Entfaltung unseres Aszendenten Fische weist den Weg dorthin.

Anmerkung
Untersuchen wir im Entscheidungsfindungsprozeß die Wahl der Möglichkeiten nach dem Prinzip Stier, kann es sein, daß wir nicht unbedingt zu einer eindeutigen Entscheidung vordringen. Vielleicht schwanken wir zwischen mehreren Möglichkeiten, die unserer Auffassung nach alle – mehr oder weniger – dem Prinzip Stier entsprechen. Hier sollten wir wissen, daß es für die Entfaltung unseres Fische-Aszendenten unerheblich ist, für welche der »Stiermöglichkeiten« wir uns entscheiden. Von Bedeutung ist lediglich, daß unsere Wahl das Prinzip Stier überhaupt beinhaltet. Daher genügt es auch, wenn wir aus dem oben angeführten Katalog nur einige Fragen mit einem klaren »ja« beantworten können.
Wie im Mythos von Orion so schön beschrieben, ist in der ersten Entfaltungsphase des Aszendenten nur wichtig, nicht in das alte Muster zurückzufallen. Auch Orion, nachdem er sein Augenlicht zurückerhalten hatte, war ja nahe daran, aus Rache in seine alte Gewohnheit – seine Vergangenheit – zurückzufallen. Doch er hat sich von seiner Vergangenheit befreit, das macht ihn zum großen Vorbild. Das Wesentliche in dieser ersten Hermes/Merkur-Stufe der Entfaltung ist es, alle jene Entscheidungsmöglichkeiten auszuschalten, die uns zurückziehen würden in den Sog der Wassermanvergangenheit. Erreichen wir dies, haben wir bereits gewonnen. Nur wenn das Alte uns einholt und umklammert, bleiben wir auf unserem Weg stehen; alles andere gehört bereits zum Vorwärtsschreiten, zur Entwicklung der Persönlichkeit, zur Entfaltung des Aszendenten.

Die zweite Hermes/Merkur-Stufe der Wandlung – Änderung unseres Ausdrucks

Haben wir die richtige Wahl getroffen und uns entschieden, treten wir in eine neue Phase ein: Wir schreiten zur Tat. Das archetypische Horoskop (siehe Abb. S. 48) beschreibt unser Handeln durch den zweiten Quadranten, die dazugehörigen Tierkreiszeichen sind Krebs (Identifikation), Löwe (Ausdruckskraft) und Jungfrau (Ausdrucksmittel). Das veränderliche Tierkreiszeichen ist Jungfrau, der herrschende Planet ist Hermes/Merkur, der Götterbote. Dies bedeutet, daß wir uns auch in der Wahl der Ausdrucksmittel jederzeit verändern können.

So wie wir in der ersten Hermes/Merkur-Stufe unsere Entscheidungen verwandeln können, bietet uns analog dazu die zweite Stufe die Möglichkeit, unsere Ausdrucksmittel zu verändern. In der zweiten Stufe der Entfaltung des Aszendenten wird unser Innerstes nach außen hin sichtbar. War unsere Entscheidungsfindung für andere Menschen weitgehend unsichtbar, so sind unsere Vorgehensweisen und Taten als sichtbarer Ausdruck unserer Entscheidungen normalerweise für jedermann wahrnehmbar. Wir alle drücken uns aus im Reden, im Tun, in unseren Bewegungen und in der Art und Weise, wie wir mit den uns zur Verfügung stehenden Mitteln umgehen. Dies zusammen sind unsere Ausdrucksmittel, mit denen wir der Welt begegnen. Unsere Mitmenschen nehmen sie wahr, erkennen uns daran und nennen den Gesamteindruck unsere »Eigenart«. Dabei entsteht – in Analogie zur ersten Stufe – auch in der zweiten Stufe ein Zwischenreich: Das Ich auf der einen Seite, das Du auf der anderen Seite und die Ausdrucksmittel zwischen den beiden. Aus dieser Position heraus ist es weiter nicht verwunderlich, wenn die Wahrnehmung des Ich sich nicht unbedingt mit der Wahrnehmung des Du deckt. Ein jeder sieht die Dinge von seiner Seite, erst alle Sichtweisen zusammen ergeben das Ganze.

Für den Aszendenten Fische weist die zweite Hermes/Merkur-Stufe der Wandlung auf das Zeichen Löwe (siehe Abb. S. 378).

Ist unser Aszendent im Zeichen Fische, sollten unsere Art und Weise des Ausdruck sowie unsere verwendeten Ausdrucksmittel sich im Laufe der Zeit dem Prinzip Löwe annähern. An dieser Stelle ist es wichtig, sich daran zu erinnern, daß unsere Vergangenheit im Zeichen Wassermann liegt. Unbewußt verwenden wir als sichtbaren Ausdruck deshalb vorzugsweise das Prinzip Wassermann. Durch die Entfaltung des Aszendenten wird damit ein Ausgleich herbeigeführt: Wir lernen, das Prinzip Löwe in die Sichtbarkeit zu bringen.

Wie sieht nun das Prinzip Löwe – in die Sichtbarkeit gebracht – aus? Auch hier ist es unumgänglich, dieses Prinzip erst einmal zu verstehen. Das fixe Feuerzeichen Löwe ist das Zeichen der Befreiung unserer innewohnenden Schöpferkräfte. In allen Traditionen ist ihm als Planet die Sonne zugeordnet. Ihr Licht, ihre Strahlung, ihre Wärme, ihre Kraftentfaltung, ihr unbegrenztes Geben sind daher auch zu Eigenschaften des Prinzips Löwe geworden. Auch ihre Position in der Mitte unseres Sonnensystems hat auf das Zeichen Löwe abgefärbt, denn wir wissen, daß nur aus unserer Mitte heraus – mutig und beherzt – wir unsere volle Kraft entfalten können. Löwe symbolisiert unseren Willen zur Größe. Sie können wir nur im Geben erreichen, niemals im Nehmen. Hier dürfen wir verschwenderisch sein und werden dabei etwas Großartiges und Einzigartiges feststellen: Im Verschwenden unserer Kräfte, in der Verausgabung aller Energien, haben wir die Fülle des ganzen Universums zur Verfügung. Wenn wir, frei von Bedenken und Erwartungen, aus freiem Willen heraus handeln und mit Liebe und Zuneigung bei der Sache sind, ist unsere Energie so unbegrenzt wie das Licht und die Strahlung der Sonne, ja wir selbst beginnen zu strahlen und werden zu Lichtbringern und Wärmespendern. Warten wir jedoch darauf, daß die Welt uns etwas zurückgibt, oder unterstellen wir, daß andere nur von unserer Kraft und unserem Vermögen profitieren und uns ausnützen wollen, verderben wir selbst unsere solaren Kräfte. Ohne zu wissen, halten wir unsere Löwekraft zurück, sperren sie in den Käfig und verwehren ihr den freien Lauf. Wir geben zwar, aber nicht aus ganzem Herzen. So entsteht jene Halbherzigkeit, die im Außen Widerstand und Ablehnung hervorruft.

Weist unser Aszendent auf das Zeichen Wassermann, sollten wir versuchen, die Wahl unserer Ausdrucksmittel mehr und mehr dem Prinzip Löwe anzupassen. Unsere schrankenlose Freigiebigkeit darf ebenso sichtbar werden wie unsere Fähigkeit, Licht zu bringen und Wärme zu spenden. In jeder Phase des Lebens dürfen wir uns verschwenden, dürfen alle unsere kreativen Kräfte einbringen, ohne darauf zu achten, wem unsere Kraft nützt und wer davon profitiert. Von der Sonne wissen wir: Sie macht keine Unterschiede. Ob reich oder arm, ob bekannt oder fremd, ob gut oder böse, ihre Strahlung ist für alle da. Die Sonne lehrt uns, daß es eine umfassende, alles miteinander verschmelzende, göttliche Kraft gibt, an die wir uns anschließen können. Glauben wir daran, steht sie uns zur Verfügung, doch glauben wir nicht an sie, reißen die Beziehung zu Gott und die Verbindung mit dem Himmel ab, wir sind getrennt und beginnen, unsererseits zu unterscheiden und zu trennen. Die Löwekraft in die Sichtbarkeit bringen bedeutet deshalb auch, Vertrauen und Liebe zu Gott entwickeln. Dabei geht es weniger um ein Glaubensbekenntnis, sondern eher darum, in allem – auch im Unvorhergesehenen und im Unberechenbaren – die göttlichen Kräfte zu verstehen. Auch Widerstände und Ablehnung im Außen gehören dazu. Gerade sie wollen uns zeigen, wo wir uns »verrannt« haben und auf Abwege geraten sind. Weder ihre Umgehung noch ihre Überwindung oder Beseitigung bringt die Lösung, sondern ihre Hinterfragung und Deutung. Dabei sollten wir uns der Natur der zweiten Hermes/Merkur-Stufe gemäß verhalten. Weil unsere Ausdrucksmittel auch von unseren Partnern und Freunden wahrgenommen werden, können wir ihre Deutung mit unserer eigenen Deutung vergleichen. Nur so entgehen wir der eingangs erwähnten Eigenblindheit, die von unserem »wassermännischen Denken« geschaffenen Hüllen fallen ab und die »nackte Wahrheit« kommt zum Vorschein. Dieser Zusammenhang spiegelt sich wider im griechischen Mythos von Helios, dem Sonnengott. Stets wurde er befragt, wenn es um die reine Wahrheit ging, eine Wahrheit, in der alle persönlich-einseitigen und subjektiven Sichtweisen miteinander verschmolzen waren. Haben wir den Mut, uns so zu zeigen, wie uns »Gott geschaffen hat«, wird unweigerlich alles in uns Verborgene ans Licht des Tages gelangen. Sind wir oberdrein dazu bereit, die Sichtweisen der anderen mit der eigenen zu einer einzigen zu vereinen, ist die zweite Stufe der Wandlung vollzogen – doch erst die nächste Stufe erbringt dafür den Beweis.

An dieser Stelle sollte ein weit verbreiteter Irrtum (›Euryale‹, Mutter des Orion = ›weit verbreiteter Irrtum‹) aufgedeckt werden. Weil wir das Sichtbare (den Körper!) zur Ursache erklären und vergessen haben, daß stets die unsichtbar wirkende Kraft (der Geist!) der Ursprung der Tat ist, haben sich Fehler in der traditionellen Astrologie eingeschlichen. Dem Aszendenten Fische wird das Prinzip Fische als (an ihm sichtbare) Eigenschaft zugeschrieben. Folge ist, daß z.B. in astrologischen Beratungen jemandem mit Aszendent Fische angeraten wird, mehr Mitgefühl zu entwickeln und öfter auf seine Ahnungen zu hören, um so sein Aszendentenpotential bzw. seine Anlage zu »entfalten«. So entsteht die Anregung zu einer »blinden« Fischekraft (Im Mythos: Blindheit des Orion!), die weder Richtung noch Ziel hat. Greifen wir diese Anregung auf, vergewaltigen wir in Wirklichkeit die Welt mit unserer Fischekraft, weil wir dieser Kraft Sinn und Zweck rauben. Sinn und Zweck der Fischeenergie ist es, das »Auf und Ab« des Lebens zu erfühlen, um so Resonanz und Gleichklang mit dem Schicksal zu gewinnen. Die Entwicklung unseres Ahnungsvermögens und die Bereitschaft, darauf zu hören, sind wichtiger Bestandteil dieses Prozesses. Er bringt uns wieder »näher« zu uns selbst, und in der Folge auch wieder »näher« zu unseren Nächsten. So gesehen entwickeln wir als Aszendent Fische in letzter Konsequenz zuerst Aufrichtigkeit und Ehrlichkeit zu uns selbst und darauf aufbauend echtes Mitgefühl und wahre Liebe zum Nächsten.

Hier sehen wir vielleicht am deutlichsten den Unterschied zwischen einem Horoskopeigner mit der Sonne im Zeichen Fische und einem mit Aszendent Fische. Mit der Fischesonne haben wir eine Fähigkeit zum Mitfühlen und die Kraft, dem Schicksal zu folgen, in allen Lebenslagen zur Verfügung. Sie bringen wir – manchmal mehr und manchmal weniger – zur

Geltung. Mit dem Aszendenten Fische dagegen gehen wir einen speziellen Entwicklungsweg. Auf alle Falschheiten verzichtend und alle »Hüllen« fallen lassend – lernen wir, mit uns selbst identisch zu werden und unser Schicksal ganz so zu nehmen, wie es kommt. Unser Gewinn wird dabei Mitgefühl und Nächstenliebe sein. Die Frage für die Fischesonne könnte lauten: »*Wie kann ich von meiner Fischeenergie und damit von meinem eigentlichen Wesen im Leben mehr einbringen?*«; die Frage für den Aszendenten Fische lautet eher: »*Wie treffe ich die geeignete Wahl unter den zur Verfügung stehenden (Ausdrucks-) Mitteln, damit mein Wesen, meine eigene Art ganz offen und für jedermann sichtbar wird?*« Nur bei der letzten Fragestellung gewinnt das Prinzip Löwe an Bedeutung, weil es uns den Mut gibt, unser ganzes kreatives Potential hemmungslos und frei zum Ausdruck zu bringen. Alle unsere hellen und dunklen Seiten kann nun jeder wahrnehmen – wir selbst mit eingeschlossen. Setzen wir alle Wahrnehmungen wie Puzzlesteine zusammen, erkennen wir unser Selbst, unser umfassendes Ich. Dabei dürfen wir annehmen, daß mit der Entfaltung des Fische-Aszendenten der Raum geschaffen wird, in dem unser eigenes Wesen (= Sonne im Horoskop) mehr und mehr zu strahlen vermag.

Die Skorpionstufe der Entfaltung – Prüfung der Wandlung

In den beiden Hermes/Merkur-Stufen haben wir unsere Entscheidung und unsere Ausdrucksweise geändert. Doch können wir sicher sein, daß sich in uns wirklich ein Wandel vollzogen hat? Oder unterliegen wir ein weiteres mal der großen Illusion, jener Täuschungskraft, die uns immer wieder einen Zerrspiegel vorhält, in dem wir uns selbst nicht zu erkennen vermögen?

Um dies zu beantworten, bedarf es einer prüfenden Instanz, die jenseits unserer Subjektivität liegt. Stets kommt die Prüfung von außen auf uns zu, gelegentlich liebevoll und nachsichtig, oft jedoch widerborstig und dornenreich. Wie der Stachel des Skorpion, der im Mythos den Orion tötet, sticht sie uns, verletzt uns und dringt ein in unsere Tiefen, um zu sehen, ob unsere »alte Form« noch lebt oder schon gestorben ist. Denn nur wenn die alte Form tot ist, können wir sicher sein, daß unsere Änderungen von Dauer sind.

Für den Aszendenten Fische weist die Stufe der Prüfung auf das Tierkreiszeichen Waage (siehe Abb. S. 378). Das kardinale Luftzeichen Waage gilt als Prinzip der Harmonie und des Ausgleichs. Als Planet ist ihm Aphrodite/Venus zugeordnet, die Göttin der Liebe. Liebe kennen wir als die Kraft der Gegensatzvereinigung. Sie bindet Menschen aneinander, um ganz bestimmte Erkenntnisprozesse einzuleiten: Je mehr wir den anderen lieben, umso klarer erscheint er uns als vollkommener Gegensatz: Er sieht die Welt anders, er denkt anders, er fühlt anders, er handelt und reagiert anders wie wir. Doch gerade deswegen lieben wir ihn. So ist gesichert, daß wir im Spiegel des anderen erkennen, was uns selbst zur Vollkommenheit fehlt. Lehnen wir die Andersartigkeit unserer Partner ab und bekämpfen sie, haben wir von der Schönheit und Anmut der Waagekraft nichts verstanden. Und weil wir dieses Verständnis nicht haben, lieben wir unseren Partner nicht wirklich. Eine echte Beziehung eingehen heißt, sich vom anderen – seinem Wesen, seiner Art und seiner Kraft – »ziehen« lassen. Als Zeichen der Reaktion fordert Waage uns auf, vom Partner zu lernen, nicht ihn zu belehren. Das Helle, das Lichte, das Strahlende an ihm, das uns so gefällt, ist gleichzeitig das Dunkle, das Verborgene, das Fehlende an uns. Wollen wir in unsere Mitte kommen, müssen wir die Harmonie herstellen zwischen allen unseren Wesensanteilen. Die entwickelten Teile bedürfen der fehlenden zur Ergänzung, die strahlenden Fähigkeiten brauchen die Schattenanteile zum Ausgleich. Nur so kommt es zum inneren Frieden, der sich dann stets im äußeren Frieden widerspiegelt.

Befindet sich unser Aszendent im Zeichen Fische, ist es für uns wichtig zu wissen, daß in allen unseren Partnerschaften, Freundschaften und Beziehungen stets das nach Ausgleich und Harmonie strebende Waageprinzip auf uns zukommt, um uns zu reizen und zu prüfen. Gerade Menschen, die wir lieben und deren Nähe wir suchen, erscheinen uns daher oft beson-

Die Skorpionstufe der Entfaltung – Prüfung der Wandlung

ders empfindsam in Bezug auf Streit und Disharmonie. Eine kleine, nebensächliche Bemerkung, und sie sind bereits aus dem Gleichgewicht, eine unbedachte Äußerung, und sie reagieren promt darauf. Ihrer Mentalität nach brechen sie dabei weniger einen Streit vom Zaum, sondern gehen uns lieber einige Zeit aus dem Weg oder sagen uns, was ihnen nicht gefällt. Stellen wir sie zur Rede und werfen ihnen womöglich noch ihr Verhalten als »unentwickelt« und »unerwachsen« vor, kann es sein, daß sie uns gänzlich meiden. Von allen Zeichen im Tierkreis hat gerade die Waage das feinste Gespür für Disharmonie, für Lieblosigkeit und für alles sonstige »Unschöne«. Als kardinales Luftzeichen hat sie zusätzlich den besten Zugang zu den Ursachen von Ungleichgewicht und Disharmonie. Sie kennt die Hintergründe von Zank und Streit, von Bosheit und Unmenschlichkeit, von Entfremdung und Haß. Sie weiß, daß alles aus dem einseitigen, auf den persönlichen Vorteil ausgerichteten Denken entspringt. Hier baut sich menschliches Karma auf, das mit Hilfe der Waagekraft eines Tages wieder abgebaut werden will. Daher dürfen wir gerade bei der Konstellation des Aszendenten Fische annehmen, daß alle unsere festen Beziehungen von »karmischer Natur« sind. Vielleicht sind wir unseren heutigen Partnern bereits in früheren Leben begegnet, die Reinkarnationslehre legt uns solche Gedanken nahe. Wir treffen sie in diesem Leben, um gemeinsam an einer »besseren und liebevolleren Beziehung« zu arbeiten. Unsere eigene Vergangenheit (im Wassermann!) und unsere Entwicklung zur Nächstenliebe (Aszendent Fische!) legen uns nahe, zu verstehen, daß alle Unvollkommenheiten und Fehler unserer Partner in Resonanz stehen zu einer Abneigung und zu einem versteckten Haßgefühl in uns. Deshalb wird zweifellos so manche Beziehung in diesem Leben bereits unseren Haß wieder zutage gefördert haben. Dieser Haß ist alt, er basiert darauf, daß wir eine eigene Schwäche nicht akzeptieren wollten und sie in unsere »Unterwelt« verdrängt haben. Könnten wir all unsere Ablehnungen und Abneigungen summa summarum als Ganzes erschauen, würden wir darin nur eine einzige Unfähigkeit entdecken, die Unfähigkeit, alle unvollkommenen Teile der Schöpfung – und dazu gehört jeder einzelne Mensch mit all seinen Fehlern – zu lieben. So sehr wir auch immer versichern, Gott, die Welt und alle Menschen ins Herz geschlossen zu haben, so sehr wir auch glauben, unsere Partner und Freunde ganz und umfassend zu lieben, wir scheitern stets am Detail. Die einzelne Eigenart, die kleine Gewohnheit, die banale Marotte bringt uns auf Dauer in Rage und weckt unsere Abneigung. Hier bedarf es der Objektivität des Waageprinzips, um den Finger auf unsere eigene Wunde zu legen. Die Waage offenbart uns die Beziehung zwischen dem Ich und dem Du. Sie gibt uns in der speziellen Reaktion unserer Partner auf vielfältige Weise die eigenen Fehler zu erkennen, um die Voraussetzung für einen Heilungsprozeß zu schaffen. Aphrodite/Venus, die Göttin der Vollkommenheit, ist dem Zeichen Waage zugeordnet. Dies bedeutet, daß jede Beziehung und jede Reaktion unserer Partner stets vollkommen und angemessen ist. So gehören seit Menschengedenken Opfer und Täter, Beleidiger und Beleidigter, Ablehnender und Abgelehnter, der Hassende und der Gehaßte auf unsichtbare Weise zusammen. Ein karmisches Band verbindet sie solange, bis sie es gemeinsam und miteinander gelöst haben. Dies in seiner ganzen Tiefe zu verstehen und sich im Leben von diesem Verständnis leiten zu lassen, hieße die Prüfung im Zeichen Waage zu bestehen. Folge wäre dann eines Tages, daß wir uns aufmachen, wieder Verbindung herzustellen zu all dem, wovon wir uns in der Vergangenheit aus Ablehnung und Haß getrennt haben, um das noch Ungelöste einer echten Lösung zuzuführen. Die nachfolgende Stufe der Wandlung gibt uns dazu entsprechende Hinweise.

Die Zeus/Jupiter-Stufe der Wandlung – Änderung unserer Werte

Nach zwei Stufen der Wandlung und einer Stufe der Prüfung sind wir ein wenig klüger als zuvor. Die Skorpion-Stufe der Prüfung zeigte uns insbesondere, wo wir »gut« zu sein glaubten, aber am Ende doch nicht »gut genug« waren. Nun heißt es, innehalten und verweilen. Die Jupiter-Stufe der Wandlung will unsere Werte verändern. Das archetypische Horoskop

Die Zeus/Jupiter-Stufe der Wandlung

(siehe Abb. S. 48) beschreibt unsere Erfahrung, die Entstehung unserer Werte und unsere Urteilsfindung durch den dritten Quadranten. Die dazugehörigen Tierkreiszeichen sind Waage (Reaktion des Du), Skorpion (Reibung und Einigung mit dem Du) und Schütze (Bewertung der Beziehung; Sinnfindung). Das veränderliche Tierkreiszeichen ist dabei Schütze, der herrschende Planet Zeus/Jupiter. Dies bedeutet, daß wir jederzeit unsere Werte verändern, unsere Bewertungen wandeln und unseren Sinn neu ausrichten können.

Vieles, ja vermutlich sogar das meiste, wofür wir uns entscheiden und was wir tun, halten wir anfangs für gut. Doch dann folgt das bittere Ende: Die Welt, der Partner, der Freund, sie urteilen anders, finden es weniger gut, vielleicht sogar unmöglich oder böse. Doch solange wir uns verwickeln und immer mehr in Täuschungen verstricken, kümmert uns die Meinung anderer wenig. Wir sind mit ihnen zusammen, weil wir uns einsam fühlen, weil wir uns einen Vorteil davon versprechen oder weil wir Anerkennung, Aufmerksamkeit und Zuneigung haben möchten.

Mit den Erfahrungen und Erlebnissen wächst gewöhnlich unsere Selbsterkenntnis. Nicht selten erleben wir dabei ein Phänomen: Die Bewertung von Dingen, Menschen und Ereignissen, die wir einst gut oder böse genannt haben, relativiert sich. Das Böse erkennen wir rückblickend als Anstoß, der uns von längst Überholtem gelöst und frischen Wind in unser Leben gebracht hat. Aber auch das Gute geht oft diesen Weg der Wandlung. Was einst gut und sinnvoll erschien, heute hat es nicht mehr denselben Stellenwert. Mit unserer Entwicklung wandeln sich unsere Werte, diese Erfahrung hat jeder von uns schon gemacht.

Die Jupiter-Stufe der Entfaltung des Aszendenten zeigt uns, wo und wie sich unsere Werte und Bewertungen wandeln sollen, damit wir nicht in alte Vorurteile und Bewertungsmuster zurückfallen. Wir finden in unserem Horoskop den Hinweis auf ein Tierkreiszeichen, dessen Sinn sich uns erst im Laufe der Entwicklung enthüllt und dessen Wert wir erst im Laufe der Zeit schätzen lernen. Mit unserem geistigen Wachstum dehnt sich auch dieses Prinzip in uns aus. Entschieden wir uns früher nur dafür, wenn es Vorteile zu bringen schien, so wachsen wir gerade in diesem Prinzip über uns selbst hinaus: Es öffnet uns das Tor zum Überpersönlichen, harmonisiert unseren Geist und befriedet unsere Seele.

Für den Aszendenten Fische befindet sich diese Zeus/Jupiter-Stufe der Wandlung im Zeichen Skorpion (siehe Abb. S. 378). Das fixe Wasserzeichen Skorpion gilt als Prinzip der zwischenmenschlichen (Ver-) Einigung. Sein mythisch-symbolisches Bild ist der reißende Fluß, in ihm sammeln sich die Kräfte der Menschen, um gegenseitige Widerstände aufzulösen, Grenzen zu überwinden und Gemeinsamkeit und Gemeinschaft zu entwickeln. Auf das einzelne Individuum wirkt die Kraft des Skorpion verwandelnd und transformierend. Die Ich-Grenzen geraten unter Druck, werden aufgebrochen und aufgelöst, damit ein umfassenderes Bewußtsein entstehen kann. Was unser Ego als Angriff auf seine Existenz empfindet, dient dem größeren Ganzen: Nur wenn wir Menschen zusammenkommen, uns einigen und unsere Kräfte vereinen, kann angehäuftes Karma in größerem Umfange aufgearbeitet werden. Der Mythos erzählt uns, daß die Stierkraft zuerst zu Abgrenzung, dann zu Lieblosigkeit und am Ende zu Habgier, Haß und Zerstörung führt, wenn wir nicht bereit sind, sie rechtzeitig zu opfern. Die Skorpionenergie sorgt dafür, daß alles Erstarrte wieder in Fluß kommt, alle Fixierungen und festen Vorstellungen fließend werden, alle egoistischen Wünsche und Bedürfnisse sich auflösen und alle Anhäufungen von Materie und Besitz zu anderen überwechseln. Sie bringt uns Menschen dazu, von unseren Anhaftungen, Gewohnheiten und Identifikationen loszulassen, damit Raum ensteht für neue Entwicklungen. Seit alters her gilt es als Doppelzeichen: Skorpion und Weißer Adler. Die »alte, auf unserer Seele lastende Form« (Skorpion) muß sterben, damit wir wieder den Blick heben (Weißer Adler) und am Horizont unseres Bewußtseins die Morgenröte eines neuen, menschlicheren Lebens erschauen.

Weist unser Aszendent auf das Zeichen Fische, lernen wir im Laufe der Zeit gerade dieses Skorpionprinzip schätzen und lieben. Früher haben wir unsere Vorstellungen, unsere Vorhaben oder unsere Fixierungen nur dann aufgegeben, wenn uns Umstände und Schicksal dazu zwangen oder wenn ein

Die Zeus/Jupiter-Stufe der Wandlung 401

handfester Vorteil damit verbunden schien. Hartnäckig hielt unsere Wassermannseele (Vergangenheit!) am Anspruch der Vollkommenheit und Ganzheit fest – entweder alles oder nichts war unsere Devise. Hier waren wir stur und unbelehrbar, weil jeder Teilerfolg für uns einem Versagen gleichkam. Erst unsere Fischeseele zeigte uns das Geheimnis von Wasser und Erde: Alles Sichtbare, alles Irdische, alle Materie ist stets nur Teil des Ganzen. Und noch eines lehren uns die Fische: Jeder einzelne Teil ist immer unvollkommen. Wollen wir also Vollkommenheit erreichen, ist dies nur in der Gemeinschaft mit allen anderen Menschen möglich. Erst wenn wir alle ein einziges, einmütiges Bewußtsein haben, ist der Weg zuende, das Ziel erreicht. Darum heißt es für uns, in allen Lebenslagen konkret an Gemeinsamkeit und Gemeinschaft mitzuwirken. Das Zeichen Skorpion verleiht uns die dafür notwendigen Voraussetzungen. Es gibt uns die Kraft zur Wandlung, es gibt uns die Fähigkeit, von unserer Eigenart, vom Eigensinn und Eigenwillen dort loszulassen, wo sie die Gemeinschaft hemmen und das Ganze stören. Im Strudel und Sog der Skorpionenergie lösen sich alle Egoismen von uns, alle falschen Identifikationen, alle scheinbaren Bedürfnisse, damit unsere strahlende, individuelle Seele zum Vorschein kommt. Die Jupiter-Stufe der Wandlung unserer Werte klärt uns darüber auf, daß stets der Egoismus uns hindert, zu unserem höheren Selbst vorzudringen. Opfern wir ihn, verlieren wir nichts, gewinnen jedoch alles. Mit dieser Einsicht fängt unsere Wandlung im Denken an. Verbindung zwischen den Menschen beginnen wir höher einzustufen als Trennung, Zusammensetzung höher als Auseinandersetzung, Miteinander höher als Gegeneinander. Jetzt wird es uns möglich, die höheren Werte in unsere Absichten und in unser Handeln einfließen zu lassen, unsere Schuldgefühle schwinden, ohne daß wir sie verdrängen oder in die Welt hineinprojizieren müssen.

Die Poseidon/Neptun-Stufe der Wandlung – Änderung unseres Wesens

Nach den ersten drei Wandlungs- und Entfaltungsstufen will sich der Tierkreis schließen, um auf einer höheren Ebene der Entwicklung von Neuem zu beginnen. Das archetypische Horoskop (siehe Abb. S. 48) schließt mit dem vierten, dem überpersönlichen Quadranten ab, die dazugehörigen Tierkreiszeichen sind Steinbock (Verwesentlichung, Abgrenzung), Wassermann (Erkenntnis der Ganzheit, Integration) und Fische (Auflösung, Einbindung, Synthese). Fische ist im vierten Quadranten das veränderliche Zeichen, herrschender Planet ist Poseidon/Neptun. Dies bedeutet, daß wir uns in der Auflösung, im Abschließen und im Beenden verändern können.

Beenden aber heißt vollenden, vollendet sein aber heißt Meister sein. Die letzte Stufe der Entfaltung unseres Aszendenten spricht zu uns von Meisterschaft: Hat sich alles gewandelt – von der Entscheidung über die Ausdrucksweise bis hin zu unseren Werten – und bestehen wir alle Prüfungen, zu jeder Zeit und an jedem Ort, ist unser ganzes Wesen verändert. Wir beherrschen das Prinzip unseres Aszendenten von Anfang bis Ende und sind darin Meister.

Um über diese Stufe der Entwicklung etwas zu erfahren, liegt es nahe, sich an Menschen zu wenden, die vor uns den Weg schon gegangen und Meister geworden sind. An ihrer Art, in ihrem Wesen und an ihren Taten erkennen wir, wo unser Weg hinführt. Sie geben uns die geeignete Vision, die unserer Entwicklung Richtung und Stabilität verleiht. Viele Meister könnten wir hier anführen, doch nur einer zeigt uns in allen zwölf Tierkreiszeichen, was Meisterschaft bedeutet. Es ist Herakles, der sagenumwobene Held der alten Griechen, der uns in seinen zwölf Aufgaben für jedes Tierkreiszeichen den Weg zur Meisterschaft hinterlassen hat. Er löst alle Aufgaben. Der Mythos von ihm gibt uns die Lösungen an die Hand. So können wir an den jeweiligen Heraklesaufgaben ersehen, was es in der letzten Stufe der Wandlung für uns zu entwickeln und was es aufzugeben gilt.

Die Poseidon/Neptun-Stufe der Wandlung

Der Aszendent Fische hat die Poseidon/Neptun-Stufe der Entfaltung im Zeichen Wassermann (siehe Abb. S. 378). In der dem Zeichen Wassermann zugeordneten Heraklesaufgabe geht es um

Die Säuberung des Augiasstalles
Die elfte Aufgabe bringt Herakles nach Elis zu König Augias an die Westküste des Peloponnes, dem Land der untergehenden Sonne. Augias gilt als Sohn von Helios und Iphiboe. Von ihm wird gesagt, daß seine Augen wie Sonnenstrahlen leuchten. Er besitzt die größten Viehherden seiner Zeit, die er in einem riesigen Stall untergebracht hat. König Eurystheus schickt Herakles zu ihm, weil der ganze Abfall und Schmutz, den die Rinder seit Jahren machen, nicht beseitigt worden ist. Der überfüllte Stall platzt aus allen Nähten – der herausquellende Mist und Dung verpestet und verseucht das ganze Land, die Menschen erkranken und sterben daran. Herakles soll deshalb den Stall des Augias reinigen. Entlohnung will er dafür jedoch nicht in Anspruch nehmen.
Der Mythos erzählt, Augias wolle nicht glauben, daß jemand ohne Lohn diese dreckige Arbeit macht. König Augias schlägt daher Herakles einen Handel vor: Falls Herakles in einem Tag die ganze Arbeit vollbringt, erhält er ein Zehntel der ganzen Herde bzw. des ganzen Königreiches, schafft er es jedoch nicht, müsse er für den Rest seines Lebens die Ställe säubern und als Sklave dem Augias dienen.
Herakles willigt ohne Zögern in den Handel ein und löst die Aufgabe mit einer genialen Idee: Er durchbricht die Stallmauern an zwei gegenüberliegenden Seiten, staut die beiden Flüsse Alpheios und Peneios auf und leitet sie um, so daß sie durch den Stall hindurchfließen und in kürzester Zeit den ganzen Mist wegschwemmen.
So ist die Arbeit rechtzeitig in einem Tag getan; es wird sogar davon berichtet, Herakles sei bereits am Mittag mit seiner Arbeit fertig gewesen.
Augias jedoch verweigert den zugesagten Lohn, weil nicht Herakles, sondern die Flüsse die Arbeit gemacht haben und er sich durch diese List getäuscht sieht. Er wirft Herakles Betrug vor und verjagt ihn aus dem Land.

Zusammenfassung der Ergebnisse aus der Deutung des Mythos

zu entwickeln wären
- Gottvertrauen
- Liebe zum Ganzen, zur Erde und zur Menschheit
- Suche nach unserem Beitrag, den wir für die Menschheit leisten können
- dort zupacken, wo unsere Kraft dringend benötigt wird
- im Denken und Fühlen alle Mauern einreißen, alle Trennungen durchbrechen
- Verbindung herstellen, Einigung herbeiführen
- Verstehen des karmischen Gesetzes: Alles Ungelöste kehrt zu uns zurück
- Auflösung und Bereinigung ungelöster Probleme, die aus vergangenen und gegenwärtigen Beziehungen stammen
- Ausmisten auf allen Ebenen

aufzugeben wären
- Anhaftung an unseren alten Identifikationen und Vorstellungen
- jegliche Form von Größenwahn, von Gigantismus
- Lohn- und Ertragsabhängigkeit
- Erklärungen und Argumente, um den äußeren Schein aufrechtzuerhalten
- die Vorstellung, etwas sei unmöglich oder nicht zu bewältigen
- Abhängigkeit von Zuwendung und Aufmerksamkeit
- Suche nach Schuldigen; alle Schuldzuweisungen
- Beschönigung, Herunterspielen, Verniedlichung
- Versuche, andere für »dumm zu verkaufen«
- alleiniges Vertrauen auf das eigene Augenmaß und die eigene Kraft
- alle Besessenheiten, alle Ersatzbefriedigungen
- alles, was Frust schafft

Diese Zusammenfassung erhebt keinen Anspruch auf Vollständigkeit. Zu empfehlen wäre eine persönliche Auseinandersetzung mit dem Heraklesmythos, hier im speziellen mit der elften Heraklesaufgabe, die dem Zeichen Wassermann zugeordnet ist.

Herakles ist das Ideal eines Menschen, der sich aus dem Dunkel des Unbewußten heraus in das Licht der Bewußtheit hinein entwickelt. Wie alle Ideale soll er uns nur als richtungsweisendes Leitbild, als Vision dienen. Für uns ist es nicht wichtig, ein Held wie er zu sein, aber um so wichtiger ist es für uns, den von Herakles vorgezeichneten Weg zu beschreiten. Der Weg ist das Ziel, sagt uns die östliche Weisheit. Dies teilt uns mit, daß für uns Menschen weder im Erreichen noch im Verweilen die wahre Erfüllung liegt, sondern nur im Gehen. Viele von uns lassen sich abhalten, weil sie – vom fernen Ziel paralysiert – resignieren und glauben, ein so hohes Ziel nie erreichen zu können. Machen wir die ersten Schritte, um zu erfahren, daß im Gehen die Freude uns begleitet, in der Bewegung die Schönheit uns begegnet und nur im Wandel sich die Liebe uns offenbart.

Nachwort

Am Anfang des Buches wurde von einer eigenständigen »Astrologie des Aszendenten« gesprochen, die in diesem Buch dargestellt werden soll. Diese Bezeichnung bedarf am Ende des Buches einer näheren Erläuterung. Wenn wir uns rückerinnern an den theoretischen Teil, so ist darin ein Konzept vorgestellt, das – basierend auf dem Orionmythos – aufzeigt, wie sich ein bestimmtes Tierkreisprinzip solange durch den ganzen Tierkreis hindurch entwickelt, bis der Ausgangspunkt wieder erreicht ist. Insbesondere ist auf diejenigen Zeichen verwiesen worden, die bei diesem Prozeß auf eine Wandlung hindeuten. Dabei ist es nicht das Tierkreisprinzip, das sich wandelt, sondern der Mensch, der sein Wesen im Sinne des angegebenen Prinzips verwandelt. Dieses theoretische Konzept wurde als Archetyp erkannt und auf die jeweiligen Aszendenten projiziert – das Ergebnis sind die vorliegenden Entfaltungspläne der zwölf Aszendenten.

Doch dies ist erst die »Spitze eines Eisberges«. Da es sich um einen Archetyp handelt, wird sich im Laufe der Zeit zeigen, daß noch unzählige weitere Anwendungen möglich sind. Auf ein Solar zum Beispiel ließe sich dieses Konzept ebenso anwenden wie auf ein Komposit oder ein beliebig anderes Horoskop (Ereignis, etc.). Ein noch bedeutenderes Anwendungsgebiet ergibt sich dann, wenn wir dieses Konzept benutzen, um mehr Auskunft über die einzelnen Tierkreisprinzipien zu erhalten. Die traditionelle Astrologie sieht vorwiegend ein Tierkreiszeichen als statisches Prinzip. Diese Betrachtungsweise ist zwar berechtigt, und es gibt an ihr soweit auch nichts auszusetzen, wäre nicht der Mensch mit im Spiel. Wir Menschen sind in die Welt gekommen, um unsere Potentiale und Fähigkeiten zu entwickeln. Wir sind also nicht statisch, sondern dynamisch. Im Klartext heißt dies, daß z. B. ein Horoskopeigner mit Sonne in Stier noch lange kein voll entwickelter

»Stier« ist. Zwar hat er das Potential, doch er muß es auch erkennen und entwickeln. Ähnlich einem Apfelkern fallen wir mit unserer Geburt »auf die Erde«, um die uns innewohnenden Ideen in die Sichtbarkeit zu bringen. Verwirklichen wir diese Ideen, trägt unser irdisches Dasein »viele Früchte« – wir sprechen von einem erfüllten Leben. Stellt also unser Horoskopeigner mit Stiersonne eines Tages fest, daß ihm immer wieder »die Felle davon schwimmen« und seine Projekte stets auf »wackeligen Füßen« stehen, darf er vermuten, daß seine Stiersonne noch keine Früchte trägt. Mit anderen Worten: Es gilt noch Entwicklungsarbeit zu leisten. Dabei könnte ihm das Prinzip der Aszendentenentfaltung Hilfestellung geben. Indem er den Zeiger (bzw. Aszendenten) auf das Zeichen Stier setzt, kann er erkennen, wo notwendige Änderungen erforderlich sind, um mehr Festigkeit und Beharrungsvermögen zu entwickeln. Gelingt es ihm, die gewonnenen Erkenntnisse zu integrieren, schafft er sich mehr Raum für seine innewohnende Stierqualität – seine »Stiersonne« beginnt zu strahlen. In analoger Weise wäre es denkbar, das archetypische Entfaltungsprinzip auf jeden anderen Planeten anzuwenden. Bei Störungen im Beziehungsgefüge könnten wir einen Blick auf Venus, bei Kontaktproblemen einen Blick auf Merkur, bei Neuanfängen einen Blick auf Mars werfen. Legen wir den Zeiger auf das Tierkreiszeichen, in dem sich der Planet befindet, erhalten wir Auskunft, wie sich archetypisch die Energie eines Planeten in diesem Zeichen entwickelt. (In diesem Falle würde es sich natürlich anbieten, den Entfaltungsplan unter dem speziellen Blickwinkel der Planetenenergie zu betrachten, z.B. bei Venus bezogen auf unser Beziehungsgefüge!). Dehnen wir also das vorliegende Entfaltungskonzept auf das ganze Horoskop mit all seinen einzelnen Faktoren aus, ist es durchaus berechtigt, von einer eigenständigen Astrologie zu sprechen. Mehr noch, das Entfaltungskonzept hat in sich die Kraft, viele philosophisch-menschlichen Fragen – zumindest vom archetypischen Standpunkt aus – zu beleuchten, ja vielleicht sogar zu beantworten.

Hier nur ein kurzes Beispiel dazu:
Stellen wir einmal die grundlegende Frage: Wie gelangen wir

Menschen zu wahrer Gerechtigkeit? Beachten wir bei der Fragestellung, daß sie einen Weg beinhaltet. Was Gerechtigkeit ist, darüber haben viele Philosophen und Politiker nachgedacht – aber können wir wirklich behaupten, unsere Welt wäre gerecht und alles wäre richtig? Wir denken tiefsinnig über Gerechtigkeit nach, sind aber nicht imstande, sie zum Bestandteil menschlichen Daseins zu machen. Woher kommt diese Diskrepanz? Die Antwort ist: Wir haben zwar eine Idee von der Gerechtigkeit, wissen aber keinen Weg, der zu ihr hinführt. Deshalb haben wir uns mit Ungerechtigkeit abgefunden und behaupten einfach, daß es in dieser Welt keine Gerechtigkeit gibt. Das vorliegende Entfaltungskonzept könnte uns aber den Weg dorthin zeigen. Ohne große astrologische Vorkenntnisse kann jeder sehen, daß das Prinzip Gerechtigkeit im Tierkreiszeichen Waage verankert ist. Nicht umsonst ist die Waage Symbol der »Justitia«, die versucht, entstandenes Ungleichgewicht wieder in Gleichgewicht, Disharmonie wieder in Harmonie, Haß wieder in Liebe zu verwandeln. Ihr obliegt die Herstellung des wahren Friedens, nicht irgend eines faulen Kompromisses. Wollen wir nun wissen, wie wir zur wahren Gerechtigkeit vordringen, kann uns der Entfaltungsplan des Aszendenten Waage – bezogen auf diese Frage – Auskunft erteilen. Hier kurz einige Stichworte (siehe auch S. 242):

1. Die Vergangenheit liegt im Prinzip Jungfrau. Dies bedeutet: Materialismus geht vor Idealismus. Wir dürfen also annehmen, daß uns der Materialismus nicht nur den Verlust von Idealismus, sondern auch den Verlust von Gerechtigkeit eingebracht hat – beides scheint unauflöslich miteinander verbunden.
2. Die erste Wandlungsstufe weist auf das Prinzip Schütze. Dies bedeutet: Wir haben uns bei allen Entscheidungen erst zu vergewissern, ob sie im tieferen Sinne weise sind, ob sie von einer Vision ausgehen, ob sie wirklich dem Ganzen dienen, ob sie wahrhaft menschenfreundlich sind und die Verbundenheit mit allen Menschen zum Ausdruck bringt. Der Blick ist nach vorne auf die Zukunft gerichtet. Vergangene Geschehnisse sind bedeutungslos.

3. Die zweite Wandlungsstufe weist auf das Prinzip Fische. Dies bedeutet: Wir haben uns bei allen Handlungen zu vergewissern, ob der Handelnde ein wahrer Meister ist, ob seine Taten wirklich Taten der Nächstenliebe sind, ob er mit den Kräften des Schicksals und mit der Qualität der Zeit in Einklang ist.
4. Die Prüfungsstufe weist auf das Prinzip Stier. Dies bedeutet: Wir haben uns zu vergewissern, ob wir die Bereiche anderer verletzen, ob wir das Eigentum, den Wohlstand und das Guthaben anderer achten, ob wir den Standpunkt, die Eigenheiten und Eigenarten anderer respektieren. Und noch wichtiger: Falls andere sich hier in ihren Ansprüchen verletzt sehen, haben wir unsere Energie zurückzunehmen.
5. Die dritte Wandlungsstufe weist auf das Prinzip Zwillinge. Dies bedeutet: Wir haben unsere Werte und Bewertungen zu relativieren und uns sowohl ihrer Vergänglichkeit wie auch ihrer begrenzten Gültigkeit bewußt zu werden. Wir lernen uns jeglicher Form von Parteilichkeit strikt zu enthalten, um wieder Unvoreingenommenheit zu entwickeln und Vorurteile abzuschaffen.
6. Die vierte Wandlungsstufe weist auf das Prinzip Jungfrau und die damit verbundene Heraklesaufgabe. Dies bedeutet: Wir lernen Voreiligkeit, Kampf und Auseinandersetzung aufzugeben. Und noch wichtiger: Wir lernen alle unsere vergangenen, gegenwärtigen und zukünftigen Fehler im höheren Sinne wieder »gut« zu machen.

Unschwer erkennen wir, daß der Entfaltungsplan des Aszendenten Waage uns zeigt, wie wahre Gerechtigkeit Schritt für Schritt zu entwickeln wäre. Ausgehend von der Einsicht, daß Materialismus und das ihm zugrundeliegende »rationale Denken« zwangsläufig zu Ungerechtigkeit führen muß, orientieren wir uns als erstes an Visionen und Idealen. Sie führen geradewegs zu einem tieferen Verständnis vom »Wesen Mensch« und damit zur Nächstenliebe, die in uns eines Tages alle Vorurteile abbaut, die heute noch in uns wohnen. Krönung des Weges ist die Fähigkeit, alle Fehler wieder gut zu machen – dies ist gleichzeitig die wahre Grundlage für Gerechtigkeit. Ist uns eine solche Gerechtigkeit eigen, sind wir selbst Ausdruck

Nachwort

von Liebe und Gnade – der göttliche Funke in uns ist wiedergeboren. Jetzt können wir – anhand des vorliegenden Entwicklungsweges – auch sehen, warum es uns trotz bester Absicht nie gelungen ist, zu wahrer Gerechtigkeit vorzudringen. Wir haben es einfach falsch angefangen. Wir dachten, Gerechtigkeit entsteht in der Vermeidung von Ungerechtigkeiten. Alle unsere Kräfte haben wir mobilisiert, um mit Hilfe von gutgemeinten Gesetzen, Erlassen und Verordnungen alle nur erdenklichen Unmenschlichkeiten auszurotten und Ungerechtigkeiten abzuschaffen. Und wir haben wenig, ja genau besehen überhaupt nichts erreicht. Die biblische Weisheit erzählt uns, daß der Mensch sich auf einem Weg der Erkenntnis von Gut und Böse befindet. Aus dem voranstehenden Beispiel können wir lernen, daß das Gute sich niemals über die Aussonderung des Bösen einstellt – sozusagen als Rest, der übrig bleibt, wenn alles Böse beseitigt ist. Das Gute ist kein Rest, es ist das Ganze, das Umfassende, das Übergeordnete, während das sogenannte Böse nur ein Teil innerhalb des Ganzen ist, dessen »gute, andere Seite« sich uns noch nicht enthüllt hat. Wir können das Gute erkennen und entwickeln, ohne daß wir uns überhaupt um das sogenannte Böse kümmern. Das Letztere wird sich von selbst auflösen. Genauso verhält es sich mit der Gerechtigkeit. Wir können Sie entwickeln, ohne uns um Ungerechtigkeit zu kümmern. Letztere löst sich eines Tages einfach auf. Deshalb ergibt sich als Endergebnis des Entwicklungsprozesses die Fähigkeit, begangene Fehler wieder gut zu machen, und nicht die Fähigkeit, keine Fehler mehr zu begehen. Dazwischen liegen nämlich Welten. Ersteres beläßt den Menschen in seiner vollen Freiheit, schränkt ihn nirgendwo ein und basiert auf dem Prinzip der Gnade; das zweite raubt dem Menschen die Freiheit, zwängt ihn in ein Korsett von Verboten und basiert auf Gnadenlosigkeit.

Bücherfüllendes wäre noch zu sagen zum Wesen der Gerechtigkeit, doch es soll bei dem bereits Erwähnten bleiben. Wichtig war vor allem zu zeigen, daß das Entfaltungskonzept unbegrenzt Anwendung in der Astrologie finden kann, ohne dabei die bestehende Astrologie infrage zu stellen. Im Gegenteil, eher ist sie als Ergänzung zu sehen, die eines Tages die

Brücke zum Wassermannzeitalter schlagen könnte. Der statisch gewordene Tierkreis will wieder zum Leben erweckt werden, die Verbindungen der Tierkreiszeichen untereinander wollen mehr und mehr betrachtet und hinterfragt werden. Langsam wird deutlich, daß alles miteinander verwoben, ein Kreis, ein Ganzes ist. Wie mit unsichtbaren Fäden sind alle Tierkreiszeichen und alle Planeten miteinander verbunden. Dieses Buch ist geschrieben, um einige dieser verborgenen Zusammenhänge aufzudecken. So können sie für die Entwicklung des Menschen im allgemeinen wie für die Horoskopie im speziellen von Nutzen sein. Die Hoffnung besteht, daß es gelungen ist – der Dank gilt dem allumfassenden, inspirierenden Geist, der daran wesentlichen Anteil hat.

Und als er vorüberging, sah er einen Menschen, blind von Geburt. Und seine Jünger fragten ihn und sagten: »Rabbi, wer hat gesündigt, dieser oder seine Eltern, daß er blind geboren wurde?« Jesus antwortete: »Weder dieser hat gesündigt, noch seine Eltern, sondern damit die Werke Gottes an ihm offenbart würden. Wir müssen die Werke dessen wirken, der mich gesandt hat, solange es Tag ist; es kommt die Nacht, da niemand wirken kann. Solange ich in der Welt bin, bin ich das Licht der Welt.« Als er dies gesagt hatte, spie er auf die Erde und bereitete einen Teig aus dem Speichel und strich den Teig auf seine Augen; und er sprach zu ihm: Geh hin, wasche dich in dem Teich Siloah (was übersetzt heißt ›Gesandter‹). Da ging er hin und wusch sich und kam sehend.

(Joh 9/1–7)

Der leichte Einstieg in die Astrologie

Markus Jehle

Wenn der Mond im siebten Hause steht ...

Kreative Astrologie für Einsteiger

226 Seiten, kartoniert; ISBN 3-87186-083-2

Das ungewöhnliche Lehrbuch von Markus Jehle vermittelt astrologisches Wissen auf eine völlig neue Weise: Statt vorgefertigte Deutungsrezepte nachzuvollziehen, kann der interessierte Leser hier schnell zu einem schöpferischen Umgang mit der astrologischen Symbolsprache gelangen, die ihn innerhalb kurzer Zeit zu einer eigenständigen und kreativen Deutung von Horoskopen befähigt.
Das Buch umfaßt die wichtigsten Grundlagen der Astrologie, wie Planeten, Zeichen, Häuser und Aspekte. Der Autor gibt dem Leser mit Frage- und Checklisten vielfältige Anregungen zum selbständigen Erarbeiten eigener Horoskopdeutungen an die Hand. Zahlreiche praxisbezogene Lern- und Übungsschritte garantieren einen leichten und dennoch fachlich fundierten Einstieg in die Horoskopdeutung.

Ebertin Verlag · Freiburg im Breisgau

Ebertin Verlag · Freiburg im Breisgau

Peter Schlapp

Bach-Blüten & Astrologie

267 Seiten mit 27 Horoskopabbildungen,
kartoniert ISBN 3-87186-081-6

In *Bach-Blüten und Astrologie* stellt Peter Schlapp von präzisen Symptombeschreibungen ausgehend einen inneren Zusammenhang zwischen einzelnen Horoskopkonstellationen und Bach-Blüten her. Daraus entsteht ein neues Wissen, das unmittelbar in die Praxis umgesetzt werden kann. Jeder kann nun, von seiner Horoskopkonstellation ausgehend, die individuell-passenden Bach-Blüten zur Unterstützung heranziehen.
Dies gilt auch für zeitliche Auslösungen (Transite), wobei diejenigen Bach-Blüten, die Entwicklungsprozesse in bestimmten Lebensphasen unterstützen, ausfindig gemacht werden können. Eine Indexliste erleichtert das Auffinden der empfohlenen Bach-Blüten und ihre Zuordnung zu den jeweiligen astrologischen Konstellationen.
Peter Schlapp öffnet den Bach-Blüten das Tor zur Astrologie und erweitert das Spektrum der astrologischen Beratungspraxis um die Bach-Blütentherapie. Ein Buch für den interessierten Laien wie für den Fachmann.

Lois M. Rodden

Geld und Erfolg durch Astrologie

359 Seiten mit 52 Horoskopabbildungen und 12 Zeichnungen,
kartoniert ISBN 3-87186-080-8

Geld und Erfolg durch Astrologie erforscht diejenigen Horoskopbereiche, die das größte Potential für eine finanziell und beruflich erfolgreiche Entwicklung bieten. Die Autorin liefert einen Überblick über die astrologischen Hauptfaktoren, die mit Geld und Erfolg im Horoskop in unmittelbarem Zusammenhang stehen.
Zahlreiche Horoskopbeispiele veranschaulichen die Ausführungen. Intensive Quellenrecherchen bei den verwendeten Geburtsdaten belegen den Ruf, den die erstklassige Datensammlerin und Autorin weltweit genießt.
Ein fundiertes Werk für Astrologie-Einsteiger mit Grundkenntnissen und für Profis, die Menschen mit alltäglichen Fragen nach Geld, Beruf und Karriere beraten.

Ebertin Verlag · Freiburg im Breisgau

Erik van Slooten

Lehrbuch der Stundenastrologie

Fragen und Antworten aus dem Horoskop des Augenblicks

225 Seiten mit 36 Horoskopabbildungen, kartoniert
ISBN 3-87186-078-6

Die Stundenastrologie ist eine Kunst, die darin besteht, für einen bestimmten Augenblick ein Horoskop zu stellen und aus diesem Horoskop Antworten und Entwicklungen auf die gestellte Frage zu erkennen. Das *Lehrbuch der Stundenastrologie* ist eine ausgezeichnete Einführung in die Kunst der Stundenastrologie und kann sehr gut zur Beantwortung eigener Fragen benutzt werden.
Dieses Buch stellt die Stundenastrologie auf eine Grundlage, die dem psychologischen Denken unserer Zeit entspricht.

Marion D. March/Joan McEvers

Lehrbuch der Partnerschaftsastrologie

302 Seiten mit 103 Horoskopabbildungen, kartoniert
ISBN 3-87186-079-4

Dieses Buch erklärt die Methoden und Regeln der Partnerschaftsastrologie in lebendiger und anschaulicher Weise, die nicht nur beim Lesen, sondern auch in der Praxis großen Spaß macht. Die Autorinnen beschreiben, wie aus dem Geburtshoroskop verschiedene Beziehungsmuster ermittelt werden können. Desweiteren werden die Techniken des Horoskopvergleiches dargestellt (Synastrie).
Das Buch befaßt sich auch mit den sogenannten Composit-Horoskopen und bietet somit einen umfassenden Überblick über die Anwendung aller relevanten Methoden der Partnerschaftsastrologie.

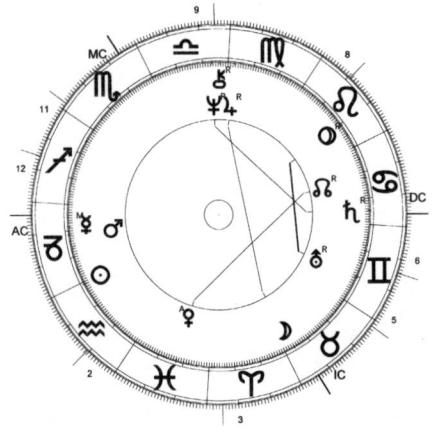

Wolfgang J. Denzinger wurde am 21.1.1945 (Wassermann) geboren. Nach dem Abitur erfolgte ein Mathematikstudium, dem sich eine Hochschultätigkeit anschloß. Das schon in jungen Jahren geweckte Interesse an Philosophie wuchs später zu einer intensiven Beschäftigung mit Astrologie und alten Weisheitslehren. Von 1987 bis 1991 folgte eine vierjährige Tätigkeit – astrologische Beratung und Seminarleitung – am Institut von Thorwald Dethlefsen.

Anfang 1991 gründete er das URANOS-Zentrum in München, an dem Astrologie, Mythologie und Symbolik gelehrt und Wege zur Selbstfindung und Selbstheilung gewiesen werden.

Vor allem griechische Mythologie, biblische Symbolik und jüdische Mystik haben Wolfgang Denzinger geholfen, wieder an das *Urwissen* der Astrologie zu kommen, das unserer heutigen Zeit fast verlorengegangen ist. Besonders beeinflußt ist er von Dane Rudhyar und der esoterischen Astrologie des *Tibeters*. Seit Jahren vertieft er das Thema der Heilung und deren Bezug zur Astrologie. Mehr und mehr Raum gewinnt in den letzten Jahren bei seiner Arbeit das große, alte Weisheitsbuch: Die Bibel in ihrem althebräischen Ur-Text. 1994 erschien von ihm das Buch *Die zwölf Aufgaben des Herakles im Tierkreis* (Hugendubel Verlag).

Information über astrologische Beratung,
Seminare und Ausbildung bei

Wolfgang Denzinger · URANOS-Zentrum München
Wolfratshauserstr. 131 c, D-81479 München,
T. (089) 7915753